权威·前沿·原创

皮书系列为
"十二五""十三五"国家重点图书出版规划项目

BLUE BOOK

智库成果出版与传播平台

县域改革蓝皮书

BLUE BOOK OF
COUNTY-LEVEL INTEGRATED REFORM

江阴县级集成改革发展报告（2020）

ANNUAL REPORT OF COUNTY-LEVEL INTEGRATED
REFORM IN JIANGYIN (2020)

县域治理现代化探索

主　编／中共江阴市委全面深化改革委员会

社会科学文献出版社
SOCIAL SCIENCES ACADEMIC PRESS (CHINA)

图书在版编目(CIP)数据

江阴县级集成改革发展报告：县域治理现代化探索.
2020/中共江阴市委全面深化改革委员会主编. ——北京：
社会科学文献出版社，2021.5
（县域改革蓝皮书）
ISBN 978-7-5201-8418-2

Ⅰ.①江⋯　Ⅱ.①中⋯　Ⅲ.①县-地方政府-行政管理-体制改革-研究报告-江阴-2020　Ⅳ.
①D625.533

中国版本图书馆 CIP 数据核字（2021）第 096774 号

县域改革蓝皮书
江阴县级集成改革发展报告（2020）
——县域治理现代化探索

主　　编 / 中共江阴市委全面深化改革委员会

出 版 人 / 王利民
组稿编辑 / 邓泳红
责任编辑 / 宋　静

出　　版 / 社会科学文献出版社·皮书出版分社（010）59367127
　　　　　 地址：北京市北三环中路甲29号院华龙大厦　邮编：100029
　　　　　 网址：www.ssap.com.cn

发　　行 / 市场营销中心（010）59367081　59367083

印　　装 / 天津千鹤文化传播有限公司

规　　格 / 开　本：787mm×1092mm　1/16
　　　　　 印　张：26　字　数：389千字

版　　次 / 2021年5月第1版　2021年5月第1次印刷

书　　号 / ISBN 978-7-5201-8418-2

定　　价 / 168.00元

本书如有印装质量问题，请与读者服务中心（010-59367028）联系

▲ 版权所有 翻印必究

编委会

总 顾 问 许 峰 包 鸣

主 编 袁秋中

副 主 编 郭 诚 刁 衍 刘 锋 杨 赟

编写组成员（按姓氏笔画排列）

王大伟 王 锋 孔剑寒 许一鸣 陆志澄

邵 燕 姚徐江 董李锋 薛丁辉

摘　要

改革开放是决定当代中国命运的重大举措,也是决定实现"两个一百年"奋斗目标、实现中华民族伟大复兴的重大举措。2020年,作为江苏省唯一的县级集成改革试点、社会主义现代化试点之一,江阴市充分利用改革的窗口期与机遇期,全面落实习近平总书记视察江苏重要讲话指示精神,以"强富美高"和"争当表率、争做示范、走在前列"为总目标,聚焦破解体制性障碍、机制性梗阻、政策性束缚,锐意进取、合力攻坚,推动各领域各环节改革不断迈出新步伐,县级集成改革试点任务圆满完成,县域治理现代化"江阴样本"模样初现,县域治理"江阴标准"更趋完善,"集成改革第一县"的品牌美誉和影响力持续提升。

改革积累形成的宝贵经验是弥足珍贵的精神财富,对于新发展阶段推动"于变局中开新局"具有指导意义,为擘画新时代改革再出发新蓝图提供重要遵循。本报告聚焦县域治理现代化探索,对江阴市当好改革再出发排头兵的改革进程、改革实践与改革成效进行了深度观察与实证分析,并从系统化、整体化、协同化的理论分析视角,全面呈现了改革重点、展示了制度设计、归纳了特色做法、提炼了改革经验,进一步论证了系统集成改革方法论的可行性与有效性,进一步拓展了县域治理现代化的实践与理论研究路径,进一步丰富了县域改革的研究成果,为县域治理现代化提供了理论解读与参考示范,也为县域治理现代化总结了"江阴经验"。

本报告动态跟踪、系统总结了江阴市2020年县域改革的主要进程、创新做法、经验启示与对策建议等,分为总报告、专题篇、案例篇、评估篇、研究篇五部分。总报告综述江阴市2020年重点改革任务的推进背景、进展情况、显著成效、存在的问题与发展趋势。专题篇聚焦江阴市2020年"当

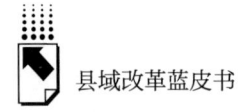

好改革再出发排头兵重点专项行动",用翔实的数据、丰富的案例,全面阐述江阴市在统筹推进"多规合一"、国资国企市场化、深化招商体制、农村住房建设、深化村社分离、撤村建居、健全公共卫生应急管理体系、深化综合行政执法改革、深化人才引育机制、构建公共安全体系等10项重点改革中的成效、经验、问题与优化建议等。案例篇围绕江阴市县域治理改革中的特色亮点,系统总结构筑环境保护"测管治"一体化新体系、"外贸融资宝"激活中小微企业融资活水、创新"互联网+"村级医疗互助新模式、集团化办学助力教育优质均衡发展、打造"户户通"三务公开的"江阴样本"、构建"最江阴"24小时在线服务智慧平台、创新实践县级交通运输综合执法体系、建设全民阅读社会化的"书香江阴"8个可复制推广的改革试点经验。评估篇聚焦一批带有方向性、先导性、根本性的改革项目,委托江苏省委党校、江苏省社会科学院、南京大学、东南大学、扬子江城市群智库等第三方研究机构,全面客观地评价改革项目、系统总结改革经验,并为下一步改革谋划发展思路。研究篇前瞻性地探讨县域公共安全体系的构建与愿景。

江阴市县域治理现代化的探索呈现系统谋划、整体推进、全面发力、多点突破的良好态势,改革形成了新亮点、新成效,并在改革事项完成后规范固化改革环节与流程,形成了一套县域治理的"江阴标准",固化了集成改革成果,打造了一批可借鉴、可复制的改革新成果,探寻了破解县域治理难题的新路径,构筑了县域治理现代化的新优势。

关键词: 集成改革 县域治理 江阴

Abstract

Reform and opening up is on the one hand a critical move to shape the destiny of China in modern times, and on the other hand a decisive strategy for the realization of the two centenary goals of China and the great rejuvenation of the Chinese nation. Jiangyin was selected as the only pilot city for county-level integrated reform and socialist modernization in Jiangsu in 2020. Jiangyin, acting on the guidelines set forth in the important speeches made by General Secretary Xi Jinping during his inspection tour to Jiangsu, aiming at building Jiangyin into a city with strong economy, well-off citizens, beautiful environment and high social civility level, and striving to be a leading example, a role model and a frontrunner, fully capitalized on the opportunities brought by reform. By breaking the institutional blocks and systematic barriezand introducing innovation into policy-making, Jiangyin forged ahead with unity and perseverance and made progress in reform in all respects and all links. Jiangyin has successfully met the targets set for the pilot city for county-level integrated reform. "Jiangyin Model" for modernized county governance has initially taken shape, "Jiangyin Standard" for county governance has been improved, and the fine reputation and influence of Jiangyin as the "No. 1 County of Integrated Reform" has been expanded.

The experience gathered from reform and opening up is invaluable, truly constructive for "breaking new grounds in an ever-changing world" in the new phase of development, and undoubtedly significant in mapping the blue print of reform in the new era. The Report focused on the modernization of county governance and contained an in-depth empirical analysis of the process, practice and achievements of Jiangyin in pursing further reform. From systematic, integrated and coordinated perspectives of theoretical analysis, the Report presented the key points of reform, systematic design, special practices and reform experiences from a holistic point of view. Moreover, the Report further demonstrated the feasibility and effectiveness of the methodology of systematic integrated reform, expanded the approaches of the practice and theory study of county governance modernization, and enriched the study results of county reform. The Report served as a theory interpretation and reference to the modernization of county governance, and offered "Jiangyin experience" in this regard.

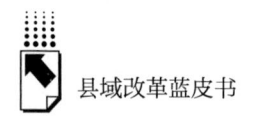

The Report, divided into five parts including the General Report, Special Reports, Case Studies, Evaluations and Studies, summarized the main process, innovative practices, experience and enlightenment, solutions and suggestions of county reform of Jiangyin in 2020. General Report presented an overview of the background, process, achievements, problems and development trajectory of Jiangyin in performing the key reform tasks in 2020. Special Report focused on the "Key Special Action Plan on Being the Frontrunner in Further Reform" of Jiangyin in 2020. By introducing substantial data and cases, this part expounded on the achievements, experience, problems and suggestions of Jiangyin in 10 areas including the promotion of multiple compliance, marketization of SOEs, improvement of investment attraction system, construction of rural houses, separated management of rural economic cooperation organizations and village committees, transformation of village committee to residents' community committee, improvement in public health emergency management system, deepened reform of comprehensive administrative law enforcement and talent introduction mechanism building public security system. Case Studies, centered on the features and highlights of Jiangyin in county governance reform, made a systematic summery on 8 replicable experience gained from the reform pilot projects such as the integrated system of "monitoring, management and treatment" for environmental protection, the "Financing Tools for Foreign Trade" to energize MSMEs, the new model of "Internet +" for medical mutual assistance at village level, promotion of educational equality via education groups, the new model for the management of rural capital, property and resource via "Hu Hu Tong" platform, "Zui Jiangyin" 24 – hour online smart service platform, innovation in county-level comprehensive law enforcement system for transportation and "Literary Jiangyin" to promote reading among all citizens.

Abstract

Evaluations provided comprehensive and objective comments on the reform projects, summarized the experience of reform and made development plans for further reform by entrusting third-party research institutes including Jiangsu Provincial CPC School, Jiangsu Provincial Social Science Academy, Nanjing University, Southeast University, Yangtze River Urban Cluster Think Tank among others to study a batch of directive, leading, and fundamental reform projects. Studies discussed the building and vision of county public security system with a forward-looking approach.

Jiangyin's exploration in county governance modernization showed sound momentum with systematic planning, all-round promotion, integrated efforts and multiple breakthroughs, and the reform in itself generated new highlights and achievements. After the completion of reform projects, a whole set of "Jiangyin standard" for county governance was formulated with more standardized reform process, which further consolidated the achievements in integrated reform, yielded a number of replicable and instructive reform achievements, blazed a new path for overcoming the difficulties in county governance, and brought forth new advantages for the modernization of county governance.

Keywords: Integrated Reform; County Governance; Jiang yin

目 录

Ⅰ 总报告

B.1 打造县域治理现代化"江阴样本"
——江阴县级集成改革的再出发与新实践
………………………………………………… 联合课题组 / 001
一 江阴推进县域治理现代化的背景 ……………………… / 002
二 江阴县域治理现代化的探索与创新 …………………… / 007
三 江阴县域治理现代化存在的问题与挑战 ……………… / 024
四 推进县域治理现代化的未来展望 ……………………… / 027

Ⅱ 专题篇

B.2 江阴市统筹推进"多规合一"改革研究报告
……………………………………… 张 斐 张亚梅 徐 祯 / 033

B.3 江阴市国资国企市场化改革研究报告
……………………………………… 张海红 吴 健 孔剑寒 / 047

B.4 江阴市全面深化招商体制改革研究报告
……………………………………… 徐立刚 夏晨佳 申静文 / 061

B.5 江阴市农村住房建设改革研究报告
……………………………………… 严军明 过中杰 薛丁辉 / 075

001

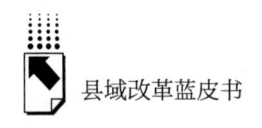

B.6 江阴市深化村社分离改革研究报告
　　……………………………… 万小溪　陆新梅　辛要宾 / 088
B.7 江阴市撤村建居改革研究报告……… 吴春华　吴　琦　许一鸣 / 103
B.8 江阴市公共卫生应急管理体系改革研究报告
　　……………………………… 谈海平　俞勤龙　邵　燕 / 115
B.9 江阴市综合行政执法改革研究报告
　　……………………………… 唐卫娟　吴雪波　董李锋 / 127
B.10 江阴市人才引育机制改革研究报告
　　……………………………… 冯　海　周　洋　唐宗宜 / 140

Ⅲ　案例篇

B.11 构筑环境保护"测管治"一体化新体系 …… 姚京君　刁　衍 / 155
B.12 "外贸融资宝"激活中小微企业融资活水 …… 董李锋　刘　锋 / 162
B.13 创新"互联网+"村级医疗互助新模式 …… 唐宗宜　杨　赟 / 167
B.14 集团化办学助力江阴教育优质均衡发展 …… 许一鸣　徐前锋 / 173
B.15 "户户通"三务公开的"江阴样本" ……… 王　锋　王大伟 / 179
B.16 构建"最江阴"24小时在线服务智慧平台 … 孔剑寒　姚徐江 / 185
B.17 创新实践县级交通运输综合执法体系
　　…………………………………………… 邵　燕　缪　慧 / 192
B.18 建设全民阅读社会化的"书香江阴" ……… 戴南京　陆志澄 / 198

Ⅳ　评估篇

B.19 开发开放体制改革评估报告 …… 江苏省社会科学院评估课题组 / 203
B.20 城乡发展一体化改革评估报告
　　………………………………… 江苏城市智库评估课题组 / 226

B.21 生态文明体制改革评估报告 ………… 南京大学评估课题组 / 256

B.22 基础教育集团化办学改革评估报告
………………………… 江苏省委党校评估课题组 / 280

B.23 紧密型医联体建设改革评估报告
…………………… 江苏省社会科学院评估课题组 / 305

B.24 推动公用事业领域市场化改革评估报告
………………… 江苏扬子江城市群智库评估课题组 / 329

B.25 深化三务公开"户户通"改革评估报告
………………………………… 东南大学评估课题组 / 355

Ⅴ 研究篇

B.26 县域公共安全体系的构建与愿景
——以江阴市为例
………………… 唐　钧　龚琬岚　刘东来　张　芳 / 377

总 报 告

B.1
打造县域治理现代化"江阴样本"

——江阴县级集成改革的再出发与新实践

联合课题组*

摘 要： 县域治理是推进国家治理体系和治理能力现代化的重要组成部分。自2017年成为江苏省县级集成改革试点、2019年成为社会主义现代化建设试点以来，江阴全面贯彻落实习近平总书记"系统集成、协同高效"的改革方法论，在各项改革试点和创新探索业已取得成效的基础上，瞄准制约江阴经济社会发展的长期性、根本性问题，明晰改革再出发思路，凝聚

---

* 联合课题组：蒋佳林，中共无锡市委党校教授；刁衍，江阴市委办副主任、改革办副主任；刘锋，中共江阴市委党校（改革发展研究院）常务副校（院）长；王大伟，江阴市璜土镇党委委员；邵燕，博士，高级讲师，中共江阴市委党校（改革发展研究院）市情研究室主任，主要研究方向为社会治理、新型城镇化、乡村振兴；王锋，高级讲师，中共江阴市委党校（改革发展研究院）市情研究室副主任，主要研究方向为党史党建。

改革排头兵意志，着力在制度建设、体制创新、机制完善等方面增创新优势、实现新突破，江阴县域治理能力明显提升，治理水平显著提高，初步构建了系统完备、科学规范、运行有效的县域治理体系，成为江苏全国改革发展的排头兵。

关键词： 县域治理　集成改革　江阴

自十八届三中全会以来，党中央在深化改革成果的基础上，不失时机推进重大全局性改革，全面深化改革取得新的重大进展。江阴是新时代全国县域发展的一面旗帜，处在全国县域经济的塔尖位置。近年来，江阴以承担江苏省县级集成改革试点为契机，瞄准系统集成方向，聚焦重点领域和关键环节，推动各领域改革协同并进，顺利完成江苏省委、省政府赋予的县级集成改革试点任务；徐霞客镇"1＋4"基层治理新模式在江苏省各镇街复制推广；两批16项改革经验在无锡全市推广；集成改革试点入选"改革开放40年地方改革创新40案例"和《中国改革年鉴（2019）》，江阴被誉为"集成改革第一县"。2019年，江阴又被江苏省委、省政府确定为6个社会主义现代化建设试点县（市）区之一，肩负起为社会主义现代化建设探路的政治重任和发展重任，高位谋划、创新实施、务实推进，不断探索县域社会主义现代化的有效路径。当前，改革又到了一个新的历史关口，江阴的改革历久弥新、唯实惟先，必须以习近平总书记2020年视察江苏时提出的"两争一前列"重要讲话指示精神为指引，继续扛起改革大旗，着力提高改革的战略性、前瞻性和针对性，努力当好改革再出发排头兵，为新时代县域高质量发展提供坚强保障，为江苏省全国社会主义现代化建设提供"江阴样本"，更加自觉、更富创造性地推动江阴实践，做出江阴贡献。

一　江阴推进县域治理现代化的背景

"十三五"时期，江阴以县级集成改革与社会主义现代化建设试点为契机,在县域治理现代化探索方面走在前列、率先示范,走出了具有时代特征、区域特色、江阴特点的县域治理现代化之路。"十四五"时期,要实现县域高质量发展、持续保持全国县域发展排头兵地位、成为新时代改革开放新高地,必须准确把握历史方位和自身定位、科学研判未来发展的宏观环境,固强补弱、锐意创新,勇当新时代县域高质量发展的排头兵、社会主义现代化建设的先行军、区域一体化发展的领跑者。

(一)应对宏观环境深刻变化的必然要求

当前和今后一个时期,中华民族伟大复兴战略全局和百年未有之大变局相互交融,江阴未来发展的内外部环境将发生深刻复杂的重大变化。

1. 新发展阶段明确现代化建设目标

作为江苏省现代化建设试点地区之一,江阴已开展了诸多探索,取得了显著进步,成功打造了现代产业体系、民富村强、长江生态安全示范区、县域治理现代化"四个样本",在率先实现社会主义现代化上作出江阴示范。处于历史更替的交汇点,江阴应着眼社会主义现代化建设大局,充分放大社会主义现代化试点先行先试优势,高点定位、系统谋划,找准战略目标,明确战略抓手,充分展现江阴现代化建设的温度、高度和力度,在率先实现现代化新征程中做出示范引领。

2. 新发展理念指引高质量发展方向

新发展理念着眼于解决高质量发展中存在的发展不充分不平衡问题,开出了具有统领性、指导性、战略性的"药方",为县域治理现代化提供了根本遵循。江阴作为全国县域发展标杆,连续两年GDP超过4000亿元,持续领跑高质量发展完全有能力、有底气、有条件,理应在深化县域治理现代化进程中,继续高举习近平新时代中国特色社会主义思想伟大旗帜,对照上级要求,对标先进地区,坚持崇尚创新、注重协调、倡导绿色、厚植开放、推动共享的新发展理念,整体推进、精准发力,促进发展规模、速度、质量、结构、效益、安全相统一,努力开创江阴高质量发展新境界。

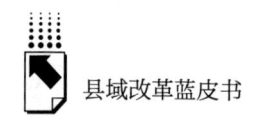

3. 新发展格局提出全方位开放命题

加快构建以国内大循环为主体、国内国际双循环相互促进的新发展格局是江阴谋划未来发展的重要战略。面对经济全球化遭遇逆流、外部需求明显收缩的外部环境，以及扩大内需成为战略基点、区域自由贸易加快推进带来的机遇，江阴应切实在依托长江经济带、面向太湖科创湾、深度融入长三角、精心布局"十四五"中找准坐标、选准方位、瞄准靶心，充分放大综合实力强、百姓生活富、区位交通好、开放程度高等比较优势，积极探索融入新发展格局的有效路径，推动市内循环与省内循环、长三角循环、国内循环有效衔接，奋力成为大循环、双循环中"承上启下、联通内外、不可替代"的重要环节。

（二）赢得县域竞争新优势的必然选择

经过"十三五"的接续奋斗，江阴综合实力和发展水平跃上新台阶，"强富美高"新江阴建设取得了阶段性成果。未来，江阴既面临战略机遇叠加带来的重大契机与广阔空间，也面临竞争与合作关系复杂、虹吸与辐射交织等风险挑战。

1. 重大战略进入加速落地期，政策效果影响力不断显现

近年来，国家统筹部署的重大发展战略不断加速落地，对江阴经济社会发展产生了根本性影响。"一带一路"倡议拓展了对外开放思路，赋予江苏交汇点建设定位，为江阴继续"走出去"指引了新路子；长江经济带战略改变了沿江地区重发展、轻环保的传统发展模式，对江阴更好利用沿江资源、发展沿江产业、优化沿江生态提出了新要求；长三角一体化战略重构了"三省一市"的竞合格局，江苏省江海河湖联动发展格局加快构建；苏锡常一体化、锡常泰跨江融合发展、锡澄一体化更加紧密，进一步优化了区域产业布局和资源要素配置。江阴应抢抓国家和区域重大战略加速落地的难得机遇，主动对接、用好上位政策，争取更多战略资源、战略平台落地江阴，借力实现高质量发展。

2. 机遇挑战进入多重交汇期，趋利避害主动性亟待增强

对照新形势、新要求与新目标，江阴县域治理水平与经济领跑优势不匹

配，长远发展面临一些突出问题和挑战。产业结构和产业层次总体偏低，科技创新体系和创新能力亟待提升，重点领域改革任务艰巨，基础设施建设仍需提速，生态环境整治任重道远，民生领域短板有待补齐，公共安全领域风险防范化解需要加强。多重风险隐患交织叠加倒逼江阴深刻认识当前社会主要矛盾带来的新特征新要求、错综复杂宏观环境带来的新矛盾新挑战，主动增强机遇意识和风险意识，准确识变、科学应变、主动求变，开创新局。

3. 城市发展进入品质提升期，资源要素重要性日益突出

近年来，江阴以建设现代化滨江花园城市为总目标，精美规划、精心建设、精细管理，在城市面貌和品质上有较大提升。但与周边城市相比，江阴在城市形态、功能、品质、管理等方面仍然存在诸多不足。城市功能尚未突破原有框架，以分散组团布局模式为主；城市开发强度过高，产城融合不紧密，服务功能局部缺失；集镇区城市功能品位不高，村庄总体布局分散，缺少乡村之美、田园之韵。江阴必须以科学的思维优化城市空间布局、持续增强城市功能，提升政策、平台和人才的张力和吸引力，增强县域首位度、辐射力和宜居值，让城市功能更加完善、特色更加鲜明、管理更加精细、品位更加高端。

（三）进一步深化县域治理的必然之义

江阴作为改革开放重大典型之一，过去成就源于改革，当下的发展得益于改革，未来的辉煌也必将维系于改革。江阴要继续保持改革定力，从矛盾最突出、改革呼声最高、人民需求最迫切的问题上集中攻坚、重点突破，放大集成改革示范效应，重塑改革新优势，形成改革新风景。

1. 全面深化改革始终处于正在进行时

党的十八届三中全会以来，全面深化改革经过前期夯基垒台、立柱架梁，中期全面推进、积厚成势两个阶段的发展，当前改革的重心和着力点已转向系统集成、协同高效，巩固和深化改革成果，推动各方面制度更加成熟、更加定型。基于此，江阴在探索实践县级集成改革试点的进程中，将改革任务划分为"重点突破、构建体系，合围攻坚、提升能力，深化总结、

可供复制"三个阶段，围绕县域治理现代化目标，持续深化社会主义现代化试点建设，为进一步深化改革奠定了坚实基础。要当好改革再出发的排头兵，江阴仍需深化系统集成改革方法论，全面提升县域治理的科学化、精准化水平；进一步深化力量集成，加强政府、市场、社会、群众等多方力量融合，在多元主体共建共享中，全力开创富足安康、充满活力、和谐有序的社会发展新局面。

2. 集成改革试点探索形成改革方法论

县级集成改革推进以来，江阴从体制机制和政策措施等方面全面推进县域治理体系和治理能力现代化，探索出诸多具有方法论创新价值的改革成果。如制定出台"7+2"改革制度体系①；科学谋划改革18项工作推进机制②；系统构建县域治理"1+5"总架构，充分体现了各项改革举措的综合配套、协同推进，实现了"1+1>2"的"叠加效应"。同时，以承担江苏省社会治理综合标准化试点为契机，推进改革标准化建设，目前已形成884项县域治理标准，其中自有标准拥有率近90%，两项江阴标准上升为省级标准，社会联动救助获批国家基本公共服务标准化试点，初步构建了县域治理体系的"江阴标准"。

3. 打造改革新高地亟须深化改革再出发

江阴始终坚持顶层设计和基层探索相结合、改革出题和实践破题相衔接，有针对性地研究制定2020年改革任务，构筑"1+10+X"改革体系，以改革牵引和效果指向助力高质量发展。"1"即《江阴市当好改革再出发排头兵三年行动计划（2020~2022）》，明确了55项3年目标、44项年度工作重点，确定改革施工图、任务书和时间表。"10"即《江阴市当好改革再

---

① "7+2"改革制度体系："7"指行政管理体制改革、经济体制改革、生态文明体制改革、开发开放体制改革、社会事业体制改革、城乡发展一体化体制改革、加强党的建设制度改革方案；"2"指改革工作推进机制、改革宣传工作方案。

② 江阴在集成改革中，统筹改革项目谋划、协调、督查、评估、考核、宣传等关联要素，形成了调查研究、咨询论证、党委讨论、分级审议、签订责任状、项目领衔、例会推进、公众参与、督查督办、三方约谈、台账管理、限时办结、信息发布、智库支持、任务销号、第三方评估、绩效考核、总结宣传18项工作推进机制。

出发排头兵2020年工作要点》中明确的"多规合一"、国资国企市场化、招商体制、农村住房建设、村社分离、撤村建居、公共卫生应急管理体系、综合行政执法、公共安全体系、人才引育机制和公共安全体系建设等10项重点专项行动。"X"即同步实施的其他重点改革和配套改革。通过政策集成强化改革系统集成、协同高效，聚焦发展所需、基层所盼、民心所向，更深层次推进改革创新，为高质量发展扩展新空间、增添新动能。

二 江阴县域治理现代化的探索与创新

江阴围绕推进县域治理体系和治理能力现代化的重大战略任务，突出目标牵引、问题导向和效果考核，以大无畏勇气推进县级集成改革试点、社会主义现代化建设试点，优质高效完成改革试点任务，形成了鲜活改革经验。

（一）以党的领导为统领，持续夯实本固基强的组织保障

推进国家治理体系和治理能力现代化，关键在党。只有把强化党的政治功能与激发治理活力统一起来，县域治理才能有魂有魄、有力有效。在深化县域治理进程中，江阴始终把坚持党的全面领导贯穿县域治理全过程，将党的建设制度改革作为灵魂工程和动力保障，常抓不懈，实现了党对社会治理工作的高位统领、高质统筹和高效推进。

1.推动组织功能"多点联动"

坚持"纵向联动、横向协同"，全面提升组织力。纵向到底实行网格化组织设置，将"支部建在网格上"，在基层网格建立党支部，在先锋驿站建立党小组，系统构建了"镇街党（工）委—村（社区）党组织—网格党支部—先锋驿站党小组"的四级党建组织设置，推动党员信息、组织设置、活动场所等党建资源要素全部入网入格，让党的工作、党的活动、党的建设以网格为基本阵地，"基层党建+社会治理"的双网融合进一步增强了网格治理实效。横向到边实行联盟化组织覆盖，创新实施"两新"组织"红色领航"工程，推进组织"百分百"、队伍"350"、阵地"十百千"等三项计划，积极推动成

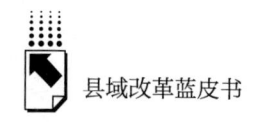

立社会组织党建联盟、组建跨区域党建联盟，如妇联组建江阴女性公益联盟和女性社会组织党建联盟；科协建成涵括116家企业的企业科协联盟；团市委创新推行"区域化团建＋"工作模式；总工会打造"互联网＋工会"新模式；市残联创新打造"心语"法律助残志愿服务品牌；高新区青阳园区、月城镇、青阳镇共同成立"融建共同体、发展急先锋"党建联盟，着力探索共建共促共赢的区域化党建新格局。江阴—靖江工业园区拓展组建两地上市公司跨江党建联盟，以党的建设引领推动高质量跨江融合发展实验区建设。

2. 创新党建机制"融合互动"

健全三级联动体系，市级层面调整优化市委党的建设领导小组成员单位，增加编办、人社、财政、住建、市场监管、税务等部门。街道层面调整优化内设机构，整合组、纪、宣、统、群团资源，成立党群办公室。社区层面减负增效，严格落实工作事项准入制度，清理规范职能部门延伸到社区的工作机构、信息系统和挂牌。统筹区域党建资源，持续深化街道"大工委制"和社区"大党委制"，不断做大"红色朋友圈"，通过大事共议、实事共办、要事共决、急事共商、难事共解"五事联办"制度，实现街道社区与驻区单位共驻共建互联互动。创新建立党员联户"1＋10＋N"制度，以1名先锋党员联系10名左右党员、N户身边群众，把党员先锋模范作用发挥到实处。在新冠肺炎疫情防控期间，全市2615个先锋驿站近3000名先锋党员带头联系党员2.7万余名，联系身边群众3.9万余人，筑牢疫情联防联控的坚实阵地。党员联户制度在无锡全市推广，并成功入选全国城市基层党建创新案例。创新实施农村党务村务财务联管，在江苏省率先建成农村三务公开"户户通"平台，确保农民群众的知情权、参与权、监督权。

3. 激励干事创业"导向带动"

勇于为干事者担当，制定出台"鼓励激励、容错纠错、能上能下"实施办法，近年来，运用"三项机制"鼓励激励1818人，创新风险备案43项，容错纠错12项，3名市管干部因"德"的问题降职免职。疫情防控期间，制定关于激励全市党员干部打赢疫情防控阻击战的"8项举措"，对表现突出、成效显著的一批公务员给予职级晋升，进一步营造"鼓励想干事、激励能干事、奖励干成事"的制度环境。建立村（社区）工作者保障激励机制，作为江苏省委组织部确定的无锡地区唯一村书记专职化管理试点单位，江阴在村级层面制定了村党组织书记县乡共同管理实施方案，推行村书记"专职五级"管理；在社区层面制定构建社区工作者"星级＋薪级"职业体系实施意见，进一步夯实党建工作基础。完善调整"社保基数＋缴纳企业年金＋选任事业岗位"三重激励，先后选任30名优秀村（社区）书记转入镇街事业编制，进一步拓宽干部来源渠道，树立干事创业的风向标。

（二）以动能转换为目标，持续构建支撑高质量发展的现代产业体系

江阴始终践行新发展理念，坚定不移实施产业强市主导战略、创新驱动核心战略，坚持以智能化、绿色化、服务化、高端化为方向，持续推动质量变革、效率变革、动力变革，实现全国县域经济基本竞争力"十八连冠"、中国工业百强县"四连冠"。

1. 树立产业政策"风向标"

坚持把产业作为经济发展最重要基础，针对江阴产业结构偏重、产业形态偏散、产业动能偏弱的现实问题，在出台一系列产业政策礼包的基础上，加快编制江阴全市现代产业发展规划，积极谋划研究"十四五"时期乃至更长一段时期的产业发展方向，做优做强高端纺织服装、石化新材料、金属新材料等3个千亿级支柱产业链，大力发展新能源、集成电路、高端装备、生物医药等4个战略性新兴产业集群，积极布局5G通信、智能制造、节能环保、现代物流、健康文旅等5个未来产业，建立健全链长制，加速形成重大产业链群，夯实现代化建设的产业根基，打造现代产业发展新高地，为产业转型发展指明方向、提出要求。大力实施"东西互搏"战略，发挥重点园区的产业主阵地作用，以产业政策引导园区依托自身产业基础，集聚特色产业，打造差别优势，推动东部江阴高新区争先进位，加快跻身国家级高新区40强；推动西部临港开发区提级升格，加快争创国家级开发区；推动江阴—靖江工业园区进一步深化江阴、靖江两市融合发展协调机制，努力创建

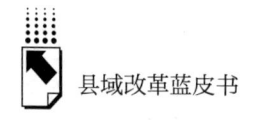

江苏省高质量跨江融合发展实验区。2020年，江阴地区生产总值达4100亿元，各类市场主体达26.4万家，四大类中国500强企业数、上市公司数继续名列全国同类城市第一。

2. 建设科技创新"充电桩"

围绕建设国家创新型县市总目标，坚持突出科技创新的第一驱动力作用，加快推进创新江阴建设，推动科产城人深度融合。强化政策导向，实施精准扶持，连续实施科技创新组合新政，不断加大对产业创新和企业创新的支持力度。坚持"南征北战"战略，以锡澄协同发展区为中心，整合国内一流资源，启动建设霞客湾科学城，努力打造智慧互联之城、绿色生态之城、青春时尚之城、未来科技之城；以霞客湾科学城、苏南国家自主创新示范区核心区、江阴数字创新港"一城一区一港"，助力实现新一轮发展的"千凤还巢""花开满园"。以产业技术创新联盟、产业技术研究院、技术转移中心、众创空间为主体打造的协同创新平台体系不断完善，截至目前，江阴累计拥有国家集成电路封测高新技术产业化基地等国家特色产业基地8个、国家级科技企业孵化器3家、国家级科技企业加速器1家，建成诺奖得主研究院7家、产业技术研究院4家、院士工作站54家，建成江阴金属材料创新研究院、中科院集成电路研究院江阴设计创新中心等新型研发机构，科技成果转化为现实生产力的产业化通道加速形成。推动更多企业成为技术创新决策、研发投入、科研组织和成果转化的主体，持续打造由龙头企业带动、产业链上下游企业共同发展的"科创企业森林"。截至目前，江阴高新技术企业总数达650家，累计制修订国际、国家、行业标准88项，中国驰名商标达56个，双良集团、法尔胜集团获"中国工业大奖"，阳光集团获"中国质量奖"。

3. 构筑资源要素"蓄水池"

坚持不懈营造识才用才、引才聚才的创业环境，创新实施"暨阳英才计划"，包括1.0版23条和升级版21条，配套出台10项实施细则，形成全视角引才、全链条育才、全方位用才的人才政策体系。打响"智汇江阴"海外聚才、"才聚江阴"国内招才、"聚智江阴"柔性用才、"育智江阴"

本土育才等四大活动品牌，建成全国唯一设在县级市的中国国际人才市场分市场，新建江阴市人力资源产业园，各类人才数量达到43.16万。建成中国（江阴）海外引才引智工作站22家，在国内一线城市和欧美发达国家布局建立异地孵化器，在上海、深圳、瑞典建成三家"人才科创飞地"，江阴连续14年被评为江苏省人才工作先进县市。以科技信贷为重点创新开展科技金融合作，建立"澄科贷""锡科贷""苏科贷"三级风险补偿资金贷款体系，新建江苏省科技企业融资路演服务中心江阴分中心，设立中小微企业信贷风险补偿资金池，专项解决中小微企业融资难、融资贵问题，近五年累计向科技型中小微企业发放各类贷款超过64亿元。落实江阴"惠企政策25条"，据统计，2020年江阴降低实体经济企业经营成本约70亿元，累计兑付产业强市资金2.4亿元。

（三）以人民满意为标准，持续提升便捷高效的政务服务

江阴始终坚持以优化营商环境为目标，以敬民之心行简政之道，持续推进"放管服"改革，下放权限、重构体制、整合资源，全力营造简约便民、阳光高效的政务环境，用政务服务的"辛苦指数"换取企业群众的"满意指数"，切实提升市场主体和办事群众的获得感。

1. 跑出行政审批"加速度"

在巩固"2440"成果的基础上，持续发力提升审批效能，实现"1220"行政审批新速度。组建"0.5天快手服务队"，企业开办专区"一窗式"集中办理，实现全程电子化和纸质材料设立同时开展，印章刻制和银行开户同步进行，税务填报和套餐领取无缝对接，审批时效压缩67%，固化企业开办1个工作日完成模式，努力实现企业开办全链通办理0.5天完成，个体工商户开业登记"秒批"，2020年有7093件实现0.5天完成。以信息集成、流程集成、人员集成为手段，通过上线不动产业务集成平台系统，打通7个部门九大业务系统的数据壁垒，推出"外网申请、内网审核、现场核对、即时领证"的不动产线上登记服务，优化窗口设置，减并业务环节，全面实现不动产登记业务"一窗在线受理、并行协同预审、20分钟现场办结"

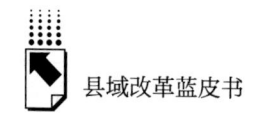

的新模式。完善全链条工程项目审批模式，通过快速联审联批、批后跟踪保障、协同权证办理，加速工业项目全流程审批。探索实施施工图"自审承诺制"和"事后审查制"，在推动无锡市首个"拿地即开工"项目落地基础上，延伸形成"报建即开工"和"报建即拿证"操作办法，为企业节省更多宝贵时间。

2. 打造便民利企"政务 MALL"

以"办事零障碍、服务零距离"为目标，少说"不能办"，多想"怎么办"，最终"能办成"。推进"一窗通办"。建成江苏省第一台综合自助政务机器——"澄事之窗"，建立推广24小时自助服务区，向各镇街、乡村、人员密集场所投放100台自助服务机，实现100个政务服务事项可在自助机办理，打造全市15分钟自助服务圈。推进"一门全办"。以"只进一扇门"为目标，通过进驻实体大厅、委托收件、进驻（设立）分中心、全程网办"不见面"等多种形式，持续推进相关事项进驻政务服务大厅；在政务服务大厅科学设置综合受理窗口，通过"前台综合受理、后台分类审批、统一窗口出件"，实现政务服务事项"无差别全科受理"。推进"一事专办"。梳理"我要办运输公司""我要办灵活就业参保""我要开小饭馆""我要开书店"等100多项"一件事"事项清单。在市场准入和投资建设领域开设"一件事"专窗，开发套餐式服务，由"办理一个事项"转变为"办成一件事"，推动政务服务跨部门、跨层级、跨区域协同办理。推进"一网通办"。政务信息资源接入部门全覆盖，完成9个新建信息化系统接入。成功打通无锡市、江苏省数据共享物理通道，成为首个与省平台对接的县级大数据中心。2020年大数据平台累计接入超16.9亿条，累计交换79.2亿条。依托政务服务网和"最江阴"手机App，统一网上政务服务出入口，建立统一用户中心，政务服务"不见面"审批事项由90%提高至95%以上。

3. 推进行政执法"大综合"

在构建"五个一"综合行政执法模式基础上，持续提升综合执法能力和治理水平。全面整合基层执法力量，整合澄江街道综合执法局与市综合行政执法局澄江大队，真正实现各镇街一支队伍管执法。全面强化综合执法队伍监督考核，积极落实行政执法公示、执法全过程记录和重大行政执法决定法制审核制度，"三项制度"实施率达到100%。优化综合执法信息与集成指挥平台对接，以市集成指挥平台为基础，进一步整合接入市综合执法系统以外的市级综合执法各部门的执法资源系统，建立跨部门联合执法创新模式，以一大平台（市集成指挥平台）与八大执法系统（1个市综合行政执法系统＋7个市级综合执法部门执法办案业务系统）共同构建互融互通、信息共享、统一指挥、高效监督、协调顺畅的综合指挥体系。自2018年3月赋权清单下放至2020年底，综合执法平台共受理各类事件近50万件、实际处置超49.9万件，处置率为99.97%。深化综合网格、专属网格和其他部门各类事务管理网格的大融合，目前全市共有274个二级网格、1123个三级综合网格和138个专属网格，为治理体系平稳运行夯实工作基础。在全市探索形成"以党的建设为引领、以全要素网格为基础、以智能化应用为支撑、以多元共治为核心、以高效治理为目标"的网格化治理创新体系，横向联结83个市级机关部门、群团协会、企事业单位，纵向贯通17个镇街269个村（社区），汇聚全市人口管理、公用设施、社会保障、城市管理、安全生产等29个重点部门的数据，实现了社会治理联动全覆盖、社会治理力量全参与、社会治理数据全集成、社会治理系统全融合。

（四）以优化配置为关键，持续推进资源集约高效利用

为破解县域资源总量少、红线多、供需不均衡等现实问题，江阴始终坚持以市场为导向，以优化配置为关键，深入推进土地资源、工业资源、城乡资源等各类资源的统筹优化和集约高效，不断提高资源利用能级和利用水平。

1. 实行国土空间"依规统领"

坚持从战略和全局出发，深入推进土地资源供给侧结构性改革，以高水平国土空间规划引领高质量城市发展。科学划定"三区三线"，持续深化"多规合一"，有力推进总体规划和详细规划、相关专项规划有机衔接的分级分类国土空间规划体系建设，实施以"三线一单"为核心的生态环境分区管控体系，形成全市国土空间开发保护"一张图"。严格落实耕地数量、

质量、生态"三位一体"保护,确保耕地和基本农田面积不减少、用途不改变。持续推进一本规划、一套体系、一个平台、一套机制的"四个一"重点工作,促进全市底图底数统一、部门事权边界清晰、部门信息共享协同、项目审批规范高效。精心编制《江阴市国土空间总体规划(2020~2035年)》,进一步优化城市空间结构,打造滨江产业城市提质发展带、中部产业提升发展带、南北协同创新发展轴,构建两带一轴"干"字形全域发展新格局,形成主体功能明显、优势互补、高质量发展的国土空间开发保护新格局。2020年共为民生工程和重点重大项目供地2507亩,推动国土空间开发保护更高质量、更有效率和更可持续。

2. 实施工业用地"以亩论效"

坚持紧凑空间、精明增长发展理念,深化推进"亩均论英雄"改革。以工业企业资源利用绩效评价和资源要素差别化配置为抓手,建立"5+1"① 评价指标体系和"4+T"② 企业分类指标,根据初评结果,江阴参评企业共计6695家,累计占地14.3万亩,初步划定A类企业794家,B类企业3759家,C类企业1427家,D类企业285家,T类企业430家,基本摸清工业经济家底。采取"激励"与"倒逼"双向发力方式,根据评价结果从项目扶持、财税、金融、土地供应、环保、能源、水电气价等7个方面对企业开展分类施策,目前已为A类企业增补资金近400万元、节约土地出让金7488万元、累计减税1995万元;对D类企业合计征收差别化水电气价970余万元,顺利实现绩效评价由"评"到"用"的延伸,引导企业践行新发展理念,推动资源要素向高税收、高产出、高技术、高成长性企业集聚。严格落实新开工建设用地项目预审制度,鼓励企业建设"楼宇工厂"、多层厂房或入驻标准厂房,有序推进批而未供、供而未用土地的利用与处置,提高存量建设用地在土地供应总量中的比重,力争用最小的国土空间、最少的资源消耗、最低的污染排放,实现最大的发展效益,不断推动经济提

---

① "5+1"即亩均销售、亩均税收、单位能耗销售、单位能耗税金、单位主要污染物税收等5项指标,以及1个突出贡献加分项。

② "4+T"即A、B、C、D类和T类(暂不评价类)。

质增效升级。

3. 实现城乡建设"一体融合"

坚持以城乡融合高质量发展为抓手，统筹推进新型城镇化和乡村振兴。全面完成"多规合一"实用性村庄规划编制，统筹城乡用地布局，实施城乡建设用地增减挂钩，以集中连片、整村推进方式实行土地综合整治，推进城镇低效用地再开发，2020年累计完成低效用地再开发面积2208亩。制定出台集体经营性建设用地入市政策，推广土地一二级联动、弹性出让、先租后让等开发模式，探索收储、统租、村企自改、村企合作、单一主体归宗等多样化改造模式。大力实施农村住房建设改革，聚焦打造"新江南人家"目标定位，在蒲市村等6个行政村先行试点基础上，全面启动41个自然村农村住房建设改革试点工作，目前累计开工2286户，竣工1990户。完善城市资源对乡村的辐射带动机制，推动科技、人才、信息等公共资源在城乡间均衡配置，促进教育、医疗、养老等城乡公共服务均等化。连续三年开展农村人居环境整治提升，以"一推三治五化"为主要内容，持续推进农村住房和美丽乡村建设，全面治理农村垃圾、污水、河塘，加快实现厕所净化、道路优化、路灯亮化、村庄绿化、管理长效化，推动农村人居环境真改善、大提升、上台阶，2020年江阴市财政拿出5000万元专项资金进行以奖代补，农村基础设施村级投入达5.56亿元。引导金融资源向农村倾斜，推动江阴浦发村镇银行与勤丰村等5个试点村签订战略合作框架协议，每村授信5000万元，有力推动了乡村振兴和城乡融合发展。

（五）以融通融入为导向，持续打造高水平对外开放新境界

江阴始终坚持"内外联动、双向互济"的发展理念，主动服务国家开放大局，积极抢抓"一带一路"、长江经济带、长三角一体化等重大国家战略新机遇，不断创新对外开放体制机制，持续提升对外开放质量水平。

1. 多圈层融入区域一体化格局

主动承接长三角一体化国家重大战略机遇，研究出台落实长三角一体化发展规划纲要的《江阴行动方案》和《江阴市推进长三角一体化当好区域

发展排头兵三年行动计划（2020~2022年）》，瞄准打造综合交通枢纽区、先进制造核心区、科技创新先导区、绿色发展标杆区、公共服务协同区和体制创新样板区"六大特色区"，持续提升江阴作为长三角区域重要节点城市的地位和能级。以深度对接上海为核心，积极对接张江科学城、漕河泾开发区等载体平台，布局科创飞地，推动形成上海研发创新—江阴中试制造的产业链协同发展格局。2020年5月，江阴高新区（上海张江）科创孵化器揭牌，成为无锡市首家驻沪"科创飞地"。加强与黄浦区等上海各板块战略合作，以及与上海港等交通功能载体的联动，主动参与G42沪宁沿线创新带和南沿江县域经济科创走廊建设，进一步融入以上海为龙头的长三角科技创新体系。积极探索与上海"跨省通办"政务服务新模式，目前第一批"跨省通办"事项中，已实现在上海办理医疗、养老、公积金等民生事项50余项。积极推进锡澄协同发展，健全一体化发展体制机制，启动编制锡澄协同发展区规划，启动霞客湾科学城核心区规划建设，开工建设南沿江铁路江阴段、第二过江通道、锡澄城际轨道交通工程，稳步推进盐泰锡常宜铁路，打造锡澄运河公园样板段，加快锡澄一体化进程。

2. 多领域增创对外开放优势

积极参与"一带一路"交汇点建设，制定出台《支持企业参与"一带一路"建设和深化产能合作的政策意见》，全面提升外向型经济发展能级，服装基地被认定为国家外贸转型升级基地。加快培育以技术、品牌、质量为核心竞争力的外贸新优势，现有江苏省重点培育和发展的国际知名品牌（2020~2022年）32个，品牌数量和质量位列江苏省县级市第一。加快推进国家级综保区建设、江苏跨境电商特殊区域出口首单落地，设立江苏首个跨境电商进口商品区外保税展示中心，引进德国顺丰、洋码头等龙头电商企业及中国供销集团进口商品展示交易平台；药品口岸、进口肉类查验场地成功获批。突出招大引强、集群承接、沿链引进，大力引进世界500强、知名跨国公司和创新型企业，创新利用外资形式，实际利用外资数量连续四年位列江苏省县级市第一。积极引导本地企业参与"一带一路"国际经贸合作，海澜集团、兴澄特钢、模塑科技、阳光集团、贝德服装等一批"走出去"

企业在境外扎稳脚跟，通过建工厂与建市场、产能输出与模式输出、境外投资与资源反哺相结合，实现了"走出去"与"引进来"的良性互动。承办"东非四国"投资研讨会、共建"一带一路"国家投资促进会，境外企业（机构）达138个，中方协议出资额达37.5亿美元，投资规模位列江苏省同类城市第一。

3. 多层次推进重大开放平台建设

加快在日本、韩国、德国、以色列等国家设立办事处，通过市场招聘选派招商人员驻点招商。鼓励企业通过并购、合资、参股国际研发企业或设立海外研发中心，开展国际科技合作，江阴贝瑞森在瑞典设立了中瑞生物医药海外孵化器。积极推动企业加入世界技术标准组织，牵头或参与建立国际性产业技术创新联盟，法尔胜泓昇集团建设全国首批、江苏省内首个国家技术标准创新基地；阳光集团承担国际标准化组织纺织品技术委员会（ISO/TC38）秘书处工作。截至目前，江阴企业共主导起草17项国际标准；累计136家企业成为500项国家或行业标准的主要起草单位，6项标准获评国家标准创新贡献奖。支持企业开展商标国际注册及国际发明专利申报，培育世界知名品牌，实现以品牌经营为主的经营方式转变。拓宽与共建"一带一路"国家专家人才交流渠道，主动承接周边重点产业人才溢出，通过海外合作投资、建立海外研究院、人才海外培训等方式加强与以色列、俄罗斯、乌克兰等海外科创资源对接。深化"电子口岸"建设，拓展覆盖范围和服务领域，提高口岸通关效率。加快发展跨境电商，建成江阴综合保税区、邮政跨境电商园区、澄江跨境电商产业园区、云蝠洛杉矶公共海外仓、江阴市电商产业园"三区一仓一园"。

4. 多元化构建专业招商机制

设立市级招商公司，组建江阴市产业发展中心有限公司，整合项目信息、企业信息、招商对象等资源，建立招商引资信息管理平台，逐步构建市、开放园区、镇街、相关部门"1+3+12+N"共同发力、"驻点+委托+代理"多点发力的大招商格局。突出研发、特色和效率"三大重点"，抓住政策研发、招商平台研发和招商机制研发等关键环节，围绕"3+4+5"

产业链图谱①和各板块产业基础,开展重点招商,实施动态跟进服务,以全周期全流程的招商服务有效助推了一批项目顺利落地投产。2020年实现签约总投资100亿元项目2个、50亿元项目4个、30亿元项目6个、10亿元项目25个。充分发挥开放园区招商引资主力军作用,按照"招商局扎口、扁平化管理、公司化运作、产业链招商"要求,优化专业招商体制机制,创新实施设立产业基金、"以投引商"等招商模式。在海外及北京、上海、深圳等地设立招商办事处,通过加强与专业机构、行业协会、商会、友城的招商合作,不断拓展项目信息渠道。

(六)以普惠均衡为基础,持续健全优质共享的民生服务体系

江阴始终坚持把人民对美好生活的向往作为奋斗目标,着力构建幼有善育、学有优教、劳有厚得、病有良医、老有颐养、住有宜居、弱有众扶的民生服务体系,更高水平提升人民群众的获得感、幸福感、安全感,增强县域治理的民生成色。

1. 持续促进富民增收

坚持按劳分配为主体、多种分配方式并存,提高劳动报酬在初次分配中的比重,优化按要素收入分配制度。发挥集体经济强的优势,持续打响就业创业致富、社会保障共富、公共服务添富、精准帮扶助富、基层组织带富、实事工程增富、生态建设护富"七富联动"的民富村强江阴品牌。2020年,面对新冠肺炎疫情的冲击,加大援企稳岗力度,对2.19万家次企业发放普通稳岗返还资金、应急稳岗返还资金、奖补返还资金1.83亿元,受惠职工34.5万人。推出"澄聘通"平台,新建劳务基地6家,提供就业岗位6.5万个,城镇登记失业率为1.8%,返澄江阴籍高校毕业生就业率为93.2%。根据国调队反馈,2020年江阴居民人均可支配收入突破6万元大关,达到61859元,增长4.8%;城镇居民人均可支配收入突

---

① "3"支柱产业(高端纺织服装、石化新材料、金属新材料);"4"战略性新兴产业(新能源、集成电路、高端装备及生物医药);"5"未来产业(5G通信、智能制造、节能环保、现代物流和健康文旅)。

破7万元,达到72185元,农村居民人均可支配收入达38416元,连续21年名列江苏省县级市第一,城乡收入比由上年1.921缩小至1.879,城乡收入差距持续缩小。

2. 提升教育现代化水平

坚持均衡而有温度、公平而有质量的教育理念,持续提升教育现代化水平,努力在大气的长江之畔办更有格局的教育。江阴现有江苏省优质幼儿园64所,义务教育阶段"新优质学校培育工程项目学校"达16所,普通高中均达到三星以上,学前教育入学率为99.8%,义务教育入学率为100%,高中阶段毛入学率为100%,高等教育毛入学率为64.62%,获评江苏省促进义务教育均衡发展先进县市。教育投入保持高位,2020年市政府投资教育建设项目共21个总投资37.53亿元。教育服务逐年优化,成立"无锡市江阴暨阳教育发展基金会",南菁高中创成首批江苏省高品质示范高中建设立项学校,江阴中专创成"江苏省现代化示范性职业学校",华姿中专创成江苏省优质特色职业学校,南京理工大学江阴校区建成投用,江南大学江阴校区签约落地并完成方案设计。教育领域改革纵深推进,"363学位制"、网上入学登记平台、义务教育公民办学校同步招生等举措系统推出,集团化办学提质扩面,成功组建扩容教育集团15个,覆盖38所中小学、幼儿园。扎实推进校长专业发展等级评聘改革,启动直属初中教师"县管校聘"改革,在江苏全省县级市中首家获得自主评选中学高级教师资格。

3. 深化健康江阴建设

围绕努力改善医疗服务质量,扎实推进医改政策落地见效。针对疫情防控和江阴实际,制定出台《江阴市健全公共卫生应急管理体系改革专项行动实施方案》,完善区域和部门间联防联控机制,完善应急物资生产供应体系、专项储备制度、跨部门跨地区调配机制,逐步形成集中统一、智慧高效的公共卫生应急指挥体系,抗击新冠肺炎疫情取得战略性成果。深入推进医联体建设,完善医联体组织模式、运行机制和激励机制,鼓励支持4家民营医疗机构以"技术协作"形式加入医联体,推进市中医院医疗集团与3个镇"院府合作"工作,人民医院与中医院两大医疗集团均建成双向转诊中

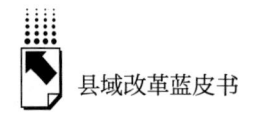

心（办公室），打通集团内医疗机构上下转诊通道。以城乡低保为基础、专项救助为辅助、深度救助为兜底、慈善救助为补充、村级互助为拓展的社会救助体系持续完善，在全国首创村级医疗互助项目，织密了社会救助网，该模式已在全国8个省112个乡镇1800多个行政村被复制，覆盖人群超过600万，连续两年被评为全国脱贫攻坚组织创新奖，2020年作为江阴市集成改革第二批试点经验，在无锡市级层面全面推广。坚持和完善全民覆盖的基本医疗保险制度体系，充分发挥基本医保、大病保险、医疗救助三重制度的梯次保障作用，健全重大疾病医疗保险和救助制度，建立防范和化解"因病致贫、因病返贫"长效机制。全面实行总额控制下多元复合式医保支付方式改革，深化药品、医用耗材采购制度改革，稳步推进医疗服务价格改革，促进医疗保障和医药服务高质量协同发展。截至2020年10月，江阴基本医疗保险参保达139.96万人，基本医疗保险覆盖率达98.4%；职工医保、居民医保政策范围内住院医疗费用报销比例分别为85%、70%左右。

4. 全面提高社会文明程度

江阴坚持厚植社会主义核心价值观，弘扬民族精神和时代精神，拓展新时代"江阴精神""四千四万精神""炎黄精神"内涵。健全完善文明城市建设长效机制，以全国第三、江苏省第一的成绩蝉联全国文明城市。深化拓展新时代文明实践中心全国试点市建设，新时代文明实践中心、所、站、点分别建成1个、19个、267个、514个。推进志愿服务标准化站点建设，1200多支新时代文明实践志愿服务队、36万名志愿江苏平台注册志愿者遍布全市城乡各地，获评第三届、第五届江苏志愿服务展示交流会金奖，"志愿者之乡"亮丽品牌持续打响。加强公民道德建设，扎实推进社会公德、职业道德、家庭美德、个人品德建设，加强先进典型选树和宣传，不断提高市民道德水准和文明素养，现有全国道德模范（提名）3人、江苏时代楷模1人、江苏省道德模范5人、中国好人17人、江苏最美人物4人、江苏好人28人。大力开展文明村镇、文明单位、文明社区、文明家庭、文明校园创建工作，共有全国文明镇2个、全国文明村5个、全国文明单位4个、全国文明家庭1户、江苏省级先进单位82个。

（七）以绿色发展为核心，持续厚植人与自然和谐共生的生态底色

坚持生态优先、绿色发展的理念，以生态保护和治理为抓手，着力守好绿水青山，积极打通绿水青山转化为金山银山的有效通道，努力探索生产发展、生活富裕、生态良好的发展道路，促进经济社会发展全面绿色转型。

1. "全方位"推进长江生态大保护

严格落实"共抓大保护、不搞大开发"方针，创新开展"三进三退"护长江行动。聚力产业转型做到"高端进、低端退"，实施最严格的环境准入制度，在"低效供给、低端产能"上坚决做减法，积极腾退化解旧动能，关停"散乱污"企业达3700家、"三高两低"企业达250家、化工生产企业达150家；实施产业强市首要战略，在"高端产业、绿色产业"上持续做加法，全面培育壮大新动能，高新技术产业产值占规上工业产值比重预计达40%以上。聚力源头控污做到"治理进、污染退"，以建设长江生态安全示范区为引领，高标准编制江阴长江生态保护与绿色发展"1+9"规划体系，实施《加强长江大保护三年行动计划（2018~2020）》，把长江生态安全示范区建设工作细化为20项重点工程，打赢垃圾、危废、污泥"三大保卫战"，严格执行"十年禁渔"，推动长江江阴段生态环境实现根本好转。全面实施山水林田湖草系统保护与修复，聚力生态修复做到"生态进、生产退"，坚持"还水于民、还山于民、还绿于民"，打造八公里滨江公园、十公里锡澄运河公园组成的"一江一河"城市T台，规划建设总面积达83平方公里的环城森林公园，建成4.5公里"江阴绿道"，清退长江岸线2.78公里。"三进三退"护长江的江阴智慧，让长江沿岸风光更加秀美，让江阴百姓看得见绿水、望得见青山、留得住乡愁，基本形成"北枕长江、中环群山、南蕴河湖"的生态格局。

2. "全流程"实现生态环境精准监管

直面排污总量大、环境监管难、治理能力弱等生态短板，积极探索构建涵盖水、大气、固废等领域的"监测、管理、治理"一体化解决方案，全

力打造智慧高效、全面覆盖的生态环境监管新体系，有力推动生态环境向更高质量、更高层次发展。全面推行"河长制""断面长制"和大气"点位长制"，建成水气一体"天网工程"，目前共建有20套六参数环境空气标准站，250多个行政村安装了PM2.5简易站，42条主要河流建设了68个水质自动监测站，24小时连续采样，数据实时传输到监管平台，同步实现了全市域覆盖、全天候监管、全数据考核。严格坚持谁污染谁治理，对环保问题坚决实行"零容忍"，建立预警黑名单动态管理制度，引导和倒逼企业自觉履行环境保护义务。开展环保管家试点，对管理相对薄弱的污水处理厂以及接管排污企业提供监测、监理、环保设施建设运营、污染治理等一体化环保服务，江阴市华丰污水处理厂率先启动试点，截至2020年底，江阴共有55家企业成功运用环保管家智慧管理平台系统。以全手段治理为主导，建设污染源在线监控、视频监控、放射源精细监控、用电工况监控等综合系统，以及固废、污泥管理"三专"工程，目前已安装污染治理设施用电工况监控的企业1415家、用电工况点位12853个。积极开展"蜗牛警示牌"评定，推进面上全面加强"测管治"工作。

3."全链条"深化环保审批机制改革

推进以"不见面"审批为核心的环评制度改革，出台《关于加快江阴市重大产业项目环评审批的意见》，通过实施项目豁免、简化环评内容、试点降级审批"三步曲"简化项目编制审批手续，切实提升项目建设效率。在产业园区规划环评中率先开展"三线三单"试点，以"生态保护红线、环境质量底线、资源利用上线，环境准入负面清单、行业准入清单和豁免清单"为内容实施项目清单式管理，切实增强环评对产业发展的引导和控制效果。实施新增污染物排放总量平衡替代，探索实施区域氮、磷等重点水污染物排放总量减量替代，战略性新兴产业等量替代，传统行业和超容量地区（环境质量不达标）倍量替代。江南大学江阴校区（一期）建设项目试行重点项目告知承诺制审批，实现当日收件、当日办理。全力服务企业复工复产，对疫情常态化下物资供应的200余家企业实行"容缺审批"制度，对32项问题免予处罚。推动区域限批及有条件审批，对于环境质量不达标、未完成总量减排任务的地区实施项目限批，2020年共对12个镇街实施了区域限批，否决46个高污染项目。推进绿岛试点项目建设，筛选出28个绿岛试点建设项目，涉及工业、农业及服务业，分布在江阴各镇街园区，项目总投资达60亿元。

（八）以本质安全为底线，持续完善全域覆盖的公共安全体系

江阴坚持从政治高度、发展角度认识公共安全，立足当前、着眼长远补短板、防风险、建制度、保稳定，加快构建科学高效、系统全域的公共安全体系，形成江阴公共安全的铜墙铁壁。

1. 加强顶层设计"建章立制"

坚持"人民至上、生命至上"，对标欧美、日本等发达国家和先进地区公共安全水平，突出问题导向，率先破题探索构建总体安全、系统安全、长效安全"三位一体"的公共安全体系，形成全域全民、防救集成的"江阴模式"。借智中国人民大学等知名院校，科学编制《江阴市公共安全体系总体规划纲要（2019~2025年）》和危险化学品、工贸、油气输送管道、交通运输、公共卫生等26个分领域专项规划，绘就公共安全体系的"四梁八柱一地基"，确保规划的科学性、前瞻性和系统性。坚持外聘内培相结合，建立江阴市第三届安全生产专家库，专家人数增至90名，其中国家级专家有10名，实现安全生产专家库提质扩容和行业领域全覆盖。健全公共安全应急救援体制机制、全域各级各类应急预案系统，针对重大危险源企业实行"一对一"生产安全事故应急预案管理制度，初步形成一套切实可行的公共安全"江阴标准"体系，为城市公共安全治理提供了强有力的制度保障。

2. 加强专项治理"拔钉灭点"

突出安全生产，实施安全隐患大排查大整治、"厂中厂"专项整治行动、30个行业领域专项整治，2020年累计排查隐患52739项，整改52237项，整改率达99.1%；停产整顿230家，关闭取缔189家；关停"厂中厂"248家，处置违法违规"小化工""小字头"等企业194家。以工程项目落地为核心，加强高新技术应用与综合集成，开展路面动态称重系统、森林防火智能监测

系统、校舍安全工程、金融安全生态县创建等20个公共安全领域工程项目，建立健全及时准确的安全监测预警预测，目前已有41家化工企业开展安全生产信息化管理平台建设。突出夯实基础，创新制定安全村（社区）建设标准"16条"，以细胞单元的安全创建全面提升安全生产总体风险防控水平。以城市公共安全为重点，开展群租房安全隐患集中整治行动，通过每个村（社区）至少建成一处整治"样板间"，为群租房安全管理整治开出"药方"。目前，江阴已实现群租房发现登记率100%、租住人员信息采集率100%、责任主体信息采集率100%、重大安全隐患整治率100%四个100%。

3. 加强风险防控"划线筑堤"

持续压实党政领导责任、属地管理责任、部门监管责任、企业主体责任和岗位行为责任"五大责任"，建立以政府为核心，企业、社会组织和公民多元参与、合作共治的公共安全治理机制，打造公共安全命运共同体。实体化运作安委办，在相关机关部门、各镇街园及其他部门单位，单设或增挂71个安全生产监管内设机构牌子。目前，江阴共挂牌成立71个内设机构，安全生产监管专职力量超400人，在江苏省县市率先实现安全生产内设机构全覆盖并被全省推广。成立江阴临港化工园区管理中心，对化工园区集中安全监管。推进韧性城市建设，高标准建设首个江苏省级沿江危化品应急救援基地，实现实时监测、实时预警、实时处置；完成应急指挥中心建设，打造以数据监控、双重预防、安全培训、应急演练、指挥调度、应急救援六大系统为依托，"防救训"集成三位一体的综合平台，逐步形成公共安全"大应急"工作格局。增强公众安全防范意识，制定《全民自救互救工程实施意见》，健全全民自救互救和共建共治体系，推动自救互救进社区、进农村、进学校、进企业、进机关、进家庭，2020年共组织开展自救互救培训350余次31000余人次。

三 江阴县域治理现代化存在的问题与挑战

县域治理是一个涉及方方面面的系统工程，在不断深化与完善中，江阴县域治理体系与治理能力现代化取得了显著成效,形成了县域治理的"江阴样本"。在改革再出发新征程中,相对于企业和百姓的需求、上级的要求、社会主义现代化的追求,县域治理的能力和水平仍存在一定距离,尤其是在产业转型、开放能级、生态环境、城市品质等方面还存在短板,仍需在对标找差、改革创新中寻求新突破。

(一)支撑县域治理的产业结构有待进一步提优

构建现代产业体系是治理体系和治理能力现代化的必然要求。近年来,江阴产业升级初见成效、结构逐步优化,但产业结构和产业层次总体偏低,传统产业占比高达60%,高新技术产业占比不高,尤其是服务业占比较低,与上海、深圳、苏州等国内发达城市相比差距明显,亟须在产业基础现代化、产业链高级化上加快布局,构建现代产业结构、建立现代产业体系。江阴五大传统支柱产业(冶金、纺织、化工、机械、金属制品)发展动力有所减弱,高新技术产业支撑城市发展的作用尚不明显,江阴亟须提升企业含新量、含绿量、含金量,加快对5G通信、智能制造、节能环保、现代物流、健康文旅等未来产业的布局、跟进与抢位,为城市高质量发展注入强劲动力。

(二)赋能县域治理的科创驱动有待进一步提效

破解县域治理进程中存在的突出问题和矛盾,需要以科技创新为驱动引擎。对标深圳"6个90%"[①]和先进城市以科创激发治理动能的强劲态势,江阴的科技创新体系不够完善:高新技术企业总量不多,省级、国家级实验室等重大创新平台和科创载体支撑不足,全社会研发投入占GDP比重、高新技术产业产值占比不高,能够引领全行业发展、辐射全产业链的龙头企业还偏少,缺少像华为、中芯国际、恒瑞医药、大疆科技等引领性、标

---

① "6个90%"指90%以上的创新型企业是本土企业,90%以上的研发机构设立在企业,90%以上的研发人员集中在企业,90%以上的研发资金来源于企业,90%以上的职务发明专利出自企业,90%以上的重大科技项目发明专利来源于龙头企业。

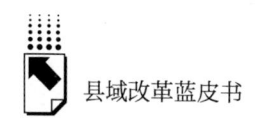

志性的头部企业、链主企业。同时，相比自身的超大经济规模和发达工业水平，江阴科技创新的内生动力、载体建设、要素集聚等方面也相对存在不足。

（三）助力县域治理的开放能级有待进一步提升

与打造全方位高水平开放新格局的要求相比，江阴的对外开放水平和能级还不高，一些优势领域还需要继续巩固强化，为县域治理打开更大的市场空间。近年来，江阴进出口总额增速放缓，船舶、钢铁、化纤等传统产品出口占比偏高。尽管实际使用外资规模每年保持在8亿~10亿美元，但和深圳、苏州、昆山等地相比，引进的外资体量还不够大，缺少高水平的外资产业项目。综合保税区体量偏小，江阴港虽在江苏省内河港口中排名第五，货物年吞吐量达2亿~3亿吨之多，但对标浙江宁波港、上海洋山港等，港口发展定位和发展层级不高，产出贡献率和格局还需进一步提升；在全面对接长三角区域辐射和溢出效应及主动融入上海都市圈、苏锡常都市圈等方面需加快步伐，全力打造"服务全江阴、心系长三角"的高水平开放、高质量发展增长极。

（四）体现县域治理的城市品质有待进一步提能

近年来，江阴在城市建设上加大了"补课"力度，城市面貌和品质有较大提升，但城市形态、城市功能、城市品质、城市管理与先进城市相比还存在一定的差距：江阴是长江自吴淞口溯江而上的第一座城市，但通江达海、枕山负水的区位优势还未得到最大限度的发挥；江阴有着7000多年的历史文化，素有"延陵古邑、春申旧封"之称，但深厚的城市文化底蕴还未得到全方位的挖掘，与城市规划建设、文化产业发展、高新技术发展等融合程度仍需提高；江阴以新时代县域高质量发展排头兵、社会主义现代化建设先行军、区域一体化发展领跑者作为城市追求，但城市建设的整体品质与城市目标定位还不相适应，城市承载力和吸引力仍需加强，城市塑造还不够精致大气，城市品位和精细化管理水平仍需提升。

（五）映射县域治理的公共服务有待进一步提质

近年来，江阴公共服务能力和水平得到大幅度提升，但与上海、浙江及苏锡常周边城市相比，在城市互联互通和优质公共服务供给上还存在较大差距。如江阴轨道交通建设相对滞后，亟须快速融入国省交通网络，构建"大交通"格局；江阴60岁及以上老龄化率已超过25%，但高品质养老机构较少，亟须构建以居家为基础、以社区为依托、机构充分发展、医养康养相结合的多层次养老服务体系；江阴作为全国知名的县域经济基本竞争力百强县，在推进共建共治共享和共同富裕上仍需下更大功夫，继续加大民生领域公共资源的投入力度，朝着"幼有善育、学有优教、劳有厚得、病有良医、老有颐养、住有宜居、弱有众扶"目标阔步向前。

四 推进县域治理现代化的未来展望

"郡县治则天下安"，推进县域治理现代化意义重大、责任重大。在新发展背景下，作为县级集成改革样本的江阴，要实现县域治理现代化，必须把握好顶层设计和基层问计、问题靶向和目标导向、协同推进和重点推进、攻坚锐气和干事底气等关系，以系统谋划、协同推进为方向路径，围绕依托长江经济带、面向太湖科创湾、深度融入长三角、精心布局"十四五"推进改革深化攻坚，继续当好改革再出发排头兵，为勇当新时代县域高质量发展排头兵、社会主义现代化建设先行军、区域一体化发展领跑者提供强劲动力。

（一）打造党建引领先行区

坚持党总揽全局、协调各方的根本要求，全面落实党领导一切的制度设计和工作机制，围绕政治思想建设、干部人事制度、基层组织建设、人才发展机制等方面积极推进党的建设制度改革。深化干部人事制度改革。着力破解选人用人面临的深层次问题，明确"基层实干"的改革导向，细化"让

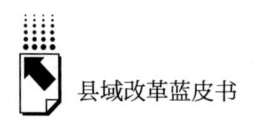

一流干部在一线涌动"的改革举措,优化绩效考核评价机制,让干得好的得高分,得高分的获奖励、受重用,大力提拔重用改革派、实干家,让有为者"有位",让干事创业成为江阴干部的鲜明特质。强化基层组织建设。坚持做实基层、强基固本,引导党建资源、治理资源进一步下沉,推动基层党建与基层治理深度融合,把基层党组织建设成为坚强战斗堡垒。充分发挥基层党组织深化改革"先锋官"、社会稳定"稳压器"作用,引导基层党员干部勇做走在时代前列的奋进者、开拓者、奉献者,让基层真正成为改革活力迸发地、改革魅力展现地。做优做实"三项机制"。着力细化、量化、优化激励鼓励、容错纠错、能上能下的"三项机制",出台调整不胜任现职领导干部办法,细化定性定量标准,让干部上有动力、下得服气;探索建立"政商交往清单"、考察干部"保护清单",形成能容、敢容、会容的良好氛围。完善人才引育机制。进一步破除人才引进、培养、使用、评价、流动、激励等方面的体制机制障碍,创新人才飞地、柔性引才、特岗设置、合作培养、市场化选聘等机制,聚天下英才用之,形成具有吸引力和竞争力的人才制度体系,将江阴打造为百鸟朝凤、智力荟萃的创新高地和人才高地。

(二)打造现代产业集聚区

企业稳则江阴稳,产业强则江阴强。江阴需要直面产业结构、产业层次、产业质态方面的差距,坚持产业为根、创新为魂,按照"南征北战、东西互搏"的总路径,坚定精明增长,力促产业转型,大力推进"数字、总部、枢纽"三种新经济业态发展,全力构建以战略性新兴产业为引领、先进制造业为基础、现代服务业为支撑的现代产业体系,努力实现产业更高端、创新更澎湃,使江阴成为更具竞争力、影响力的现代产业新高地。坚定实施产业强市主导战略,大力推进产业基础高级化、产业链现代化,使江阴成为国内领先、国际一流的先进制造业基地。汇聚创新资源,聚集科创企业,加快形成以高层次创新园区、高效率成果转化、高水平人才支撑、高质量要素保障为核心的创新生态体系。探索实施科创用地改革,全面推进工业园区升级改造，推动产业智能化、绿色化、服务化、高端化。大力推进霞客湾科学城建设，建立建强组织领导、推进落实机制，探索打造协同创新中心、产业创新中心、科教创新中心、生态涵养中心，构建"一城引领、多点支撑、点面结合、全域推进"的创新格局，通过3~5年的努力，基本建成智慧互联之城、绿色生态之城、青春时尚之城、未来科技之城。

（三）打造营商环境标杆区

持续深化"放管服"改革，加大简政放权力度，健全完善权责清单，建设职责明确、依法行政的政府治理体系，打造最优营商环境市（县）。完善政务服务体系，推进政务服务标准化规范化建设，打造"一窗式、一站式、一网式"的政务服务平台。推进审批内容再缩减，行政审批再提速，推动"不见面审批""代办制"扩面升级，努力把服务事项可网办率进一步提升至100%。深入推进供给侧结构性改革，优化企业服务，拓宽沟通渠道，从"办成一件事"转向"办好一件事"，推动实现"一件事一次办理"全覆盖，构建企业全生命周期服务体系，擦亮江阴服务"金字招牌"。完善市场公平竞争机制，优化营商环境考核评价体系，全面推行"双随机、一公开"监管方式，创新探索包容审慎监管、"互联网+监管"、诚信监管等监管新模式。健全"大数据+网格化+铁脚板"治理机制，深化"网格+N"融合机制，构建"智慧高效、市民满意、一网通办"的基层社会治理体系。

（四）打造区域一体化样板区

在新发展格局下，江阴需要抢抓发展机遇，找准自身定位，做强特色优势，更深入持续推动区域一体化发展。以大通道、大枢纽为支点，加快建设以多层次融合的轨道、高快一体化的公路、内外畅达的水运为支撑的综合立体交通运输网络，加快建成区域性综合交通枢纽城市。加快启动建设锡澄协同发展区，积极布局一批重点工程、重大项目、重大载体，重点推进交通基础设施互联互通和公共服务体系同标同质，实现锡澄空间共构、功能共生、产业共谋、设施共建。积极融入太湖科创湾建设，主动融入上海都市圈、苏

锡常都市圈，加快与长三角区域内城市的全方位对接，全力承接长三角区域辐射和溢出效应，大力提升江阴城市能级和资源配置能力。持续深化与上海港、宁波港对接合作，深化江阴—睢宁工业园区南北挂钩合作，不断增强江阴融入区域一体化的整体合力，为长三角一体化高质量发展树立江阴样板。

（五）打造开发开放引领区

面对新机遇、新挑战、新阶段，江阴唯有以建设高质量、高能级、高层次的平台载体为发力点和突破口，才能持续集聚开发开放新优势。高新区依托苏南自主创新示范区建设，优化园区发展机制，探索扩大管理幅度，围绕科技驱动、新兴产业、产城融合打造国内一流的创新型国际化园区。临港开发区加快融入长三角一体化和"长江经济带"，加快推进区港联动发展机制，努力争创国家级开发区和保税港区，围绕高端产业、开放发展、港城联动、产教融合，全力打造竞争力一流的国际化开放园区。靖江园区以盐泰锡常宜铁路和第二过江通道建设为契机，全力打造跨江融合发展试验区、先导区。借鉴昆山花桥商务区、滨湖区国家数字电影产业园成功经验，创办特色园区，吸引四面八方的企业和人才前来投资创业。借鉴上海科创飞地和创新券模式，鼓励企业在境内外设立孵化器，引导企业成立创新联盟，建立企业科创资源共建共享机制，完善全周期、全领域、全服务的科技企业培育成长体系，让江阴创新后劲更加澎湃有力。

（六）打造长江生态安全示范区

坚持绿水青山就是金山银山的理念，坚持源头治理与集中攻坚并重、污染防治与生态修复并举、能力建设与制度创新并进，推进生态产业化、产业生态化，努力在岸线治理、生态建设、绿色发展等方面交出高质量过硬答卷，以新发展理念的全面践行，厚植美丽江阴建设的绿色基底，全力创建国家生态园林城市和国家生态文明建设示范市。坚决贯彻"共抓大保护、不搞大开发"方针，突出"北战"战略，依托长江经济带，严控岸线开发利用，以市场化导向统筹规划岸线资源，全面推进沿江生态整治修复，加大沿江产业布局调整力度，加强沿江防护林带和湿地建设，严格落实长江流域"十年禁渔"，让江阴的长江生态屏障更加牢固，生态环境质量、资源能源集约利用全面处于国内领先、国际先进水平。持续推进环保"测管治"一体化改革，构建"五全"环保监管模式，巩固"河长制""断面长制""点位长制"成果，打造系统化、科学化和精准化的污染防治攻坚体制，坚决打好"碧水、蓝天、净土"保卫战，全力提升生态系统质量和稳定性。推进山水林田湖草等生态要素协同治理，加快废弃露天矿山生态修复，加强饮用水源地保护，持续推进重点流域水环境治理，巩固"北枕长江、中环群山、南蕴河湖"生态格局，加快建设最清水城市、最干净城市，让美丽江阴展现更加生动的现实模样。

参考文献

习近平：《习近平谈治国理政》（第一卷），外文出版社，2020。
习近平：《习近平谈治国理政》（第二卷），外文出版社，2017。
习近平：《习近平谈治国理政》（第三卷），外文出版社，2020。
习近平：《论坚持全面深化改革》，中央文献出版社，2018。
吴成国、刘彦波、李荣娟：《中国县域治理史》，长江出版社，2020。
国家发展改革委体改司：《开展集成改革试点彰显整体改革效应——江苏省江阴市县级集成改革试点经验做法》，《中国经贸导刊》2019年第5期。
张国忠：《解决好县域治理"最后一公里"问题的关键》，《人民论坛》2020年第16期。
沈和：《破解县域治理现代化的突出矛盾》，《群众》2019年第22期。
曹丽媛、杨文材：《治理能力现代化视域下省直管县体制改革的模式、路径和展望》，《黑龙江社会科学》2019年第5期。
于建嵘、张正州：《理念、体系、能力：当前县域治理的转型困境与发展方向》，《学术界》2019年第6期。
尹卫东：《实践智慧：中国道路上的县域治理新视角》，《江海学刊》2019年第1期。
《探路县域治理现代化》，《昆山日报》2019年9月28日。
《良治善治开辟县域现代化之治新境界——江苏省昆山市创新基层社会治理实践调查》，人民网，2020年6月1日。

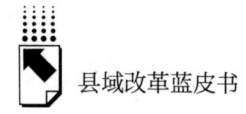

《打造社治县域样板！顺德推进党建引领社会治理创新"520工程"》,《广州日报》2020年4月9日。

《余杭深化全域治理建设擦亮城市幸福底色》,浙江省人民政府网,2020年4月13日。

《推进县域治理体系和治理能力现代化——以浙江省苍南县创新县域综合治理的实践为例》,《学习时报》2019年7月16日。

许峰:《打造社会主义现代化建设新样本》,《群众》2020年第23期。

专题篇

B.2
江阴市统筹推进"多规合一"改革研究报告

张斐 张亚梅 徐祯*

| 摘　要： | 近年来，江阴市依托智慧城市建设，通过"放管服"改革，在规划信息系统建设、部门业务协同、项目审批提速等方面取得了较大进展，为"多规合一"改革奠定了坚实基础。按照一个地区形成一本规划，实现"多规合一"的总体要求，结合已有基础和相关工作部署，江阴市坚持以问题为导向，充分借鉴国内试点城市及先发地区的成功经验，大力推进一本规划、一套体系、一个平台、一套机制的"四个一"重点工作，促进全市底图底数统一、部门事权边界清晰、部门信 |

---

* 张斐，江阴市自然资源和规划局副书记、副局长；张亚梅，江阴市自然资源和规划局副科长；徐祯，中共江阴市委党校（改革发展研究院）教师，主要研究方向为马克思主义理论。

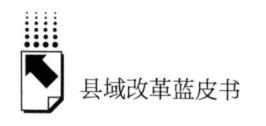

息共享协同、项目审批规范高效，形成生产空间集约高效、生活空间宜居适度、生态空间山清水秀，安全和谐、富有竞争力和可持续发展的国土空间保护和开发格局，全面提升江阴市城市治理能力现代化水平。

关键词： 县城治理 城市规划 国土空间规划 江阴

推进"多规合一"，构建空间规划体系，是推进国家治理能力和治理体系现代化、助力生态文明建设和新型城镇化的重要举措。江阴市坚决贯彻国家生态文明体制改革和治理体系现代化的总体要求，以"多规合一"改革为重要突破口，加快建立全市统一的国土空间规划体系，优化全市国土空间开发保护格局，促进经济社会与生态环境协调发展，实现一张蓝图管到底。

一 "多规合一"改革的背景分析

江阴市以县级集成改革为契机，围绕"放管服"改革、智慧城市建设等工作要求，在部门业务协同、并联审批改革、信息系统支撑等方面开展诸多卓有成效的工作，为"多规合一"改革打下了扎实的技术基础。2018年，《江阴市城乡发展一体化体制改革方案》正式提出统筹推进"多规合一"，吹响了江阴市"多规合一"改革的"集结号"。2019年，国家机构改革和空间规划体系建立工作的不断深入，为江阴市"多规合一"改革奠定了良好的机构和制度保障。2020年初，江阴市将"多规合一"改革列入"当好改革再出发排头兵十项重点专项行动"之一，改革工作进入"快车道"。

（一）机构设置与部门规划

2018年3月，国务院机构改革方案公布，就此拉开了从中央到地方机构改革的序幕。机构改革前,江阴市空间资源管理权限分属原国土、规划、住建、农林、水利等多个部门。机构改革后,新组建成立的江阴市自然资源和规划局(以下简称"江阴资规局")整合相关空间管理职责,统一行使空间规划体系建立并监督实施、自然资源保护和利用、国土空间用途管制等多项职责,为实现"多规合一"提供了机构保障。

空间规划是政府进行公共管理和协调空间利益的主要政策工具,由各个部门按照相关管理权限进行组织编制。机构改革前,江阴市主要空间规划总计60余项,分为四种类型:发改部门主导编制的主体功能区规划,城乡规划部门主导编制的城乡建设类规划,国土部门主导编制的土地利用类规划,环保部门主导编制的生态保护类规划(见表1)。空间规划类型多,规划之间相互协调不够,交叉重叠比较多。改革后,各类空间规划在内容和管控方式上相互融合、互为补充、适度制约,为引导全市城乡空间有序建设,遏制国土开发保护失衡、资源粗放利用和生态环境破坏发挥了重要作用。

表1 江阴主要空间规划一览(部分)

规划类型	规划名称	编制部门
主体功能区规划	无锡市主体功能区实施计划(2014~2020年)	无锡市发改委
城乡建设类规划	江阴市城市总体规划(2011~2030)	原规划局
	江阴市镇村布局规划	原规划局
	江阴市总体城市设计	原规划局
	江阴长江生态保护与绿色发展规划"1+9"规划	原规划局
	江阴市历史文化名城保护规划	原规划局
	江阴市城市绿地系统规划(2013~2030)	原园林局
	江阴市海绵城市专项规划	原规划局
	江阴市城市紫线规划	原规划局
	江阴市蓝线规划	原规划局
	江阴市地下空间开发利用规划(2013~2030)	住建局
	江阴市域教育设施布局规划(2018~2022)	教育局
	江阴市文化、体育、医疗卫生、社会福利设施规划	文旅局、卫健委、民政局

续表

规划类型	规划名称	编制部门
城乡建设类规划	江阴市各类市政设施专项规划	市级主管部门及单位
	江阴市综合交通规划	交通局
	江阴市轨道交通规划	原规划局
	江阴市快速路体系规划	交通局
土地利用类规划	江阴市土地利用总体规划（2006~2020）调整方案	原国土局
	江阴市土地整治规划（2016~2020年）	原国土局
	江阴市林地保护利用规划（2010~2020年）	原农林局
	江阴市湿地保护与恢复规划	原农林局
	江阴市国土绿化"三化"造林发展规划（2017~2025）	原农林局
	江阴市低效用地开发利用专项规划	原国土局
	江阴市地质灾害防治规划（2013~2020）	原国土局
	江阴市水资源保护规划	水利局
生态保护类规划	江阴市加强长江大保护三年行动计划（2018~2020）	原环保局
	江阴市水环境综合治理总体规划	原环保局
	江阴市生态红线区域保护规划	原环保局

注：江阴市不单独编制主体功能区规划，由江阴市发改委执行和落实《无锡市主体功能区实施计划（2014~2020年）》。

（二）空间信息平台建设与应用

江阴市空间信息平台建设起步较早，空间数据信息化程度较高，建成数据管理和业务服务平台39个，涉及现状、规划和业务管理等36类500余项数据信息。其中，规划管理信息平台和国土资源管理信息平台建设最完备，形成了规划信息中心和国土信息中心两支成熟的团队，为全市"多规合一"提供了良好的数据支撑和技术保障。

1. 规划管理信息平台

经过近20年持续开发和建设，江阴市规划管理信息平台形成了"两个平台、两个系统、一套数据库和一套机制"的基本架构，具体包括规划政务平台、一张图综合管理平台、CAD图文关联系统、三维地质系统、基础地理空间数据库以及信息数据维护更新机制。其中，在基础地理空间数据库建设方面，通过持续建设、积累、应用和研究，构建江阴市全系列、高精度、最权威的基础地理空间数据库，实现城乡规划管理从地上到地下、二维到三维、单一到集成、共享协同的一体化综合集成与应用。在信息数据维护更新机制方面，为确保数据的准确性、现势性，通过基础地形数据重点区域竣工测量和其他区域周期测量、地下管线建设或市政工程建设动态跟踪测量、航空影像数据利用年度数码航摄更新测量等方式，建立了完善的信息数据维护更新机制。通过不断探索和创新，江阴市规划管理信息平台建设多次获得国家、省市级重大奖项，形成了具有典型推广价值的"江阴模式"，在全国县级规划信息平台建设领域处于领先水平。

2. 国土资源管理信息平台

江阴市自建形成的国土资源管理信息平台包括"一个平台、四个系统"的基本架构，具体包含"四全"服务①平台、不动产统一登记系统、国土资源网上交易系统、征地管理系统以及地价管理信息系统等。

"四全"服务平台（"一张图"平台）是江阴市国土资源管理信息平台的核心基础。其中，"四全"服务平台涵盖了批、供、用、补、查的国土资源全业务，由国土资源数据中心承担采集、汇聚、发布航空遥感影像图层、卫星遥感影像图层、土地利用现状图层、土地利用规划图层、建设用地图层、执法监察图层、设施农用地图层等数十个图层的重要任务，实现了"以图管地"，为"多规合一"改革基础数据整合提供重要支撑。

（三）项目审批平台建设与应用

江阴市项目审批平台结合行政审批改革的需要，与机构改革相适应，通过 20 余年的不断完善和提升，完成了从服务单一部门的城市规划管理信息系统向服务全市各部门的审批系统的跨越，实现了由单一的项目选址向多功能的并联审批的转变。

2018 年，为适应机构调整和多部门联合办公的需要，基于江阴资规局

---

① "四全"服务指全流程优化审批、全区域便民服务、全业务网上办理、全节点效能监管。

的全市基础空间信息数据库、规划编制成果库和规划管理审批项目库，启动江阴市投资建设项目联审平台，实现空间规划编制、审批以及监察等业务的信息化应用全覆盖及多部门并联审批。截至目前，江阴市项目审批平台确保全市各部门业务全流程网上办理，申报材料数字化提交，内部审批全程电子化流转，实现了"及时审批、实时监控、数据共享"的总体目标，为全市建设项目业务的办理提供了有力支持，极大地提高了业务审批效率。

二 "多规合一"改革的实践探索

（一）推进市国土空间总体规划编制

根据《中共中央 国务院关于建立国土空间规划体系并监督实施的若干意见》，建立国土空间规划体系并监督实施，将主体功能区规划、土地利用规划、城乡规划等空间规划融合为统一的国土空间规划，实现"多规合一"。在这一政策指引下，江阴市全面启动国土空间总体规划（2020~2035）编制工作，成立市资规局编制工作领导小组，研究与江阴发展目标定位相协同的空间发展策略，全力推动江阴在新一轮县域竞争中争先进位。

在完成"江阴市国土空间开发保护现状评估"和规划前期调研座谈工作的基础上，江阴市开展了城镇开发边界划定、工业控制线划定等前期研究，目前规划已进入重点问题专题研究和国土空间方案整体构思阶段。市国土空间总体规划作为全市国土空间规划的龙头，将全市"多规合一"改革工作作为重点抓手，加快形成全市多规统一、集约高效、覆盖全域的国土空间规划体系。

（二）推进部门事权调整与审批制度改革

为推进相对集中的行政许可权改革，有效整合行政审批职能，江阴市于2017年10月组建市行政审批局。按照全链条整合、跨部门必进的原则，将首批原分属16个部门涉及市场准入、建设投资两大领域69项权力事项划转行政审批局集中审批，实现全市域"一枚印章管审批"。按照"2440"高效审批服务目标，推行投资建设项目技术审查与行政审批并联运作，优化审批流程，将质量监督注册、安全监督备案、施工许可证核发三个环节进行合并；建立大审图中心，按照"一个窗口接件、一个后台审图、一个部门审批"的模式，对规划、建设、人防、消防、防雷设计图多图联审；相关部门同步审批、依次发证，实现统一接受、联合审查、一次告知，大大提升了审批效率。

2020年，根据国家、省、市关于"多审合一、多证合一"改革及深化"放管服"改革的相关要求，江阴市快速推进"多证合一"，合并建设项目用地预审和选址意见书，由市资规局统一核发建设项目用地预审与选址意见书；合并建设用地规划许可证与用地批准书，由市行政审批局统一核发新的建设用地规划许可证。在项目预审选址、用地许可批准阶段，两证合一改革大大简化了申报材料，缩减了项目前期报建手续办理时间。目前，江阴市资规局已对建设项目涉及的各种测绘项目的前置条件、测绘流程、测绘内容进行了梳理和分析，将围绕工业用地竣工验收开展"多测合一"试点工作。

（三）推进部门信息共享与业务协同

一直以来，江阴重视推进部门间信息共享，先后建成数字江阴地理空间框架、"天地图·江阴"、"1310工程"一张图管理系统、乡镇街道规划辅助支持系统等信息共享平台。按照"统一标准、统一规划、统一建设、统一运维、统一共享"的建设模式，有效避免各部门系统、数据的重复建设，降低地理信息应用的技术与资金门槛，提升全市的信息化应用水平。同时，通过基础地理信息数据的共建共享，合理、高效、快速地将全社会各类信息资源按照统一格式标准整合在一张图上，各部门按照规范的流程获取信息、使用信息，推进"一张蓝图绘到底"。

数字江阴地理空间框架和"天地图·江阴"是江阴市唯一、权威的地理信息共享平台，为社会公众、政府部门、企事业单位集中提供江阴地理信息服务，实现地理信息资源的充分利用。"1310工程"一张图管理系统实现了指挥部、牵头单位、责任单位的多方联动，以图文一体化的方式跟踪实施项目的建设情况，为"1310工程"提供便捷的信息交流和有效技术平台支撑。乡镇街道规划辅助支持系统提供地形图、影像、乡镇专题等各类基础空间信息数据的实时浏览查看、工作用图打印、统计分析等日常业务功能，实现与江南水务、天力燃气、公安局、园林旅游局等多家单位信息共享，为各镇街推进"特色小镇""美丽乡村"建设项目提供信息查询、辅助决策等服务。

2018年机构职能调整后，江阴市"多规合一"改革进行了有益探索，取得了一定成效，但尚存在一些问题。

一是部门协同和信息共享不畅。相关职能部门虽进行了合并重组，但也只是机构的"物理整合"，尚没有完全实现职能的"化学融合"。部门数据和业务系统未能完全整合。原部门业务数据和规范标准不一致，短期内仍难以整合各类空间数据，部门数据分割和信息垄断情况仍然存在。在江阴市资规局内部，以城市总体规划为基础和以土地利用总体规划为基础的两张图并存，数据中心尚未统一，原国土资源管理信息系统，原规划管理信息系统，其他散落在各业务科室的林业、矿产、湿地、水资源等数据因平台接口、数据标准差异，仍未实现合并共享。原国土的"四全"服务平台和原规划的业务系统仍分开运行，业务办理各自为政，造成业务流程中产生重复数据、业务办理效率不高等诸多问题，难以满足当前自然资源和规划管理工作的新要求。

二是项目审批制度建设不完善。自2017年部分规划审批事权划出规划管理部门后，规划制定、审批与批后监管分属不同部门，致使城市规划管理存在一定程度的脱节。目前，市行政审批局主要负责方案、施工图审查，建设用地、建设工程规划许可；市资规局负责建设项目用地预审与选址意见、规划条件确定以及建设工程验线、建设工程规划核实；各乡镇负责乡村建设规划许可和乡村建设规划核实。在方案审批阶段，联审会商等制度尚未完善，比如部分规划条件、城市设计中确定的控制城市轮廓、重要视线、特色地段、关键节点等规划管控意图未在方案中完全体现，缺乏对形态肌理、高度体量、建筑界面、风格色彩、环境景观等要素的统一控制引导，难以塑造城市特色景观风貌,提升城市整体品质。项目建设过程中存在不同权属部门根据各自规范要求提出测绘收费标准,重复测绘、重复收费的情况,同时老百姓"多头跑"现象仍然存在,不仅增加了建设单位成本负担,浪费了大量测绘资源,还在一定程度上影响了江阴的营商环境。

三 "多规合一"改革的进一步思考

深化"多规合一"改革,涉及面广,整合难度较大,需要牢固树立"一盘棋"思想,突破现有行政壁垒和部门利益,完善配套改革,建立衔接一致的规划体系和科学有效的管控体系,探索建立有利于"多规合一"编制实施的体制机制,重点推进"一本规划""一套体系""一个平台""一套机制"建设工作,实现"多规合一",推进城市治理体系和治理能力现代化。

(一)完成"一本规划",统筹全域全要素

1. 完成现状"一张底图"转换

统一的底图底数是构建全市统一国土空间规划体系的基础。为解决现状空间底图底数不一致而导致空间规划难以合一的矛盾,江阴市结合市国土空间总体规划编制,加快现状"一张底图"转换工作。本轮国土空间规划以第三次国土调查成果为基础,统一采用2000国家大地坐标系和1985国家高程基准作为空间定位基础,在坐标一致、边界吻合、上下贯通的前提下,收集整合遥感影像、基础地理、基础地质、地理国情普查等现状类数据和发改、资规、环保、住建、交通、水利、农业等部门空间信息,并开展必要的细化补充调查,摸清城乡用地、地上地下、设施配置和产权权属等情况,按照统一的用地分类标准进行转换。针对现状空间资源底数不一致的问题,以"三调"数据为基础,明确耕地、林地、湿地等用地数据,形成全市现状一张底图,支撑国土空间总体规划编制。

2. 划定全市统一的控制线

按照"多规合一"改革的要求,江阴市参照厦门、海口等试点城市的

经验做法，对全市各部门编制的各类空间规划进行收集整理，通过差异对比分析，梳理多规之间存在的矛盾。结合资源环境承载力和国土空间开发适宜性评价，按照底线约束、保护优先的原则，上下联动，分步划定全市生态保护红线、永久基本农田、城镇开发边界三条控制线和生态、农业、城镇三类空间。强化生态底线管控，保护全市重要生态斑块、廊道和生态格局；落实最严格的耕地保护制度，保障农业生产空间。以全市统一控制线为基础，统筹推进存量用地节约集约利用，借鉴苏州"三优三保"① 行动经验做法，实施拆旧复垦、增减挂钩等方面措施，推进生态、耕地保护和城镇空间集约紧凑发展。加强实施方案、政策配套、管理制度等顶层设计，推进城镇开发边界范围外低效闲置用地和生态保护红线、永久基本农田范围内建设用地拆旧复垦和增减挂钩，盘活全市存量建设用地资源，优化城镇空间布局。

3.划定工业用地控制线

贯彻"创新驱动""产业强市"发展战略，保障工业发展空间。现阶段，江阴市结合国土空间总体规划编制工作，同步开展"江阴市制造业空间转型与更新规划"专项规划，研究江阴产业发展目标、发展规模和重点，确定全市工业用地发展格局，统筹划定工业区块线、一级保障线、二级过渡线和三级腾退线。制定工业用地分区发展策略与管控措施，保障优质企业和重大产业项目落地，引导零散低效工业用地拆旧复垦，促进工业用地节约集约利用，实现"布局集中、产业集聚、用地集约"的发展目标。

4.推进专项规划和各层级规划编制

按照构建"多规合一"国土空间规划体系的要求，发挥江阴市国土空间总体规划编制的统筹作用，组织各主管部门同步开展综合交通、城市更新、总体城市设计、产业发展、公共服务设施、市政基础设施、历史文化保护等重点专项规划编制工作。深化各类公共服务及基础设施配置标准、空间

---

① "三优三保"即优化农用地结构保护耕地、优化建设用地空间布局保障发展、优化镇村居住用地布局保障权益。

落位和管控要求，形成城市更新、空间景观、产业发展、历史保护的分区引导及管控策略，并纳入市级国土空间总体规划相关内容，提升总体规划编制的科学性。对有条件的重点发展乡镇，同步开展乡镇国土空间规划编制工作，实现市镇同编。在市、镇国土空间总体规划、专项规划基本确定后，启动城镇开发边界范围内详细规划和边界外的村庄规划编制工作，实现详细规划全覆盖。

（二）构建"一套体系"，厘清部门事权界线

1. 建立责权统一的规划管理体系

在"多规合一"改革的要求下，建立"市—片区（园区）—镇"三级规划管理体系，加大镇街的统筹力度，从片区层面优化资源配置，减少因行政分割带来的发展内耗，实现全市生态、永久基本农田严格保护和城镇高质量发展。为协调镇街发展，现行江阴市城市总体规划提出了将全市划分为五大片区的思路，并对各个片区编制了规划。借鉴东莞"强化功能区统筹优化市管镇体制改革"的经验，探索划定功能片区。临港开发区和高新区以现有园区管委会为基础，整合规划、建设等职能，理顺上下职能关系。除此之外，考虑到因缺少片区层次规划实施和管理主体所导致的片区对乡镇协调统筹有限这一现状，建议将全市划分为若干个经济或功能片区，在片区层次设立相应的管理机构，通过赋予相应的开发、规划、重大项目审批等管理职能，保障片区统筹作用的有效发挥。建立规划动态监测与调整机制，实行"一年一体检、五年一评估"，结合经济社会发展五年规划对空间规划同步实施评估，并加强动态监测。

2. 建立事权明晰的规划编制体系

江阴以国土空间规划编制为契机，梳理整合现有各类空间规划，协调多规冲突，建立以国土空间总体规划为核心、专项规划为支撑、详细规划为基石的全市统一的国土空间规划编制体系。一是统筹片区层次的总体规划。借鉴东莞在国土空间总体规划中创新功能区片区规划层次的经验做法，按照"一级政府、一级事权、一级规划"的要求，在江阴现有市、镇两级规划基

础上,探索增加片区空间规划层次,建立"市—片区(园区)—镇"三级总体规划体系。片区总体规划作为片区层次管理机构发挥片区统筹的重要抓手,强化对镇街国土空间规划编制、实施管理的整体协调和管控,打破镇街行政界线,实现空间要素跨乡镇的合理配置和有效衔接。二是整合全市各类部门专项规划。梳理全市资规、发改、环保、水利、林业、交通等主要部门空间规划,建议按照部门事权及全市发展重点,精简规划类型,构建由产业发展、生活宜居、城市更新、历史文化、乡村发展等方面构成的专项规划体系。专项规划以统一的现状规划底数底图为基础,对总体规划相关内容进行深化反馈,为详细规划提供编制依据和传导要求。三是建立以"单元"为主体的详细规划编制体系。在城镇开发边界内,划分编制单元,落实总体规划的建设用地规模、公共基础设施、工业控制线、"五线"① 等约束性内容;在城镇开发边界范围外,以乡村单元为主体编制村庄规划,落实总体规划的生态保护红线、永久基本农田面积、耕地保有量、城乡建设用地规模、工业控制线、"五线"等约束性内容。

(三)建设"一个平台",实现部门共享协同

1. 建设全市统一的"多规合一"基础信息系统

江阴发挥现有国土空间规划信息化建设队伍多年储备的技术力量优势,适时整合原国土信息中心和规划信息中心,形成新的自然资源和规划信息中心。以信息中心为主体加快推进全市"多规合一"基础信息系统建设工作,负责开展数据整合、标准制定、系统开发、环境搭建、运行维护、技术保障等工作,通过项目全过程实施,统筹管理全市空间信息资源,统一全市空间

---

① "五线"指城市红线、城市蓝线、城市绿线、城市紫线、城市黄线。城市红线指城市规划确定的快速路、主干路、次干路和支路等城市道路用地的边界控制线。城市蓝线指城市规划确定的江、河、湖、库、渠和湿地等城市地表水体保护和控制的地域界线。城市绿线指城市各类绿地范围的控制线。城市紫线指国家历史文化名城内的历史文化街区和省、自治区、直辖市人民政府公布的历史文化街区的保护范围界线,以及历史文化街区外经县级以上人民政府公布保护的历史建筑的保护范围界线。城市黄线指对城市发展全局有影响的、城市规划中确定的、必须控制的城市基础设施用地的控制界线。

坐标体系、基础数据、规划编研数据、规划管理数据等标准，建立面向规划管理一体化的数据标准体系。汇集基础测绘，土地、水、森林资源，地质环境，交通等现状数据，各类控制线、总体规划、专项规划、详细规划等规划管控数据，以及资规、住建、环保、林业、水利、市政等部门管理数据，形成部门共享、动态更新的"多规合一"基础信息系统，为市国土空间规划编制、行政审批、国土空间开发利用监管、空间决策分析等提供数据支撑和技术保障。

2.建立全市统一的"一张图"业务应用平台

结合全市行政审批制度改革，以"多规合一"国土空间基础信息系统为底板，加快建设国土空间规划"一张图"平台，集合项目策划生成、并联审批、实施监督、网上办事等若干子业务平台，实现项目信息、申报材料、审批信息、规划信息、电子证照、监督信息等项目全过程跨部门业务协同办理，全面提升规划管理信息化、智能化及服务社会化水平，提高政府信息管理能力、行政审批效率和透明度，助推政府治理能力提升和营商环境改善。

（四）完善"一套机制"，规范项目审批运行

1.建立国土空间规划委员会制度

按照中共中央、国务院《关于建立国土空间规划体系并监督实施的若干意见》等相关要求，江阴市拟成立国土空间规划委员会。明确工作职责，作为全市国土空间规划决策的议事机构，市规委会主要负责对全市国土空间规划、国土空间用途管制管理等重大事项进行研究、审议、决策。明确市规委会会议制度和议事程序，规范机构运行，发挥其在"多规合一"改革过程中涉及重大事项的矛盾协调、研究商议、审查决策等作用。

2.推进工程建设项目审批制度改革

根据自然资源部《关于推进以"多规合一"为基础推进规划用地"多审合一、多证合一"改革的通知》、江苏省自然资源厅《关于贯彻落实自然资源部"多审合一、多证合一"改革要求的通知》的文件要求，在建设项目用地预审和选址意见书、用地规划许可证与用地批准双合并基础上，进一

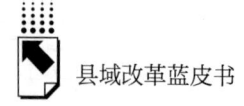

步优化工程建设项目审批流程，按照工程建设项目审批流程中的立项用地规划许可、工程建设许可、施工许可、竣工验收四个阶段，推进"多审合一""多测合一""多验合一"。推行"一站式并联审批"，推动工程建设项目审批各阶段涉及的行政许可、技术审查、强制性评估、备案等各类事项并行推进，事项全部进驻市政务服务中心，每个阶段实行"一家牵头、一窗受理、并联审批、统一出件、限时办结"。加快整合建设用地审批、城乡规划许可、规划核实和不动产登记等多项测绘业务，统一测绘数据标准，实行"一次委托、联合测绘、成果共享"。探索将竣工验收阶段的规划、土地、消防、人防、档案等事项合并为联合验收一个环节办理，统一竣工验收材料和验收标准，统一出具验收意见。进一步应用"多测合一"的技术和手段，加强建设项目的批后监管，为各部门在事中事后管理提供技术支撑。

3. 探索创新重点园区"极简审批"试点改革

结合全市进一步深化"放管服"改革要求，探索在高新区、临港开发区等重点园区实行"极简审批"，进一步推进项目审批事权下放，对单个项目入园评估、备案、供地、规划、建设、验收等审批事项和流程进行改革优化，精简审批环节。按照"能取消的一律取消，能简化的一律简化"的原则，压缩项目建设周期，切实降低企业成本。积极推行并联审批，限时联合竣工验收、规划指标告知承诺等措施，审批事项不互为前置，最大限度地缩短审批时限。

B.3
江阴市国资国企市场化改革研究报告

张海红 吴健 孔剑寒*

摘 要： 作为国民经济的重要支柱，国有企业是推动经济高质量发展的重要力量。近年来，江阴市坚持以市场化为导向，以提高质量和效益为中心，以推进供给侧结构性改革为主线，持续深入推动国资国企市场化改革。针对机制不活、动力不足、管理效率低下、市场竞争力弱等各类问题与矛盾，江阴市着力调结构、促转型、强监管，加快推进市场化改革，不断优化国有资本结构布局，创新国有资产管理方式，积极推进国有企业管理体制、经营机制与市场经济的深度融合，着力提升国有企业的现代化治理水平与能力，充分发挥国有资本在促进地方经济发展中的重要作用。

关键词： 国有资产 国企改革 江阴

国有企业是推进国家现代化、保障人民共同利益的重要力量，也是党和国家事业发展的重要物质基础和政治基础。随着市场经济的逐步完善和经济体制改革的不断深化，国有企业在长期发展中所积累的深层次矛盾和问题也逐步凸显，面对新形势、新矛盾，江阴市围绕"国资监管上新水平，国企

---

* 张海红，江阴市财政局副局长；吴健，江阴市国有企业改革发展服务中心副主任；孔剑寒，中共江阴市委党校（改革发展研究院）教师，主要研究方向为基层治理、社会管理、思想政治教育。

发展上新台阶"的目标，以理顺体制、完善机制、健全制度、合理布局、科学营运、统一监管为重点，持续推动国资国企市场化改革，促进国有资本从过去注重企业的日常经营向注重资本安全性、功能性、流动性、营利性和持续增值性转变，进一步增强江阴国有经济的竞争力、创新力和影响力，为实现江阴经济的高质量发展提供强大支撑。

一 江阴市国资国企市场化改革的创新实践

近年来，江阴市围绕培育、做大、做强国有企业，对新国资国企改革进行总体设计，不断完善国有资产运行框架、构建国有资本统筹运营体系，推动国资布局结构更趋合理。目前，江阴市共有市属国有企业9家，2019年末市属国有企业资产总额达429.19亿元，同比增长1.62%，所有者权益总额为238.40亿元，资本保值增值率为105.56%；营业收入合计116.70亿元，同比增长2.34%，利润总额合计19.09亿元，同比增长31.66%。

（一）着眼多功能，提高运营效率，推动国有资本布局优化和结构调整

1. 总体布局清晰，产业定位合理

2017年，江阴市以集成改革试点为契机，按照"加快完善国有企业法人治理结构和市场化经营机制"要求，立足深化国有企业和国有资产监督管理体制改革，对新一轮国资国企改革进行了总体设计，通过培育与整合有行业影响力和地位的产业公司，促进国有资本布局更趋合理、资源配置更加优化，遵循"产业相近、业务相关、优势互补"的思路，重组整合国企子公司15家。如：将金融担保公司划转到新国联集团，打造金融投资"全牌照"，将国风文艺划转至传媒集团（原广电集团），打造培训业务"新高地"。另外新组建3家市属国企，江阴城建产业发展有限公司打造城建领域投资建设的市场主体，成为政府经营城市的主要平台；江阴公用事业产业发展有限公司利用城市地下、地面、空间市政公用事业资源，放大资源经济效

应；江阴交通产业发展有限公司提升公司各类施工资质，作为交通道路建设和交通应急保障主体，提升了国有企业在参与城市建设与运营、公共公用设施管理、道路建设与城市公共交通的市场份额和城市形象。

2. 全方位全覆盖，服务地方经济

通过围绕培育、做大、做强国有企业，构建国有资本统筹运营体系，促进国资布局结构更趋合理。江阴新国联集团以对外投资为载体，聚焦能源、环保、金融等领域；江阴传媒集团以做强影响力经济为主业；江苏江南水务以供水运营为主业，覆盖污水治理环境产业；江阴城建产业公司定位城建领域投资建设的市场主体；江阴公用事业产业公司是公用事业资源和检测业务的载体；江阴交通产业公司参与城市公共交通运营服务、交通基础设施投资经营管理、公路养护等；江阴秦望山产业园公司围绕资源循环利用、资产证券化两条主线；江阴旅文公司是城市园林绿化建设与维护的主力军；江阴城乡规划设计院公司为城市规划与建设奉献智慧力量。目前，江阴市属国企主要分布在工业、社会服务业、交通运输业、城市建设、能源环保、文化宣传等领域，主业突出、定位准确、目标明晰，充分发挥了国有企业在基础设施和公用事业中的骨干作用，一些国有企业成长为行业的佼佼者。江南水务作为全市国有企业首家上市公司，资产证券化比例不断提升；新国联集团电力收益稳步增长，与央企合作放大国有资本功能；传媒集团在推动传统媒体和新兴媒体融合发展上成效显著，发挥国有企业战略引领力和品牌引领力。

3. 提升经营能力，保障重大项目

为深化政府投资工程集中建设改革，江阴城建产业公司通过参与学校、医院、文化中心、保障性住房等公益类基础设施和道路桥梁码头、公园绿地和道路绿化等公共基础设施建设，不断提高国企市场竞争能力，扩大国有资本经营城市建设市场化份额。江阴城建产业公司开展南菁高中实验学校改扩建、敔山湾实验学校教学楼、临港法庭、国乐岛、中医院异地新建、江南大学一期、滨江幼儿园、毗陵路小学、海事韭菜港救助基站、引航交接基地专技用房等项目建设，每年投资建设不少于25个政府投资重大工程项目，总投资超52亿元。

4. 设立产业基金，助力企业发展

按照市场化原则，充分发挥国有资本在金融投资领域的"引导和放大"作用，构建国有资本投资运营平台，积极吸引民间金融资本参与与服务江阴优势产业和优势企业，促使国有资本与地方实体经济发展更紧密地结合。紧紧围绕"产业强市、创新驱动"的战略，江阴新国联集团扎根江阴区域，深耕双百上市企业后备库，对接江阴现有55家上市公司，通过直接投资、引进社会资本设立有限合伙企业、发起设立基金参与Pre－IPO、上市公司定向增发和并购重组、处置不良资产等资本经营类业务，组建总规模20亿元的江阴毅达基金、30亿元的无锡联澄优化产业基金，促进江阴市股权投资、基金产业等领域发展，助力江阴实体经济发展和产业转型升级（见表1）。如2019年投资3000万元入股采纳科技，占比为5%，用于企业扩产购置土地，国有资本入股后，为企业估值托底，为企业后续股权融资和企业银行融资增信，间接帮助企业降低了融资成本。

表1　江阴市国资参与设立各类基金情况

序号	基金名称	基金总规模（亿元）	基金管理人	国资出资平台名称
1	平潭兴证鑫泽股权投资基金	1.5	兴证创新资本管理有限公司	江苏江南水务股份有限公司
2	江阴北控禹澄环境产业投资合伙企业	4	西藏禹泽投资管理有限公司	江苏江南水务股份有限公司
3	江阴毅达高新股权投资合伙企业	20	江苏毅达股权投资基金管理有限公司	江阴市新国联集团公司
4	江阴毅达高新创业投资合伙企业	10	江苏毅达股权投资基金管理有限公司	江阴市新国联集团公司
5	江阴澄邦企业管理发展中心	5.01	江阴高新区企业管理发展中心（有限合伙）	江阴市新国联集团公司
6	无锡联澄优化调整产业投资合伙企业	30	无锡联信资产管理有限公司	江阴市新国联集团公司
7	江阴复产项目投资合伙企业（有限合伙）	0.2	江苏融汇通供应链管理有限公司	江阴市新国联集团公司

（二）着眼高效能，坚持放管结合，推动国有资产监管职能与方式转变

1. 坚持权责明晰，实现所有权与经营权分离

按照"社会公共管理职能与国有资产出资人职能分开"的原则，江阴市对行政事业资产和经营性资产实行分类改革，确立"权属集中、分类管理、收益统一、阳光操作"的资产管理思路，国资办履行出资人职责，健全并完善国有资产监督管理体制和制度，经营性资产全部整合至国有企业，公职人员与企业分离，企业按市场规律运行。通过"合并同类项、整合关联项"，对存量资源进行整合分类，成立电力投资、传媒、供水、旅游文化和体育产业等市属国有企业5家，从根本上实现了所有权与经营权的分离。

2. 坚持政企分开，实现管理权与举办人脱钩

按照"政企分开、管办分离"原则，集中对行政和事业单位举办的国有企业进行清理，歇业清算45家，整合归并30家，国有股权退出28家，国有企业全部与行业主管部门脱钩，股权全部划转至市属国企，资产和人员同步划转。经济实体与行政部门脱钩，行政部门进行行业管理和业务指导，不再参与国有企业的具体生产经营行为和"人、财、物"管理，国资公司成为自主经营、自负盈亏的市场主体和法人实体。理顺国资办与市属国企、市属国企与子公司之间的股权关系，按照出资关系规范监管方式，落实监管责任。

3. 坚持提高效能，推进监管机构职能转变

按照"政企分开、政资分开"原则，国资办以管资本为主，厘清资产权属和管理职责边界，制定国资监管清单25条，改变重审批、轻监督等带有行政化色彩的履职方式，实现"监管在要害处，管理在要道上"的目标。同时，加快国有企业行为规范法律法规制度建设，强化对关键业务、改革重点领域、国有资本运营重要环节的监督，逐步建立了与企业运行相适应的企业法人治理体系，建立了企业党委会、董事会、监事会一系列制度，明确各治理机构职责权限。

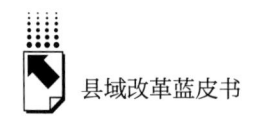

4. 坚持强化监管，健全国资国企监管体系

一方面，从企业内部管理着手，切实加强国企党风廉政建设，落实全面从严治党"两个责任"，强化对权力运行的监督和制约，扎实推进市属国企纪检监察体制改革，在4家市属国有企业设置纪委和派驻监察专员办公室，在未设立纪检监察机构的市属国有企业，明确专职纪检委员，由派驻纪检监察组实施监察覆盖。另一方面，从信息化平台建设着手，实行平台动态监管，推进国资信息化动态监管平台建设，将国有企业全部纳入国资监管平台，围绕企业重大投资、资产资源、人力资源、财务核算、集中采购、安全生产等关键环节，通过动态化在线平台实现实时同步监管。

（三）着眼新动能，搭建共享平台，推动国资国企改革进一步公开透明

1. 企业国有资产出租实行"不见面"交易

为进一步规范企业国有资产出租行为，提高国有资产经营效益，打破传统国有资产出租对人员、时间、场地等的限制，江阴着力推进公共资源"不见面"交易，国有企业资产出租全面实行"网上竞价"交易，从国有资产出租的决策程序、租金标准、租赁期限、租赁对象、租金管理等方面制定流程和规则，要求企业资产出租必须遵循"等价有偿和公开、公平、公正"原则，通过江阴市公共资源交易中心电子竞价网络平台集中拍租，改变了原来委托拍卖中介机构拍租的做法，更加广泛、公开地向社会以公开竞价的形式征集承租人，有效提高了国有资产利用效益，维护了国有企业的良好形象。2020年1~9月，国有资产租赁通过"不见面"交易，实现国有经营性房屋出租交易35批，成交标的242个，成交总金额5540.3万元，溢价率102.8%。

2. 企业货物服务采购实行"互联网+采购"

一方面，对国有企业采购30万元以上非生产经营用货物、服务实行集中平台统一采购，引入"互联网+采购"新理念，采用"标准化、公开化

及电子化"采购模式,利用国有企业集中采购平台,实行国企采购新模式,做到阳光运行,规范运作,有效控制经营成本,促进企业降本增效。2020年1~9月,国有企业设备设施、照明维护、物业服务、审计服务、试样加工服务等集中采购项目实施32批次,预算金额10571.05万元,中标金额为8444.19万元,节约率20.12%,为企业稳增长作出贡献。另一方面,对纳入网上商城品目、单项或同批预算在30万元以下的货物,建立国有企业采购网上商城,通过网上商城直接采购,推动零星采购便利化。2020年1~9月,实现网上商城采购2009件,成交金额254.20万元。

3. 加强信息整合促进投资运营"共享协同"

一方面,以国资监管业务全景图为主线,汇聚国资监管数据,明确数据标准,加强数据信息整合,建立健全运行机制,从企业法人治理、重大投资行为、人力资源管理、经济效益分析、货物集中采购等方面,确定8项信息披露事项,切实保障出资人知情权。另一方面,创新投资监管理念,支撑推进过程监管,建设事前规范、事中监控、事后问责的投资全过程监管信息系统。支撑投资监管理念从审核具体项目向管投向、管程序、管回报、管风险的"四位一体"监管转变,有效保障投资监督管理办法的施行,全面引导企业规范投资。按项目的投资主体、投资类别、投资方向、投资目的等展开多维度组合分析,实现项目全方位透视和管理。

二 江阴市国资国企市场化改革存在的问题

江阴市国资国企改革虽然推进多年,取得了长足进步,但是面对新形势、新矛盾及与同级先进城市国资发展的差距,江阴市国资国企改革还需进一步推进。

(一)市场竞争能力不足

江阴作为制造业第一县,相比发达的民营企业,其国有企业对标行业排头兵,处于产业链高端的企业少,2016~2018年国有企业经济效益整体呈

下降趋势，2019年企业利润总额开始增长，但有的企业仍处于亏损状态，有的企业过多依赖于政府资金，自身造血能力弱。与昆山、张家港等先进地区国有企业对城市建设管理的服务力和对财政的贡献力比较，江阴国有企业存在感不强，与高质量发展的要求存在一定差距，产业结构布局在重大基础设施、城市运行管理等保障民生服务社会等重要领域尚未形成牢固优势，国有资本向重要行业和领域集聚不够，工程建设企业对全市基础设施建设的参与度不高，还有较大优化调整的空间。

由于企业发展缺乏动力、激励机制不健全、创新能力不足、高层次人才缺乏等，江阴在产业发展上缺少有影响力、规模大、品牌硬的大企业、大集团。企业整体资产规模偏小，内部组织架构不合理，管理层级偏多，企业运行效率和市场化、现代化经营水平较差，企业之间的协同合作不够。部分国有企业在运营过程中存在依赖政策扶持和资产支持的倾向，如交通产业、旅游文化公司摆脱财政专项资金补助压力较大，自主经营能力和内生动力还未有效培育。企业管理方面仍以传统的"管人、管事、管物"为主，带有行政化管理色彩，现代企业制度尚未健全，市场化程度不高。在推动国企发展混合所有制经济方面，混改项目主要集中在江阴秦望山产业园公司，其余国企通过混改实行市场化转型有待深化。

（二）聚才引智力度不够

人才是企业发展的首要因素，虽然目前江阴国企人员数量日益增长，但与国有企业发展的人才需求还存在较大差距。江阴作为发达县市，尽管国企员工工资收入水平高于市场平均薪酬，但一些关键岗位、高层次、紧缺型人才在新招录时却普遍低于市场薪酬，相比较发达城市吸引力较弱，与高层次人才期望的薪酬水平还有一定差距，解决不了"该高的不高"问题，成为国有企业市场化人才竞争的"短板"。同时，一些企业对岗位的分析、岗位的价值评估认识不足，工资总额增长幅度与经济效益挂钩不明显，企业核心层员工缺乏激励约束机制等，导致薪酬水平与实际贡献不对应，影响了员工的积极性与创造性。企业员工普遍认为薪酬要刚性增长，而且只能增不能减，运用市场化方式选人用人的方式和市场化薪酬管理的分配激励机制还有待增强。

由于江阴的城市能级以及市场水平、项目数量等，对专业技术人才的吸引力有限，国企对高层次人才缺乏吸引力。目前，9家市属国企在职员工共有4066人，拥有中级职称以上人员402人，占比9.89%，其中高级职称人数仅77人，占比1.89%，且人员年龄偏大，高学历人才欠缺。例如，公用事业产业公司主业检验检测、停车管理、公共照明业务发展呈现强劲势头，急需各类专业人才予以支撑，但3年来人才引进情况不甚理想，自2017年以来该公司共招录人员81人，已离职35人，离职率达43.2%，特别是研究生学历人员，该公司自2017年以来共发布硕士研究生岗位10个，仅招录到5名，其中2人工作6个月后离职，3人工作1周后离职，离职率100%。

（三）风险防控能力不强

虽然江阴国资国企监管制度基本完备，但是不少国有企业公益和商业功能并存，在发展过程中需要财政注资、资产物业划拨、用地支持等方式扶持，对财政支持的需求较大，增加了财政负担与压力，且由于部分企业内部控制不严、风险防控意识不足、风险管理机制缺乏，管理仍存在不少漏洞与问题。部分企业难以依据自身现状及行业环境合理评估风险，在企业投资、生产经营中存在盲目扩大市场规模、后期部分投资资产难以及时收回和国有资产流失等问题，加大了国有企业的运营风险。

作为市场经济下的独立个体，国有企业积极发挥政府投融资平台作用，但高杠杆带来高风险，部分国有企业经营收益不稳定、融资渠道不完善、自主创新能力不强以及资本结构和内部架构不合理等因素，加大了国有企业整体的债务风险，使企业难以实现预期的企业经营效益。目前江阴国有企业总体资产负债率已超40%，随着企业不断发展，融资规模将不断扩大，企业负债率将进一步增加，面临较高的经营风险。同时，近50%的国有企业的房屋和土地权证不全，还面临资产权属不清、法律诉讼困难等风险，权证不齐的不动产也存在建造年代久、建造时未经审批、资料不全等问题，按照现行不动产登记法律法规，还无法按照现行审批流程补办不动产权证。

三 深化江阴市国资国企市场化改革的对策建议

按照深化简政放权、放管结合、优化服务改革要求,江阴市围绕"产权改革是基础、公司治理是核心、选人用人是关键、激励约束是保障"的环节,通过优化国资监管方式、激发国企市场活力、健全市场化运营机制,建成"国资管理体制创新先行区、国企高质量发展先锋区",不断提升国有企业整体运营效率和盈利能力。

(一)健全监管大格局,压实国资监管责任

坚持简政放权、管放结合,以防止国有资产流失为目标,法有规定的"管住管好",法无禁止的"放开放活",提高国资监管的针对性和有效性,由管国有企业的实物向管国有企业的资本转变,更加尊重企业市场主体地位和企业法人财产权,给予更多企业自主决策,实现"一套制度"管企业、"一把尺子"量成效,构建形成国资监管大格局。

1. 加强国企党的领导

坚持贯彻全面从严治党方针,充分发挥国有企业党组织领导作用,把党的领导融入公司治理各个环节,把党建工作总体要求和党组织的职责权限、机构设置、运行机制等写入公司章程,明确和落实党组织在企业管理运营各环节的法定地位、政治权责和工作方式,把贯彻落实上级决策部署情况作为衡量党建工作成效的重要内容。在重大决策上,必须坚持"先党委会后董事会"原则,先经党委会研究讨论,然后再由董事会、经理会作出决定。坚持把提高企业效能、综合实力以及资产保值增值作为企业党组织工作的出发点和落脚点,以企业改革发展成效检验企业党组织的领导力和战斗力。

2. 落实出资人权利

聚焦制度法规、履职尽责、决策监督、文化建设、风险化解和措施保障等多方位多领域,落细落小落实责任分工,实现依法履行职责、依法建章立制、依法规范决策协同并进,推动建成"权责法定、职能科学、履职规范、

透明高效"的国资监管法治机构。坚持以管资本为主,加快转变国资监管机构职能和履职方式,落实国资监管机构依法享有的"资产收益、参与重大决策、选择管理者"出资人权利,强化以股东身份和市场化方式监管运营国有资本,推动国有企业成为独立市场主体。

3. 依法完善制度体系

根据监管事项清单,加强对企业关键业务、改革重点领域、国有资本运营重要环节进行日常监督。在管控模式上,优化董事会组成结构,探索加强外派董事监事的管理,促进企业法人治理结构的完善;外部董事采用组织选聘的方式,由国有企业运行服务中心采取市场化方式选聘和直接邀请方式,从外部董事专家库中遴选产生。建立完善企业重大决策失误、失职、渎职的责任追究倒查机制以及重大决策评估、责任过错认定等相关配套制度,预防企业经营风险。

4. 构建综合监管体制

构建党委领导、行政监督、纪检监察、内部巡视巡察、政府审计、内部审计、风控、内控等协同联动的常态化监督检查机制。通过国资信息化智慧建设,打造统一、共享、协同的实时在线业务工作平台,推进以财务与资金、资本布局与投资决策、风险预警、企业综合评价为重点的信息系统建设,形成"职责统一行使、资源集中调度、内容全面覆盖、成果开放共享"的监督闭环。

(二)发挥市场决定性作用,提高资本运行效率

坚持以政治建设为统领,紧扣市场化改革主线,增强争先意识、实干意识、创新意识,进一步完善现代企业制度,优化国有资本布局,促进企业产权结构多元化,推进企业提质增效。

1. 聚焦主业定位,提升专业领域能力

企业要根据自身功能定位,向主营业务聚拢,城建产业、交通集团、旅文公司要抓住深化政府投资工程集中建设改革的机遇,努力成为专注某一领域的专业公司,推动国资品牌集群建设。市属国有企业着重将主业控制在3

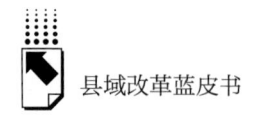

个之内,将子企业压缩到3级公司以内,加强末端管控,实现扁平化管理。如新国联着重开展重要能源项目建设、重大民生工程建设、政府产业基金运作管理、盘活存量资产等业务;江南水务着重做强"净水"和"污水"两个主业,提高资产证券化水平。

2. 优化投资布局,提升创收盈利能力

在供给侧改革、去产能、国企资产证券化等大背景下,国企必须摆脱过分依赖政府支持的现状,注重自身发展,遵循市场规律,以市场主导型的资产重组为主要方式,通过调整布局结构,突出发展主业,优化资源配置,促进资本合理流动,服务地方经济发展。通过优化投向,根据有进有退、有所为有所不为的要求,向科技创新、先进制造、能源资源、基础设施等领先行业和领域集聚。

3. 提高资本效益,推进混合所有制改革

推动公益基础类二级企业在保持国有控股地位不变的前提下,积极探索混合所有制改革路径,按照"宜混则混""一企一策"的原则开展混合所有制改革,成熟一个推进一个。在环保产业、污水处理、物业管理等项目上,抓住企业与民企共同合作的机会,带动自身发展。支持符合条件的混合所有制企业建立骨干员工持股、公司股权激励和分红激励等中长期激励机制。通过兼并重组、优化结构、整合资源等方式,推动"资源资产化、资产资本化、资本证券化",争取到2022年市属国有企业资产证券化率达30%以上。

4. 注重创新升级,提升科技创新能力

建立研发投入长效机制,推动市属企业围绕主业设立研发机构,完善重大科技攻关体制机制,提升市属企业在水务、发电、供热、产品检验检测、道路施工等自主可控核心技术、成套关键装备技术方面的研发生产能力。加快科技创新成果产业化,支持市属企业构建创业创新孵化平台,发挥国有资本在创新创业中的重要作用,同步引导金融资本和社会资本投向高科技、创新型产业。

(三)健全市场化治理机制,激发企业内生活力

坚持纵深推进国资国企市场化改革,在选人、用人、管人等方面探索更

加积极有效的市场化治理机制，进一步健全市场化经营机制，激发国有企业的动力与活力。

1. 完善法人治理结构

深化国有企业市场化改革，在企业决策层面进一步建立健全出资人、企业决策层、经营管理层、员工及其他利益相关方的权力制衡和协同机制，推行董事会与经理层的分离。董事会审议经理层工作，决定投融资公司对外投资、融资、人事、薪酬等重大事项。经理层落实董事会部署，组织公司日常经营活动、负责企业日常管理工作。严格执行"三重一大"集体决策制度，进一步界定法人治理各决策主体的事权范围，增强决策程序的科学性和严谨性。

2. 探索引才引智机制

选人用人机制不灵活是阻碍国有企业市场化改革的重要难题，要在"选准人"上下功夫，在"育好人"上做文章，在"用对人"上谋突破，实施"人才强企"战略，建立有利于优秀人才能充分施展才能、脱颖而出的选人用人机制。符合企业发展的高层次、急需人才与特殊岗位可引进和选调。企业招聘紧缺专技人才、特殊管理岗位人才，在坚持公开、公平、公正的基础上，鼓励采用市场化方式选聘，实行聘任制和契约化管理，将用人指标纳入年度用工计划。对少数特殊行业、专业或要求较高且确实难以形成竞争的岗位，适当降低开考比例，简化招考程序，直接进入面试程序。

3. 加大市场选聘力度

坚持重素养、重能力、重业绩，全面引入市场竞争机制，探索职业经理人制度，合理增加企业高级管理人才市场化选聘比例，实现经营层市场化配置，建立一支职业化、现代化、国际化的经营管理者队伍，提升国有企业营运质量和经济效益。在商业类国有企业推行经理层成员任期制和契约化管理，选聘工作坚持"标准市场确定、结果市场检验、薪酬市场决定"，通过社会公开招聘、市场寻聘、内部转聘等方式，实行聘任制和契约化管理，根据聘用协议所拟定的目标责任进行考核评价。

4. 创新市场激励方式

鼓励企业对职业经理人或者高层次、紧缺型人才实行市场化选聘、契约

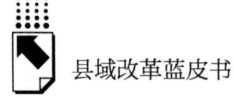

化管理，在工资总额预算中实行单列管理。实施工资总额管理和人员分类管理，根据企业发展规划、经营目标、薪酬策略、经济效益与社会效益等，结合政府规定的工资指导线、工资调控水平和调控目标，合理编制工资总额预算方案，在核准的工资总额预算内，依规自主决定工资分配。结合本地最低工资变化等因素设置最低增长（降低）线，根据企业效益和考核结果同向增长（降低），以岗位价值为依据，以业绩为导向，加强全员绩效考核，合理拉开工资分配差距，调整不合理过高收入，充分体现经济效益与劳动生产率挂钩的工资决定机制。

B.4
江阴市全面深化招商体制改革研究报告

徐立刚 夏晨佳 申静文*

摘 要： 江阴市已初步建立市镇街园区三位一体的招商体系，招商工作取得一定成效。由于江阴市招商体制改革启动相对较早，固有的体制一定程度上制约了招商工作的市场化、专业化和规模化发展。针对改革过程中存在的招商队伍专业性不强、配套制度不完善等问题，需要按照招商体制科学化、运行机制市场化、招商队伍专业化、考核激励再优化的方向，尽快完善并充分发挥各项招商机制的作用，逐步构建市镇街园区协同发展的"1+3+12+N"①招商新格局。

关键词： 招商体系 招商机制 江阴

加快构建高效率招商体系，打造高素质招商队伍，推进多元化招商方式，是招商体制改革的重要内容。目前，以南京、厦门、烟台为代表的全国多地相继建立了不同类型的市场化招商体系。南京在省内率先全面启动开发园区"去行政化"改革，在岗位管理上打破行政、事业、企业人员身份限制，实现全员聘用；厦门形成了"招商引资项目带来的区级税收留成—管委会购置固定资产注资公司—公司运营资产收益支撑招商和服务主

---

* 徐立刚，江阴市招商局局长；夏晨佳，江阴市招商局科员；申静文，中共江阴市委党校（改革发展研究院）办公室副主任，主要研究方向为政府管理。

① "1+3+12+N"是指1个市级招商机构、3个开放园区、12个乡镇街道以及N个相关职能部门。

要职能发挥—招商引资壮大发展带来更多效益"的良性循环；山东烟台以"1+9+6N"①为框架、集团化作战、扁平化组织的"大招商"体制，再造双招双引新优势，汇聚高质量发展新动能。各地独具特色的招商体系对缓解招商重任和编制短缺之间的矛盾、优化招商人员的专业结构和能力素养、推进招商工作市场化等发挥了重要作用。面对新形势、新挑战、新要求，江阴市需借鉴先发经验，加紧研究招商体制发展的新情况，加快进行招商体制改革，推进招商体系规范有序，构建良好的国际国内双循环发展格局。

一　江阴市招商总体情况

当前，政府招商引资不仅要拼政策，更要拼产业集群、拼营商环境、拼企业服务能力。面对国内经济从规模发展向有质量发展转变的形势，江阴市不断强化招商工作的主导作用，改进招商方式、优化招商队伍、提升招商质量，全力以赴推动招商工作实现新发展。

（一）政策机制不断完善，投资氛围日益优化

栽下梧桐树，引得凤凰来。江阴市把优化营商环境作为增强城市核心竞争力的关键抓手，积极为企业营造良好的政策环境、政务环境和金融环境，为市场主体添活力、增便利。

1. 不断升级投资引荐奖励政策

为进一步促进招商引资工作，鼓励和引导各类社会力量支持招商引资工作，拓宽信息来源渠道，江阴专门制定《进一步加强招商引资工作的实施意见》等政策，对提供项目投资信息、协助江阴与投资方开展对接洽谈、在项目落户过程中起到关键作用并获得投资方认可的关键个人或机构，最高给予1‰的引荐奖励资金。"真金白银"激活了社会个人和企业机构的招商

---

① "1+9+6N"是指组建1个招商合作管理局，形成9个市场化运作的专业招商平台，围绕6个方面分别建立N个招商共同体。

热情，政策发布以来自发引荐的项目数量累计达到 15 个，占洽谈项目总数的 10%。

2. 持续优化行政审批便利程度

将市场准入、建设投资两大领域 69 项行政许可权事项和其他职权事项划入行政审批局集中审批，采用综合受理、并联代办、综合审图和数据共享等举措，开启"一窗受理、一站服务、一章审批"行政审批新模式。市场准入领域推出"0.5 天快手服务队"，企业用半天时间就能迅速走完开办全流程；投资建设领域为全市重大项目配备"专属管家"，在项目启动初期便提前介入服务，助力项目早落地、早建设、早投产。按照系统化、标准化、信息化思维，江阴市自我加压，率先在江苏省内实现"2440"①的基础上，积极推动工业项目审批时限由"40"向"20"延伸。无锡地区首个"拿地即开工"试点项目——由江苏翔澄环保科技有限公司投资 1.3 亿元的江阴市建筑垃圾资源化处理项目（一期），在 3 个工作日内就办完开工建设手续，创了项目审批新纪录，为江阴进一步优化营商环境、促进经济社会高质量发展带来了新动力。

3. 不断加大建设用地扶持力度

为进一步降低企业用地成本，更大力度为企业服务，江阴市出台了《江阴市优质产业项目评审操作办法》，对于符合国家、省、市及江阴产业发展导向且总投资额、投资强度、亩均税收达到相应标准的优质工业项目可享受不低于土地保护价的用地优惠政策，优质服务业项目可享受不低于出让地块所在地级别基准地价 70% 的用地优惠政策。自开展优质项目评审以来，共评审优质项目 65 个，总投资 770 亿元，用地 7974 亩，为企业节约用地成本 14 亿元。

（二）招商体系不断健全，服务水平逐步提升

江阴市充分吸纳社会化、市场化力量，最大化其"乘数效应"，构建了

---

① "2440"是指企业注册开业 2 个工作日、不动产权证 4 个工作日、工业项目施工许可 40 个工作日以内完成。

以招商网络、国资公司、产业基金"三个平台"为主体的市场化招商体系，着力打造经济高质量发展的生力军。

1. 多渠道矩阵布局，构建信息网络

江阴市瞄准重要项目来源地，设立上海、广东、日本、韩国4个招商联络处，并分别与世邦魏理仕、仲量联行、戴德梁行、普华永道、安永、德勤等机构签订委托招商协议，充分发挥其对当地情况熟、关系多、门路广等优势，连接全球优质资源，构建全球招商网络。截至2020年8月，招商联络处累计提供项目信息50余条，直接促进总投资1.5亿美元的普洛斯工业物流项目、总投资2100万欧元的德国毛瑟半导体包装项目、总投资5500万美元的新加坡丰树工业地产等项目签约落地。

2. 多类型主体联动，拓展市场潜能

江阴高新区管委会下设江阴高新区招商发展中心有限公司，临港开发区管委会下设江阴临港产业招商发展有限公司，招商公司聚焦各板块重点产业，结合自身平台优势，分别采用聘请专业人才、签约服务机构、介入产业资本等灵活手段进行招商。近两年签约项目有200余项，总投资超千亿元。另外有新国联投资公司、城建产业发展公司、秦望山产业园公司等一批市属国资公司，在聚焦主业的同时全力配合支持招商工作，形成了一盘棋招商体系。

3. 多种类资本集聚，建设产业高地

江阴市以资本招商为突破点，发挥资本催化和杠杆作用，以平台思维撬动科技创新、产业升级和人才聚集。"十三五"期间，市财政通过一般公共预算、政府性基金预算、国有资本经营预算每年安排10亿元，支持现代产业发展新高地建设，吸引了毅达、金投等国内一流基金在澄集聚，规模10亿元的江阴毅达高新创业投资基金、规模20亿元的江阴毅达高新区股权（并购）基金、与无锡金程创投投资有限公司合作设立的5000万元天使基金等相继落地，专项为中小企业加速成长、拟上市公司规范发展、重点上市公司外延发展提供各类资源和支持，通过外部赋能为企业提质增效，帮助企业稳定发展。

(三)招商队伍不断充实,招商力量日渐强化

功以才成,业由才广。江阴市致力于打造一支专业、稳定、有活力的招商队伍,为招商工作提供坚实的人才保障。

1. 招商队伍更加壮大

采取公开竞岗的方式,向全社会公开招聘招商部长岗位,打破职务职级和人员性质等壁垒,选拔了一批优秀、年轻、专业的人员充实招商队伍。高新区招商局设置6个一线招商部及2个后道服务科室,共有30名专职招商人员,建立了"党员示范队、工人先锋队、青年突击队、巾帼建功队"四支一线攻坚队伍,通过学习提升、岗位比武、项目专员等计划的实施,形成项目攻坚合力。临港开发区招商局共设2个服务科室、5个招商部,共34名专职招商人员,招商局内部根据重点招商区域及临港各产业园区特色进行招商部分工。江阴—靖江工业园区下设综合科、招商一科和二科共8名专职招商人员;全市12个具有独立招商职能的镇街都已启动专业化、市场化招商队伍建设,镇街招商队伍由原来的37人扩充到54人,为招商平台注入新鲜血液,招商力量进一步壮大。

2. 招商队伍更加专业

在招商人力资源配置上江阴市更加突出"专业领域用专人",以干部专业化的有力支撑保障招商工作有序推进。在招商领头人选配上,招商局局长均为专业从事招商工作20年左右、具有丰富招商经验的领导干部;在招商人员配备上,开放园区配备了精通英语、韩语、日语人才;在用人方式上,开放园区招商队伍都推行"混合型"人事管理制度,人员性质涵盖行政、事业、企业、聘用制公务员等,且建立了与体制内工作人员相并行的岗位管理体系和薪酬管理体系,体制内与体制外工作人员薪酬的总体水平基本相当,基本实现了同工同酬、招商工作运行有序顺畅。

3. 招商激励更加科学

高新区发扬"敢为天下先、敢啃硬骨头、敢于涉险滩、敢于作奉献""招商四敢"精神,实施领导挂钩推项目、项目专员盯项目、挂图督查促项

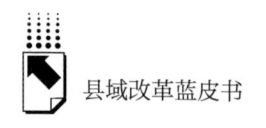

目的多维举措，全面摸排企业需求，全力促进项目投产。同时，对招商干部和项目专员的考核直接与项目引进、招商成效、开工投产效率和项目产出挂钩，真正做到"千斤重担大家挑，人人头上有指标"。临港经济开发区进一步完善考核和激励机制，坚持以考核为导向，以实绩论英雄，客观、公正地对项目专员和招商人员进行考核。对于项目专员，由管委会牵头，会同产业园和招商局根据重点重大项目签约落户情况、开工建设情况、外资完成情况、项目服务情况等对其进行考核；在招商局内部，全面实行企业化管理，开展项目经理人制度，实行招商百分考核、个人积分考核以及金牌招商能手评比、招商红旗评比等制度；加大对优秀招商人员的奖励力度，根据招商人员个人积分情况进行奖励及晋级；同时实行末位淘汰制。

（四）招商格局不断优化，项目招引成效明显

产业强市，项目为王。依托区位、战略等先天优势，江阴市积极营造"一切围绕项目转、一切为了项目干、一切服从项目快"的良好招商氛围，以项目合作带动产业发展、区域融合，掀起项目招引、项目建设热潮，形成了蓬勃向上的产业发展局面。

1. 搭建一盘棋的平台

开放园区充分发挥招商引资主力军作用，进一步优化资源配置和要素保障，以市场化运营、专业化招商为发展方向，推动形成"管委会主导+招商公司主体"的组织架构；各镇街落实专职岗位，强化专业力量，明确招引产业、空间载体，建立市镇联合协同的招商机制。各板块对于自身产业不符或资源不能供给的项目，统一上报至市招商局，由市招商局集中统筹项目的流转，项目成功签约，对引进项目作出主要贡献的推荐方，年终在招商引资目标任务考核总分中予以特别加分。2020年全年，江阴市各板块共开展120场主题招商活动，一批涉及特钢新材料、大数据、生命健康、智能装备等领域的优质项目集中落户。

2. 完善招商综合服务

江阴市成立重点重大项目推进工作领导小组，定期召开重点重大项目协

调推进会,统筹安排招商引资和项目推进过程中涉及的各类要素,如土地指标安排、环保总量平衡、配套设施落实等。完善招商引资联席会议制度,加强重大招商引资项目的谋划、推进和落地,协调解决洽谈、落地、建设和投产运营过程中遇到的困难和问题。2020年3月,临港开发区重大项目集中签约,总投资109.5亿元共10个重大项目成功签约落地。招商条线与有关部门之间经济产业、要素资源等方面的信息互通共享渠道加快建立,不断推动研究确定、动态调整全市招商方向和优惠政策。集招商信息收集、项目评估、推进跟踪、审批办理、落地运营等于一体的项目库即将成立。

3. 探索公司化招商模式

鼓励开放园区创新招商公司管理模式,招商公司以项目招引为中心进行组织机构和岗位设置,突破身份编制,实行全员聘用、竞争上岗,以岗位价值和能力定薪,以业绩贡献取酬。积极探索开放园区设立产业基金、"以投引商"等招商模式,不断扩大招商成果。2020年4月,高新区"未来产业"集中签约,阿里云(江阴)大数据生态产业园、江阴智能制造创新研究院、数字化设计与制造中心、台联电5G触控投影系统、智流形机器人、德罗智能机器人等项目现场签约,总投资近120亿元。2020年6月,江阴(上海)产业合作恳谈会上23个涉及科创、教育、供应链、医疗、数字科技等领域的项目集中签约,总投资达235亿元。

二 江阴市招商面临的主要困境

面对国内外经济形势严峻、土地资源日趋紧张、新兴产业加速扩张等挑战,江阴市招商难度加剧,并面临新一轮的困境。

(一)招商队伍专业性有待加强

招商引资不仅是软硬环境的较量,更是人才智力的搏杀。近年来,虽然各镇街园区的招商队伍有所壮大,但在配优配强方面还有待提升。高新区招商局30名专职招商人员中有英语人才7名、日语人才2名、韩语人才1名;

临港开发区招商局 34 名专职招商人员中有英语人才 3 名、韩语人才 2 名、日语人才 1 名。江阴靖江工业园区招商局 8 名专职招商人员中有英语人才 2 名;12 个乡镇街道 54 名招商人员中有英语人才 4 名。

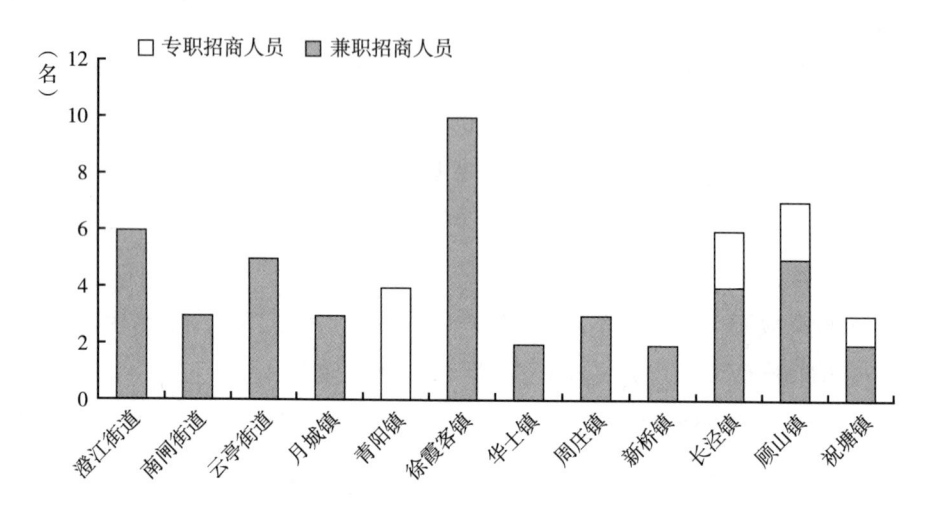

图 1　各镇街招商专兼职人员分布

总体来看,熟练掌握外语技能的人才仅占 17.5%,且都集中在英、日、韩三种语言。队伍中仅有少部分毕业于经济、外语、金融、营销等招商对口专业,缺少懂产业、懂法律法规、有工作经验的综合人才,导致招商工作成效不高。各镇街虽配备 1 名分管领导及数名招商人员,但大多数属于"半路出家",往往"身兼多职",各项工作任务繁重,基本很少单独、直接参与招商引资工作,出现了工作重心偏移以及招商能力不足等问题,降低了招商工作的成效。

(二)招商机制有待优化

1. 运行机制不够明晰

开放园区一直采取事企混合运行的模式,招商局和招商公司人员实行混合管理,名义上是"两块牌子",实际工作中是"一套班子"。招商公司是"戴企业帽子,走事业路子",人员性质虽涵盖多种类别,但事业单位的财务管理、人事制度等模式已成为招商公司市场化发展的体制性障碍。

2. 考核机制不够健全

在现有的招商引资考核体系中，考核周期只针对当年引进的项目，并没有对项目进行长期跟踪考核，规划的对接、资金的衔接、土地的供给等方面出现了问题没有及时解决，导致一部分项目签约不落地、落地不开工、开工不建设、建设不投产。在招商引资年终考核时，对没有完成考核任务的单位，其奖惩往往不对等，即使招商任务完成出色的，也只是象征性的奖励，激励效果不明显。

3. 信息机制不够通畅

由于获取投资信息的渠道较为单一，很难有机会第一时间接触到高质量的项目信息，江阴市各大园区、镇街现有的有效信息项目特别是有影响力的产业信息项目普遍不多，难以形成洽谈、签约、开工、竣工"四个一批"项目滚动发展的喜人局面。

（三）要素制约亟待破解

1. 产业用地供需矛盾突出

随着招商工作的持续开展，江阴市落户企业逐年增长，江阴全市建设用地总规模达413平方公里，土地开发强度约42%，远超江苏全省平均水平，用地指标严重不足已成为招商引资项目落户的瓶颈。加之，同一地块在城乡规划中是建设用地，但在土地利用总体规划中却是基本农田，规划之间的差异导致地块无法使用，相关项目无法落地，造成载体缺乏。在前期招商引资工作中，部分投资商也因资金、诚信方面的不足而造成土地闲置，甚至还有"圈地"行为：部分企业圈而不建，看不到开工日期；有的企业钻政策的"空子"，投入前期部分资金后就停工或是厂房建成后，不投入生产，使厂房空置；还有部分企业打着"新兴项目""文旅项目"等旗号获取土地进行房地产建设。此类问题直接影响后续优质项目入驻，招商工作发展缺乏强有力的土地载体。

2. 园区配套设施有待完善

近年来，开放园区大部分资金用于城乡建设工程，园区的配套设施相对滞后，现有公共交通、产业工人社区等配套设施无法满足大量劳务工人的生活需求；医院、学校、综合市场、文化娱乐设施、商住小区等生活配套设施不足，难以满足企业科研及高管人员的生活需求，更难吸引公司高级管理人员及研发人员，研发基地及公司总部难以落户江阴，企业只能在江阴设立生产基地。

3. 产业发展定位不明确

江阴市现有3个开放园区、12个镇街平台和35个工业集中区。园区发展前期，虽有主导产业发展规划，但实践中执行力不强，随意性较大。前期招商引资过程中，不管企业属于何种产业、规模如何，都能以落户的先后占据其心仪地块，导致园区内企业规模参差不齐、布局分散。村镇工业布局零散尤为明显。各个园区产业发展特色不鲜明，培育发展园区主导产业力度不够，既缺乏大项目带动与支撑，又缺乏相关产业发展的上下游配套支持，产业链条不完整，难以发挥产业的集聚效应。

（四）改革配套制度有待完善

1. 招商人员分流安置问题尚未解决

前期招商改革工作中，开放园区已经在用人方式上探索试行了社会化选聘，以人才派遣方式解决了机关工作力量不足问题，适当缓解了招商重任和编制短缺之间的矛盾。目前，招商队伍中还有相当一部分行政事业人员，公司化改革后，现有的行政事业人员进入招商公司工作，涉及人事档案、工资待遇、养老保险、住房补贴等问题，缺乏合理的政策、管理体制、分配机制和激励机制的支持。招商公司在编人员若享受不到机关事业单位的退休待遇，或与在机关事业单位工作的收入相比，没有较大优势时，大部分人因发展前景不明朗而缺少干事创业的动力。

2. 招商人员奖励激励力度不够

机关事业单位招商人员的激励以精神激励为主、物质激励为辅。与团队内非公务员、事业岗位相比，编制内招商人员的工资分配受薪酬体系约束，不允许发放《公务员奖励规定（试行）》及《事业单位工作人员奖励规定》标准之外的奖金，其收入取决于职务、职称和工龄等因素，项目的多少和好坏对薪资的影响微乎其微。受政策规定、职位有限等因素的制约，招商干部横向交流较少、发展空间狭小，一些年轻干部长期在原地打转，招商人才易流向更有经济实力、更具影响力的投资平台。

3. 招商人员配置调节能力不足

从机关事业单位面向社会公开招聘招商人员的情况来看，人岗相适度较低。目前机关事业单位新招聘编制内招商人员时，一般按照公开招聘制度，通过行政能力测验及结构化面试来选择报考人员进入招商队伍，但招商引资作为一个综合技术含量较高的行业，对招商人员的商务谈判、项目资源、行业工作经验等职业素养要求较高，公开招聘的模式保证了公平公正，却缺失对报考人员专业素质的分析评判。与此同时，机关事业单位"能进、能上"而"难出、难下"的用人机制加剧了招商队伍的僵化。

三 江阴市招商工作取得新突破的对策建议

江阴市聚焦构建"1+3+12+N"招商新格局，对全市招商体系进行了改革，成立了江阴市产业发展中心有限公司，在政策机制、招商体系、招商队伍、招商格局等方面取得了显著成效。下一步，江阴市需在产业宏观布局、用人导向、服务水平等方面深化招商体制改革，把制度优势充分转化为发展动能，为建设"强富美高"新江阴贡献招商力量。

（一）以产业需求为出发点，加强宏观布局

迈入后工业化阶段，大多数支柱产业项目、战略性新兴产业项目等优质资源都需要产业集群化发展，这就要求以规划为引领实现产业发展和项目布局的有序化。江阴市要根据长远发展的目标方向，准确把握城乡建设、产业布局、生态保护、人居环境等各方面空间需求，科学划定空间管控边界，抓

紧编制国土空间总体规划，尽快消除规划冲突和"矛盾图斑"。优化整合产业空间布局，通过自上而下的空间布局方式，最大限度地避免产业空间布局碎片化，精准实现布局集中、产业集聚、用地集约的发展目标。

一方面，完善产业规划，加快产业生态建设，着力打造现代产业升级版。围绕确立的"345"产业体系，重点聚焦新能源、集成电路、高端装备、生物医药四大战略性新兴产业以及5G通信、智能制造、节能环保、现代物流、健康文旅5个未来产业，编制产业链图、技术路线图、应用领域图、区域分布图，统筹推进产业链企业发展、招商引资、项目建设、人才引进、技术创新等重大事项。探索实行产业链"链长制"，全面掌握产业链重点企业、重点项目、重点平台、关键共性技术、制约因素等情况，紧盯"头部企业"和细分行业领军企业、隐形冠军企业，吸引其在澄设立企业总部、区域总部和研发、结算、物流等重要功能性机构，逐步拓展产业集聚空间。另一方面，精准布局招商网络，授牌的7个招商驻点全线展开工作，瞄准有资金、有实力、有渠道、有影响的大型央企、实力民企，市值高、募投项目多的上市公司以及跨国公司深挖项目信息，推进投资合作。

（二）以人才引进为切入点，树立用人导向

树立在招商引资一线锻炼培养和选拔使用干部的鲜明导向。采取单位推荐、个人自荐、组织审核等方式，从全市党政机关、企事业单位择优选派熟悉项目建设、懂得规划布局、了解土地审批、知晓金融政策的专业人员充实到招商队伍中，推动形成在招商引资前沿实践锻炼的良好氛围。对行政事业性质招商人员的招录，招商部门要提前介入，直接参与招录全过程，增设专业性质的笔试和面试；对企业性质招商人员的招录，由各开放园区通过国资公司自行组织，统筹派驻到各招商平台开展工作；对亟须引进的高层次人才、紧缺专业人才等，采取直接考察的方式进行招聘，增强招录对象的专业性。

在引进高层次复合招商人才的同时，加大对现有招商人员的培养力度。结合江阴区位优势、产业现状、资源特色等实际，围绕宏微观形势变换、产

业发展动态、区域竞争、实务操作等方面制订培训计划，组织招商人员学习经济政策、产业政策、招商谈判、规划运营、法律法规、审批办理、文字写作等多方面内容，培养招商人员"一专多能"的工作能力。打通干部双向流动通道，既要选聘专业岗位的干部到招商条线来，也要输送招商干部到项目落户直接相关的岗位挂职锻炼，提升干部业务水平，强化干部履职能力，激发干部队伍活力，缓解晋升岗位不足的压力。根据实绩导向强化选任并坚持示范引领，对招商工作成效显著的优秀人才进行表彰宣传，通过典型案例的辐射效应，营造干事创业的浓厚氛围。

（三）以政策服务为支撑点，厚植招引土壤

加大全市招商引资资源与产业扶持政策的统筹力度，努力形成"不拼政策拼服务"的招大引强工作环境。对产业链旗舰型、引擎性项目要举全市之力，全力配置土地、环境容量、能耗、财税、科技、人才等要素资源。对世界500强、中国500强企业等重大招商项目，按照"一企一策""一事一议"，及时建立精准化、差异化、个性化的政策供给机制和服务配套机制。

扩大产业基金引导作用，支持重大招商项目融资。鼓励各板块探索"以投代补"模式，加大产业投资基金支持配套力度，利用资本手段承接重大项目。加强无锡市、江阴市、开放园区三级产业基金纵向联动，打造"基金+项目+园区"的一体化生态链。引导各类金融机构进一步创新服务理念，开发符合招商引资项目特点的金融产品和业务模式，推动项目与市场对接，满足项目融资需求。

（四）以城市配套为着力点，提升项目能级

良好的人居环境、健全的公共服务、高效的城市管理对吸引国外投资、集聚国外人口将产生极大的推动作用。江阴要借鉴国内外先进城市经验，加快城市国际化建设步伐，大力创造人才愿意来、留得住、干成事的环境条件。要大力发展健康事业和健康产业，引进优质医疗资源，不断提升医疗卫

生服务国际化水平，为美丽江阴建设提供强有力的医疗支撑。吸引高端产业落户，必须确保高端人才的持续引进。要把高质量人才公寓建设作为工作重心，积极做好后勤服务，让高端人才专注创新创业。高标准国际学校也是重大外资项目落地的重点影响因素之一，要配套建设外籍人员子女学校、幼儿园，引进国际知名教育机构参与办学（办园），就地解决外商子女的上学问题。结合发展实际，规划建设若干功能完备、设施先进、管理高效、特色浓郁的国际化社区。设立涉外综合服务站，为外籍人员提供居住登记、签证咨询、安全防范和困难救助等"一条龙"服务。

B.5 江阴市农村住房建设改革研究报告

严军明 过中杰 薛丁辉*

摘 要： 开展农村住房建设改革，改善农村人居环境，建设生态宜居乡村，是实施乡村振兴战略的一项重要任务。江阴市以编制规划为"先行棋"，推动资本多元化投入，建立完善的工作制度，不断加强农村住房建设管理，农村住房建设改革取得了阶段性成果。但随着改革的持续推进，农村土地供应、资金投入、群众参与等方面仍然存在诸多矛盾和问题。深入推进农村住房建设改革，需要以建立多元投入机制、创新农村宅基地制度、强化建设过程监管、深入群众宣传引导等方面为着力点，有效解决江阴市农村住房建设改革的发展困境，助力推进乡村振兴战略的实施。

关键词： 农村住房 乡村振兴 江阴

党的十九大提出实施乡村振兴战略，要坚持党管农村工作，始终把解决好"三农"问题作为全党工作的重中之重。积极开展农村住房建设改革，改善农村人居环境，建设生态宜居乡村，是实施乡村振兴战略的一项重要任务，对加快整治农村人居环境、优化农村空间布局、提升村容村貌

---

* 严军明，江阴市住房和城乡建设局党委书记、局长；过中杰，江阴市住房和城乡建设局科员；薛丁辉，博士后，中共江阴市委党校（改革发展研究院）市情研究室副主任，主要研究方向为马克思主义中国化、生态文明和生态伦理。

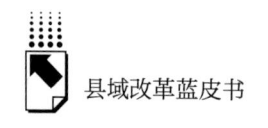

和农民生活条件具有重要意义。2000年前后,江阴市对宅基地审批加强管控,农村住房建设基本停止。由于大部分农民居住的自建房危旧,以及农村空心化和紧缺房户等问题日益突出,农民改善住房需求与管控政策的矛盾日益凸显。2017年,无锡市率先开展农村住房建设试点工作,出台了《关于加强和改进农村住房建设管理的意见(试行)》。2018年,江苏省政府启动农房改善工作。江阴市按照"市级统筹、部门负责、镇村实施"的思路,以规划为引领,坚持村庄建设和城镇发展相协调,有序规范发展村庄更新改造,因地制宜推进农村住房建设管理,努力打造一批布局合理、规模适度、设施完善、环境优美,既有现代气息,又有江南水韵的美丽乡村。

一 农村住房建设改革进展情况

习近平总书记提出,建设好生态宜居的美丽乡村让广大农民在乡村振兴中有更多获得感、幸福感。江阴市把农村住房建设作为乡村振兴的重要内容,以创造人民美好生活为宗旨,以建设美丽宜居城市和美丽田园乡村为抓手,扎实开展美丽江阴建设。2017年7月,江阴市率先对长泾镇蒲市村、习礼村、河塘村,月城镇沿山村、双泾村、蔡庄村6个行政村启动住房建设改革试点工作。2019年全面启动新一批农村住房建设试点,农村住房建设开始进入"加速跑"阶段。截至2020年8月,江阴市14个镇街21个行政村的41个村庄启动农村住房建设工作,预计在2020年底基本完成1898户农房建设任务。

(一)规划引领,分类建设实施

江阴市把各类规划编制作为农村住房建设改革的"先行棋"。在符合城市总体规划、土地利用规划、镇村布局规划的前提下,结合国土空间规划的编制,因地制宜有序推进发展村村庄规划编制,分类实施农村住房建设管理试点工作。

1. 编制国土空间规划，强化科学布局

江阴市结合"多规合一"改革，以主体功能区规划、土地利用规划、城乡规划等为主体，在整合其他部门专项规划的基础上，充分考虑农村近、远期农房建设需求，统筹宅基地布局，编制市国土空间总体规划。在完成全市各个开发区（含江阴靖江园区）、镇街板块的全面座谈和现场调研工作的基础上，逐步开展了江阴市空间规划实施评估、江阴市城市发展目标与战略、江阴市空间格局优化及"三线"① 划定、宜居生活圈视角下的江阴基本公共服务设施均等化布局优化、江阴市国土整治和生态修复、基于"多规合一"改革的江阴市国土空间规划管理机制创新等专题研究，为国土空间规划编制打下了坚实的数据基础。

2. 修编镇村布局规划，优化空间结构

江阴市上一轮镇村布局规划编制于2015年，规划将全市2922个村庄分为"规划发展村庄"480个［其中重点村289个，特色村178个，重点（特色）村13个］及一般村2442个。根据乡镇发展新形势以及农村住房建设试点要求，2019年在原有镇村布局规划编制的基础上，严格按照国家、省乡村发展的最新要求，启动了《江阴市镇村布局规划（2019版）》修编工作，全市域村庄分类和空间布局得到进一步调整优化。重点对全市建成区外共2430个村庄以"集聚提升类村庄""城郊融合类村庄""特色保护类村庄""搬迁撤并类村庄""其他一般村庄"等五个类别进行系统分类。前三个类别作为"规划发展村庄"共有371个（其中"集聚提升类村庄"266个，"特色保护类村庄"89个，"城郊融合类村庄"16个，共涉及行政村115个），"搬迁撤并类村庄"828个，"其他一般村庄"1231个。

3. 编制村庄（建设）规划，指导村庄建设

江阴市制定出台《江阴市村庄规划编制工作指导意见》，指导各试点村开展村庄规划编制工作。通过规划，明确试点村近期建设实施计划和远期实施设想，统筹用地布局，指导村庄发展和农村住房建设。同时，邀请江苏、

---

① "三线"是指生态保护红线、永久基本农田保护红线和城镇开发边界。

上海等地知名设计单位共同参与村庄规划设计，精心打造高标准、高起点的"新江南人家"。全市形成了"整村原地翻建""整村异地新建""散户+整村建设""新农村建设+老镇改造相结合"等模式。其中，长泾镇蒲市村在推行"整村异地新建"过程中，通过配套建设民办幼儿园、群众活动中心等，增强聚集功能、提升集中居住区品质，形成了规模效应。截至2020年8月，已完成19个村庄（建设）规划编制并通过政府审批。

（二）明确标准，强化用地管理

江阴市作为经济发达地区，土地开发强度大，农村住房建设如何节约集约利用土地，是农村可持续发展的关键路径。江阴市通过多种方式加强农房建设用地管理，提高村庄建设用地利用效率。

1. 明确建房用地标准

江阴市明确规定新建宅基地用地标准，宅基地面积每户不超过135平方米，坚持"一户一宅、建新拆旧"的原则，单户住宅建筑面积原则上不超过250平方米，鼓励联排户型。现有宅基地面积超过上述标准的，申请新建农房时，宅基地面积须按上述标准进行核减，且原农村居民存在一户多宅的，应归并成一宅。鼓励有条件的试点村在扩建区内配套建设一定数量的多层公寓房，楼层不超过6层，以满足留根户、贫困户住房需求，有助于宅基地的有序退出。

2. 规范建房用地管理

江阴市规范农村住房建设的用地管理，要求从严控制乱占耕地建房的行为，严禁占用永久基本农田，原则上要求户均占用集体建设用地不超过0.5亩（包括宅基地、基础设施用地、配套设施用地）。新建住宅尽量使用村内空闲建设用地和原有宅基地，少占或不占农用地。比如顾山镇红豆村、青阳镇塘头桥村将旧厂房、旧学校拆除后用于农房建设，盘活利用村内闲置建设用地，有效节约集约利用土地。华士镇华西四村按照"整村集中"的布局规划，将整个行政村分散的8个村庄416户农户集中至一个点，预计建成后可以节约200余亩土地。建房农户在与村委签订建房协议时，须一并签订退出原宅基地承诺书,并将建房保证金交至村建房保证金专户,事后按承诺书拆除原宅基地上的房屋和其他附着物,并退出原宅基地的,才能退回建房保证金。

3. 加强建房用地保障

对于部分试点村不适合原址建设的,通过村庄规划,采取整村异地新建的形式开展农村住房建设工作;对于部分试点村利用原宅基地规划建设的,考虑到周边村庄村民向规划发展村庄集聚,需要新增土地扩大建设用地范围。针对以上两种情况,江阴市结合全市两次土地利用规划修编的窗口期,有效保障试点村建房用地需求,加强土地供应,对于新增建设用地指标由各镇街采用增减挂钩①指标的形式内部平衡。2018年,通过土规调整保障了长泾镇、月城镇新增建设用地指标共478亩,完成农转用手续报批234亩。2020年,完成农房建设所需土地规划调整及农转用手续共309亩,满足了第二批试点村庄一期建房用地需求。

(三)突出特色,满足群众需求

江阴市坚持因地制宜、因村施策,结合各村自然条件、空间形态、人文特征、产业特点等实际情况,深入研究适合居民需求、体现乡村特点的农村住房建设管理工作,保护和塑造乡土、自然、有机、多样的乡村特色风貌,不断满足群众对"新江南人家"美丽乡村的追求。

1. 坚持自主原则,鼓励群众参与

江阴市农村住房建设严格遵循"农户自主"的原则,在建设中充分发挥群众的积极性、能动性,突出"政府引导+村民参与"模式,既结合群众住房改建实际,也充分满足群众个性化要求。通过选举成立村民理(议)事会,制定了农户建房资格认定、户型选择、工程建设、宣传发动等一系列制度办法,做到建房工作充分尊重村民意愿,公平公开、有章可依,得到了广大群众的积极响应。加强政策、舆论的宣传引导,充分调动群众参与农村

---

① 增减挂钩是指城镇建设用地增加与农村建设用地减少相挂钩。

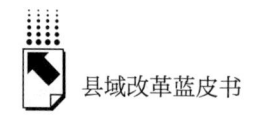

住房建设和管理的主动性，推动部分群众思想观念由"要我建"到"我要建"的彻底转变，共同缔造和维护更加美好的生活家园，留下更多老百姓乐意住、经得起检验的时代新村落、新民房。

2. 坚持生态先行，建设绿色村庄

江阴市农村住房建设遵循规划统筹、分类指导、绿色集约、体现乡土的原则，符合村庄规划和生态环境保护要求，建设安全、经济、适用和美观的农村住宅。根据《无锡市农村房屋建设风貌管理指南（试行）》，遵循农村住房规划建设"六统一"制度（即统一规划、统一设计、统一风貌、统一基础设施、统一监督、统一验收）和"五到场"制度（建筑放样到场、基槽验线到场、施工过程到场、结顶到场、综合验收到场），构建了农房建设的统一性和协调性。立足江阴乡土气息和地方特色，紧扣"新江南人家"定位要求，从形态设计、外观视觉等各个方面对全市新建农房进行整体性的指导和规范，推广应用适宜的绿色建筑技术，房屋辅助造型由各个试点村自主确定，实现每个村庄住房改建共性和个性的有机统一。

3. 坚持文化融入，突出地域风情

乡村文化是一方水土涵养的独特文化遗产和审美创造，试点推进过程中凭借各镇村熟知的乡土情感，融入各村不同的永不过时的乡村文化元素。江阴高起点规划、高水平建设，分批次推进落实农村住房建设试点工作，最大限度留住乡愁记忆、重现江南美景，越来越多的村庄变身"绿树村边合，青山郭外斜"般的新江南人家，展现了新时代江南水乡的传统印记、时尚韵味。新桥镇郁桥村庄桥将农房建设与特色田园乡村建设有机结合，围绕古寺、古树、古桥、老街打造林茂田美、水绕农家、历史文化悠远的魅力乡村；云亭街道花山村朱家宕依托江阴城区南郊的地理位置优势和绮山森林公园的自然资源禀赋，打造适合乡村休闲旅游的城郊融合示范村庄。

（四）多元投入，拓宽资金渠道

江阴市把农村住房建设改革作为当前一项重点民生工程，"钱从哪里来"是加快农村住房建设过程中必须解决的一大难题。江阴市坚持科学谋划、高位推动，建立了较为完善的资金投入渠道，尽可能缓解农村住房建设的资金压力。

1. 财政引导补一点

江阴市出台《江阴市新农村建设奖补专项资金实施细则》，市财政设立了1亿元新农村建设专项资金，在村庄规划设计费用方面，按照规划设计合同金额的50%进行奖补，每个行政村享受一次，最高不超过30万元；在基础配套设施建设费用方面，按照"5万元/户×项目收益户数"的标准对村集体进行奖补。在试点村正式开工后，允许预拨不超过50%的基础配套设施建设奖补资金，缓解镇村两级的资金压力。针对有农村住房建设意愿但家庭经济条件相对薄弱的农户，江阴市积极协调江阴农村商业银行、中国农业银行江阴支行等多家金融机构提供农房建设贷款优惠政策，为村民建房提供每户最长20年最高50万元的专项贷款。同时，强化专项资金使用管理，加强专项资金使用绩效考核，定期在全市范围内通报考核结果，对成效明显的给予表扬奖励。

2. 节约用地增一点

江阴市出台了《关于加快推进土地节约集约利用的实施意见》《江阴市土地综合整治建新指标统筹及有偿使用交易实施细则（试行）》等文件，建立了土地综合整治建新指标统筹并有偿使用制度。成立江阴市新农村建设发展有限公司，负责具体运作建新指标。开展农房建设的试点村，通过节约土地产生的建新指标，由新农村公司按照80万元/亩的价格统一收购。出售建新指标所得的资金用于基础设施建设的投入，以缓解镇村两级资金压力。

3. 建设投资省一点

通过市长专题协调会，明确水、电、气、通信等管线优惠减免政策，最大限度地减少基础设施建设费用。鼓励镇村两级在试点推进过程中大胆创新，部分试点村采用村民理事会公开比价的方式确定施工单位，由村民直接与施工单位签订施工合同，施工过程由村委委托专业人员与村民共同进行质量安全的监管，减少中间环节，降低施工成本。对规划多层农村住房的必须通过公开招投标手续确定施工单位的，由所在镇街向市纪委申请创新风险备

案。创新风险备案通过后，允许400万元以上的项目在镇级公共资源交易中心公开招投标，可降低总建设成本10%左右。自2017年试点启动以来，已累计降低成本约3000万元。

二 农村住房建设改革中存在的问题

经过三年多的努力，江阴市农村住房建设改革工作取得了阶段性的成果，但在深入推进过程中也面临不少困难和问题，需要进一步研究和解决。

（一）土地供应成为瓶颈

1. 土地指标严重短缺

江阴市作为中国制造业第一县，土地开发强度高达40.6%，远超30%的国际警戒线。一方面，江阴市大多数镇街都有工业集中区，在土地利用规划调整时，建设用地指标向城镇和园区倾斜，大量土地已被开发利用，存在建设用地指标倒挂现象；另一方面，由于宅基地审批已停止10多年，国土部门在编制土地利用规划时，未考虑农村宅基地的发展预留空间。经过多次土地利用规划调整后，农村地区基本已"跨出门槛就是基本农田保护区"，除现有宅基地外，能够用于建房的土地非常少。除了极少量村庄有闲置建设用地外，绝大部分村基本没有存量土地。

2. 土地调整流程复杂

土地利用规划调整和土地性质由农用地转建设用地手续（俗称"农转用"）的办理周期较长。2019年12月，江阴市本轮土地利用规划修编工作启动，经过规划编制、专家论证、层层审批，从启动土地调整工作到试点村具备开工条件历时9个月。"农转用"手续在土地规划报批的过程中同步办理，土地规划报批完成后半个月内才可以完成"农转用"手续。同时，土地利用规划调整必须遵循"三年调两次，两次间隔不少于一年"的规定，报批流程复杂，周期较长。若不提前谋划、统筹农村宅基地布局，预留部分建房土地，后续试点工作将很难在全市范围内推广。

3. 土地集约利用受限

通过集中居住，可以有效提高公共服务设施和基础配套设施利用效率，减少村庄各类配套服务支出，显著改善农民人居环境。江阴人均宅基地面积小，移地置换后无法节约土地，客观上导致土地成本无法平衡，土地空间无法增加。部分试点村在规划布局时，较难将周边的村庄归并至试点村范围内，难以发挥集聚提升效应。

（二）资金平衡压力较大

1. 建房成本不断上涨

在多种因素的叠加影响下，近年来，钢筋、水泥等主要建材的价格不断上涨。以先行试点长泾镇测算为例，2017~2018年试点村的农户需承担每户近30万元的房屋建设费用。2020年受到新冠肺炎疫情的影响，建材成本和人工成本均有所上涨，导致第二批试点村建房成本进一步增加。据测算，较疫情之前，机械费、材料费上涨6%，人工费上涨20%，建安成本上涨9.5%。另外，农民群众对农房品质期望较高，试点村的基础设施和配套设施均按高标准设计。供电、供水、燃气、通信的线路均采用埋地敷设的方式，供水水表采用的是远程智能水表，这些都导致农房建设需要投入较多资金。

2. 土地调整费用高昂

异地新建试点村建房土地的建新指标，原则上都由镇街采用增减挂钩指标来平衡。若试点村所在镇街的增减挂钩指标不足以平衡建新指标，购买外来指标每亩费用约为80万元，办理"农转用"手续需缴纳约17万元/亩。许多试点镇街建议对"农转用"手续办理费用予以三至五年的缓交期，在农房建设推进过程中，通过节约土地产生增减挂钩指标来逐步平衡土地报批资金。江阴市也在积极争取能够缓交土地调整费用的相关政策，但是难度较大。

3. 基础配套负担沉重

以长泾镇测算为例，农房建设基础设施配套费用大概在15万元/户，主

要包括水、电、气、通信、道路以及一些基础绿化。江阴市市级财政对基础设施建设给予5万元/户的奖补资金，其余部分需要镇村两级共同承担。异地新建的试点村需缴纳的17万元/亩土地调整手续费也需镇村两级承担。农房建设施工设计、基础配套加各项零星支出费用合计在20万元/户以上，以一个试点行政村平均90户计算，前期基础设施投入近2000万元，尚不包括建房成本以及后期小区管理、环境整治等费用。经济强村尚能分担部分建设资金，经济薄弱的试点村仍需镇财政承担全部资金。

（三）群众主动性不强

1. 对比拆迁无优势

在多年的拆迁政策影响下，农民对农房建设试点政策观望情绪较浓，产生"等、靠、要"的思想。近年来，随着江阴房价的持续上涨，拆迁安置房不断升值，带来的直接收益也越来越高。农房建设因政策限制，每户宅基地占地面积不能超过135平方米，建筑面积不超过250平方米，且不能进行产权交易。农民若参与农房建设，住房面积较改造前变少，还要自掏腰包建新房，相比之下农民更愿意对老房进行拆迁安置。

2. 村民改造意愿低

目前参与农房建设意愿较强的仅包括两种类型。一类是需要新房的适婚刚需人群。相比商品房购置的资金压力，农房改建成本相对较低且面积较大。另一类是现有农房存在安全隐患，亟须进行改造。随着新型城镇化的推进，村庄空心化、老龄化问题凸显，很多村庄成为外来人口集中租住地，大多数农民花钱改造住房的意愿并不强烈。

3. 群众意见难统一

由于江阴很多农房以"联排兵营式"为主，只要一户思想不统一就很难实施整体改造和推进。农民普遍习惯了现有的住房布局，对于错落有致、曲径通幽的新布局模式认可不一。群众意见的众口难调给村庄规划设计、改造建设带来了诸多挑战。

三 深化农村住房建设改革的对策建议

让老百姓安居乐业，让乡村的天更蓝、水更清，这不仅是最切实的民生大事，也是人民群众对美好生活的期盼。要把农村住房建设改革这项民生实事做实、好事办好，还需要从以下四个方面进行完善。

（一）活化投入机制，不断健全资金保障体系

根据全市农村住房建设规划目标算好资金账，制订年度计划，科学调配资金，创新投资、融资机制，逐步建立健全多渠道筹资、共同开发建设的多元化投资机制。一方面，多渠道平衡建设资金。按照集约节约土地的原则规划建设农房，通过节约土地产生增减挂钩指标的方式平衡部分建设资金。放活宅基地使用权，允许镇街试点探索宅基地有偿选位、有条件转让交易、使用权出租等宅基地收益方式，获得收益用于保障新农村建设。按照"统筹安排、用途不变、各记其功"的原则，把各级财政专项资金和涉农资金整合起来统筹使用。建立建新指标有偿使用及交易制度，出台土地综合整治建新指标统筹及有偿使用交易实施细则。鼓励金融机构以"整村营销、上门服务"等方式，为有信贷需求的农户提供便利、低成本的信贷服务。积极探索社会资本参与的有效方式，尤其鼓励社会资本参与规划发展村庄的幼儿园、超市、菜场等公共服务项目。另一方面，全力降低建设成本。加快建立"绿色通道"和联动机制，能快则快、能简则简，最大限度地提高审批效率、加快时间进度；突出农村住房建设特性，在保证质量的前提下，严控建设成本，能减免的规费一律减免，能返还的税收一律返还，水、电、气、网络、有线电视等基础设施按优惠价收取，最大限度地减轻农民群众负担。

（二）优化土地保障，探索完善农村宅基地制度

推进农村住房建设改革，必然涉及土地问题，既要保护好农民群众的"命根子"，又要高效用好土地，重点盘活建设用地和农民宅基地"两块

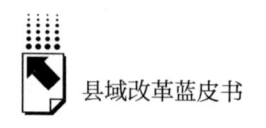

地"。一方面,充分挖掘空间资源。在优化完善镇村布局规划和村庄规划的基础上,严格按照规划明确的相关控制指标,依据镇村布局规划和村庄规划,衔接土地利用规划,统筹考虑基础设施、农房建设等用地需求,推进国土空间规划编制工作。在不新增建设用地的前提下,调整优化城乡建设用地结构和布局。通过推进城乡建设用地增减挂钩、零散农村居民点归并整合等方式优化农村用地布局,统筹安排农村住房用地。深入挖掘存量用地潜力,通过增减挂钩等措施,充分整合农村零星分散、低效闲置的建设用地。每年在分解年度土地利用计划指标时,安排不低于5%的比例用于保障农村宅基地、基础设施、公共服务等建设用地需求。另一方面,盘活利用闲置宅基地。开展农村宅基地确权登记,全面摸清"一户多宅""建新未拆旧""应拆未拆"等情况数据。探索研究农村宅基地退出机制,以农民自愿为前提,探索有偿转让、有偿调剂、有偿收回等多种宅基地退出模式。开展农村违法用地综合整治,清理回收闲置宅基地。探索超标准占用宅基地收费制度,允许农村集体经济组织对宅基地面积超标部分收取使用费,维护农村集体经济组织成员的公平权益,倒逼宅基地节约利用。

(三)细化建设监管,着力提升农村住房品质

农村住房质量,事关民生改善,事关群众安危,必须严把规划布局关、设计建设关、质量监管关、配套服务关,绝不允许降低标准、减少配套,绝不允许强调客观、简化操作,确保该把的关坚决把住,该守的底线坚决守住。一是坚持政府主导。周边省市及江阴试点的成功实践表明,以村为单位的农村住房统一规划、统一设计、统一管理的方式,较好地解决了村庄布局优化、风貌协调、环境改善、配套完善、建设进度等问题。在新一轮试点包括今后的建设过程中,进一步强化政府主导原则,在规划编制、实施推进、服务管理等方面发挥引导和指导作用,确保住房改建工作有序推进。二是严控质量监管。把工程质量作为农村住房建设的生命线,严格把好施工队伍关、材料源头关、工程监管关,积极引导群众参与质量监督,严厉打击违法转包分包、以次充好等行为,确保把项目都建成群众满意工程。三是完善功

能配套。按照城乡融合发展和基本公共服务均等化、标准化要求，按照满足需求、适度超前的要求，坚持先地下后地上，统筹做好排水、道路、污水处理、垃圾收集、供气、供电、通信、照明、绿化等配套设施，合理设置党群服务、教育医疗、文化体育、健康养老、农贸商业等公共服务设施，切实满足群众现代生产生活需要。

（四）深化宣传引导，充分激发农房建设热情

农村住房建设为的是农民群众，靠的也是农民群众，必须让农民群众唱主角，变"要我建"为"我要建"，变"等等看"为"主动干"。一是政策宣传到位。坚持面上宣传和精准宣传"双管齐下"，宣传部门、新闻媒体和各板块要深入宣传加快推进农村住房建设的重大意义、目标任务、实施方案、操作办法，主动送政策上门、送图纸上门、送协议上门，帮群众算好经济账、安全账、环境账、子孙账，让农民群众充分了解党委政府帮助其改善住房条件的本意初衷，在全市上下树立正确的舆论导向。二是现场展示到位。有计划地组织镇村干部、农民群众，现场观摩、实地查看试点建设成果，让他们看到成功案例和生活的实质性改善，把评论权交给百姓，争取百姓的认同感，群众说好才是真的好，充分激发他们想拆想建、要拆要建、急拆急建的内生动力。三是阳光操作到位。严格按法律法规办事、按程序规则办事，从居住选址、规划设计、房型选择、招投标、质量监管等全过程各方面，全面落实好群众知情权、参与权、选择权、监督权，坚决杜绝暗箱操作，全程接受农民群众和社会监督，确保公开公平公正。四是风险严控到位。妥善处理农村住房建设相关政策的前后衔接，推动各项工作稳妥有序开展。要将稳评工作贯穿全过程，全面排查可能出现的风险隐患和不稳定因素，健全完善涉稳事项应急处置预案，切实把各类矛盾隐患控制在萌芽状态。

B.6
江阴市深化村社分离改革研究报告*

万小溪 陆新梅 辛要宾**

摘　要： 近年来，江阴市持续深入实施村级集体经济股份合作制改革，创新集体经济组织治理结构和集体资产管理制度，促进了集体经济可持续发展，实现了集体资产保值增值和农民增收。进入新时代，进一步深化产权制度改革、发展农村集体经济、优化基层社会治理成为江阴市农村发展的新课题。2017年5月，江阴市被农业部确定为全国100家农村集体产权制度改革试点县之一，全面完成了村级集体产权制度改革。在此基础上，2019年江阴市被确定为江苏省新一轮农村改革试验区，通过厘清村（居）委会与农村集体经济组织关系，探索村民自治事务和集体经济经营管理事务有效分离；通过村（居）委会与集体经济组织实行分账管理，独立核算，提高了集体经济组织经营效率，实现了乡村社会治理与村级经济协调发展的改革目标。

关键词： 村社分离　集体经济　股份合作　江阴

---

* 集体经济组织是村集体成员以生产资料集体所有制为基础建立的社区性合作经济组织，本文所指的集体经济组织为股份经济合作社。

** 万小溪，江阴市委农办主任，江阴市农业农村局局长；陆新梅，江阴市农业农村局集体资产管理科科员；辛要宾，中共江阴市委党校（改革发展研究院）教师，主要研究方向为中共党史、基层党建。

改革开放以来，江阴始终坚持解放思想、真抓实干，通过率先开展产权制度改革，激发农村生产要素活力、增加农民财产性收入，实现了民营经济异军突起，为推进乡村振兴打下了坚实基础。在改革探索过程中，江阴市通过厘清村（居）委会与集体经济组织之间的职权划分，形成集体经济组织专注壮大集体经济，保障农民物质生活；村（居）委会着力提供公共服务，协助市镇两级完成各项工作的职权分工和架构体系，实现集体经济、服务质量双提升，开创了乡村治理水平不断提升的发展新局面。2020年4月，江阴市被评为第二批全国农村集体产权制度改革经验交流典型单位。

一 改革实践

早在2004年，江阴市已自发探索村级集体经济股份制改革，在长泾镇花园村试点股份制改革，先后出台了《关于对部分村（组）试行集体经济股份合作制改革的意见》《村级集体经济股份合作社人员界定参考办法》等文件，在清产核资、股权设置、股份量化、章程制定、机构设置等实施股份合作社改革的关键环节做了大量探索。2017年5月，农业部确定江阴为全国100家农村集体产权制度改革试点县之一，江阴市在全市范围内开展农村集体产权制度改革[①]，农村改革全面启动。截至目前，江阴市共组建股份经济合作社256家，共有农民股东100万人，量化经营性净资产91.5亿元，股东人均量化净资产9150元，2015年，中共中央办公厅、国务院办公厅印发《深化农村改革综合性实施方案》，指出：在进行农村集体产权制度改革、组建农村股份合作经济组织的地区，探索剥离村"两委"对集体资产经营管理的职能，开展实行"政经分开"试验，完善农村基层党组织领导

---

① 农村集体产权制度改革指在明晰集体资产产权归属的基础上，以股份合作为主要形式，以清产核资、资产量化、成员界定、股权设置、股权管理、收益分配等为主要内容，将农村集体统一经营管理的资产折股量化到人、落实到户，明确集体经济组织市场主体地位的一项制度创新。

的村民自治组织和集体经济组织运行机制。2019年,根据江苏农业农村厅、江苏省财政厅《关于公布新一轮省农村改革试验区和改革试验任务的通知》,江阴市作为江苏省新一轮农村改革22个县(市、区)之一,开始承担探索集体经济组织与村(居)委会财务事务分离改革任务。

作为改革的先发地区,随着产权制度改革的不断深入,江阴也较早遇到一些新问题,如村社分离下的村(居)委会运转经费落实保障不到位,规范严格的税收化管理影响了股份经济合作社的改革积极性,股份经济合作社参与市场竞争力弱,成员分红观念强烈下的发展负担加重,合作社运行机制和市场化转型的关系需进一步理顺。为稳妥有效分离村(居)委会与集体经济组织,江阴市精准施策、统筹推进,从事务分开、财务分开、人员分流、保值增值四个方面入手,加快营造适合村(居)委会、股份经济合作社双线运行的体制环境,促进村(居)委会提升公共服务能力,股份经济合作社持续发展壮大。

(一)明确职能定位,深化村社事务分开

20世纪80年代,我国逐渐建立了村民自我管理、自我教育、自我服务的基层群众性自治组织——村民委员会。随着产权制度改革的深化,江阴市逐步组建了股份经济合作社,并通过建立成员(代表)大会、理事会、监事会,健全了股份经济合作社的决策、运营和监督管理机构。但农村仍以"村社合一"的模式运行,两个机构之间未有清晰的事务划分,自治管理职能与经济发展职能边界不清,股份经济合作社未能发挥应有作用。

在新农村建设和城乡一体化进程中,村民委员会越来越多地承担了上级部门的行政性事务,各项政策与工作均要求村民委员会发挥属地管理功能[1],全面宣传组织与执行落实,形成了"上面千条线,下面一根针"的状况。长久以来,村(居)委会疲于应付,多忙于行政工作,而疏于集体资产的管理与经济的发展。村民委员会"自我管理、自我服务"的功能得到

---

[1] 属地管理指根据所在地域确定具体管理机关。

了一定落实,但"自我发展"的目标却难以实现。以澄江街道璜塘上村为例,7名村委工作人员需承担30个大类168项工作,其中大部分为市镇两级的配套工作。

2019年,江阴市结合各镇街和村实际情况,通过梳理村(居)委会和集体经济组织现有职责和承担的具体事务,按大类制定权责清单,村社按职责履责,实施村(居)委会与集体经济组织事务分开,村(居)委会与集体经济组织各司其职。村(居)委会根据民政部门出台的《村(居)民委员会盖章证明事项清单》《村(居)民委员会依法履行职责事项清单》《村(居)民委员会依法协助工作事项清单》,厘清工作职责,积极发挥村委会基层群众性自治组织功能作用,增强服务效能。集体经济组织主要负责集体资产的管理、运营、开发,集体经济组织的收益分配等事务,不断做强做大集体经济。同时,厘清村社决策和监督机制,村民委员会通过村民(代表)会议表决村级事务、由村务监督委员会进行监督,集体经济组织通过成员(代表)会议表决集体事务、由监事会进行监督。

在城镇化进程中,原由村承担行政职能、自治职能平稳过渡至社区,农民在身份上实现了向社区居民的转变,公共需求得到有效满足,增强了对社区的自治认知、归属感、认同感同步提升。如高新区、澄江街道等城郊接合部,因为地理位置优势和征地拆迁等因素,村集体积累了较为可观的资产,农民对此高度关注。与此同时,原始农村村落基本消失、农民与土地关系日渐松散、传统农民身份逐渐淡化,各村农户迁进城市化小区,农户遇到具体事务时,往往既要找原行政村处理又要寻求所在社区帮助。现在,村社分离使股份经济合作社承担经济职能,负责管理原村集体的各类资产资源,村(社区)承担服务职能,村(社区)公共配套设施及服务措施不断完善,解决了农民的后顾之忧,让农民"放心进城",城乡差距显著缩小,城乡一体化进程进一步加快(见图1)。

(二)实施财务分开,推动机构独立运行

根据《村民委员会组织法》,村民委员会是基层群众性自治组织,既要

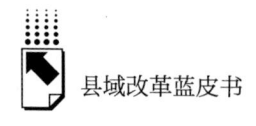

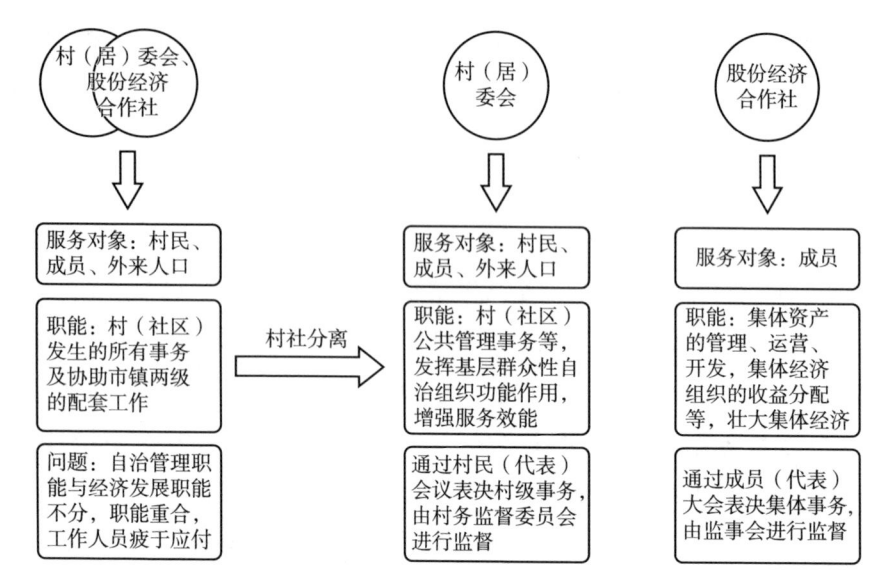

```
┌─────────────┐         ┌─────────┐         ┌─────────┐
│村(居)委会、 │         │ 村(居) │         │股份经济 │
│股份经济     │         │  委会   │         │合作社   │
│合作社       │         │         │         │         │
└──────┬──────┘         └────┬────┘         └────┬────┘
       ↓                     ↓                   ↓
┌─────────────┐         ┌─────────────┐     ┌─────────────┐
│服务对象:村民│         │服务对象:村民│     │服务对象:成员│
│成员、外来人口│        │成员、外来人口│    │             │
└─────────────┘         └─────────────┘     └─────────────┘
┌─────────────┐         ┌─────────────┐     ┌─────────────┐
│职能:村(社区)│ 村社分离│职能:村(社区)│     │职能:集体资产│
│发生的所有事务│ ───→   │公共管理事务等│    │的管理、运营、│
│及协助市镇两级│        │发挥基层群众性│    │开发,集体经济│
│的配套工作   │         │自治组织功能作│    │组织的收益分配│
│             │         │用,增强服务效│    │等,壮大集体经│
│             │         │能           │     │济           │
└─────────────┘         └─────────────┘     └─────────────┘
┌─────────────┐         ┌─────────────┐     ┌─────────────┐
│问题:自治管理│         │通过村民(代表│    │通过成员(代表│
│职能与经济发展│        │)会议表决村级│    │)大会表决集体│
│职能不分,职能│        │事务,由村务监│    │事务,由监事会│
│重合,工作人员│        │督委员会进行监│    │进行监督     │
│疲于应付     │         │督           │     │             │
└─────────────┘         └─────────────┘     └─────────────┘
```

图1　改革前后基层治理模式对比

承担本村生产的服务和协调工作,也要协助镇街人民政府开展工作。由此决定了村委会不可避免地承担部分应由市镇财政承担的配套公益性支出,如"扫黑除恶""新冠肺炎疫情防控""文明单位创建"等。村级"资产""资源"为集体经济组织全体成员所有,因而这些费用支出实质上由村民集体承担。与此同时,随着工业化与城镇化发展,"村转居"进程加快,越来越多的原村人口与外来人口加速聚居,而聚居社区的部分公共支出仍需由村或社区承担,进一步加大了村级的支出与负担。

在村社分离改革过程中,江阴市根据《关于进一步深化农村集体产权制度改革的实施方案》(锡农办发〔2019〕19号)文件规定,将村(社区)集体所有的经营性资产、非经营性资产和资源性资产所有权确权到集体经济组织(见表1)。原村(居)委会按照权责一致的原则,建立权责清晰、财力协调、均衡保障的资金承担机制,逐步向财政兜底村级运转经费进行过渡。村(居)委会和股份经济合作社开立不同的账户和账册,分离自治组织和集体经济组织之间的财务核算。村(居)委会对行政管理、公共服务过程中发生的资产、负债、所有者权益进行核算,对村(居)民进行公开。

集体经济组织对经营活动中发生的资产、负债及所有者权益进行独立核算，并向全体成员实行财务公开。

表1 集体资产、资源构成

经营性资产	非经营性资产	资源性资产
厂房、门面房、出租房、机械设备等，以及集体所有的货币资金、有价证券、应收款项、存货、对外投资、无形资产、资本、公积公益金等其他资产	各级财政扶持、集体和农民一事一议等方式筹建的办公楼、道路、农桥、水利基础设施、公厕、体育健身设施、休闲文化广场等	集体土地、山林、水面、"四荒"地等

注："四荒"地主要指荒山、荒沟、荒丘、荒滩等。

财务分开、财务分离改变了以往由集体经济组织承担相关费用的状况，实现了村（居）委会与集体经济组织相对独立运行，理顺了社区公共服务的承担主体，解决了公共服务提供受限问题。同时也明晰了村（居）民和集体经济组织成员的身份及权益边界，使外来人员和非组织成员居民均等享受基本公共服务。释放了集体经济的发展空间，集体经济组织回归市场专注于壮大集体经济。江阴市已有250个股份经济合作社获得市场法人地位，为集体经济市场化转型发展奠定基础。2018年高新区村级收入5478.7万元，村级支出4281.9万元。2019年村级收入6114万元，村级支出2105万元，村级收入同比增加11.6%，支出同比减少50.8%，通过村社分离改革实现了村级行政事务运转经费由财政保障。高新区财政每年预留900万元支持村级运转，大大减轻村级负担，促进农村社会经济发展，农民共享改革成果，得到了更多实惠，2020年春节前已兑付第一次股东分红2543.58万元，最高的每股1300元，最低的每股100元，人均分红336元。

（三）理顺行政架构，探索人员分流

在"村社合一"运营模式下，村（居）委会与集体经济组织"两套班子，一套人马"，机构成员严重重叠。村（居）委会选人用人上重行政管理轻经济管理，集体经济组织在行政管理体制下，非专业化决策多，集体经济

组织发展缺少活力和竞争力。

在机构分开（见图2）、事务分清的基础上，探索人员分流，合理设置村（居）委会和集体经济组织人员配备。村民委员会根据《村民委员会组织法》选举产生村委会成员，通过村民（代表）会议表决村级事务，脱离经济发展职能的村（居）委会工作人员能够提供更优质的服务。村集体经济组织根据章程选举产生理事会、监事会成员，通过成员（代表）会议表决集体经济组织事务。集体经济组织根据资产规模和发展需要合理确定经营管理人数，经监事会审核后由理事会聘用确定经营管理人员。经营管理人员可以由村干部兼任，也可以聘请职业经理人，形成一支熟悉法规政策、懂得合作互助、善于经营管理、有责任心和奉献精神的专业队伍，引导合作社走向现代公司发展模式。村（居）委会与集体经济组织实行不同的绩效考核办法，通过资金薪酬保障、完善晋升体系，鼓励农村能人和高校毕业生等深入农村进行发展建设。兼任村集体经济组织管理人员的村干部不允许多头取酬，杜绝了一头干事、两头拿钱的现象。

（四）拓展发展途径，实现村强民富

村社分离改革后，股份经济合作社专注经济发展工作，深入探索股份经济合作社管理模式，鼓励有条件的试行职业经理人制度，多措并举推进合作社发展。鼓励合作社盘活用好集体经营性资产，充分利用集体资金、房屋资产、土地资源，结合区位特点，拓展农村集体经济发展新路径，丰富集体经济发展形式。如通过发展休闲观光产业、物业租赁产业、金融投资产业、现代服务产业，增强创收能力和集体经济实力，实现村集体资产保值增值。江锋村积极转变发展理念，创新发展思路，组织实施"退二进三"，打造以服务业为主体的村级集体经济发展新模式。以35.13亩留置用地为基础，转变发展路径，建设增收载体，2019年集体净资产2.459亿元，较上一年度增长13%，户均分红16792元。通运村充分考虑辖区经营特色，利用土地占股的方式，参与市场的经营，搭建2处大型仓储园，为集体增收开辟了新道路，2019年集体净资产1.15亿元，较上一年度增长3%，每股分红4000

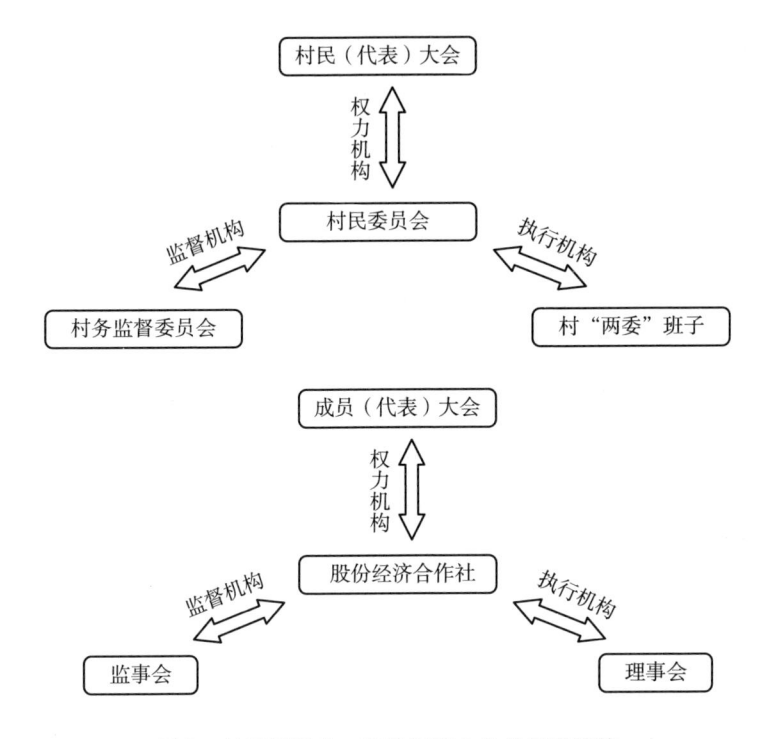

图 2　村民委员会、股份经济合作社行政架构

元，较上年增长 5.3%。

引导和鼓励股份经济合作社根据自身资产和资源状况，运用项目制、现金配股、土地入股等方式，与国有资本、民间资本发展规模适度的混合所有制经济。探索建立股份经济合作联社，整合各自在资产、资源、资金等要素上的优势，通过资产化整合、权益化联结、规范化运营，探索联合投资经营、增强集体经济发展实力的路子。如探索村股份经济合作社抱团发展模式，组建股份合作联社，强强联合、强弱联合。江阴市南闸街道引导薄弱村以抱团发展的方式组建联合经济体（街道出资 1000 万元土地款，南闸村、蔡泾村、龙运村、曙光村 4 个村各出 200 万元，共计 1800 万元，成立互助平台公司），集中财力投资标准厂房建设，通过资产化整合、权益化联结、规范化运营，发展壮大村集体经济实力，增加了村级稳定性收入。

通过近年的不断发展，2019 年，江阴市村级资产总额达 379.93 亿元，

净资产251亿元，村级收入35.6亿元。全市有3个村收入超过亿元，44个村收入超过千万元，93个村收入超过500万元。2019年，村民福利6.76亿元，股份经济合作社分红支出3.2亿元，累计分红30.2亿元，集体经济不断壮大，持续增加了农民收入。

二 主要经验

随着村社分离改革实践的不断深入，江阴市股份经济合作社经营效率不断提高，集体资产持续壮大，集体资产保值增值水平显著提升，农民获得感、幸福感不断提升，在推动农村改革发展、完善农村治理、创新基层运行机制等方面探索出一些成熟经验，实现了乡村社会治理与村级经济协调发展。

（一）致力于政策引领，实现村级发展减负

根据中共中央、国务院《关于坚持农业农村优先发展做好"三农"工作的若干意见》要求，江阴市先后出台做强村级经济实力、村级集体资产管理、集体经济薄弱村扶持等一系列政策意见，健全以财政投入为主的村级组织运转经费保障制度，形成促进村级集体经济持续发展的政策体系。

一方面，通过政策倾斜、投入保障，加大财政补助力度，减轻股份经济合作社发展负担。对农村基础设施和社会公益事业建设，如村庄整治、土地复垦、农田水利、"一事一议"等项目编列专项奖补资金，并重点向薄弱村倾斜，减轻村级财政压力；建立江阴市生态补偿转移支付制度，对实施生态红线区域保护地区给予生态补偿，2019年，江阴市镇两级对行政村的财政转移支付3亿元，其中生态补偿资金8316余万元。2020年市镇两级财政转移支付预计5亿元，其中民房翻建资金1亿元、人居环境整治资金5000万元、生态补偿资金8000万元。市镇两级补助切实减轻了股份经济合作社发展负担。

另一方面，坚持分类多样推进，建立权责清晰、财力协调、均衡保障的

资金承担机制。针对村社分离后部分村（居）委会运转经费财政兜底困难的问题，探索财政保障村级工作人员工资等基础开支，剩余村级运转经费由合作社进行保障，财政与合作社合理分担经费的资金承担机制。

（二）致力于多元合作，实现集体经济增值

村社分离改革的目的，是在党的统一领导下实现村委会和股份经济合作社双线运行，既能加强农村自治组织建设，提升乡村治理水平，又能发展壮大村集体经济组织，增加集体经济收入。江阴市在遵循国家、省、市关于集体资产管理规定的前提下，制定专门的对外投资、经营、资产购置和处置、费用开支、融资理财等办法，多措并举地支持和促进集体经济组织开展市场化经营，激发股份经济合作社发展集体经济的积极性、主动性和创造性，实现集体经济有效增值。

一方面，通过多元统筹、逐步做大村级经济总量，壮大村级财力。如统筹市、镇街两级"1+16"农村产权交易市场①，推进农村集体经营性资产进入农村产权交易平台，提高交易成交量，增加村级资产经营性收入；统筹制定全市范围内集体建设用地、房屋年租金最低指导价政策，提高村级资产租赁收入。2019年江阴市村级资产租赁收入达12.3亿元，比上年增长36.8%。

另一方面，坚持多元合作、抱团发展，以规模和组团效应协同发展。如江阴市高新区26个村级股份经济合作社联合组建高新区股份合作联社，对外以"澄一建设公司"为载体，集中整合闲散资金与园区空闲土地，进行市场化、企业化运营，不断壮大整体规模，提升经济效益。江阴高新区根据联社工作运转情况对合作社统一进行奖补，以形成"区社联动，收益反哺"的可持续发展模式。

---

① "1+16"农村产权交易市场指市级农村产权交易市场及16个镇（街道）产权交易市场。

（三）致力于健全机制，实现人员配备优化

股份经济合作社需要外部治理与内部治理的有效结合。既要在政府引导与监管下，市、镇、村各级部门紧密协同，形成共同促进集体经济组织发展壮大的外部合力，又要在合作社成员的参与下，合理确定成员（代表）大会、理事会、监事会"三会"机构的职能权限，建立科学民主高效的决策、管理机制，形成强大的内部动力。江阴市在股份经济合作社机制健全、人员配置等方面积极探索，形成内外联动的发展局面，保障股份经济合作社高效健康运行。

一方面，创新股份经济合作社管理机制。改变传统农村机构管理的落后模式，在股份经济合作社内建立现代公司管理框架；引入现代竞争机制，实行竞争上岗，合作社经营管理人员竞聘上岗；建立经营管理激励机制，合作社人员薪酬根据当年度的经营管理收益，经成员（代表）大会讨论评定，通过"能者多得"的考核激励机制，调动经营管理者的积极性，促进股份经济合作社增收。

另一方面，优化配备股份经济合作社管理人员。加强对合作社经营管理人员的培训，提高业务水平，在此基础上做到股份经济合作社管理人员专职化，逐步实现所有者与经营者分离；探索合作社高层管理岗位面向社会公开招聘，引进职业经理人，成立投资部负责合作社资产的运营。

（四）致力于环境保障，实现组织运行规范

村社分离改革需要相关的法律和配套制度，保障其协调推进、规范运行，也需要"鼓励创新、宽容失败"的改革氛围，让广大党员干部轻装上阵、干事创业。

一方面，江阴市根据农村集体经济组织的相关法规，积极把江阴农村集体产权改革的实践、理论、政策成果制度化，为村社分离改革协调推进、规范运行指引方向，为充分发挥农村集体经济组织功能作用，实现好、维护好、发展好农村集体经济组织及其成员权益提供更加坚实的制度保障。2019

年无锡市农业农村局、财政局、税务局联合出台《关于财税政策支持推动农村集体经济发展的若干意见》，在现行税法框架下，给予合作社最大限度的税收优惠政策。

另一方面，在现行条件下，江阴持续探索村社分离改革中村级运行和股份经济合作社良性发展的管理办法。早在2017年，江阴市已出台《关于建立容错纠错机制激励干部改革创新担当作为的实施办法（试行）》，明确了"容错免责""创新备案""纠错激励"的三种情形，充分利用好容错纠错机制和改革创新风险备案机制，为想干事、能干事的干部"定心""撑腰"。

三 改革思考

村社分离改革既是符合中央精神、体现时代要求的新举措，也是农村集体经济体制改革和基层社会治理的新探索。当前，江阴的创新实践取得了一定的成效，但在新形势下如何解决好村社分离改革中两者长效发展的问题，还需要进一步努力探索。

（一）政策配套需要进一步强化

实施村社分离改革涉及产权制度、利益分配及利益纠纷调处等方方面面。当前，国家对农村集体经济管理职能、机制等方面缺乏相应的政策法规，村社分离改革无高位阶法规和政策支撑。村社分离后，作为特殊主体的集体经济组织无法完全依照《公司法》有关规定引导支持，亟待相应的政策法规指引操作、协同推进。如股份经济合作社获得法人地位，参照公司化管理，但哪些领域可以投资，哪些决策可以执行等仍缺乏细则规定。又如集体"三资"管理，按照有关制度，村集体经济组织可投资土地、标准厂房、商业门店等经营性物业，可积极参与城镇化开发建设。但根据《关于进一步加强和完善全市村级管理的指导意见》规定，村级集体资金不得参与市场竞争性领域投资。在层层规定之下，股份经济合作社如何突破限制有效参与市场竞争、怎样跟上股份经济合作社的发展需求和发展脚

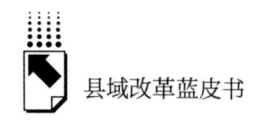

步,特别是如何给予股份经济合作社自主发展空间、实现自主发展与保障经济共生,这些都亟须政策引导和配套扶持,以达到与合作社发展协同的目的。

(二)合作社运行机制需要进一步理顺

股份经济合作社按照现代公司的管理模式建立了最高权力机构成员代表大会、执行机构理事会、监督机构监事会,分离后的股份经济合作社应该依靠这三个机构进行投资、运营和管理,形成内部控制与监督体制。但在实际运行中,合作社尚未完全理顺与村委会和村民的关系,村(居)委会工作人员与股份经济合作社人员交叉兼职,专业性、专职化程度不够;缺乏内生监督机制,仍旧只能与村(居)委会一同接受上级部门的监管。受制于集体经济的特殊性,股份经济合作社运营过程中的决策均需经过成员(代表)大会讨论通过,任何财务支出均需要经过层层审批,任何投资失误造成的集体损失都会追究个人责任,由此丧失一些投资机遇,造成在投资过程中畏首畏尾。为确保每年股份分红的刚性增长,合作社在运营时相对保守,偏向于稳固收益且风险小的投资项目,对于高风险、高回报的项目鲜少问津。构建现代企业制度,最核心的要点是要实现利益共享和风险共担。股份经济合作社健康可持续发展,要进一步明确股权作为资本要素投入生产经营过程中可能产生的风险,建立现代企业具备的利益和风险对等机制,实现市场化转型,参与市场竞争。

(三)税收扶持政策需要进一步落实

股份经济合作社在发展过程中尽管有部分支持政策,但还需进一步落实。在税收减免实施衔接方面,《关于财税政策支持推动农村集体经济发展的若干意见》指出,集体经济组织向个人出租用于居住的房屋,减按4%的税率征收房产税,但江阴市部分股份经济合作社以集体厂房出租给企业或个人经营为主,厂房出租的房产税高达12%且无法享受税率减免政策。据统计,2019年江阴市部分股份经济合作社租赁收入需缴纳的税金合计税负在

20%~30%，负担较重。在税收抵扣执行方面，意见还指出符合小微企业条件的农村集体经济组织可参照享受小微企业税收优惠政策，对全年应纳税所得额300万元以下的集体经济组织的应纳税所得额与企业所得税均给予优惠，也可参考村级运营成本进行相应抵扣。但江阴一些经济总量较为庞大的经济组织，如长江村，村级每年经营收入为2亿元左右，2019年以前可按2.5%征收所得税，2019年以后按25%缴纳所得税，合计税负高达6000多万元，仅税负就占经营收入的30%。而2019年长江村村级运营成本则为2000万元左右，抵扣部分相对税负总额较少，且缺乏明确的抵扣方式。通过村社分离改革，江阴股份经济合作社获得特殊法人地位，可参考苏州市吴中区征收村集体经济组织企业所得税的方式，按核定方式核定企业所得利润为经营收入的10%，将此作为企业所得税的应纳税所得额计征，给予税收缴纳的相应优惠，营造有利于推进集体经济合作组织发展的政策环境，有效减轻集体经济组织负担。

（四）合作社发展能力需要进一步提升

村社分离改革后，股份经济合作社作为现代企业公司以特殊法人地位参与市场竞争，需要有较强的市场分析和决策能力，这对合作社的运营管理能力提出了较大的挑战。合作社理事会、监事会、成员（代表）大会均为合作社成员，管理人员及股权的退出、转让限于集体内部，高素质人才和职业经理人难以进入。同时，传统农村管理人员年龄偏大，理念较为保守，难以与快速变革的新时代接轨。

村社分离，组建股份经济合作社是为了明晰资产，赋权利民，对于分红没有硬要求。但一些村民"分家产"呼声日高，要求集体将确权的份额折现给到个人，甚至要求解散组织。成员的经济认同感更偏向于收入个人化、利益化，以"股份分红多年未增长""其他股份经济合作社有分红，而本村并未有分红"等要求分红且分红要逐年增加，对于整体经济形势和未来发展情况漠不关心。这些要求致使部分村为保障分红，维持社会稳定，坚持分红，甚至竭泽而渔，给未来发展带来沉重负担。农村改革不论怎么改，都要

坚守"不能把农村集体经济改垮了、改少了、改弱了"的底线，绝不能犯颠覆性错误。要进一步深化改革，增加股权流动性，推动合作社市场化转型。同时坚持尽力而为、量力而行的分红原则，科学评估财政收支状况、集体经济实力和群众承受能力，合理确定投资规模、筹资渠道、负债水平，设定阶段性目标任务和工作重点，形成可持续发展的长效机制。

B.7
江阴市撤村建居改革研究报告

吴春华 吴琦 许一鸣*

摘　要： 撤村建居是工业化、城市化发展过程中的重大现实问题，不仅牵涉广大村民群众的切身利益，而且事关城乡基层治理结构的转型升级。自启动撤村建居改革专项行动以来，江阴不断完善体制机制，点面结合、依法依规、有力有序地推进工作，仅半年就撤销了全市过半数的空壳村和1/3的拆迁过半村。在取得较好改革成效的同时，江阴的撤村建居也面临撤村建居条件不完善、户籍改革不到位、集体资产量化处置和撤村村民身份界定难、历史遗留问题多以及民生福祉保障衔接和公共管理服务滞后等多方面的问题，需要进一步完善撤村建居的政策制度体系，优化撤村条件，规范农村集体资产处置，统一城乡社会保障，强化政府公共管理与服务，确保撤村建居村民的合法权益最大化。

关键词： 撤村建居　基层治理　公共服务　江阴

撤村建居是城市化、工业化的必然产物，即撤销村委会建制，实行社区居委会建制。有组织、有步骤、有秩序地推进撤村建居，是适应城市化高质

---

* 吴春华，江阴市民政局副局长；吴琦，江阴市基层政权建设和社区治理科科长；许一鸣，高级讲师，中共江阴市委党校（改革发展研究院）市情研究室副主任，主要研究方向为政治学、公共管理学。

量发展的迫切需要，是分类实施乡村振兴的必然要求，是理顺社区管理体制的重大举措，能够不断提升社会治理体系和治理能力现代化水平，为江阴当好新时代高质量发展排头兵提供良好的社会发展环境。

一 江阴市撤村建居改革的开展情况

作为全国闻名的百强县排头兵，江阴的城市化进程随着工业化发展不断加速，经济社会发生了深刻变革，农村变城市、农民变居民，土地集约、人员集居，农村所属集体土地全部或部分征收征用，江阴出现了一批无农业、无农民、无原始村庄的空壳村和村居并行的混合村，给城乡社区治理带来了现实挑战。为此，江阴以集成改革为契机，将撤村建居列为2020年改革专项行动，通过有力有序、依法依规推进撤村建居工作，提高基层治理现代化水平，为全面实现乡村振兴、城市化高质量发展夯实基础。自专项行动开展以来，江阴已依法依规撤销空壳村17个、拆迁过半村15个，分别占全市28个空壳村的60.7%、45个拆迁过半村的33.3%（见图1）。

（一）完善体制机制，高屋建瓴推进撤村建居

1. 成立领导小组

2020年初，江阴市委、市政府成立市级层面撤村建居工作协调小组，由市委组织部、民政局、农业农村局等13个部门、镇（街道）组成，相关部门、镇（街道）职责明确并责任到人，统筹协调解决撤村工作中的重大问题。协调小组下设办公室，具体负责改革工作的综合协调、政策制定、督促检查等工作。相关镇（街道）、村建立相应的工作机构和工作机制，根据总体部署，做好试点的推进工作。在此基础上，将对照《江阴市撤村建居改革专项行动方案》里的重点步骤，分类分步实施到位，力争实现空壳村应撤尽撤的总体目标。

2. 部门协同推进

市各相关部门按照职责分工、积极配合、相互支持、沟通协作的原则，

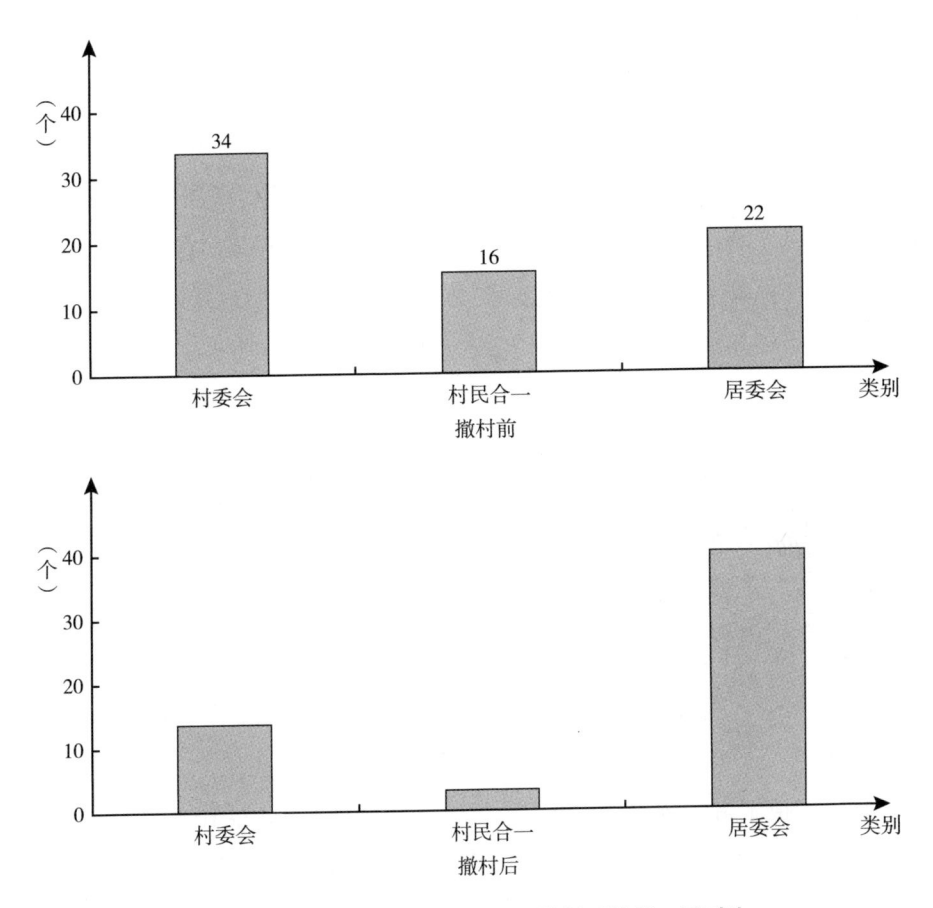

图 1 以澄江街道、城东街道为例撤村后的村、居对比

形成共同推进撤村工作的强大合力，确保撤村工作有序推进。组织部负责指导农村基层党组织发挥领导核心作用，做好党组织的调整和党员关系的转接；民政局负责指导督促基层严格把握撤村过程中的各项条件和程序；农业农村局指导做好"三资"管理、集体资产处置工作；自然资源和规划局负责做好村集体土地征收征用的核查工作；人力资源和社会保障局负责指导做好失地农民的社会保障工作；公安局强化户籍管理工作，落实村民户籍迁入居住地社区；镇（街道）负责依法按程序具体实施操作撤村工作。

3. 明确实施原则

近年来，江阴先后制定出台《关于开展撤村建居工作的指导意见》《江

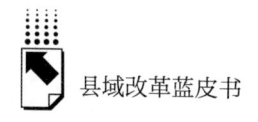

阴市撤村建居专项改革行动方案》等政策文件，明确规定了撤村的必要条件、法定程序、基本原则、重点工作和后续工作等。坚持以人为本、让利于民，以"保障农民集体所有不动摇、农民权利不受损"为出发点制定出台政策，解决村民就业、养老、保障等后顾之忧，营造撤村建居的良好政策环境。坚持因地制宜、实事求是、"一社一品"，根据撤村建居的条件和标准，做到成熟一批改革一批，循序渐进实现"撤村建居"型社区建设的发展目标。坚持依法办事，维护集体经济和村民的合法权益，撤村方案中的内容须由村民（代表）会议逐项决议，且三分之二以上的村民代表同意方能通过。

（二）坚持试点先行，以点带面推进撤村建居

1. 以城郊区为突破，试点撤村建居，优化居民服务

城东街道处在江阴主城区的东面，属于城郊结合的高新区，是江阴最早的开发区。自20世纪90年代初，城东街道便开始了大规模的征地拆迁，区域内环境面貌、人口分布都发生了极大的变化，农村变城市、农民变市民，土地集约、人员集居，村所属集体土地被全部或部分征用，人均耕地不足0.1亩，形成了事实的"空壳村"[①]和拆迁过半村[②]。早在10年前，城东街道就已经在街道范围内重新划分成12个社区，空壳村的居民已完全分散到各个小区居住，分属不同社区，社区书记一般由各个空壳村书记兼任。除原村级福利、征兵、计划生育等事务外，政府提供的公共管理和服务也同步在社区完成，村民能够参与所在社区的各类活动，遵循社区各类规约，撤村建居的条件相对比较成熟。2018年底，城东街道在全市范围内率先启动撤村建居工作，通过村级集体经济股份制改革、社区自治组织和集体经济组织政经分设、撤销村委会建制"三部曲"，撤销了16个空壳村和1个拆迁过半村。

[①] 空壳村：目前官方和学界还没有定论。一般满足以下特征即可认为符合空壳村的条件：农村集体土地依法征用、征收50%以上，农保基本转入城保，撤组达到50%以上。

[②] 拆迁过半村：因城镇规划，依法征用、征收农村集体土地50%以上的建制村。

2. 以主城区为重点，推进撤村建居，保障村民待遇

澄江街道地处江阴主城区，随着江阴城市化进程的推进，大多数村民都已"洗脚上楼"居住到了小区，村民的生活方式已和市民接轨，并且大部分已经参加城保，这些实际上的空壳村早已不需要承担相关的事务管理职能，并且长期未进行村委会换届选举，给基层社会治理带来不小的挑战。为此，澄江街道在依法合理处置村集体资产、确保村民集体资产和经济待遇不因撤村受到影响的基础上，维持村民居住所在社区管理体制不变，并按照民主决策程序分三步实施撤村工作。2020年3月，街道顺利完成黄田港村的撤村工作试点，打响了撤村的"头炮"。5月底，街道全面铺开撤村工作，以村居合一的村（社区）为主要对象，启动了蒲桥等15个村的撤村工作，至7月初全部完成。8月初，街道攻坚克难，以空壳村为重点，启动了五云桥、君山、塔南、秦泾、绿园等5个空壳村的撤村工作，在紧锣密鼓地推进撤村建居工作。

3. 以全市域为目标，推开撤村建居，促进城市化发展

发挥城东街道、澄江街道成功试点的示范带头作用，通过市撤村建居工作推进会等平台载体与其他镇（街道）分享经验、探讨问题，实现撤村建居工作在市域内的全覆盖。坚持一村一策，对撤建条件成熟的，立即启动，以点带面，确保撤村建居工作全面稳步推开。如2002年已开始"三集中"建设的新桥镇，建制村以空壳村、拆迁过半村为主，仅剩少量自然村还未拆迁结束，撤村建居条件相对成熟。近期，新桥镇启动了撤村建居工作，以何巷村为试点，制定了"何巷村撤村建居实施意见和工作方案"，通过第三方审计对何巷村"清家底"，已经完成登记赋码、成员录入和股份合作社再规范工作，目前正在推进财务分账处理和事务、人员分离工作，为顺利完成撤村建居做前期准备。位于城郊接合部的云亭街道，也已明确撤村建居工作推进范围，以敔山村、定山村、云新村为试点进行村居优化。随着市域范围内撤村建居工作的全面铺开，江阴17个镇（街道）共完成撤村32个，以往村务居务混杂、多头管理、村民"两靠两不靠、两管两难管"等现象，逐步向管理主体一元化，即由居住社区对居民（村民）进行单一管理服务转变，江阴初步实现了社区服务的优化和居民生活质量的提升。

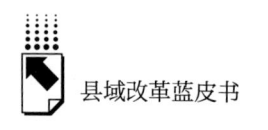

(三)严格规范程序,依法依规推进撤村建居

1. 推进村级股改,维护农民权益

深入调研分析股改堵点、难点,尊重历史,求同存异,实事求是制定股改方案。如城东街道针对长山、山观两个片区的实际,制定了既相对统一又因村而异的"一村一策"。按照村级股改方案,由镇(街道)纪检监察、财政、社会事业部门,各村委会、社区居委会和第三方机构共同对各村清产核资结果当堂会审、及时公示,对每户家庭的人口数量、户籍变动、工作性质等情况进行两轮公示、签字确认,最终确定各村经营性净资产、资金、资源、股东家庭户数、股东资格人数等,确保全过程公开透明。目前,江阴大部分建制村已基本成立村级股份合作社,确保所有股本量化到人、固化到户、不随人口增减变动,为理顺村居关系埋下伏笔。

2. 探索政经分设,厘清村居关系

深化农村集体产权制度改革,建立、发展农村股份合作经济组织,实现村"两委"与集体资产经营管理脱钩,确保行政组织和集体经济组织双轨运行。各镇(街道)制定政经分设(村社分离)实施意见,做到组织功能、选民资格、人员管理、议事决策和账目资产五分设,并由社区党组织对股份合作社经济运行情况实行监督;研究制定社区年度目标绩效考核办法、合作社财务管理及考核办法、人员安置办法等制度;提供财政保障,明确兼任社区职务的合作社工作人员经费、社会事业管理经费、公益性事业建设经费和社区居民普惠性福利经费均列入财政预算,减轻合作社负担,股份合作社的运行经费及非普惠性福利费用由股份合作社承担。据统计,城东街道财政兜底落实的财政保障经费高达10亿元。

3. 规范撤村程序,理顺管理体制

在村级股份制改革和政经分设工作顺利完成的基础上,严格遵循《中华人民共和国村民委员会组织法》《江苏省实施〈中华人民共和国村民委员会组织法〉办法》《关于开展撤村建居工作的指导意见》等政策法规文件,按程序(见图2)召开两次村民代表会议、讨论撤村方案、发布撤村公告、户代表签字等,做到该有的环节一个不落、该签名的人员一个不落,确保撤村工作的严肃性、合法性和程序性。同时,通过镇(街道)与部门协同,开展镇、村两级业务培训,明确撤村过程中土地权属、合作社税金、村民利益等核心焦点问题的处置办法,确保撤村工作不影响集体收益、不影响股民分红、不影响公共服务。

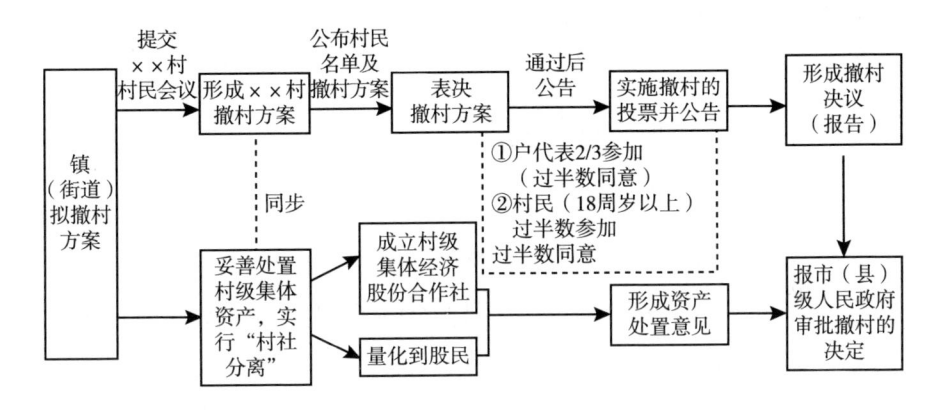

图 2　撤村程序流程

二　江阴市撤村建居改革的主要问题

撤村建居工作涉及基层组织建设、集体土地处置、集体资产处理、村民农转非等方方面面,具有综合性、系统性、复杂性特征,如若考虑不周,可能导致长期积累的矛盾集中爆发,造成社会不稳定。目前,就江阴撤村建居情况来看,主要存在以下问题。

(一)撤村建居条件有待完善

2019年,江阴出台《关于开展撤村建居的指导意见》,明确规定撤销村委会建制需要同时满足四个条件:一是村民成为居民,离开了村域范围;二是村集体土地全部或大部分已经被征收、征用;三是依法处置村集体资产;四是全部村民已经纳入城镇社会保障体系。此政策为条件完全符合的村顺利

撤村建居提供了助力，却未能帮助那些条件基本或总体符合、尚不完全符合的村依法撤村建居。譬如，有些村的土地大部分被征用后，仅剩下一些犄角旮旯、边角料地块和极少数还保留着农民身份并未进入城保的村民，按照文件规定的前置条件不能撤村建居，只能过渡为村居并行体制。目前，江阴实行这种村居并行体制的村还有15个，形成了一些应该撤销的村没有被撤销，只保留了一块村委会牌子、组织机构都没有的空壳村、"三无村"，延缓了江阴撤村建居的进程。

（二）集体资产处置有待厘清

撤村建居涉及村集体资产、资金、资源的最后一次分配，其量化过程易暴露问题、触发矛盾。一是村级资产管理存隐患。长期以来，江阴村级经济体量较大，积累了一定的村级资产，但在全面实行村账镇代理之前，由于法律边界不明晰等原因，绝大部分村入不敷出，存在较多隐患和矛盾。二是量化对象情况难界定。在资产量化的过程中，股民的身份如何界定并得到全体股民的确认是争论不休的焦点。特别是土地征用农转非人员情况复杂，既有因农转非安排就业的，也有未安排就业的，还有大集体、小集体和农嫁非、非嫁农、农嫁农等，难以建立统一的资产量化对象界定标准。三是村民股民期望难统一。由于资产量化涉及多方利益群体，很难面面俱到地满足各方的不同期望。有些村民平时对村集体资产的来源、去向漠不关心，撤村过程中对现有村集体资产的收益、归属有疑惑，担心撤村后失去村民身份会影响分红；有些村民希望村集体资产直接以货币资产的形式分配到现有股民头上，而不是平行转移到村级股份经济合作社；有些村民认为因各种历史原因，村级集体资产有部分流失，要求先补偿再量化后撤村；等等。

（三）符合投票撤村村民身份有待明晰

依据法定程序，撤村建居须经由三分之二以上村民表决通过，这就涉及有撤村投票权村民的界定问题。事实上，每个建制村在撤销村民小组的同时，就完成了对村民身份的界定。然而，伴随江阴城市化进程的高速发展，许多镇（街道）的建制村早在 2000 年前后就已完成撤组工作，距离现今撤村长达十余年，其间村民婚丧嫁娶、孩子成长成年等，为清晰界定符合撤村投票表决条件的村民增加了难度。如澄江街道的 5 个空壳村，早在 20 世纪 90 年代就基本完成了撤组，21 世纪初又因户籍制度改革，村民彻底转变为城镇居民，分散居住在全市 18 个社区内，其中还有部分人移居省外、国外，长年和村委会失联，要完成撤村的村民身份界定工作困难重重。

（四）福利待遇及民生事宜有待落实

各建制村基本都有各式各样、名目众多的村级福利。撤村建居后，原有的优厚待遇和好福利是否会降低甚至丧失，成为村干部和村民担心的焦点。一些镇（街道）空壳村和拆迁过半村，绝大部分村民住进了回迁安置房或集体建设用地上的自住楼，但均未取得合法的权属证明，撤村建居后，村干部和村民要求解决房屋产权问题的需求更加迫切。社会上办理一些涉及生产生活的具体事务时，村干部、村民仍被部分办事机构惯性地要求提供村委会统一社会信用代码证和公章，而不认可社区信用代码证和公章，这在一定程度上滋生了很多不必要的麻烦。

（五）政府公共管理与服务有待补位

部分村撤销村委会建制后，村民归所住地社区接管，其公共管理与服务并没有被同步纳入公共财政保障体系，本应由政府承担的社区居委会公共管理与服务成本，一部分仍由原来的村集体经济组织承担，这侵害了村民原有的经济利益，一定程度上加重了村集体经济组织与其成员的负担。撤村后村民的就业保障和生活来源、生活习惯，以及安置房的建筑质量、后期维保、消防安全等现实问题也需引起政府的高度重视，尽快尽早地得到妥善解决。

三 江阴市撤村建居改革的对策建议

作为一项系统综合的重大改革工程，撤村建居不仅涉及基层组织建设，

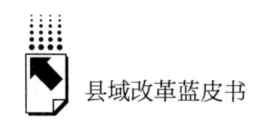

而且关系着群众的切身利益和基层社会的规范治理、稳定和谐。因此，须以推动城市化、实现城乡统筹发展为主线，以维护集体和群众合法权益为根本出发点，有组织、有步骤、有秩序地推进、落实撤村建居工作。

（一）加强顶层设计，完善政策制度体系

撤村建居是城市化发展的客观要求，但国家、省级层面尚没有相关的指导性法律法规，地市级层面也未曾形成统一的工作规范，导致撤村建居不能常态化开展，甚至有的镇（街道）怕触及矛盾，能不碰就不碰，出现了许多应撤而未撤的空壳村、应理顺而未理顺的村居混杂村。因此，要加强顶层设计和统一领导，使撤村建居工作向规范化、制度化、常态化发展。江阴在出台撤村建居专项改革行动实施方案的基础上，还应统筹协调市、镇（街道）、村居三级以及民政、农业农村、组织、人社、财税等多个职能部门，要求相关单位尽快出台农村集体资产量化、股份制改革、土地征用、村民进城保等方面的配套政策，共同完善撤村建居的制度体系。

（二）落实相关政策，简化撤村建居条件

2014年国务院发布的户籍制度改革意见要求取消农业户口和非农业户口的划分，"农转非"将不复存在；2020年新修改的《土地管理法》对征地制度进行了重大改革，被国家征收征用将不再是农村土地进入市场的唯一渠道。在改革发展的新形势下，继续将村民转变为居民、土地被征用等作为撤村的必备前置条件已不合时宜。另一个撤村前置条件，要求必须集体资产处置完毕或成立新集体经济组织，现实层面操作困难，也应作出调整。建议江阴将撤村条件优化为前置条件和后置条件。前置条件设置为：在城镇规划范围内，农村土地大部分已经被征收或征用，村民大部分已经拆迁上楼，村内产业已经非农化，即只要在城市化进程中，城市周边和城乡接合部地区的村庄形态已经城市化，村民生产方式和生活方式已经城市化，就可以撤村。后置条件可作为撤村启动后的必要保障条件，设置为：完成集体经济产权制度改革，合理处置集体资产，建成新的集体经济组织；落实户改新政策，取

消农转非,及时将撤村村民户口迁往所在地社区,实现人户一致;实行城乡社会保障制度并轨,补齐撤村村民与城镇居民在社会保障待遇上的差距;依法依规履行撤村的民主和法律程序等。

(三)深化产权改革,规范集体资产处置

做好撤村建居工作的关键在于,处置好以农村集体土地为核心的集体资产,保护好农民权益。为此,需要继续深化集体经济产权制度改革,加强集体经济组织建设,完善法人治理结构,健全集体经济组织服务功能,保障村民的集体收益分配权。按照新施行的《土地管理法》征收征用农村集体土地,建议在交纳一定费用后,先将土地权属明晰、依法批准的集体建设用地转为国有出让土地,再按照股份制形式全部量化到人;其他类型的集体用地,按照民主原则,由全体村民代表大会讨论决定如何处置。个别不具备发展股份合作制经济的特殊村,建议在撤村的同时,依法撤销村集体经济组织,之后按照有关民主程序,做好清产核资、股东资格界定、股权设置等工作,将全部集体资产兑现给集体经济组织成员。部分仍存有少量集体资产,但因历史原因较为复杂,致使清产核资卡顿的村,可先进行资产股份量化,再由村民(代表)会议讨论决定股权变现与否,若超过三分之二的村民代表同意,则对集体资产按程序拍卖,拍卖所得和村其他收入作为股本金,在扣除养老保险金后量化到个人;若继续实行股份制,则成立股东大会,组建股份公司形式的特别法人企业。

(四)优化"即征即保",统一城乡社保制度

根据省政府相关文件精神,江阴建立了将撤村建居村民全部纳入城镇社会保障体系的"即征即保"政策,要求被征地农民必须将补偿资金首先用于参加企业职工基本养老保险或城乡居民社会养老保险,防止农民将一次性征地经济补偿在非养老项目上消耗光,帮助农民解决养老之忧。但实际操作中,撤村建居村民需一次性缴纳巨额费用方能加入城镇社会保障体系,负担较重。建议对城乡居民基本养老保险进行整合与统一,不再对撤村村民强制

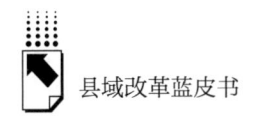

性地"即征即保",允许按照自身需求和意愿,选择参加既有的城乡居民基本医疗保险和基本养老保险。改变由村集体缴纳补齐巨额社保费用的做法,撤村建居后的村民参保缴费标准若低于城镇居民缴费标准,差额部分的费用可由政府、村集体、村民三者按一定比例缴纳。建议市镇(街道)两级政府从土地出让收入、村集体从土地补偿费中支付需补齐的社保费用,同时逐步提高撤村居民的社会保险待遇水平。

(五)强化政府职责,理顺社区管理体制

江阴由于前期社区规划到位,基本只存在撤村问题,少有村改居、村并居或新建社区的问题。撤村后,政府需要承担相应的公共管理和公共服务职责,解决撤村村民、村干部的后顾之忧。人员安置方面,把较分散的村人员,按属地管理原则划归所在社区居委会管理,并从撤村建居改革风险金中提取一定资金给社区居委会;把集中居住规模较大的村(规模在1000户以上),直接就地改建社区居委会,并依法依规选举产生社区居委会领导班子。对原村"两委"成员的安置,建议制定出台标准,根据任职年限,给予一次性的经济补偿;属"一村改成一居"的,原村委会成员可以过渡为社区居民委员会成员;未被选为社区居委会成员的,可招聘为社区专职工作者。就业保障方面,人社部门需加强对转居村民的职业技能培训,可依托订单式、套餐式企业用工培训,提升转居村民劳动技能水平,推动实现充分就业。对转居失业人员,应给予城镇失业人员同等再就业扶持政策,尤其是要重点帮扶"4050"、夫妻双方同时失业、单亲家庭需抚养子女的一方和享受最低生活保障的就业难人员等。如镇(街道)的劳动服务站面向转居失业人员提供免费推荐就业服务并签订劳动合同,社区居委会开辟社区公益性服务岗位安排就业。社会事务方面,撤村建居后的居民,应与其他城市居民一样享受同等服务和管理,如社区的管理与整治应逐步达到城市治理的标准和要求。建议将澄江街道的城区部分市政基础设施,包括道路路灯及绿化建设养护、给水供电与环卫管理等,纳入市政府统一管理,由城市各类对应配套资金支付必需经费,其他各镇(街道)由责权归属地组织落实。

B.8
江阴市公共卫生应急管理体系改革研究报告

谈海平 俞勤龙 邵 燕*

摘　要：公共卫生应急管理体系是保障公共卫生安全、维护人民健康的"防护网"。江阴市按照当好改革再出发排头兵的总体要求，坚持问题导向，聚焦重点难点，着力构建了协同联动的公共卫生应急制度，敏捷高效的公共卫生监测预警，防治结合的疾病预防控制，平战结合的重大疫情防控救治，梯次衔接的重大疾病医疗保险，扁平高效的应急保障"六大体系"，形成了公共卫生应急管理体系改革的"江阴特色"，贡献了"江阴经验"。

关键词：公共卫生　应急管理体系　江阴

近年来，江阴市不断加大应急保障投入、强化应急队伍能力建设，有效处置各类突发公共卫生事件，初步构建了指挥有力、信息畅通、处置有效的应急管理体系。

一　公共卫生应急管理体系改革进展

完善公共卫生应急管理体系，提高应对突发重大公共卫生事件的能力水平，

---

* 谈海平，江阴市卫生健康委党委书记、主任；俞勤龙，江阴市卫生健康委主任科员；邵燕，博士，高级讲师，中共江阴市委党校（改革发展研究院）市情研究室主任，主要研究方向为社会治理、新型城镇化、乡村振兴。

事关人民群众生命安全与身体健康，事关经济社会发展与长治久安。江阴市聚焦关键环节、补齐短板弱项，完善公共卫生应急管理体系，取得初步成效。

（一）聚焦联防联控，着力构建协同联动的公共卫生应急制度体系

1. 坚持依法防控，完善公共卫生应急配套政策

严格贯彻执行传染病防治法及实施办法、突发公共卫生事件应急条例等法律法规，依法实施疫情防控及应急处理措施。制定《江阴市突发公共卫生事件应急预案》，明确规定突发公共卫生事件的预防与应急准备、应急报告、组织指挥和应急处理及奖惩等。制定《江阴市医疗卫生机构突发公共卫生事件应急预案》，积极谋划《江阴市"十四五"公共卫生应急体系和发展实施意见（2021~2025）》，做到公共卫生应急管理规范化、日常管理标准化、预案实施流程化、培训演练常态化、指挥决策信息化和应急服务社会化。

2. 坚持生命至上，强化公共卫生应急指挥体系

始终坚持人民至上、生命至上，调整充实突发公共卫生事件应急指挥机构，党政主要负责人担任总指挥，在市卫生健康委常设卫生应急管理办公室，建立应急指挥中心，配齐应急指挥信息网络设备。建立健全以市镇两级指挥中心为"首脑"、11个应急管理工作专班为枢纽、45个政府部门为支撑、200个社区（村）为网底的公共卫生应急指挥体系。

3. 坚持团结协作，健全公共卫生应急联动体系

建立健全政府主导、部门分工合作、社会参与的应急联动机制和部门与区域间联防联控协调机制。外防输入，通过联防联控，建立陆路防线和35公里的长江水上防线。外事、商务、海关、公安、卫生健康、市场监管、各镇街园区等疫情防控成员单位共同参与，建立人员摸排、机场口岸集中转运、集中采样检测、集中隔离医学观察以及解除隔离后健康管理等各环节的信息通报机制，做好人员"点对点"交接，有效落实14天集中隔离、"7+7"①、

---

① "7+7"是指上海入境点集中隔离7天+属地集中隔离7天。

"2+12快捷通道"① 及船员换班等各类入境人员防控策略,实现全程闭环管理。

(二)聚焦重点环节,着力健全灵敏高效的公共卫生监测预警体系

1. 以大数据技术为支撑,织密监测预警智慧系统

为提高公共卫生风险评估和预警的前瞻性、精准性、有效性,借助大数据与人工智能,定时开展重点场所、人群、物流等场景特征分析和疫情追踪。率先成立数据专班,从卫生健康、公安、工信等七部门和电信三大运营商抽调精兵强将充实监测队伍,运用大数据技术,多渠道汇总数据300余万条,挖掘下发各类精准核查数据15余万条。在大数据联动和研判支撑下,各村(社区)第一时间获知密切接触者个人信息和联系方式,迅速找到追踪困难的密切接触者,进行集中隔离观察,实现预警防控工作的关口前移。

2. 以网格化治理为载体,筑牢监测预警首道防线

以打造全要素网格思路,建立基层群防群治防控体系,实现网格内联用资源、联动服务、联治问题。发挥"网格+"优势,建立健全"社区党委(总支)—网格党支部—楼栋党小组—党员中心户"组织体系,把支部和小组建在疫情防控网格上,构建社区防控"联动网"。各镇街园优化完善"四位一体"即镇村干部、卫生防疫人员、网格员、社区民警联动工作模式,织密织牢公共卫生监测预警第一道防线。

3. 以"铁脚板"落地为导向,发挥摸排防控服务作用

新冠肺炎疫情防控期间,广大党员干部迈开铁脚板深入一线,把"早发现、早报告、早隔离、早治疗"落到实处。60万余人次城乡社区工作者和网格员不分昼夜、奋战在疫情防控一线。用"温情"防疫情,用"勤跑"安民心,带感情排查询问、有温情入户宣传、以热情答疑解惑、尽人情行为劝导、用真情救急解难。积极开展"移动超市进社区""代寄代购到楼栋"

---

① "2+12快捷通道"是指上海入境点集中隔离2天+企业指定居住点12天。

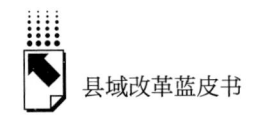

等活动，保障居民基本生活。成立"四包一"队伍，由一名党政领导、一名基层党员、一名医护人员、一名村干部等4人包干重点人群的生活物资采购和健康状况监测，为居家隔离人员提供服务约2.5万人次。

（三）聚焦基层基础，着力优化防治结合的疾病预防管理控制体系

1. 完善疾病预防控制组织架构

江阴市建立完善以市疾病预防控制中心为主体、两大医疗集团为支撑、城乡基层医疗卫生机构为网底，全社会共同参与，防管治融合发展的市、镇（街道）、村（社区）三级疾病预防控制网络。按照"统筹规划、整合资源、合理配置、提高效能"的原则，加大投入，配齐急救车辆和急救装备，形成了以市急救中心为龙头、15个急救分站为基础，统一建设标准、统一管理考核、统一指挥调度的院前急救网络体系。

2. 加强疾控中心基础能力建设

自2003年以来，江阴市按照卫生部《关于疾病预防控制体系建设的若干规定》要求，从组织体系、工作网络、内部制度、人员队伍、仪器装备等方面对疾病预防控制中心进行改造升级，成功应对甲型H1N1流感、人感染高致病性禽流感H5N1、H7N9、诺如等重点传染病疫情。面对新冠肺炎疫情，江阴市疾控中心第一时间根据需要制定细化流行病学调查、检验检测、终末消毒、个人防护、隔离医学观察等专业技术方案和工作流程，指导疫情防控。

3. 强化基层疾病预防控制职责

江阴市率先开展"大基层"医疗卫生服务体系建设，以二级综合医院为承上启下的骨干，不断提高基层公共卫生应急服务能力。各二级医院均成立公共卫生科，配齐公共卫生专业技术人员，加强传染病疫情和突发公共卫生事件信息报告、重点疾病监测与报告、健康教育等，建立健全医防融合创新协同机制，为应对各类突发公共卫生事件奠定基础。制定《江阴市专业公共卫生机构驻点工作实施方案》，将市疾病预防控制中心、妇幼保健所、健康促进中心等业务人员融入两大医疗集团派驻到乡镇卫生院、

社区卫生服务中心,加强对基层机构公共卫生应急工作的指导,实施驻点工作小组"片区责任管理"制度,设立驻点工作考核奖,按工作实绩、驻点服务、驻点指导、驻点出勤等指标,由医疗集团考核发放,有效提高了公共卫生工作人员的积极性。为切实提高学校防疫工作水平,建立健康校长聘任制度,任期两年,可连续聘任,主要承担协助指导学校开展健康促进工作和加强卫生防疫工作职责,有效解决了学校管理队伍卫生健康管理能力不足等问题。

(四)聚焦短板弱项,着力完善平战结合的重大疫情防控救治体系

1. 推进重点工程建设,完善重大疫情救治网络体系

积极构建分级、分层、分流的重大疫情救治机制,建立完善以市人民医院传染病区为骨干、医疗集团为支撑、二级片区中心医院为补充、基层医疗卫生机构和其他医疗机构发热门诊为前哨、院前急救机构为纽带的重大疫情救治体系。2018年,市人民医院敔山湾院区建成并投用,总投入11.93亿元,占地189亩,建筑面积18万平方米,床位规模1200张,包括建筑面积5800平方米的独立传染病楼。下一步将改建成江阴市传染病医院,平时由江阴市医疗集团统一管理,战时全面用于重大疫情救治工作。新冠肺炎疫情期间,集结三批次25名医务人员驰援武汉,市人民医院作为定点救治医院,共收治新冠肺炎病人5人、无症状感染者2人,做到了确诊病人"零死亡"、医务人员"零感染",中西医结合治疗率100%,治愈率100%。在全市5个二级以上医疗机构迅速建立感染性疾病科,按传染病隔离要求改造隔离病区,为793名发热待排查病人提供隔离观察保障。

2. 推进医疗集团建设,构建整合型医疗卫生服务体系

在江苏省率先建立事业法人性质的两大医疗集团,以集团成员、院府合作、专科联盟等多种形式,加快推进服务协同、责任统一、利益共享、管理合一的紧密型县域医共体建设。医疗集团实行人、财、物统一管理,实现优质医疗资源的有力整合与县域医疗卫生单位的协同发展。2019年,江阴市总诊疗1145.8万人次,其中基层医疗机构806.5万人次,基层首诊率达到

70.38%。卫生院（社区卫生服务中心）等基层医疗卫生机构，在保持地方政府对基层医疗机构办医主体不变、财政投入渠道不变、依法执业主体职责不变的前提下，由镇政府（街道办事处）委托医疗集团管理，以"院府合作"形式加入紧密型医联体。医疗集团对托管的基层医疗机构实行行政、业务、人才、医保、药品、信息、绩效、后勤等"八个合一"管理，通过下派专家建立名医工作室，建立资源共享中心统一出具检查检验报告，建设共享中药房统一配送中医经方，增设联系用药目录统一用药衔接等一系列有效举措，全面提高基层医疗机构公共卫生应急能力。民营医疗机构以履行社会公益责任和义务为出发点，以专科联盟形式加入紧密型医联体。医疗集团充分发挥三级医院特色专科优势，分别牵头建立妇科专科、内分泌专科、肿瘤专科、卒中中心、乳腺甲状腺肿瘤诊疗、呼吸与危重症医疗等6个专科联盟，引进标准化代谢性疾病管理中心（MMC）落户民营医疗机构，形成跨体制补位发展模式，推进区域内各专科规范化建设，提升了专科专病救治能力。

3. 推进运行机制改革，建立基层卫生机构激励政策

制定《江阴市关于进一步深化社区卫生服务中心（卫生院）运行机制改革的实施意见》，在全市社区卫生服务中心（卫生院）推行"核定收支、定额补助、超支不补、结余留用"的预算管理制度，实行主任（院长）目标责任制，社区卫生服务中心（卫生院）自求收支平衡，收支结余用于奖励性分配，绩效工资调增至其他事业单位绩效工资基准线的150%。基层医疗机构效益明显提升，医务人员积极性明显提高。制定《关于建立江阴市基层医疗卫生人才"县管乡用"机制的实施意见》，按照"岗位固定、动态调整、人编捆绑"的原则，在保证基层医疗卫生机构编制数量不低于原标准的基础上，划出一定数量编制，设立医联体内的"县管乡用"（包括"镇管村用"）人才岗位，人员由医联体统一招聘、技术培养和业务管理，与服务的基层医疗机构建立人事关系，签订聘用合同，享受所在基层单位岗位相关政策待遇。基层医疗卫生人才"县管乡用"机制，为基层公共卫生应急管理提供了人才保障。

（五）聚焦解除后顾之忧，着力健全全民覆盖、梯次衔接的重大疾病医疗保险和救助体系

1. 健全多层次医保制度体系

在运行好职工基本医保、城乡居民基本医保制度基础上，自2020年7月1日起，建立实施覆盖全体基本医保参保人的城乡居民大病保险制度，在基本医保报销以后，大病保险政策范围内医疗费用还可报销60%以上，上不封顶；同步出台《江阴市医疗救助办法》，对最低生活保障家庭成员、特困供养人员等11类医疗救助对象，给予参保资助和医疗费用救助，政策范围内住院医疗费用救助比例不低于70%，年度医疗费用救助最高可达30万元，有力地防范和化解了因病致贫、因病返贫问题。

2. 落实疫情防控"两个确保"

为减轻困难群众就医就诊的后顾之忧，江阴市探索建立特殊群体、特定疾病医药费豁免制度，精准免除医保支付目录、支付限额等限制性条款。新冠肺炎疫情期间，开通异地就医备案快捷通道，跟进落实确诊和疑似患者医保待遇，坚持先救治后结算，确保患者不因费用问题影响就医。共向1家定点救治医院、11家开设发热门诊的定点医院预拨医保资金2.07亿元，确保收治医院不因支付政策影响救治。综合采取"网上办""掌上办""延后办"等多种方式，为参保群众提供不间断医保服务。

3. 加大医药价格监测和应急采购保障力度

针对防控物资紧缺实际，开辟药品和医用耗材采购绿色通道，将5家具备资质的本地医用防护用品生产企业临时纳入医药阳光招采平台，促进解决防护用品短缺问题。对退热、止咳等40余种医保药品进行价格监测，汇总报送购药实名信息9万余条，促进疫情防控关口前移。及时将核酸、抗体检测纳入医保目录，按照江苏省定标准大幅下调新冠病毒核酸检测、抗体检测服务价格，组织检测试剂阳光采购，支持"应检尽检、愿检尽检"。

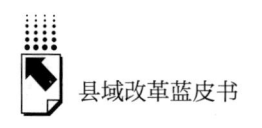

（六）聚集应急保障，着力建设扁平高效的重大疾病应急保障体系

1. 完善应急物资储备体系，守住平战结合"储备粮"

江阴市设置市疾控中心和各医疗卫生机构两级防疫物资储备库。作为突发公共卫生事件应急处理专用物资储备库，市疾控中心科学测算储备量，指导各级医疗卫生机构建立应急仓库，落实应急物资储备管理制度。市疾控中心实际储备应急物资种类178种，其中传染病控制类73种，中毒处置类36种，队伍保障类69种（个人携行装备17种、后勤保障装备32种、通信办公装备16种、徽章标志4种）。在应对新冠肺炎疫情暴发初期，应急储备物资充分发挥了"储备粮"的作用。

2. 挖掘应急物资产供潜能，当好防控物资"店小二"

面临突发新冠肺炎疫情，江阴市迅速摸底防疫物资生产企业清单，掌握"现有+潜在"生产能力，建立重点物资生产企业名单及具备潜在生产力的企业名单。加强问题协调，先后为檬佳等7家口罩生产企业解决原料紧缺问题，为汇诚科技等8家企业协调用工难问题，为迈斯科无纺布净化用品有限公司等2家企业申请医用物资生产临时牌照，为400多家应急物资保供企业开具交通证明2000余份。拓展域外采购渠道，充分借助生产企业、医疗机构、工商联等各方力量，收集业内信息，全面打通与域外联络、采购渠道。

3. 健全应急物资保障体系，建立疫情防控"大后勤"

新冠肺炎疫情初期，迅速成立物资储备组指挥部及办公室，成立应急保障工作专班，召集相关部门、医疗机构、应急物资和原辅料生产企业进行部署，协调企业加快应急物资生产筹措。建立工作例会制度和日报告制度，每日上报工作情况，建立物资审批、出入库登记制度，每日动态收集医疗机构、观测点、卡口、各板块、各部门应急物资需求，科学制订采购、调拨计划。建立物资调拨工作机制，根据各镇街园区、部门等物资需求，按照轻重缓急，应急物资重点向医疗机构、交通卡口、港口口岸、社区防控等战"疫"一线倾斜。

二 公共卫生应急管理体系改革中存在的问题

当前,已有改革探索形成了统一高效、联防联控、多元参与的公共卫生应急管理体系,提升了疫情监测、疾病救治、物资保障等能力,但在预防控制、政策配套及联防联控等方面的能力还有待提升。

(一)应急管理配套政策有待强化

现有公共卫生应急管理体系有效应对了各类突发公共卫生事件,但在应急管理过程中,也遇到了一些制约与障碍。新冠肺炎疫情防控过程中还存在少数人员不服管控、信谣传谣、隐瞒病史等情况,严重妨碍了防控大局;个别不法分子利用疫情哄抬物价、囤积居奇、制售假劣药品、医疗器械、医用卫生材料、诈骗防疫物资等犯罪行为时有发生。针对上述情况,还需进一步完善疫情控制中的人员隔离、场所封闭、交通管制、疫区封锁、紧急调集调用、临时征用等疫情防控措施的配套制度。

(二)应急联防联控机制有待健全

新冠肺炎疫情联防联控过程中,江阴市各部门能积极参与疫情防控,通过信息沟通、协同管控、定期会商、联合督查等联动举措,取得新冠肺炎疫情防控战的阶段性成效。但实际防控中也暴露了信息沟通不及时、排查手段不统一、管控口径不一致、转运衔接不顺畅等问题。尤其是基层联防联控中,防护物资分配和群众生活必需品的精细投放不到位,缺乏有效的监督监控机制等。

(三)疾病预防控制体系有待优化

政府部门间缺少科学分工、高效协作、统一指挥机制,指挥协调职能与专业技术职能未能有效结合;疾控队伍能力建设与传染病类型、种类变化趋势不匹配,导致公共卫生应急处置能力滞后;疾控体系机制不灵活、动力不

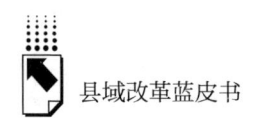

足、保障水平不高，公共卫生人才流失比较严重；实验室应急监测能力不高，缺少相应的检测设备与技术人员；医疗机构与疾控中心间缺乏常态化、协同联动的工作机制，两者间在疾病控制、临床治疗等方面协同性不够。

（四）公共卫生保障体系有待加强

卫生应急物资储备制度尚不完善，储备更新、轮换、补偿机制不健全；统筹管理应急物资能力有待提升，应急物资储备信息管理系统有待建立；应急物资储备、配送缺乏科学合理的评估机制，调配能力滞后于紧急需求。缺乏专业物资储备库、物资信息管理系统和物资专职管理人员，难以准确掌握物资的详细信息和事后追溯，难以全天候保障、精准调拨应急管理保障物资。

三 深化公共卫生应急管理体系改革的对策建议

江阴市聚焦联防联控、补短板、强弱项，着力完善公共卫生应急管理体系，有效提升了应对重大疫情和公共卫生安全事件的能力，守住了城市公共卫生安全的底线。在新冠肺炎疫情防控常态化背景下，要进一步完善重大疫情防控体制机制、健全公共卫生应急管理体系，率先走出一条具有江阴特色、体现县域特征的基层公共卫生安全治理之路。

（一）坚持政府主导、部门协作，全面提高公共卫生应急管理水平

公共卫生应急管理体系建设应坚持党委领导、政府主导的基本原则，构建上下联动、部门配合、分级负责、权威高效的公共卫生应急指挥体系，全面提高公共卫生应急管理水平。建设大数据监测预警和决策平台。疫情监测是发现公共卫生突发事件的首个环节，要依托区域卫生平台，加强多源数据整合，推进公共卫生领域健康大数据应用，及时监测预警相关综合征、疾病、危险因素和事件，提升公共卫生风险评估和预警的前瞻性、精准性、高效性。依托市大数据中心，建立疫情联防联控大数据智慧决策平台，实现全

面感知态势、统筹调度医疗卫生资源、统一发布重大信息、实时下达关键指令、多级组织协同联动、智能预判发展趋势等。建立完善的应急保障平台。基于江阴市应急医疗和疫情防控物资储备与配置的现状,进一步理顺关系,细化各单位、各部门职责任务,明确分工,确保各单位各司其职、顺畅运行。建立市公共卫生应急储备中心,储备必要的公共卫生应急物资,可借助本市药品供应商建设储备仓库,并将疾控中心、人民医院、中医院作为应急储备体系分中心,平战结合地开展物资储备,及时进行物资轮换,通过循环使用方式减少药品和物资过期带来的损耗,及时动态调整物资品类和数量,优化实物储备、技术储备和产能储备的配置结构。

(二)坚持预防为主、防治结合,持续提升疾病预防控制综合能力

围绕早发现、早报告、早隔离、早治疗"四早"目标,坚持医防融合与早期预警,关口前移、抓早抓小、防微杜渐。进一步改革疾病预防控制体系运行机制,深入推进基层医疗卫生机构、传染病医院和疾控、血液、急救等公共卫生机构实施"公益一类财政保障、公益二类绩效管理"新机制,为公共卫生应急管理体系改革提供激励政策保障。通过招录、培训等手段,加快公共卫生队伍建设;开展应急模拟演练,提升突发事件防控能力。对标国内先进区域,加强疾病预防控制中心和基层医疗卫生机构建设,构建高效联动的市镇村三级疾病预防控制网络,提升疾病预防控制机构调查处置能力、信息分析能力、检验检测能力和科学研究能力,全面提升基层防控和服务能力。

(三)坚持平战结合、补齐短板,持续推进重大疫情救治体系建设

平战结合是完善重大疫情防控体制机制的重要原则与有效方法,既能满足"战时"快速反应、集中救治和物资保障,又能兼顾"平时"职责任务和运行成本。积极构建分级、分层、分流的重大疫情救治机制,完善以传染病医院为骨干、综合医院(含中医医院)为支撑、二级片区中心医院为补充、基层医疗卫生机构和其他医疗机构发热门诊为前哨、院前急救机构为纽

带的重大疫情救治体系。在江阴市人民医院传染病区基础上，加大投入，建设江阴市传染病医院，平时由江阴市医疗集团统一管理，战时全面用于重大疫情救治工作。二级以上医疗机构设置感染性疾病科，按传染病隔离要求改造隔离病区。以医疗集团建设为载体，明确落实各级公立医院公共卫生职责，强化基层医疗卫生机构疾病筛查、宣教、转诊、康复等。梳理可临时征用为集中医学隔离观察点、方舱医院等场所，完善建设方案，制定储备清单。优化中医药应急救治网络，加快中医药应急救治设施设备与人才、技术储备，完善中西医协作机制。建立公共卫生事件应急医疗救治"预备役"制度，以镇街园为单位，储备临时可征用设施，实现医疗资源统筹协调。

（四）坚持共建共享、社会参与，持续深化生命健康共同体意识

习近平总书记强调，把人民健康放在优先发展的战略地位，加快推进健康中国建设，实现全方位、全周期保障人民健康的目标。政府各部门要统一思想，充分认识健全公共卫生应急管理体系改革的重要性。综合考虑公共卫生应急管理行业特点，建立科学合理的投入机制，将其纳入部门工作的总体安排，积极稳妥推进。各牵头部门应结合实际情况制定具体实施方案，建立改革落实协调机制，将公共卫生应急管理体系工作成效、人群主要健康指标等纳入全面深化改革绩效考核和政府目标管理绩效考核。充分调动全社会广泛参与，发挥社会、个人的积极作用，鼓励机关、学校、企事业单位，行业学会、协会、基金会等社会团体组织开展公共卫生应急活动，形成共建共享的社会氛围。鼓励社会办医疗机构、商业保险机构、各类新型健康服务机构等发挥专业优势，向公众提供个性化、多样化、有特色的预防保健服务。

B.9
江阴市综合行政执法改革研究报告

唐卫娟　吴雪波　董李锋*

摘　要： 综合行政执法改革是县域集成改革的重要内容之一，江阴市按照减少层次、整合队伍、提升效率的原则，调整相应执法体制和执法主体，建立了"条块结合、以块为主"的市镇两级综合执法体制。市级层面组建7支执法队伍，归并执法力量，减少执法层级，实现一个领域一支执法队伍。市场监管领域构建"十合一"执法格局，交通运输领域推行"一门式"综合执法，国土规划领域打造"三联式"执法机制，农林水利领域整合"大农业"执法队伍，安全生产领域形成全覆盖监管网络，住房建设领域强化规范化统一执法，卫生监督领域构建明晰化职责体系。镇街层面组建17个镇街综合执法局，一职多能、"一综到底"，实现一支队伍管执法，构建市镇联动、权责统一、精简高效的综合执法江阴模式。

关键词： 综合行政执法　执法体制　江阴

根据江苏省委、省政府"开展集成改革试点、形成改革集成效应""在江阴市先行先试"的部署要求，江阴市从2017年启动综合行政执法改革工

---

* 唐卫娟，江阴市司法局副局长；吴雪波，江阴市城市综合管理监察大队综合科科长；董李锋，高级讲师，中共江阴市委党校（改革发展研究院）办公室主任，主要研究方向为社会治理、城乡社会问题。

作，按照减少层次、整合队伍、提升效率的原则，通过整合政府部门间相同相近的执法职能和资源，调整相应执法体制和执法主体，推动执法力量整合、重心下沉、关口前移，不断完善简约高效、职责清晰、运转协调、执法有力的综合执法体系。江阴行政执法体制改革深入推进，形成了在全国、全省可复制推广的综合执法"江阴样本"，获评2017~2018年度江苏省依法行政示范项目、江苏省政府法制创新奖，江阴市获评江苏省法治政府建设示范县（市、区）。

一 综合行政执法改革的现状

2017年，江阴市出台了《综合执法体制改革方案》和《综合执法队伍整合方案》，成立市综合行政执法局和17个镇街综合执法局，整合部门间相同相近的执法职能和资源，建立"条块结合、以块为主"的综合执法体制。江阴市在市场监管、交通运输、国土规划、农林水利、安全生产、住房建设、卫生监督等七大领域推进综合执法改革，实现"一个领域一支队伍"。

（一）市场监管领域：构建"十合一"执法格局

加快原工商、质监、食品、药品与文化、旅游、物价、商务、粮食、盐业等新归并执法内容的集成融合，形成了市场监管领域"十合一"的综合执法格局，即在原工商、质监、食品、药品四大板块执法架构的基础上，对新划入6部门执法职能实行同一领域或相近领域的综合设置，组建了"5中队1综合"的市级大队架构和17个分局中队架构，市场监管执法队伍共内设23个科室机构。其中，大队5个业务中队实现"相对专业"，强化与各分局中队的沟通联系，并承接业务指导功能；大队综合科实现内部管理和后勤协调；分局中队实现"综合集成"，挂设17个镇街中队，下沉基层执法任务。通过建立与执法体制相适应的组织架构，实现全方位组织、全领域推进、全执法下沉，构建市局抓决策、执法大队抓部署、分局抓落实、十大执法领域协同并进的市场监管执法体系。在疫情防控专项执法检查中，严厉查处了江阴市某塑胶有限公司哄抬熔喷布价格案，处以罚款150万元，系集成改革以来江阴价格执法首例哄抬价格案，有力地打击震慑了疫情期间的价格违法行为。

（二）交通运输领域：推行"一门式"综合执法

按照"行政职能由行政机构承担、执法职能由综合行政执法机构承担、公益服务职能由事业单位承担"的原则，全面整合交通领域管理、执法和行业服务职能，创新行政管理、行政执法和行业服务机制，将25家事业单位精简到"一队一所五中心"7家事业单位，即江阴市交通运输综合执法大队、江苏江阴船闸管理所、江阴市公路事业发展中心、江阴市港航事业发展中心、江阴市交通工程建设管理中心、江阴市铁路事业发展中心和江阴市邮政安全发展中心，机构数量压缩明显，管理体系更加简洁高效。其中，以"许可统办、管理统筹、执法统一"为原则，集中分散在23个事业单位的执法队伍，组建市交通运输综合执法大队，统一行使交通运输综合执法职能，形成大管理、大服务、大执法的"一门式"格局，业务分类更加清晰，解决多头执法、职责划分不清问题，从根本上改变了以往基层交通执法人员不足、执法力量薄弱、监管服务存在盲区的现象。人员性质统一后，执法队伍流动更畅、结构更优、活力更足。

（三）国土规划领域：打造"三联式"执法机制

为不断提升执法监察工作效能，合并原国土局、规划局相关执法职能，成立江阴市国土规划监察大队，结合自然资源违法行为实时监管工作，创新建立三大联动机制。一是创新自然资源规划系统部门间的内部有效联动。加强内部协同，关口前移，对违法用地"亮红灯"的区域，按照土地供应与土地执法联动机制，暂停该区域的涉土业务办理，待整改到位后再恢复办理。有的乡镇就因"三年行动"工作整改任务完成不力被暂停经营性用地挂牌。二是创新执法监察系统内的上下有效联动。加强自然资源违法行为实时监管系统运用，各基层分局（所）或监察中队通过系统平台上报"违法

线索登记表"、现场照片和视频等材料,及时掌握违法用地线索和违法用地整改进展,对瞒报漏报情况严肃追究责任。三是创新自然资源规划执法与横向部门的有效联动。通过违法信息抄告、联席会议、联合执法等多种途径,不断加强与公检法、纪检监察、综合执法等相关部门的协作配合,力争由"一家管"变为"大家管",共同做好依法管地用地工作。2020年上半年,市资规局联合市人民法院、市民宗局、市佛教协会和璜土镇人民政府,共同对璜土镇兴隆寺违法占地行为进行了联合执法,其违法超占的1.1亩房屋和场地均已拆除复垦到位。对全市范围内通过日常巡查、网格员上报、卫片核查、信访举报等方式发现的违法行为做到了发现100%、制止100%、报告100%、处置100%的四个100%。

(四)农林水利领域:整合"大农业"执法队伍

探索推进农林、水利综合行政执法体制改革,整合农林行政执法大队、农机监理所、动物卫生监督所和市水政监察大队的执法职责和机构编制,组建"大农业"综合执法队伍。通过厘清在市镇两级推行相对集中行政处罚权事项清单,将与群众生产生活密切相关的执法权限赋予镇街,截至2020年10月,全市17个镇街集中行使农业农村局下放的68项行政处罚权及相关的13项行政强制措施权,原水利农机局下放的现由农业农村局指导的25项行政处罚权、6项行政强制执行权,有效破解了"看得见的管不着、管得着的看不见"的执法难题。

(五)安全生产领域:形成全覆盖监管网络

制定出台《江阴市安全生产行政执法工作实施意见》,明确市镇两级安全生产执法权限和责任,切实做到执法无缝衔接、重心平稳下移,避免出现监管缺位和执法真空,切实达到"1+1>2"的效果。一是进一步强化联动联调。建立"上下联动、左右协同、信息互通"工作机制,强化与各综合执法局的联动和协调,每季度组织召开安全生产行政执法例会,交流探讨监管执法经验做法和疑难问题,统一执法标准,规范执法行为。二是进一步调优配强力量。在全市 20 个重点行业部门增设"安全生产监督管理科",工作人员按不少于 3 名配备;其他市级机关部门及直属事业单位在相关科室增挂"安全管理科"牌子。镇街综合执法局单设"安全生产监督管理科"或"安全生产统筹协调科",工作人员按不少于 5 名配备(安全任务较重的镇街不少于 10 名)。高新区、临港开发区安委办设在综合执法局,高新区安委办工作人员按不少于 10 名配备,临港开发区按不少于 6 名配备。基本形成了横到边、纵到底的安全生产监督管理网络和"政府统一领导、部门依法监管、企业全面负责、群众监督参与、全社会重视支持"的安全生产工作格局。三是进一步加强考评考核。加大对各综合执法局安全执法检查、行政处罚、案件移送办理等情况的监督检查,评查行政处罚案卷质量,督促各地依法履行职责、严格规范执法,及时发现和纠正监管执法工作中存在的问题。

(六)住房建设领域:强化规范化统一执法

在合并原建设局、房管局、民防局、园林局的基础上整理相关执法事项,接收消防大队转交过来的有关执法事项,截至 2020 年 6 月,汇总梳理住建执法清单 510 多项。同时,对涉及住房和城乡建设领域的所有法规条款进行梳理,将适合属地网格化管理的违法建设、物业管理等方面 20 多项处罚事项下放镇街,作为镇街相对集中行政处罚权事项清单。升级调整执法机构,扩建市住房和城乡建设执法大队,下设七个执法中队,打造一支专业的住建执法队伍,将分散在各个职能部门的处罚权限集中到江阴市住房和城乡建设执法大队行使,职能部门履行日常监管,发现违法违规行为的统一移交执法大队进行行政处罚,做到查处分离、集中执法,改变以往局下属职能部门各自执法的传统做法,实现执法办案的集中统一,形成了统一规范的执法工作局面。2017 年 1 月至 2020 年 7 月,住建执法大队共立案查处 493 起案件,涉及金额 2700 多万元,其中涉及建设程序违法案件 69 起、施工质量类违法案件 55 起、施工安全类违法案件 208 起、文明施工类违法案件 141 起、勘察设计类违法案件 8 起、房产市场类违法案件 3 起、民防类违法案件 3 起、消防类违法案件 6 起,涉及违法事项 68 种。

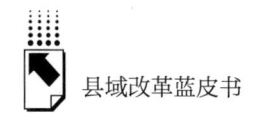

（七）卫生监督领域：构建明晰化职责体系

对上承接无锡市级赋予的医疗机构执业登记、医疗广告登记等26项赋权事项；对下将公共场所卫生许可及日常监督检查、行政处罚相关权限和职业卫生日常监督检查及行政处罚相关权限（原安监局行使的59项）全面赋权给镇街、开发区行使。赋权后，市卫健委作为行业监管部门，继续依法履行政策制定、协调指导、业务培训、法律法规宣传、行业监督管理等行政管理职责，镇街政务服务中心和综合执法局履行有关许可、日常检查巡查、相关投诉举报和案件线索承办等职责，卫生监督所承担卫生执法监督工作，构建了新的职责体系。市卫生监督所按片区在乡镇设立6个分所，分所与镇街综合执法局集中办公，实行综合执法。借助镇街综合行政执法网格化巡查，将非法行医、饮用水卫生安全以及突发公共卫生事件等事项纳入镇街网格化巡查清单，增强与辖区镇街综合执法部门的工作联动，分所与镇街按照集成改革赋权清单各自负责相应监督检查和行政执法工作。2019年全年向镇街移送公共场所办案线索75起、职业卫生办案线索32起，不断推进镇街卫生许可和监管工作的开展。

在推进市级七大领域综合执法改革的同时，江阴市在镇街层面，打破以往按照业务职能设置基层中队的传统做法，统筹调整市级以上驻镇街执法机构，将市级畜牧兽医站、安监生产监察中队、城市管理行政执法中队、劳动保障监察等相关部门的执法队员随赋权事项同步划转至镇街统筹管理。镇街综合执法全面复制推广徐霞客经验，按照"硬件设置标准化、执法流程规范化、队伍建设正规化"要求，全部组建综合执法局，以镇街名义具体实施赋予的行政处罚权以及与行政处罚权相关的行政强制措施权、监督检查权，形成了"一张清单管权责、一支队伍管执法、一套标准管规范、一张网格管治理、一个平台管监督"的综合执法模式，构建形成了以实体化网格为基础、全能型队伍为主体、现代化网络为支撑和制度化"双随机"为补充的镇街综合执法体制，实现"一个镇街一支队伍管执法"。人社、住建、城管、安监、农林、水利、公用事业、市场监管等14个赋权部门共赋予镇街788项行政执法类权力，将原市级相关部门的247名在编人员和643

名辅助人员随赋权事项同步划转至镇街，划转市级 34 名参公编制由镇街使用，并新增镇街综合执法局编外用工指标 72 名，实现重心下移、权责对等，确保基层有人有权有物。为 381 名镇街执法人员统一换发了综合执法证，打破条线限制，实行队员相对分工、综合执法。

二 综合行政执法改革的主要问题

近年来，江阴市综合行政执法改革在整合执法资源、优化职能配置、加强规范管理、强化监督制约等方面取得了一定成效，但也存在一些亟待解决的问题。

（一）综合行政执法改革职能配置有待完善

综合行政执法改革的主要目的是将在镇街辖区内分散在各条线部门行使的职责按照"放得下、接得住、管得好"的原则，相对集中后赋予镇人民政府（街道办事处）行使，压实镇街的主体责任，避免出现职责交叉、推诿扯皮、多头执法、重复执法等问题。但目前部分镇街没有充分重视集成改革，仅停留在简单的人员归并及职能调整上，没有将 14 个条线职责真正有效综合起来，安监和环保机构相对独立运行，部分职责出现管理真空现象。镇街对赋权分工不明确，发文不顺畅，有的镇街分给综合执法局，有的镇街分给内设其他科室，还有的镇街没有明确具体承办部门，导致镇街内部科室之间遇到问题时，相互推诿扯皮，均不愿意接手处理。部分镇街没有及时调整镇街领导分管业务，镇街分管领导条线职务存在差异，有的是党委委员，有的是副镇长，有的综合执法局由 2 个镇领导同时多头分管负责，部分领导专业能力和法律素养有待提升，导致各镇街综合执法局日常工作开展水平不一、发展不平衡。根据江阴市综合行政执法系统统计，2019 年度各条线共完成处罚案件（14 个条线）8693 件，其中城管条线 7530 件，占 86.62%；安监条线 900 件，占 10.35%；余下的住建、卫健委、市场监管等 12 个条线占剩余的 3.03%，其中民防、商务 2 个条线全年无案件。

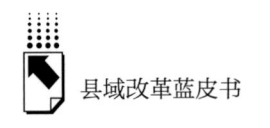

（二）基层综合执法力量配备有待充实

镇街综合执法局主要分成三类执法管理队伍：安监条线、环保条线、社保及其他综合执法。赋权清单下放后，人员下沉相对偏少，镇街调配、培养综合执法人员不够，导致镇街综合执法人少事多。根据工作形势的变化调整，镇街综合执法局近阶段因安监环保任务比较重，工作力量主要集中在安监环保上，导致现在真正从事城管、住建、教育等综合执法的人员严重不足。如江阴市申港街道综合执法局设有两科室两中队，但执法队员只有3人，身兼数责，忙碌时应付会议都有所不及，执法时间和效果很难得到有效保障；江阴市南闸街道综合执法局两个中队，只有一个中队长是正式编制执法队员，很难保证正常两人执法，案卷签字也成问题（见表1）。

表1　2020年江阴市镇街综合执法局（非安监环保）一线人员情况统计

单位：人

序号	单位	正式人员	下放人员	编外人员	序号	单位	正式人员	下放人员	编外人员
1	高新区	36	12	41	10	青阳镇	20	6	29
2	澄江街道	33	15	15	11	徐霞客镇	27	5	55
3	南闸街道	15	4	25	12	华士镇	24	6	39
4	云亭街道	14	5	30	13	周庄镇	24	5	44
5	夏港街道	12	4	27	14	新桥镇	11	3	18
6	申港街道	11	3	26	15	长泾镇	18	5	35
7	利港街道	11	4	30	16	顾山镇	17	5	30
8	璜土镇	16	8	36	17	祝塘镇	21	6	33
9	月城镇	12	4	24		合计	322	100	537

注：正式人员总数含下放人员，其中：城管下放95人、人社下放5人。

此外，镇街综合执法局法制法规工作人员专业素养普遍不高。江阴市2018年赋予镇街市级14个部门的788项行政处罚权（含行政强制措施27项），后经动态调整，目前下放775项行政处罚权（含行政强制措施29项），涉及300多部法律法规，执法逻辑和注意事项千差万别，对执法人员尤其是法制审核人员的要求非常高。目前，全市 17 个镇街综合执法局共有法制审核人员 25 人，通过司法考试的只有 3 人，很难满足基层综合执法需要。

（三）赋权部门指导基层执法有待加强

目前，除城管条线外，各镇街综合执法需承接安监、公用事业、规划、教育、民防、农林、人社、商务、市场监管、水利、卫健、文广新、住建等共计 14 个部门条线近 800 个事项的行政执法类权限。这些权限面广量大，且专业性强，对缺乏专业条线执法经验的镇街综合执法队员来说，有时难以下手。虽然市司法局每年组织综合执法培训，但主要偏重于理论知识，缺少赋权部门的实务操作指导。部分赋权条线部门权力下放后存在"一放了之"现象，遇到问题难免推诿扯皮。赋权条线部门与基层执法部门还未建立有效的共商协调机制，城管、安监、人社部门与基层综合执法联系较为紧密，其他部门及市级行政执法大队指导联系不多，导致基层遇到疑惑困难时，相关条线部门不能主动提供服务指导，特别是对有的新案情、案由不能共同研究解决，也无法提供有效的指导意见。

（四）综合执法赋权管理有待提高

在实际工作中，镇街综合执法局除赋权事项的行政处罚外，同时做好网格化平台巡查员工作，部分镇街综合执法局还需配合做好行政许可工作，疲于赋权外的各类镇街事项工作。赋权事项的市级职能部门管理尚未有比较好的方式解决"以罚代管"，缺少事前事中管理，造成管理弱化，与执法脱节，过度依赖综合执法局，信访投诉、管理、行政处罚无法严格区分。在机构调整的过程中，原镇街环保科的人员并入综合执法局，现综合执法局需行使原镇街环保科的管理职能，日常工作中要应对环保条线的大量投诉、检查以及下派任务，因环保垂直管理，环保相关行政权力不能赋权镇街，属地日常管理存在有责无权问题，不仅带来管理难度，导致管理不够精准到位，也容易造成在执法上相互扯皮推诿。

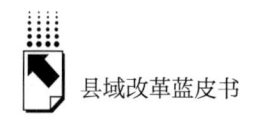

（五）综合执法平台功能有待提升

目前江阴17个镇街使用的综合执法系统功能定位是执法办案系统，平台功能包括执法办案，事件上报和管理，双随机、双公示推送，统计报表，绩效考核，处罚台账等，缺少大数据分析研判等功能，功能相对薄弱。自2020年以来，司法局着手完善综合执法系统，增加了权力清单管理功能，对赋权事项按照行政处罚、行政强制、其他事项进行了分类，并逐项对权力名称、设立依据、处罚依据、自由裁量基准等信息进行了梳理更新，同时建立了赋权事项动态调整机制，明确了由赋权部门根据法律、法规、规章公布、修订、废止情况，及时增加、取消、变更赋权事项。但是还存在市级部分管理部门在平台系统中法律条款更新或增添不及时，操作系统技术支撑不到位，在案件公示推送、案件排序、后台提示等方面不够稳定的问题。同时由于应急、市场监管等赋权条线要求执法数据必须录入国家、省、地级市自有案件平台，镇街在同一执法数据多次重复录入的情况下逐步不再使用综合执法系统，导致综合执法平台执法数据出现不全面、不完整的问题，执法数据在录入和管理方面有待加强。

三　深化综合行政执法改革的对策建议

江阴市综合行政执法改革作为县域集成改革的重要内容之一，没有先例可参考，没有规律可依循。唯有立足实际，坚持问题导向，继续创新突破，不断强化排头兵、先天下、利长远意识，勇于担当、敢于作为，持续开创综合行政执法新局面。

（一）进一步理顺权责关系，持续加强业务指导

1. 强化市级综合行政执法统筹职能

由市综合行政执法局牵头，统筹江阴全市城市管理和综合行政执法工作，加强城市管理队伍、综合执法监察队伍和法制队伍建设，梳理明确江阴

全市综合执法运行机制及执法业务范围。借助市级集成指挥平台，将市镇两级执法数据汇总整合，实现全市综合执法工作的统一管理和分析决策。加强综合执法队伍的监督考核，制定考核监督办法，督促综合执法人员依法履行职责，全面落实综合执法责任。同时，明确责任分工，理顺上下关系，各镇街明确职能分工，指定责任单位和联络人员，防止推诿扯皮，真正做到定人、定岗、定责。

2. 优化综合管理服务指挥中心协调职能

优化市镇两级综合管理服务指挥中心职能，进一步明确市镇两级综合管理服务指挥中心是市镇两级党委政府决策的指挥协调机构。组织开展专项督查考核，有效巩固综合管理指挥协调机制。全面规范整合各部门专网，以互联网为基础，以综合网格为依托，将网格治理理念与网络信息技术深度融合，升级镇街审批服务和执法平台。联通审批服务信息，进一步整合接入市综合行政执法系统以外的市级综合执法各部门的执法资源系统，建立跨部门联合执法创新模式，以市集成指挥平台与1个市综合行政执法系统和7个市级综合执法部门执法办案业务系统共同构建互融互通、信息共享、统一指挥、高效监督、协调顺畅的综合指挥体系。

3. 深化完善网格化治理职能

积极构建"网格+N"融合机制，推动条线专业力量融入网格解决专业问题，网格事项再梳理，网格力量再充实。进一步完善事件处置机制，做好个别镇街合理配备专职网格员的试点工作。高标准推进督查考核，进一步修订网格化管理业务工作考核细则，完善对与镇街存在联勤联动工作的市级部门考核，做到考核事项落实到人、考核举措细化规范，努力以考核促落实、以考核促提升，有效提升网格化管理工作效能。

（二）进一步整合执法资源，不断规范执法行为

1. 深化主城区综合执法改革

整合澄江街道综合执法局与市综合行政执法局澄江大队力量，实施一支队伍综合执法，落实综合执法经费保障。按法定程序调整赋权澄江街道综合

执法清单，在清单调整前，综合执法队伍由澄江街道管理，以市综合行政执法局的名义行使澄江街道范围内城市管理行政执法职责。

2. 推动执法力量向基层一线倾斜

继续充实加强基层一线力量，保障执法管理一线编制数，充实镇街综合执法力量，强化基层综合执法工作配置。各镇街要注重人员整合，配强综合执法局主要领导，加强统筹调剂、内部挖潜，实行竞争机制、条块结合，提升效能。严格执法人员借调有关规定，推进编制资源向基层倾斜，推动工作力量向执法一线倾斜，进一步向镇街划转部分事业编制，招录计划优先保障镇街综合执法一线岗位需求。探索建立部门派驻机构纳入镇街统一指挥协调的工作机制，最大限度地形成管理合力。

3. 持续加强执法能力建设

以持续提升能力素质为目标，强化综合执法队伍培训，继续实施综合执法队伍素质提升工程，紧扣基层执法需求，科学制定培训方案，优化培训内容，确保培训效果。强化执法监督指导，严格执法案卷评查，对执法质量检查中发现的问题，抓好问题反馈与整改，确保案卷评查效果，推动综合执法质量进一步提高。

（三）进一步强化考核监督，建立健全保障制度

1. 建立市镇综合执法局人员流动机制

建立综合执法人员"横向流动"和"纵向发展"的轮岗交流机制，进一步激发队伍活力，优化结构配置，提高工作效能。健全部门和镇街"双向"考核评议制度，综合运用考核结果，强化正向激励，将考核结果与执法人员评先评优、晋职晋级、年度考核和轮岗交流等工作挂钩。综合执法人员的交流、轮岗工作，根据全市执法队伍情况，统筹协调、综合考虑，按计划分步实施，确保人适其事、事得其人、人岗相适。

2. 深化完善联席会议制度

进一步调整完善综合执法联席会议制度，由各镇街和市级相关职能部门共同组成，研究处理综合执法过程中出现的新情况、新问题。在工作联席会

议框架内，会同相关业务主管部门通过开展联合培训、联合检查、联合业务指导等方式，强化对镇街综合执法部门的指导，推进综合执法规范化管理，树立综合执法良好形象。

3. 全面推行行政执法"三项制度"

完善行政执法信息公示平台，开展行政执法公示制度、全过程记录制度、重大执法决定法制审核制度"三项制度"示范点创建。加大督查指导力度，通过日常检查抽查、年终考核等方式，推动"三项制度"在综合执法部门落地落实，大力提升综合执法规范化水平，"三项制度"实施率达到100%。

B.10
江阴市人才引育机制改革研究报告

冯 海　周 洋　唐宗宜*

摘　要： 江阴牢固树立"发展是第一要务、人才是第一资源、创新是第一动力"的理念，切实增强人才为本、人才为要的行动自觉，人才效能持续提升。近年来，江阴从工作机制、产才融合、活动品牌、人才服务四个方面创新改革人才引育机制，切实解决创新发展和人才引育工作中存在的痛点和不足。面向"十四五"，江阴将强化企业引才主体作用、优化产业人才供需匹配、加快推动科创载体建设、构建多元创业融资体系，推动形成人才引育工作新格局，全面打赢创新驱动攻坚战，建设人才集聚新高地。

关键词： 人才引育机制　人才政策　江阴

区域竞争实质上是人才竞争，创新驱动实质上是人才驱动。进入新的发展阶段，面对新形势、新任务、新要求，江阴积极推动人才引育机制改革，抓重点、攻难点、强优势、补短板，全力汇聚各方优秀人才和各类创新资源，为开辟"强富美高"新江阴、开启基本现代化建设新征程提供了强劲的动力引擎。

---

* 冯海，江阴市委组织部人才办副主任；周洋，江阴市委组织部办公室副主任；唐宗宜，中共江阴市委党校（改革发展研究院）教育培训科副科长，主要研究方向为中国特色社会主义理论、党建、"三农"问题。

一 江阴市人才引育机制改革的创新实践

江阴贯彻落实中央、省委、无锡市委人才工作新精神，努力搭建人才发展平台，全力创优人才招引活动，大力优化人才发展生态，人才引育工作保持了持续健康发展的良好势头。目前，江阴人才总量达到42.78万，其中高层次人才1.39万，每万名劳动者中高技能人才达到1029人。

（一）坚持人才第一资源，围绕党管人才健全工作机制，充分发挥党对人才的政治引领作用

"人心是最大的政治，志同则心同，心同则力同。"江阴坚持把加强对人才的政治引领作为人才工作的一项重点任务，全面落实人才工作党委、政府"一把手"工程，建立完善统分结合、协调高效、优势互补、整体联动的人才工作运行机制，凝聚强大的人才工作合力。

1. 突出顶层设计，完善人才政策体系

把政策的顶层设计作为重点，着眼于扩大人才政策覆盖面，强化政策体系的统筹性、广泛性、普惠性，形成全视角引才、全链条育才、全方位用才的人才发展体系。江阴市先后出台暨阳英才计划23条及升级版21条、创新驱动16条、创新江阴三年行动计划。配套出台创新创业领军人才、高级经营管理人才、高技能人才、专业技术人才、青年人才、海外人才、引才引项机构、高层次人才安家补贴等10项细则。各镇街园区结合自身发展定位与产业特色制定个性化人才引育政策，与上级人才资金奖励形成配套互补，实现政策叠加效应，全面构筑了"1＋N＋X"人才政策体系，形成人才引育机制改革的"四梁八柱"，增强区域引才育才新优势。

2. 突出同频联动，落实"双招双引"制度

坚持招商引资与招才引智同部署、同推进、同落实，将科技人才项目招引列入全市镇街园区招商引资目标任务，明确负责招商、科技分管领导为人才工作的直接责任人，实现从传统招商的单一模式向既招商又招才的复合型

模式转变。科学设置人才发展绩效目标，加大"双招双引"工作考核力度，制定"开放园区人才工作绩效考核评价办法""科技和人才工作专项考核办法"，建立招才引智成果报送及例会通报机制，开展月度跟踪、季度通报、年度排名，切实增强镇街园区招才引智的主体意识和责任意识。实行退出领导岗位干部担任招才引项专员制度，实施优秀年轻干部"双招双引"一线墩苗锻炼培养计划，全面壮大"双招双引"队伍规模，全市仅三个开放园区板块就有80余名专职人员从事"双招双引"工作，注重强化对一线人员的实务培训，提升队伍的执行力和战斗力。

3. 突出合力驱动，形成齐抓共管格局

建立党委联系服务专家人才机制，出台《中共江阴市委联系服务专家人才工作方案》，江阴市党政领导干部与全市高层次人才结对联系，结合"弘扬爱国奋斗精神、建功立业新时代"专项行动、"连心富民、联企强市"大走访等活动，定期走访了解人才需求，解决人才实际困难。组建引才攻坚党建联盟，采取"党建联动、活动联办、服务联促、难题联解"方式，深入高校院所、开放园区、人才企业开展"三走进三服务"系列活动，搭建服务平台，改进服务流程，提高服务质量。成立江阴市科技和人才工作领导小组，根据机构改革、职能调整等情况及时调整优化成员单位名单和工作职责，着力构建市委统一领导、组织部门牵头抓总、职能部门骨干支撑、各方力量广泛参与的人才工作格局。出台《关于健全完善市科技和人才工作领导小组人才工作机制的意见》，建立人才工作例会制度、决策制度、重大事项报告制度、述职考核制度、宏观研究机制、总结报送机制等10项工作制度和机制，强化人才工作部门主体责任。

（二）突出技术第一要素，围绕产业导向部署人才链，有效提升产业人才的融合发展效能

坚持推进人才链与产业链、创新链深度融合，以产聚才、以才促产，切实增创产业发展独特优势。采取"政府引导、企业建设"的模式，围绕重点产业发展需求，引导企业建立各类人才培养的载体平台，激发人才活力效能,促进创新驱动发展。

1. 实施飞地孵化,扩展产才融合"覆盖面"

牢固树立不求所有、但求所用,不求所在、但求所得的理念,探索实施"飞地引才"模式,在全球范围内布局建立一批异地孵化器,借智借力借势发展,实现了科技研发和技术攻关在外地、项目落地和投产量化在江阴的引才新路径。一方面,瞄准国内一线发达城市优质科创资源,率先在上海、深圳建立飞地孵化器,孵化毕业后引导人才、技术、项目优先在江阴产业化落地,有效降低江阴企业对接科创资源的成本。另一方面,以智能制造、生物医药、新材料、新能源以及新一代信息技术等产业需求为导向,在欧美发达国家建立飞地孵化器,导入高校、科研院所、产业金融、顶尖人才等资源。如中瑞海外生物医药孵化器是江苏省在欧洲设立的第一家生物医药孵化器,由江阴中瑞生物医药创新中心于2017年5月在瑞典建立,采取公司化运作、本土化管理的模式,与瑞典乌普萨拉大学合作建立联合实验室。自中心运行3年以来,已引进海外高端项目10个,申请国际发明专利6项。

2. 打造诺奖板块,抢占产才融合"制高点"

主动对标全球创新体系,精准把握海外人才需求,积极构建诺奖合作平台,以接轨国际的"创新生态"集聚国际顶尖人才。针对生物医药产业技术门槛高、成长周期长、投资风险大的特点,瞄准世界前沿技术,创新人才激励政策,以集成联动的叠加政策给予诺贝尔奖得主等顶尖团队最高1亿元的资金扶持,助推海外"诺奖"顶尖人才与本地民营企业牵手,合作共建诺奖得主研究院,强强联合发展生物医药产业。自2013年诺奖得主与区内企业合作共建研究院以来,"虹吸效应"频现,截至2019年底已成功引进8位诺奖得主、建立7家诺奖得主研究院,形成了县域城市独树一帜的"诺奖板块",有效地推动了生物医药产业爆发式增长。

3. 深化院企对接,构建产才融合"大平台"

以产业集群、创新联盟为核心,构建了一批优秀的科技创新平台,加快形成以产业技术研究院、技术转移中心等为主体的协同创新平台体系,全力打通产业化通道,实现科技、人才与产业的无缝对接。成立苏南中关村科技成果转化促进中心、中德国际技术转移中心、中瑞国际技术转移中心、浙江大学技术转移江阴中心等技术成果转移机构；建有国家工程技术研究中心2家、产业技术研究院4家、院士工作站54家（省站13家）、博士后工作站54家（国家级16家、省级19家）、省级研究生工作站73家、外国专家工作室51家，建成省级以上工程技术研究中心等各类企业研发机构350余个。新潮集团与中国科学院微电子研究所合作建立江阴集成电路设计创新中心，规划建设集成电路技术创新中心、产业孵化中心、高层次人才创业中心和人才培养中心；江阴高新区与东北大学合作成立江阴金属材料创新研究院，2020年签约入驻人才项目8个，推动金属新材料产业发展。

4. 运营人才市场，增加产才融合"活跃度"

中国国际人才市场江阴市场作为中国国际人才市场设在县级市的唯一分支机构，2018年7月开始实体化运行，先后吸引美国硅谷PNP、英国剑桥中国创新中心、日本丰田生产咨询株式会社、上海和伍智造营等14家行业标杆机构入驻，并在全球布点23家海外引才引智工作站，着力打造集人才项目资本精准对接、企业转型升级国际化服务、高层次人才一站式服务等三大平台服务于一体的"江阴国际人才港"，全面精准对接全市产业集群壮大、企业转型升级、园区集聚人才的需求。依托入驻江阴市场的专业服务机构，定期举办海外创新创业项目路演、技术攻关供需对接、科技沙龙、金融路演等活动，建成包含350余个项目的国内外优秀项目库。

（三）创响品牌第一动力，围绕创新方向强化动力源，着力建设人才集聚的创新创业高地

江阴市致力于打造全方位、全领域、全球化招才引智活动品牌矩阵，搭建企业彰显引才用才诚意、广大人才大展身手的广阔舞台，为人才提供成长进步的肥沃土壤、创新创业的广袤空间。

1. 打造四大引才育才活动品牌

创建并打响"智汇江阴"海外聚才、"才聚江阴"国内招才、"智聚江阴"柔性用才、"情系江阴"本土育才四大活动品牌，让企业引才有方。围绕

海外聚才，发挥诺奖得主、国内外院士等高端人才的人脉资源和学术影响力，不断延伸引才链条，积极挖掘海外项目；围绕国内招才，积极参加无锡太湖人才峰会、大连海创周、广州才交会等国内大型人才交流活动，开展"上市公司高校行""优秀学子家乡行"等活动，举办"澄就未来"创新创业大赛等；围绕柔性用才，瞄准"双一流"大学等重点高校及科研院所，推动企业加强与大院大所的"点对点"合作，推进产学研协同创新体系建设，实现产学研合作精准化；围绕本土育才，实施系列培训工程，全力打造新生代创业者、企业高级经营管理人才和高技能人才三支队伍，发挥乡土人才"三带两助"作用，带领技艺传承、带强产业发展、带动群众致富，助力脱贫攻坚、助推乡村振兴。

2. 创办市级科技主题节日

1991年9月，江阴市十一届人大常委会第十次会议决定将中国第一颗原子弹爆炸纪念日（10月16日）设为市科技节，在全国范围内首创，并于当年举办首届科技节，之后连年举办。30年来，科技节已由最初表彰先进、造浓科技创新氛围的单一性活动发展成为如今的集区域融合创新资源共享、精英荟萃招才引智、政产学研协同创新、智慧碰撞集聚人才等要素于一体的综合性盛会。2020年第30届江阴科技节以"产业更高端 创新更澎湃"为主题，开幕式上为孙和平、张佳宝、特鲁斯埃文德诺比等4位院士发放了"江阴市科学顾问"聘书，发布了《2020江阴科技创新发展报告》，举行了企业院士工作站、东北大学研究生创新实践基地、工业互联网"5G+边缘服务平台"、省产业技术研究院企业联合创新中心揭牌仪式和科技金融授信仪式，表彰了科技创新创业大赛获奖项目、2020年度"创新江阴"建设先进代表和获得省、无锡市科技人才项目代表等，科技节活动期间先后举办了中国科学院金属研究所科技成果转化江阴对接会、主动融入长三角科技创新一体化发展恳谈会、科技创新创业大赛总决赛等多场大型科技人才主题活动，在推动创新平台建设、加速科技成果转化、引进创新创业人才、促进中小企业发展方面成效明显。

3. 落实"百千万"专项引才行动

全面启动"百千万"专项引才行动，立足于推进产才融合，聚焦智能

制造、新一代信息技术、新能源、新材料等新兴产业集群精准发力,着力加强本土企业与高校院所产学研对接和专家柔性引进,新引进100名领军型人才,柔性引进1000名教授博士到企业开展常态化产学研合作,引进1万名紧缺型优秀大学毕业生。为做强"百千万"专项引才品牌,组织双一流高校专家定期进镇街园区企业开展专场对接洽谈、提供技术咨询指导、协作攻关解决难题,举办海外精英创新创业对接洽谈会、PNP跨境团江阴行、校园专项招聘、全民创业大赛等专场活动。通过"百千万"专项引才行动平台,集中发布产业紧缺人才目录和企业人才技术需求汇编,本土企业与国内外知名院校、科研机构等的专家深化合作,积极实施机器换人、企业上云和工业互联网应用,抢占产业链"智"高点和价值链最高端。

4. 实施企业家素质提升工程

实施企业家国际化素质提升工程、中生代企业家基业长青工程、新生代企业家"常青藤"工程,激发企业发展的内生动力,努力培养一支综合素质高、适应市场竞争需要的优秀企业家队伍。设立"澄商学堂"服务平台,开设网络在线教学,通过"菜单自助式"服务,面向企业家开展"一季度一培训"。定期组织高水准主题论坛,围绕全球战略视野、科技创新能力、市场开拓精神和公司治理水平等主题,先后邀请温铁军、冯仑、吴晓波、叶檀等知名人士及本土大咖俞亚鹏、周建平等优秀企业家发表演讲;举办"企业投融资交流及公司市值管理""银企对接恳谈会""扬子江国际论坛·中国企业家家族传承""融合聚力、创新突破——高质量发展论坛""产业互联网供应链创新论坛"等20余次财经沙龙,近5000人次听取讲座。开设"送培训进企业"免费课堂,举办税务知识、法律培训、安全生产、人力资源和社会保障等各类专题讲座,累计培训企业管理技术人员超万人。

(四)狠抓服务第一实力,围绕人才取向提升服务力,切实打造国际一流的人才成长环境

提升"服务留人"工作的专业化水平,把服务的"软实力"作为引育人才的主要竞争力,思人才之所思,急人才之所急,打造适应多层次需求、全方位覆盖、个性化服务的人才保障体系,营造闻者愿来、来者有成的成长环境。

1. 优化营商环境,为人才提供"创"的便捷环境

纵深推进县级集成改革,为人才创新创业提供全过程、不打折、无条件的"店小二""急郎中"式服务。提升创新创业"软"环境,全面加强知识产权保护,推进行政保护和司法保护的有效衔接;推行"一窗受理、一站服务、一章审批"行政审批制度改革,全力打造"网上办、集中批、联合审、区域评、代办制、不见面"的审批服务模式,实现"企业注册开业2日以内、不动产权证4日以内、施工许可40日以内"的"2440"江阴速度;依托"快手"服务,实现"江阴速度"再升级,"企业开办全链通0.5天办理"模式在城区实现全覆盖,并向镇街园区快速延伸铺开。

2. 强化金融支撑,为人才缓解"融"的资金难题

江阴市建立多元化金融扶持机制,设立3亿元信贷风险补偿资金池,优化贷款审批程序、限定贷款利率、取消第三方担保,鼓励和支持银行为科技人才企业提供信贷支撑。引导银行探索创新体制机制、信贷模式和金融产品,打通人才与资本的"绿色通道",自"十三五"以来累计为全市科技人才企业发放各类贷款超64亿元,有效缓解科技人才企业的融资难题。发挥社会中介机构作用,举办"融创江阴"科技人才项目路演、"人才贷""人才投"对接等活动,有效融合人才项目、银行、创投等资源,实现重点企业、人才项目零距离互动。

3. 保障舒心生活,为人才解决"居"的后顾之忧

开发完成人才服务平台网站,打造线上线下同步的高层次人才一站式服务平台,全力做好人才生活保障服务工作,综合运用市场化、社会化手段解决安居住房、医疗保健、子女就学、证照办理等需求。有效实施"三房两补"系列人才安居政策,建成10万平方米804套人才公寓房,累计入住达1805人次,自2017年以来累计发放优秀大学生租房补贴1448万元,补贴优秀大学生1157名,发放高层次人才安家补贴613万元。按需协调解决高层次人才子女入学,发放高层次人才健身卡,落实好开展人才疗休养、健康

体检等配套服务。

4. 营造爱才氛围，为人才搭建"为"的优质平台

组建高层次人才联谊会，广泛联系全市高层次人才，每年举办新年茶话会、"迎七一"专题沙龙、诗词庆中秋、精英徒步赛、名医进企等活动30余场次，以活动联谊促进高层次人才之间的交流，并逐步将联谊范围延伸至长三角其他地区。深入宣传新时代优秀人才的先进事迹，每年在科技人才创新大会、举办科技人才主题活动期间集中展示创新创业先进典型、优秀科技人才事迹。

二 江阴市人才引育机制改革中存在的问题

近年来，江阴市始终把服务经济高质量发展作为人才工作的战略方向和根本任务，积极为各类人才干事创业搭建发展平台，努力营造优秀人才脱颖而出的良好环境。但人才引育机制建设方面仍然存在一些问题。

（一）企业引才主体吸引力不强

江阴民营资本发达，市场主体庞大，为人才引育提供了强劲的动力源。然而，江阴高层次人才的引育数量与全市面广量大的企业数量不相匹配。据统计，51家上市企业中，拥有省级以上人才项目14家，占比27.5%；299家百强百佳企业中，拥有江阴市级以上人才项目63家，占比21.07%；1803家规上企业中有无锡市级以上人才项目202家，占比11.2%。究其原因，主要在于如下几点。一是企业人才视野不够远。经营过程中重短期效应轻长远规划、重设备投入轻人才投入、重人才使用轻人才培养。二是主导产业层次不够高。产业结构明显偏重，占江阴工业经济总量56.6%的五大主导产业均为传统产业，重工业产值约占到规上工业产值的70%；高新产业的规模效应、集群优势相对不足，高新技术产业、新兴产业产值占比分别仅为33.4%、43.9%，产业高端人才引进培育不足。三是政策针对性不够强。以往政府制定出台诸多人才政策中奖励资助人才项目多、直接奖励企业少，缺乏补贴企业引才育才的内容,一定程度上也打击了企业引才育才的积极性。

(二)产业人才供需匹配度不高

当前,江阴市高层次人才聚集度不高,高层次人才数量仅占全市人才总量的3.4%,与先进同等城市相比存在一定差距。围绕产业链和创新链的发展,江阴人才链尚不能提供完全的支撑,产业需求与人才供给之间存在较大的矛盾。据统计①,江阴存在人才紧缺问题的企业占比达到75%。

从行业类型来看,紧缺情况比较严重的前五位行业分别为生物医药、金融类、车船及装备制造业、新能源、新一代信息技术。从企业对于紧缺人才需求类型来看,在存在紧缺人才需求的企业中,对于技能类岗位的人才需求量最大,占比达56%;其次为专业技术类岗位的人才需求,占比53%;对于管理类岗位的紧缺人才需求较小,占比29%。从人才需求的专业要求来看,企业对于机械工程、计算机、自动化等工科专业的人才需求较为迫切,大多为机械工程师、研发工程师、电气自动化工程师等专业人才岗位,主要集中在纺织服装、新一代信息技术、新材料等行业。

综合来看,专业不对口、人才流动率大、能力达不到岗位要求仍是江阴当前产业存在人才紧缺问题的三大主因(见图1)。

(三)科创孵化载体配套性不足

目前,江阴市有6家省级以上的创业孵化器,多为2009年前后创建,近年来未有新增,创业载体数量偏少,与江阴新一代信息技术、新能源、新材料、高端装备、生物医药等新兴产业集群的布局不相适应。平台载体容纳量不足。全市现有载体平均入驻率已达88%,其中扬子江创智加速器和生物医药加速器已趋于饱和,导致招才引智工作人员在引入人才项目谈判时缺乏场地筹码,许多产品已经成熟、需要中试场地的意向项目因场地无法配置

---

① 数据来自《江阴市2019~2020年重点产业紧缺人才需求目录》。

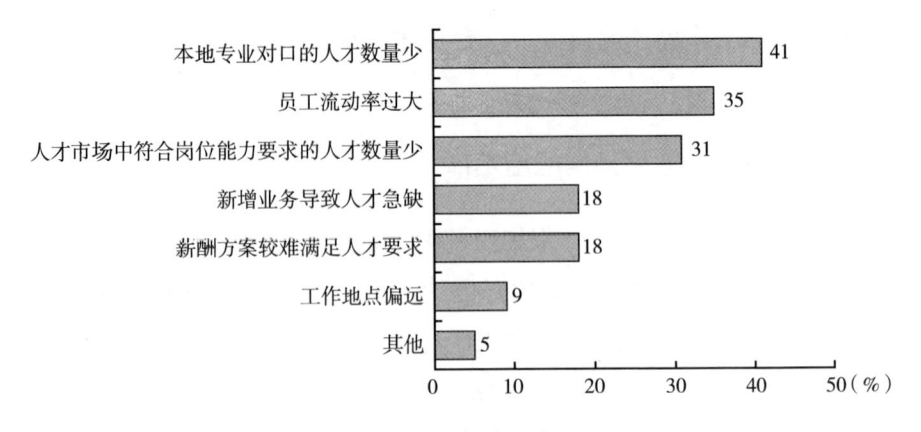

本地专业对口的人才数量少 41
员工流动率过大 35
人才市场中符合岗位能力要求的人才数量少 31
新增业务导致人才急缺 18
薪酬方案较难满足人才要求 18
工作地点偏远 9
其他 5

图1 江阴产业人才紧缺原因分布情况

而流失。经营主体市场化不足。江阴创业孵化器、加速器则由政府主导经营，由相关职能部门负责日常运营管理并提供创业指导、管理咨询、融资平台等各类"保姆式"服务。入孵企业质量参差不齐。部分孵化器招引的入孵企业存在项目技术含量不高、创业者经营理念落后、管理水平较低、市场抗打击能力较弱、孵化成功率偏低的情况，进一步挤占本已趋于饱和的孵化器空间。板块有效联动不足。江阴开放园区辖区以外的36个工业集中区均为传统工业园区，各板块间缺乏有效联动，也均未建设科创载体招引科技人才项目。

（四）创业投资基金支撑力不够

当前，江阴为高层次人才项目金融类服务含有金融路演平台、科技贷款、贷款贴息等，金融路演平台仅为有融资需求的企业提供展示平台，融资成功与否仍取决于贷款机构评判。高层次人才项目创业初期对融资需求非常迫切，江阴为高层次人才项目提供的配套服务以生产性、政策性、生活性服务为主，而金融服务支撑比较欠缺。"科技贷""人才贷"对于企业的发展规模、贷款限额等均具有较高的要求和较严格的限制；贷款贴息则是对企业贷款成功以后实施的"后补助"，无法帮助企业解决前道获得贷款的问题。目前，已有的国资投资机构受体制、考核等因素限制，较难对初创类人才项目进行投资。尚未引入高度专业化的社会风投机构,市场化的天使投资、VC创投严重不足,初创企业引入社会资本投资较为困难。

三 深化人才引育机制改革的对策建议

人才是经济社会发展的第一资源。深化人才引育机制改革,江阴按照"引得来、留得住、用得好"的思路,立足发展抓人才,贴近产业引人才,提供平台用人才,最大限度地激发人才创新创造创业活力,把各方面优秀人才集聚到江阴经济社会发展中来。

(一)发挥企业引才主体作用

企业家是壮大企业规模、发展实体经济的灵魂。江阴市根据本土企业的发展特点和实际情况,以"调结构、上水平、转方式"为总体要求,充分发挥企业家第一决策者、第一执行者的作用,树立人才为先的理念,全面激发企业家的引才热情,使之成为人才强企战略的主力军。抓住"关键人",着力提升企业人才意识。提档优化企业家素质提升工程,通过专家授课、优秀企业家现身说法、到先进地区学习考察等形式多角度、多样化开展企业家培训工程,让企业家接受先进理念的熏陶,增强时不我待的紧迫感,强化人才储备战略意识,在关键领域和核心环节加强卡位布局,打造一支具有宽广知识面、国际化视野、卓越领导力的企业家队伍。瞄准"兴奋点",充分发挥政策杠杆作用。将高层次人才引育纳入工业企业资源利用绩效评价,引导企业以关键技术突破需求为导向,组建研发实验室、技术创新中心等创新载体,创新驱动促进企业完成转型升级。对企业引进的顶尖人才团队、重大人才项目等,实行"一企一策、一事一议"。帮在"关键处",降低企业引才用才成本。加大企业引才政策创新力度,提高对企业引才育才实效奖励额度,着重加大对企业引才育才成本的补贴力度,加大对优秀大学生招引、人才贡献奖等方面的奖补力度,扩大"三房两补"政策受益范围。

（二）提升人才产业融合实效

产才融合作为人才工作主线，既是指导，又是方向；既是原则，又是重点。构筑聚才智库，释放精准服务效能。全面摸清现有人才资源家底，围绕"4+4+3"① 产业链地图同步规划部署人才地图，推进高层次人才库、产业紧缺人才目录、产业人才地图三个信息数据库的建立和统计。实施人才分类认定，根据重点人才学历、专业、产业分布等要素，建立科学有效的人才大数据分析系统，实现对产业与人才匹配紧缺程度的定量描述和监测预示，提高精准引才靶向性。磨好聚才磁石，激发项目磁吸效应。以产业吸引人才集聚为导向，坚持以项目引才、以项目引项目、为项目揽才，牢牢牵住重大产业项目"牛鼻子"，立足项目发展，加大项目储备，不断扩大人才规模、提升人才层次。提高"双招双引"工作实效，进一步加强招商引资与招才引智联动，深化人才与产业、人才与项目有机结合，实现产业、人才资源共融共享。打造聚才宝盆，提升人才引领作用。积极践行"走出去""引进来"，努力提升项目质量、引育精英人才，一方面加强从外部吸引人才来澄工作，在全球范围内加快集聚一批与现代产业发展情况相适应的创新创业、创新型技能和现代服务业领军人才；另一方面重点关注本地在外人才的回流情况，建立"归鸟还巢"计划，全方位激发地区人才活力。

（三）加大科创载体建设力度

紧跟时代要求、发展需求，积极参与G42沪宁沿线人才走廊建设，主动对接融入无锡太湖湾科创带规划建设，加大革新力度，优化资源配置。突出园区阵地。在开放园区同步打造产业高地、人才高地、创新高地，改造升级百桥生物孵化园，优化完善启星智造产业园，着力推进星河科创园、滨江

---

① "4+4+3"指高端纺织服装、石化新材料、金属新材料、汽车船舶四大主导产业，集成电路、新能源、生物医药及高端医疗器械、高端装备四大新兴产业，数字经济、总部经济、枢纽经济三大新经济。

科技走廊、盈智城科创产业园等一批科技创新载体建设，全力打造"众创空间—孵化器—加速器—产业园区"全周期创新生态链，切实增加人才创新创业的承载力。以南京理工大学江阴校区、江南大学江阴校区建设为契机，探索在高校或由高校和园区、企业共同建立新兴产业创业企业辅导器，加强微小型企业与创业创新点子的辅导和孕育。突出镇街联动。推动镇街工业集中区改造升级，市级层面对各镇街的产业定位、改造路径和关键要求予以明确，在规划上为科技创新载体建设留足空间。推进传统工业园区向特色产业园、科技创新园转型，形成市镇街产业呼应衔接的发展格局。以南部霞客湖为中心，整合国内一流的金融科创资源，打造引领未来发展的优质增长极和活力创新源。突出离岸孵化。充分释放国资撬动社会资本功能，通过国有资本与民营资本合作，引导和支持广大企业主动融入全球人才链、产业链、创新链，在欧美创新资源集聚地，设立、并购先进研发机构，建设飞地孵化器，最大限度地发挥海外孵化器信息桥头堡功能。突出创新管理。按照"标准化建设、公司化管理、市场化运作、社会化服务"模式，探索实施由专业化运营团队对科创园区进行管理和运营，将政府的管理职能与开发经营职能相分离，以科技人才指标为主要导向由政府对运营团队进行绩效考核。

（四）加快市场资本导入速度

遵循市场经济发展、人才成长两个规律，发挥政府和市场两个作用，积极探索"人才＋金融"新模式，有效突破资金瓶颈，助推人才、企业迈上发展快车道。构建集成化融资体系。充分发挥财政资金的引导作用和放大效应，积极争取上级配套资金，提升运行效率，组建江阴市人才创投联盟，形成覆盖创业投资、科技信贷、科技保险、科技担保等多元化融资体系，着力打造一流的投融资环境。壮大创业类扶持资金。坚持"政府引导＋民间参与＋专业管理＋市场运作"模式，统筹政府资源，撬动社会资金，引入专业化社会风投机构作为基金管理人，加强对各类资本的开发利用，不断扩大天使投资基金、创业投资基金、股权投资基金总量，着力破解企业"融资

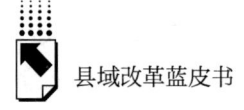

难"和政策"兑现难"问题。创新专业化融资产品。发挥风险补偿资金池效能,鼓励金融机构针对处于不同成长周期的企业,开发股权融资、知识产权质押、融资租赁等特色金融产品,重点引导向种子期、初创期企业倾斜。支持企业开展股权众筹,搭建种子众筹、天使众筹和成长众筹三层平台,探索和规范发展互联网金融。

案例篇

B.11
构筑环境保护"测管治"一体化新体系

姚京君 刁 衍*

摘　要： 江阴市坚持生态优先、绿色发展原则，以保障生态安全、改善环境质量、提高治理能力为目标，努力构筑环境保护"测管治"一体化新体系。充分利用物联网、大数据、云计算等现代信息技术，创新环保监控治理技术手段，不断提升环境监管技术水平。坚持政府主导，鼓励市场积极参与，充分发挥市场化机制，通过多元主体共治不断提升环保综合治理效能。针对环境监管覆盖不全、执法力量不足、激励手段不新等问题，优化完善工作机制，压紧压实环保治理责任链条，有效解决环境保护"测管治"一体化建设中存在的问题，确保以良好的生态环境支撑经济社会高质量发展。

---

* 姚京君，江阴生态环境局综合科副科长；刁衍，江阴市委办副主任、改革办副主任。

关键词： 环境监管　环境治理　江阴

建设生态文明，关系人民福祉，关乎民族未来。近年来，江阴市积极应对排污总量大、环境监管难、治理能力弱等短板，高位部署、高位推动，大力探索涵盖水、大气、固废等领域"监测、管理、治理"一体化改革，全力打造智慧高效、全面覆盖的环保监管新体系，推动生态文明建设向更高质量、更高层次发展，"天网工程"入选江苏省生态环境厅改革创新典型案例。

一　创新理念、转变方式，全力优化环境监管技术支撑

针对源头监测力量不足、预报预警能力不足、精准执法管控力不足等问题，着力把信息化、智能化、专业化作为提升技防水平的重要抓手，充分利用物联网、大数据、云计算等现代信息技术，创新环保监控治理技术手段，变"单一人防"为"技防为主、人防为辅、业防为要"，全面提升监管能力水平。

一是以技防为主，推进环境监管智能化建设。实施全市域覆盖，全面深化水气一体"天网工程"，建成29个六参数标准站、250个PM2.5单参数的环境空气监测网络、68个水质自动站的地表水监测网络，实现水、气自动监测站镇街全覆盖，PM2.5监测点简易站村级全覆盖。实施全天候监测，发挥技防优势，连续24小时采样，数据实时传输到市级监管平台，实现市级层面高位统筹、科学调度。实施全过程监管，升级完善信访系统、执法系统、监控系统等平台相关子系统，打破部门壁垒，推动监测平台内不同系统间的互动联动，形成全过程、闭环式监管体系和责任链条。实施全手段治理，建设污染源在线监控、视频监控、放射源精细监控、用电工况监控系统，以及固废、污泥管理"三专"（专车、专频、专账）工程，全手段不间断监测企业生产设备与环保治理设备运行工况，目前已安装污染治理设施用电工况监控的企业1415家，用电工况点位12853个。实施全数据考核，以

环境质量"月通报"为手段,对日常数据进行公示,同时把年度数据作为全市各板块生态文明考核的主要内容和依据,真正对各镇街园区实现以环境质量为核心的生态文明考核。

二是以人防为辅,健全环境监管网格化体系。坚持"属地管理、分级负责、全面覆盖、责任到人"的理念,以综合执法体制改革为契机,健全市、镇、村三级网格化监管,建立健全各镇街园区环保执法机构,实现网格建设全覆盖。镇街综合执法局、综合管理服务指挥中心主要负责日常监管、业务指导和督办考核;综合执法局下设中队主要负责日常的巡查、信访查处和问题整改;村、社区网格员主要协同负责日常巡查、突击检查、信访协调以及"散乱污"整治等专项行动和矛盾跟踪、化解、回访工作。同时注重考核管理,规范制定考核标准、考核细则,不断改进和优化考核体系,提高网格管理全员参与度和积极性。

三是以业防为要,提升工作人员专业素质技能。突出队伍建设,根据环境监测工作专业性强、责任重、强度大的特点,从快从速建立一支设备完善、业务能力突出的专业化队伍。突出建章立制,健全完善网格组织机构、网格工作职责、网格巡查流程和信访调处流程,摸排确定污染源点位分布,形成架构完善、职责明确的标准化工作体系。突出装备配置,通过配备先进的移动执法记录设备,实现巡查的实时定位、信息的实时记录,确保巡查信息记录的及时性、精准性和科学性。突出能力强化,在对网格巡查人员开展集中培训的基础上,适时开展观摩学习、实地勘察和座谈交流,通过开展常态化、专业化、长效化的业务培训,有效提升各级网格综合能力。

二 政府主导、市场投入,拓展提升环保综合治理效能

针对环保技防建设基础设施投入高、运维专业性强、技术要求高等特点,坚持政府主导,鼓励市场主体积极参与,充分发挥市场化效能,形成环保治理多赢局面。

一是以服务商运维模式打造治污设施用电工况监控系统。由企业与服务

商共同合作，为企业污染治理设施安上"千里眼"，对企业生产设备与环保治理设备用电数据、运行工况实行全天候不间断监测。通过关联分析、超限分析、停电分析等手段，及时分析和发现环保治理设备存在的异常情况。同时，基于历史数据的分析，可以追溯企业过去一段时间生产运行状态，这不仅成功解决了传统稽查中取证难的问题，还大大提高了环保监察效率，提升了立案率。自系统平台运行以来，已成功查处多起企业偷排偷放案件，警示倒逼企业落实环保设施正常运行的自觉性，极大地提高了政府部门风险监控、快速预警和应急响应能力。

二是以一体化服务模式试点推行"环保管家"。着眼有效监管污水处理厂上下游每个环节，聘请第三方专业环保服务公司作为"环保管家"，对管理相对薄弱的污水处理厂以及接管排污企业提供监测、监理、环保设施建设运营、污染治理等一体化服务，实时监控污水排放污染因子及浓度情况，从源头上控制污染，确保企业达标排放。2018年3月，江阴市华丰污水处理厂"环保管家"试点率先启动，现已完成污水厂在线监控系统及"环保管家"智慧管理平台系统建设，首批已接管企业45家，安装在线监控设施34个点位。二期增加接管企业10家，安装在线监控设施10个点位。企业污水排口监控设施的建设，可以对排出污水污染因子及浓度情况进行实时监控，结合企业端"环保管家"智慧管理平台，一旦发现不达标情况，实现及时精准预警（将预警信息通过短信的方式推送给相关负责人），如果存在排口水质超标立即自动关阀报警，有效避免不达标水体的外流，实现企业污水达标排放和可持续发展。截至2020年底，在废水预处理方面，纳管点位企业加大废水预处理环保设施的投入，25家企业通过优化絮凝剂的投加比例来升级絮凝沉淀预处理工艺，8家企业在生化处理工艺上进行改造，部分企业实现循环利用，环保管家监管企业污水排放达标率大幅提升。在试点基础上，进一步在环保问题突出、污染防治不到位、对环境质量有重大影响的企业中全面推广，大幅提高了靶向整治效率。截至2020年底，江阴共有55家企业开展了环保管家试点。

三是以市场化运作模式强化水环境保护基础设施建设。充分发挥市场机制作用，利用市场化手段，调动各类主体参与水环境保护基础设施建设的积极性，探索建立城乡供水、生活污水处理管网分离机制。实施全市污水处理厂（网）整合提升工程，引进光大水务、中信环境等专业规模水处理企业，对现有污水处理厂进行整合提升和中心污水处理厂建设，逐步实现区域污水集中处理。

三 多措并举、齐抓共管，压紧压实环保治理责任链条

针对环境监管覆盖不全、执法力量不足、主动治理动力不够、"看得见的治不了"等问题，突出企业主体责任、属地管理责任、条线监管责任，层层压实、落细责任，真正解决环保治理中的难点问题，切实满足人民群众对优美生态环境的需要。

1. 压实企业主体责任，创新推行专账、专车、专频管理

全面推行"三专"管理机制，引导所有污水处理厂及污泥处理（干化等预处理）单位，将涉及污泥的业务费用纳入"环保一账通"运行，实现对污泥相关费用流向监管，实现"专账"管理；引导所有污泥（污泥产生及处理处置）单位委托专车（船舶）运输污泥，并选择封闭式车厢的营运车辆，实现"专车"专用；所有污泥运输车辆（船舶）一律安装 GPS 监控，实时向江阴市污泥动态管理信息系统平台传送污泥运输车辆（船舶）位置等信息，将污泥产生、贮存入库、运输车辆装载、污泥实时运输、污泥进入污泥处置单位等环节全部纳入管理平台操作，实现"专频"管控、全程留痕。

2. 强化属地管理责任，积极推行污染排放财政挂钩

出台具有江阴特色的与污染物排放总量挂钩的财政政策的具体实施办法，统一挂钩标的和统筹标准，制定考核返还、奖励以及追加办法。按照"任务完成好、资金返还多、质量改善优、考核奖励足"的原则，全面实施与污染物排放总量挂钩的财政政策，合理分配任务，全面制订计划，严格开展考核。2019 年度南闸街道、青阳镇、周庄镇、华士镇废水污染物减排考

核结果为"基本完成",这四个地区各按收取污染物统筹资金的25%予以返还,分别扣减29.3万元、40.6万元、184.8万元、113.9万元;其他地区废水、废气污染物考核结果均为"完成",各按收取污染物统筹资金的30%足额予以返还。2018年度江阴空气质量优良天数比率、PM2.5浓度、地表水达到或好于Ⅲ类水体比例、地表水功能区达标率四项指标达到省定任务,分别对各镇街园区按统筹资金总额的15%、10%、10%、10%进行足额奖励。通过与污染物排放总量挂钩财政政策的推进,对以往污染重点区域的督促及整改有了质的飞跃,各区域自主形成了一个主动积极减排的良好氛围。

3. 落细条线监管责任,率先推行预警黑名单制度

严格坚持谁污染谁治理,对环保问题坚决实行"零容忍",把存在环保问题和管理风险的污染源企业列入预警黑名单,同步抄送金融办、发改委、工信局以及中国人民银行等联动部门,让企业一处失信、处处受限,从而引导和倒逼企业自觉履行环境保护义务。同时,对预警黑名单实行动态管理,对主动改善环境行为、实施有效整改并达标的企业,及时解除预警。2020年度共通报发布2期预警黑名单、54家企业名录,因企业积极整改达标解除预警3家。

四 协同配合、完善机制,着力推进生态环境高质量发展

针对环保执法缺乏保障、激励手段欠缺等实际,强化生态环境部门与司法机关联动,进一步优化完善工作机制,压紧压实各级责任,确保以良好生态环境支撑高质量发展。

1. 建立部门协作机制

建立健全环境行政执法和司法联动联席会议制度与联合办案工作制度,齐抓共管、各司其职、密切配合,形成执法合力。深化司法联动"三有"建设,设立司法联动工作办公室,明确专人负责,安排集中办公和联合执法检查,努力实现环保执法与司法的联动协调、信息共享、有效衔接和无缝对接。

2. 建立考核奖惩机制

优化完善生态文明绩效考核办法，建立横向到部门、纵向到村（社区）的生态文明责任分工和考核奖励体系。建立"月通报、年考核"制度，每月定期通报环保重点工作完成情况并公布排名，对上级督察交办的重大环境问题实行书面销号并备案报告。加大环境保护有奖举报力度，实施"江阴市环境违法行为举报奖励办法"，鼓励公众参与环境保护监督管理，打击各类环境违法行为，规范环境信访投诉，将环境信访吸附在属地，发现在早，化解在小。调动社会公众参与环境监管的一切积极因素，畅通公众参与渠道，使公众参与环境监管成为实现生态环境高质量发展的重要一环。

3. 建立问责管理机制

落实生态环境保护责任制度，对一些单位落实生态文明建设不到位、存在失职现象的实行"一票否决"，尤其是对重大污染和环境质量恶化事件加大问责力度，对连续3个月排名落后、环境质量不达标的镇街板块负责人进行约谈问责，并实施投资建设项目有条件限批。制定出台《江阴市污染防治攻坚战"蜗牛警示牌"认定办法》，针对工作落实不力、环境质量持续不达标等10种情形，为相关责任部门颁发"蜗牛警示牌"倒逼责任落实到位。不定期约谈环境信访考核排名位于最后3名的镇街板块负责人，压实属地化解信访矛盾。2020年，共受理各类环境信访1814件，同比下降20%，其中省级以上93件，同比下降46.6%，超额完成无锡下达的目标任务，彻底扭转了江阴环境信访总量江苏全省高位、高幅增长的趋势，改变了长期在无锡板块信访总量较高的局面。通过抓紧抓实环保责任"帽子"、排名"位子"和考核"票子"，压紧压实各级各类管污治污责任，为江阴生态环境保护和经济社会可持续发展提供了强有力的基础保障。

B.12
"外贸融资宝"激活中小微企业融资活水

董李锋 刘锋*

摘 要: 为有效解决中小微外贸企业"融资难、融资慢、融资贵"问题,江阴市按照政府引导、市场运作、风险共担原则,以"外贸订单+信用记录"的贷款方式,打造中小微外贸企业信贷风险补偿资金池(简称"外贸融资宝")。"外贸融资宝"通过扩大支持范围、降低贷款门槛、优化办理流程、提高放款速度,将申请范围最大化、程序最简化、成本最小化,保证中小微外贸企业能融资、快融资、融好资。同时,建立健全组织领导、预警反馈、风险补偿、绩效评估等运行保障机制,维护资金安全,提高使用效率,更好地为中小微外贸企业提供融资服务。

关键词: 中小微企业 融资 外贸企业 江阴

近年来,为有效解决中小微外贸企业"融资难、融资慢、融资贵"问题,江阴市注重发挥政银企合力,有效破除"重担保、重抵押"的传统制约,创新打造中小微外贸企业信贷风险补偿资金池(简称"外贸融资宝"),在全省首创"外贸业绩+信用记录"贷款方式,鼓励和引导金融机构为中小微企业提供信贷支撑,为众多中小微进出口企业注入强劲动力。

---

* 董李锋,高级讲师,中共江阴市委党校(改革发展研究院)办公室主任,主要研究方向为社会治理、城乡社会问题;刘锋,中共江阴市委党校(改革发展研究院)常务副校(院)长。

一 政府搭台、多方合作，联手"放水养鱼"

针对商业银行对中小微外贸企业的融资要求高，而中小微外贸企业资金相对匮乏、可抵押物少、信贷成本居高不下等问题，实行政府引导、市场运作、风险共担，建立政银企多方合作机制，有效地激活了中小微外贸企业融资的"一池春水"。

1. 政府出资引导，撬动放大社会资本

加大政府参与，出台对中小微外贸企业信贷支持的专门政策，发挥财政资金的导向和放大作用，首批由市财政出资2000万元作为风险金，由江阴农商行作为合作方，提供放大10倍的信贷配套资金，撬动杠杆资金2亿元，共同打造专为江阴中小微外贸企业提供信贷资金的"外贸融资宝"业务。目前，财政引导资金已扩容至5000万元，新增了中国银行、宁波银行等8家合作银行，撬动杠杆资金超过5亿元。

2. 合作银行强化服务，量身定制金融产品

合作银行建立完善中小微外贸企业贷款专营机构或专业团队，专门开发出应收账款池贷款、双保理融资、订单融资、保单融资等多种金融信贷产品，为中小微外贸企业融资提供多样化、便利化的选择。同时，着眼建立针对中小微外贸企业的风险跟踪和控制体系，帮助它们不断优化经营管理、组织架构和盈利模式，为中小微外贸企业融资提供精准而有效的延伸服务。

3. 保险机构积极参与，共同打造"双重保险"

在江苏率先与中信保江苏分公司进行战略合作，共同建立江阴市出口企业收汇风险基本保障机制，搭建"澄信保"统保平台，支持出口企业投保出口信用保险，与"外贸融资宝"配合形成双重服务保障。由中信保承保的贷款企业，一旦出现跑单、弃单或拒收、拒付风险，将由中信保承保赔付，有效降低了融资违约风险，极大地激发了银行深度参与的积极性。

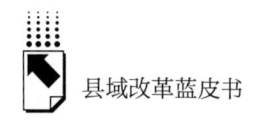

二 降低门槛、简化手续，畅通融资渠道

针对中小微外贸企业申请贷款单笔金额小、频率高、手续繁、门槛高等现实问题，主动降低贷款门槛、优化办理流程、提高放款速度，将申请范围最大化、程序最简化、成本最小化，切实保证中小微外贸企业能融资、快融资、融好资。

1. 实行政策扩面，凸显政策普惠

为帮助更多中小微进出口企业获得持续稳定的融资支持，"外贸融资宝"支持范围由年出口额1000万美元或销售收入1.2亿元以下的小微外贸企业，拓展到年出口6000万美元或销售收入4亿元以下的中小微外贸企业，满足了更多中小微外贸企业的需求。在"外贸融资宝"取得明显成效的基础上，推广建立面向全市所有中小微企业的信贷风险补偿资金池，总规模达30亿元。目前，已累计为723家次中小微外贸企业提供信贷资金23.24亿元。江阴复睿金属科技有限公司连续两年分别获得"外贸融资宝"资金池贷款500万元、400万元，企业出口分别同比增长530%、520%，实现了快速增长。

2. 简化办事流程，凸显便捷操作

为解中小微外贸企业燃眉之急，不断优化"外贸融资宝"专项审批流程。企业只需向所在镇街园区提交企业营业执照及基本财务资料，由镇街园区对所属企业外贸业绩及信用状况进行初步审核并上报，商务部门负责核对把关，在此基础上，由合作银行按照"外贸融资宝"专项审批流程独立审核、即报即批，并在一周内放款到位。由于决策速度快、审批流程短、资金使用活，办事效率得到大幅提升，大大降低了企业的融资时间成本。

3. 破除堵点难点，凸显贴心服务

为破解中小微外贸企业无抵押、无担保就无法在银行贷款的困境，明确由财政资金作为担保，同步降低银行对贷款企业的资产额度要求，为企业融资提供便利。考虑到中小微外贸企业抗风险能力及议价能力相对较弱，很难获得较低利率的融资贷款，明确对符合条件的中小微外贸企业实行贷款基准利率，上浮最多不超过 20%，大幅降低了企业财务成本。因受担保牵连、资金短缺而不敢接单的江阴市国祥锻造有限公司，当初面临严峻形势，后经所在镇和市商务部门联合推荐，分两期获得"外贸融资宝"贷款 500 万元，及时纾解了资金困境，解除了企业因资金不足不敢生产的后顾之忧。

三　建章立制、强化风控，确保资金安全

针对中小微外贸企业财务制度不够健全、内部资金调度能力弱、资金使用随意性大等一系列突出问题，建立健全"外贸融资宝"审核推荐、风险处置和风险补偿等机制，确保各合作方各司其职、各负其责，共同维护资金安全，切实提高使用效率。

1. 以组织领导机制保运行

加强组织领导，成立由市金融办（现工信局）、财政局、商务局等多个部门组成的"外贸融资宝"业务管理工作领导小组，由市金融办（现工信局）、人民银行、银监办（现银保监组）负责对合作银行"外贸融资宝"业务进行监督和管理；市税务局、市场监管局负责企业相关信息采集工作并提供给审核推荐部门和合作银行；市商务局负责对申请贷款企业的审核、推荐、风险处置和风险补偿；市财政局负责对财政引导资金使用情况进行评价考核；市审计局负责对资金使用情况进行监督，共同做好资金的运作管理工作。

2. 以预警反馈机制保安全

合作银行每月向市商务局通报审核放贷情况，定期做好贷后检查工作，并对贷款企业进行实时跟踪监测，了解企业生产、销售、资金管理等情况，一旦发生风险，积极采取追偿措施。领导小组成员单位负责对风险企业进行实地调查取证，召开专题会议审议代偿事宜，确保资金池安全。在此基础上，建立严格的退出机制，对达不到要求或出现问题的企业进行筛选淘汰，确保资金使用安全。

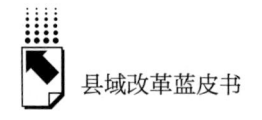

3. 以风险补偿机制保持续

与合作银行实行风险共担，当融资业务发生损失时，由资金池承担70%的本金损失，合作银行承担30%的本金损失和全部利息损失；合作银行的资金补偿经领导小组审核认定并报市政府批准后划入指定账户；经人民银行、银监办（现银保监组）审查，对合作银行违法违规造成的贷款损失，资金池不承担相应补偿责任；对发生的贷款损失，合作银行不得擅自放弃追偿责任，追偿所得扣除相关费用后按比例返还各合作方；确认无法追偿的，合作银行根据监管部门有关规定对不良贷款核销后，将核销情况及时书面报送领导小组办公室。

4. 以绩效评估机制保效能

财政部门按年度公开邀请第三方评估机构对"外贸融资宝"平台运营绩效进行评估，总结梳理业务开展情况，评价其对企业进出口业绩贡献，分析提出改进建议，持续优化政策制度，不断提高合作效能。合作银行基于对"外贸融资宝"业务灵活、便捷、普惠、抗风险强的高度认可，对通过"外贸融资宝"业务扶持起来的优质成长型企业，进一步以贸易融资、流动资金贷款等方式为企业提供资金，拓展了合作空间，实现了银企互利共赢。

B.13
创新"互联网+"村级医疗互助新模式

唐宗宜 杨赟*

摘 要： 根据"政府引导、村委主办、社会共建、村民共享、平台服务"的思路，采取"村民自愿出一点、村集体补贴一点、社会赞助一点"的资金募集方式，按照"同村人按标准补""同样病同样补""大病大补小病小补""只认病不认人"的原则，借助"互联网+"技术实现村级医疗互助的补助标准、方案流程和村民报销等事项线上可查可操作，精准破解农村因病致贫、因病返贫的难题，为村民新增一条医疗保障线，切实减轻了农民医疗负担。

关键词： 村级医疗互助 第二医保 江阴

近年来，江阴市着眼解决基本医疗保障与农民实际需求间的现实矛盾，为切实有效减轻农民医疗负担，在创新健全城乡医保、大病救助、医疗救助、商业保险、特困深度救助的基础上，借助互联网和大数据技术，通过政府引导、村民参与、多方筹资和市场化运作，探索出"互联网+"村级医疗互助新模式，有效破解了农村地区因病致贫、因病返贫的顽疾。目前，该模式已在江苏省推广并列入《江苏省乡村振兴十项重点工作》，同时被其他

---

* 唐宗宜，中共江阴市委党校（改革发展研究院）教育培训科副科长，主要研究方向为中国特色社会主义理论、党建、三农问题；杨赟，高级讲师，中共江阴市委党校（改革发展研究院）副校（院）长，主要研究方向为行政管理、基层治理。

7个省112个乡镇1800多个行政村复制，覆盖人群超过600万。该创新经验被评为2017年"全国三农创新十大榜样"、2018年"江苏省脱贫攻坚组织创新奖"、2019年"全国脱贫攻坚创新奖"，《人民日报》、新华网等中央主流媒体给予高度评价。

一 坚持问题导向，以"共建+共享"创建村民"第二医保"

针对当前农村基本医疗保障力度不够、医疗商业保险吸引力弱、地方政府救助财力有限的客观实际，综合发挥村民守望互助、社会慈善爱心和互联网技术的优势，按照政府引导、村委主办、社会共建、村民共享、平台服务的思路，采取"村民自愿出一点、村集体补贴一点、社会赞助一点"的筹资方式，创新建立村级医疗保障制度，在新农保基础上实行费用再次补助，极大地减轻村民的经济负担，被广大村民亲切地称为"第二医保"。

1. 引导村民自觉自愿加入

区别于国家新农保政策，江阴"互联网+"村级医疗互助基于基层民主自治，实行"一村一案、一地一策"。先由村"两委"提议，后经广泛征求村民意见、发布内容公告、召开村民代表大会、形成具体决议等村民自治民主决策程序，村民民主商定形成村级补助方案，全部流程公开透明。广大村民在充分了解和理解的基础上，严格按照"先认可先加入、后认可再加入"和"一年一加入、一年一清算"的原则，由村委会组织以户为单位自愿申请加入，没有年龄门槛，不受身体健康状况限制，自觉自愿加入。通过市村级医疗互助工作指导小组的启发引导，截至2020年6月，全市参与村庄数达到197个，覆盖人数97.74万，约占行政村总数的90%；受益人数达23.58万，累计募集资金总规模超1.6亿元，单笔最高补助5万元，累计最高补助8万元，平均减轻村民住院医疗负担26.1%，"互联网+"村级医疗互助得到广大村民的广泛认可。

2. 发动社会力量提供支持

有异于基本医疗保障主要由政府出资的做法，"互联网+"村级医疗互助按照个人、集体和企业3∶4∶3的比例筹集资金,设置村级专用账户,实现专款专用。"互联网+"村级医疗互助每年村均筹集资金约50万元,人均筹资标准为100~200元不等,其中村民个人实际只需承担数十元,在个人和村集体筹资的基础上,充分发挥企业慈善力量优势,鼓励企业和企业家群体奉献爱心,实施专项捐赠。江阴市长泾镇南瀸村秦某一家2017年初家庭成员每人缴纳20元加入村级医疗互助,秦某同年下半年查出脑瘤,连同手术总共花费13.5万元,后经"新农合"报销约5万元,村级医疗互助给予补助45420元,切实降低了因病致贫返贫的风险。村级医疗互助强化了一方有难、八方支援的友爱互助精神,大大激发了亲望亲好、守望相助的传统美德,向上向善、乐善好施逐渐内化为村民的情感认同和自觉行为。

3. 依托第三方机构市场化运作

与基本医疗保障由政府管理的做法不同,"互联网+"村级医疗互助委托第三方服务平台江阴"福村宝"医疗科技有限公司(以下称"福村宝"公司)提供一站式专业化标准化服务。"福村宝"公司根据各村人口结构、筹资方式、筹资结构、筹资规模等实际,开发设计在线认定病种个性化补助方案,村民只需将相关就医材料输入"福村宝"App,系统即可自动快速生成相关补助信息。公司每年按实际发生补助金额的2.5%收取管理费用。通过第三方机构市场化运作,实现了全过程的公开公平与快速高效,减轻了政府的资金和管理压力,实现了村民和服务企业的共赢。

二 聚焦核心关键,以"标准+规范"守住补助"公平线"

针对在实施过程中可能出现的人情补、暗箱补、"哭闹补"、过度医疗等问题,严格按流程实施操作、按病种实施管理、按标准实施补助,不需要专业医疗保险支持,不占用村干部时间精力,不存在人情操作的政策弹性,医疗互助规范、可持续,医疗补助既公平、又公正。

1. 按科学流程实施操作

"互联网+"村级医疗互助采取科学便捷的操作流程,共分为四步。第

一步：启动实施准备。制定具体实施办法，主要包括实施时间、年度人均筹资金额、筹资渠道、参加对象资格、补助起点、单笔最高补助金额等。同时，召开村民代表大会，下发"告全体村民书""村小组参加人员名单核对表"，参加人员签字确认后由村委回收存档。第二步：个人在线缴费。根据"村小组参加人员名单核对表"，形成"应交费人员名单"，导入福村宝管理系统进行在线缴费。第三步：系统生成方案。根据参加人员信息与年度人均支出预算金额，系统自动生成专业化个性化的补助方案。第四步：申请发放补助。住院村民在基本医保报销后按补助起点提交申请，本人或委托他人通过电脑终端或手机平台"福村宝"App提交出院记录、住院费用清单和基本医保结算单3项资料照片，申请人5个工作日内将会收到有关反馈信息，村委则通过福村宝系统管理并发放补助资金。在线认定病种并生成补助信息，省却了村民跑腿报销、人工审核等烦琐程序，并且大大减少了人为操作环节，切实提高了审核补助效率。

2. 按病种实施管理

江阴"互联网+"村级医疗互助采用国家卫健委CN-DRGs应用版标准，做到了所有因疾病和伤害住院的病例的全覆盖，共涉及1539个病种。同时，根据区域人群病种核心大数据，由低到高测定不同病种对应的实际补助比例，从而科学设定各类病种补助额度，重点突出大病患者，通过化整为零、共担风险，有效降低了因病致贫、因病返贫的发生率。江阴市新桥镇何巷村陈某因异体骨髓移植手术获得个人单次最高补助5万元；江阴市长泾镇南㴔村周某因患血液病做骨髓移植术，村级医疗互助先后补助12次共计80590元，大幅减轻了患者家庭经济负担。

3. 按标准实施补助

"互联网+"村级医疗互助按病种和资金筹集情况进行标准化核算，镇村、"福村宝"公司、村民代表经过多轮多层次的民主协商，确定三方认可、合情合理的补助方案。按照"一村一标准、同村同标准、大病大补小病小补"的原则，坚持"一个标准一视同仁、只认标准不认人、只认病种不认医院"，只补助合理费用，不补助额外费用，使所有补助都摆得上桌面、经得起推敲，村民不管在何处治疗、花费多少，只要病种相同，所得补助金额就一定相同，实现了标准公开、过程公正、结果公平。

三 防范运行风险，以"管理+监督"筑牢安全"防火墙"

针对参与村民数量不断增加、爱心捐助资金越来越多带来的资金管理安全风险，坚持源头防控，立规矩、强监管，建立健全长效机制，筑牢安全"防火墙"。

1. 建立市镇管理规范

在市级层面，专门成立江阴市"互联网+"村级医疗互助工作指导小组，并出台了《江阴市开展村级医疗互助工作的指导意见》，对组织领导、适用对象、参保条件、筹资标准、基本流程、监督管理等方面做出指导性、原则性的规定。在镇街层面，结合各自实际，就资金来源、资金管理、资金使用以及规范组织、民主决策和及时补助等方面，明确标准和规范，制定适应性和操作性强的操作办法，确保村级医疗互助资金可持续运行。

2. 实行村级全程监管

"互联网+"村级医疗互助资金的所有权归属于同村全体参与村民，资金由村委会统一监督管理，实施专户储存、专人负责制度。在具体操作过程中，从"一村一案、一地一策"的补助方案制定到资金的募集与使用均纳入村三务公开事项，做到年初有预算、年终有结算、季度有公开。村民可通过"户户通"或者村三务公开公示栏随时查看资金使用情况。为确保支出公开透明，防止资金被挤占或挪用，每个村都成立由上级组织、村"两委"成员和村民代表组成的监督委员会，分批分期监督检查资金使用和管理情况，真正做到群众满意、社会认可、政府放心。

3. 确保资金闭环运行

在村民实际申报补助过程中，先由村民提交相关资料照片提出补助申请，后经"福村宝"公司根据村民实际结合补助方案核算具体补助数额，村委会则根据"福村宝"公司提供的资金数额进行点对点发放，实现了资

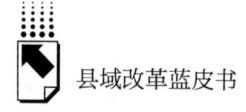

金闭环独立运行。村民通过手机 App 平台可随时随地查看补助情况，实现全程可追溯、可倒查。村委会按照"以收定支、收支平衡、略有节余"的原则，负责年度预算决算编制和补助结报，年度互助资金如有结余，通常自动转入下一年度使用。2018 年，江阴市新桥镇郁桥村补助资金结余达 14.8 万元，该资金自动滚存至 2019 年后，增加了补助资金总盘子，不仅提高了各病种的补助标准，同时扩大了补助覆盖面，受到村民高度评价。

B.14
集团化办学助力江阴教育优质均衡发展

许一鸣 徐前锋*

摘　要： 随着提高教育质量和促进教育公平的社会需求与政策导向，集团化办学逐渐成为创新义务教育发展机制的重要措施。近年来，江阴瞄准"办均衡而有温度、公平而有质量的教育"目标，以集团化办学为突破口，按照"因地制宜、分类指导，量质并举、以质为本"方针，采用"一体型""协作型""加盟型"三种组建方式，实施"跨学区""跨城乡""跨体制"三种模式的集团化办学。实施"垂直＋扁平"管理机制，由核心校输出优质教育品牌、办学理念、管理方式、人才师资等，带动成员校、协作校共同发展，促进全市教育资源统筹配置和义务教育优质均衡发展，逐步实现从"学有所教"向"学有优教"转变。

关键词： 集团化办学　基础教育　江阴

集团化办学是教育领域多元化办学体制改革的重要方向，也是提高教育质量、促进教育创新、实现教育公平的关键路径。近年来，江阴市把推进名校教育集团化作为放大优质教育资源的突破口，坚持以教育公平为宗旨，以优质均衡为目标，大力推进集团办学战略的创新与实践，走出了一条以集团化办学促进基础教育均衡发展、优质发展的新路。

---

* 许一鸣，高级讲师，中共江阴市委党校（改革发展研究院）市情研究室副主任，主要研究方向为政治学、公共管理学；徐前锋，江阴市教育局局长。

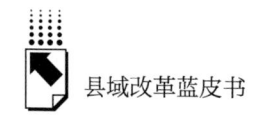

一 创新体制机制，推动集团化办学

针对区域内学校发展不够均衡、优质学校不堪重负、择校现象愈演愈烈等问题，江阴市从教育资源配置入手，全局考量、整体规划，大胆创新、积极试点，推动集团化办学落地生根。

1. 着眼城区教育均衡发展，实施"跨学区"集团化办学

"跨学区"集团化办学一般采用"一体型"组建方式，由同一人担任集团内部两个或多个独立建制学校法人代表，同时兼任集团总校长，集团内部学校均按独立建制学校模式运行；实施"多个校区、统一管理、资源共享、条块结合、以块为主"的管理模式，实现人事管理统一、经费管理统一、业务管理统一、评估考核统一。

2. 着眼城乡教育一体发展，探索"跨城乡"集团化办学

"跨城乡"集团化办学主要以城区优质学校为核心校，每所核心校与3~5所农村校组建成教育集团，通常采用"协作型"或"加盟型"方式。"协作型"由核心校与成员校互派管理干部和骨干教师，开展一体化的教学教研活动，推进课程实施、教学管理、师资培训、质量评价"四统一"，实现资源共享、管理共通、师资共育、质量共进。"加盟型"由核心校指导加盟校优化管理、培养干部、培训师资、培育课程、培植文化，通过师资定向交流、"双师课堂"等，实现校际合作全面增进、优质课程明显增加、办学能力和办学绩效显著增强，2020年全市义务教育学校集团化办学覆盖面达到25%；预计2021年江阴义务教育学校集团化办学覆盖面为35%左右；2022年义务教育学校集团化办学覆盖面为50%左右，城区新建学校全部纳入集团化办学。

3. 着眼公民办教育共同发展，试水"跨体制"集团化办学

"跨体制"集团化办学按照"政府支持、名校参与、企业办学"的模式运行，一般采用"加盟型"组建方式，即由拟加盟民办校向公办核心校提出加盟申请，双方按照"双向选择、自愿组合"原则进行校际合作。公办

名校输出学校品牌、教育理念和学校管理体系，在教学管理、课程研发、师资培训、学生培养、发展与评估、校园文化建设、校际网络建设等方面，帮助民办学校建立适合其发展的管理体系。如临港开发区投资新建的科创实验学校，为一所九年一贯制学校，其小学部和初中部将分别加入实验小学和南菁实验学校教育集团。

自2018年以来，江阴先后组建扩容实验小学、南菁实验学校、江阴初级中学、第一初级中学、城中实验小学、辅延中心小学、实验幼儿园、城中中心幼儿园、春申中心幼儿园等15个教育集团，覆盖39所中小学、幼儿园。

二 强化办学保障，实现有序化推进

为切实发挥集团化办学优势，促进区域内教育优质均衡发展，避免优质资源短时间扩大化、膨胀化带来的"削峰填谷""酒精兑水"等稀释效应，江阴着力加强人、财、物等方面的建章立制，完善顶层设计，健全体制机制，为集团化办学有序推进提供强有力的保障。

1. 加强政策保障，促进办学健康有序

坚持顶层谋划、一张蓝图，成立市集团化办学工作推进领导小组，由分管副市长任组长，各相关部门负责人为成员，领导小组高位指导、统筹协调。坚持分类指导、一校一策，制定《2019年江阴市基础教育集团化办学实施方案》《2020年江阴市基础教育集团化办学实施方案》《江阴市集团化办学发展规划（2020~2022）》和各教育集团办学方案等一系列文件，确保集团化办学因校制宜、稳步推进。坚持考评倒逼、品质引领，出台《江阴市集团化办学考核评价实施办法》，加强对各教育集团考核评价；实施集团核心校和成员校捆绑式考核，考核结果与人员津贴、奖补资金相挂钩；完善督导评估制度，根据督导评估结果评定绩效，引导教育集团以质为本、良性发展。

2. 加强经费保障，促进办学条件改善

加大市、镇街两级财政投入力度，在办学经费上向教育集团适当倾斜。市财政层面，优先安排、重点保障集团化办学学校环境改造、师资培训交流、名特优教师培养等软硬件建设经费。从中央和省义务教育综合奖补中安排专项资金，优先为教育装备未达省Ⅰ类标准成员校添置设施设备。如2018年实验小学集团化办学试点中，划拨50万元为其成员校大桥小学添置设施设备。从全市绩效奖增量部分划拨资金，用于保障集团总校（园）长、执行校（园）长，集团内交流的校级领导、中层领导，核心校职能部门（中心）负责人和骨干教师等相关人员的补贴、考核奖励。2019年，江阴绩效奖增量部分列支集团化办学保障经费达120万元。镇街财政层面，按照"特事特办"原则，加快集团化办学资金拨付使用。2018年，澄江街道投入90多万元，用于实验小学教育集团成员校大桥小学的环境改造和文化布置。联合社会力量，共同出资成立集团化办学专项发展基金，每年从中提取一部分作为集团办学经费补充。

3. 加强人员保障，促进人才灵活流通

坚持"输血"与"造血"相结合、刚性与柔性相结合，不断完善集团化办学领军人才管理机制、骨干力量培养使用机制、师资人才引进储备机制等，构筑与江阴集团化办学事业规模相匹配的人才高地。注重提升领军人才水平，在无锡大市范围内率先出台《江阴市教育系统校长专业发展等级评聘改革实施意见（试行）》，建立以校（园）长专业发展等级制为改革方向的中小学（幼儿园）校（园）长管理体制，完善选拔任用、管理监督和考核激励机制，促进中小学（幼儿园）校（园）长队伍专业化发展。注重统筹师资人才使用，及时调整教育集团领导职数和中层机构设置，按干部设置方案为集团配备校级领导和中层干部，集团可在核定的中层职数总量范围内统筹调配使用；畅通集团内干部、教师轮岗交流渠道，保持人事关系不变，各成员校干部、师资由集团统一调配，定期流动。2019年，9个教育集团共交流干部、教师132人。注重优化师资力量配备，制定《关于统一城乡中小学（幼儿园）教职工编制标准的实施意见》，按照"总量控制、统筹城乡、优化结构、增减平衡"原则，建立教职工编制动态调整机制，加大公办教师招录力度，实施"以县为主"的教师调配机制，由教育局统筹调配教师资源，扩充集团核心校师资力量。自集团化办学以来，江阴公办教师招录人数由2018年的253人增加到2019年的434人，同比增长71.5%；其中9个教育集团2019年新招录公办教师58人、调入41人，新入编教师数占全市招录总数的13.4%。注重加快教师梯队培养，坚持做到"三个优先"，即优先组建集团内部各学科名师工作室，优先选派集团内部骨干教师参加各级各类培训，优先推荐集团核心校建设省级、无锡市级教师发展示范基地校；助推集团内部校本研修一体化，保障研修师资，提升研修水平。2019年，全市教育集团共培训干部、教师400多人次。

三 发挥辐射效应，促进均衡化发展

聚焦群众渴望接受高质量教育要求与优质教育资源供给不足之间的矛盾，通过集团化办学，发挥传统优势名校的示范引领作用，扩展课程、师资、管理、文化等优质教育资源覆盖面，实现优质资源的再生与教育品质的提升，让人民群众真正实现"上好学"。

1. 放大核心名校优质资源优势，形成集团办学辐射效应

以教师轮岗交流为抓手，各教育集团严格按照《关于进一步做好义务教育学校教师交流工作的实施意见（试行）》要求，安排比例不低于30%的专任教师、比例不低于40%的骨干教师轮岗交流，推动核心校优秀教师向薄弱校、乡村校流动。其中，实验小学向大桥小学输出7名特优教师，南菁高中和暨阳中学两校区共19名骨干教师参与轮岗交流。以教研融合发展为依托，各教育集团通过举办教学研讨交流会、主题分享会、联席研讨会以及联袂课题研究等，实现核心校与成员校课程一体、教研一体、评价一体。自2019年以来，全市各教育集团共开展各类教研活动280余次，成员校之间的教学教研逐步走向制度化、规范化、常态化。以"智慧校园"建设为载体，各教育集团积极开展信息化建设，推进集团内校园网互联互通、智慧校

园平台和数字化教学资源共建共享；探索集团内网络教研模式，试行"线上+线下"双师课堂教学，推动核心校优质教育教学资源全面覆盖成员校。

2. 升格成员学校办学规格，提升集团办学教育质量

秉持"均衡发展是集团办学的出发点和落脚点"理念，对原办学规模较小、规格较低的成员校提档升格，确保教育集团平衡高效运作；坚持不让优质教育资源"变质变味"，对全市有分校（分园）的超大规模学校，有序推进独立建制，逐步消除大规模学校，加快培育新优质学校。集团成员校中，大桥小学由澄江街道的一所完全小学升格为中心小学；城南小学、澄江路幼儿园也分别升格为中心小学、中心园；城中实验小学西区、实验幼儿园城东分园、实验幼儿园少年宫分园分别升格为独立建制学校（幼儿园）。提档升格后的集团成员校，办学规模有序扩大，办学品质显著提升。如江阴首个集团成员校大桥中心小学，生源数量逐年稳步增加，一年级新生由2017年的41名增至2018年的77名、2019年的114名；学生、教师、家长满意度分别为99.2%、91.2%和96.9%，其中一年级新生家长满意度高达100%，较集团化办学前提高了5.7%；义务教育质量考核评估从2018年度的34名上升到2019年度的13名。

3. 加强系统内外舆论宣传，扩大集团办学声誉影响

对内加强正向宣传，通过召开集团成员校行政干部及教师座谈会，提高教职员工对集团化办学的思想认识；对外加强家校联系，通过多媒体多渠道宣传，主动争取家长、社会的理解与支持，为集团化办学营造良好的环境和舆论氛围。三年多来，江阴的集团化办学赢得了社会高度信任，一批成员校由此扭转了学校形象，提升了社会美誉度，迅速吸引了本地户籍生源回流。一度被老百姓视作"新市民子女学校"的暨阳中学，在集团化办学后，生源结构明显优化，初一新生中江阴本地户籍学生数从2018学年的114名增至2019学年的208名，在新生总数中占比高达82.5%。

B.15
"户户通"三务公开的"江阴样本"

王锋 王大伟*

摘　要： 以规范农村小微权力，确保农民群众知情权、参与权、监督权为目标，以"全程监管、公开透明"为原则，大力推行"形式全公开、内容全覆盖、流程全监管、监督全方位"四全机制，在江苏省内率先建成农村三务公开"户户通"平台。通过农村群众家家户户都有的有线电视，把凡是与村民利益相关的事项、村民群众普遍关注的事项、依法依规应当公开的事项，一律在三务板块中全面公开，做到党务村务见规程、工程项目见流程、产权交易见过程、财务兑付见凭证，让农民群众在家里动动手指、按按遥控器就能看到当月村里的全部"家底"，实现了村级三务阳光化。其创新做法和经验受到江苏省纪委高度肯定，目前已在无锡全市范围内推广。

关键词： "户户通"　三务公开　江阴

近年来，江阴市紧紧围绕农村基层民主管理重点、群众关注热点、监督执纪难点，依托全域覆盖的电视网络，创新建设"户户通"平台，大力推行党务、财务、村务公开（以下简称三务公开），让村民足不出户尽知大事小事，增进了对村干部的信任和对基层组织的依赖，有力促进了农村党建工

---

* 王锋，高级讲师，中共江阴市委党校（改革发展研究院）市情研究室副主任，主要研究方向为党史党建；王大伟，江阴市璜土镇党委委员。

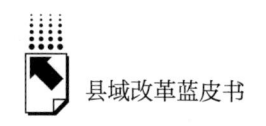

作落实、集体经济健康发展与社会发展和谐稳定。创新经验受到江苏省纪委高度肯定，创新做法已在无锡全市推广。

一 回应群众关切，创新打造"户户通"

针对群众普遍反映的三务公开账目看不全、看不懂、不及时等问题，江阴市以"易理解、易操作、易参与"为原则，全面升级三务公开，积极拓展公开渠道，实现想看就看、随时可看、一看就懂，及时给群众呈现一本明白账、放心账。

1. 丰富载体，便于各类群体自主选择查看方式

在原有公开栏公开、互联网公开和三务直通车公开的基础上，结合老年人群体习惯看电视的特点，借助江苏有线高清电视运营商拓展开发有线电视"户户通"，把三务信息推送到村民家中的电视屏幕上，有效解决了农村居民特别是留守老人关心本村三务但不会使用互联网的问题。在此基础上，开发"户户通"手机微信端，方便年轻人在外地即可通过手机了解本村三务。通过"一栏一网三屏"（村务公开栏、互联网、手机屏、触摸屏、电视屏）全媒体公开，不仅丰富拓展了载体渠道，更让不同年龄、不同文化层次的村民能以自己习惯的方式查看三务信息。

2. 实时更新，便于完整细查三务公开信息

针对传统公开方式更新不及时，导致有些内容实效性不强、有些账目准确度不够等问题，"户户通"数据每4小时更新一次，一天更新6次，确保老百姓看到最新的内容，真正做到有账及时记，避免"花了钱，忘了账"。同时，针对传统公开方式文字图表形式单一、静态呈现等问题设置更为人性化的自动滚屏、点击暂停、图片放大等功能，做到图文并茂，让村民既可以完整查看图片内容，又可以对感兴趣的部分仔细阅读浏览，避免"说不清、道不明"。

3. 变换形式，广大群众对账目一目了然

为使群众看得懂账目，将财务公开中专业性较强的财务报表变成村民易

懂易记的流水账，将晦涩的财务术语变成老百姓能理解的群众语言，特别是将"三资"管理中的相关内容进行了关联。比如，将村级收支与原始凭证、原始发票相关联，资产资源出租与合同原件相关联，工程项目与村民代表大会决议、立项审批表、合同、决算文件、工程款支付信息相关联，切实解决了以往村民看不到、看不全、看不懂的问题。

二 坚持需求牵引，实行内容全公开

针对传统三务公开中普遍存在的"主观随意性强，公开内容弹性大，标准化制度化难落地"等老大难问题，由组织、纪委监委、农业农村、民政等部门联合制定"'户户通'三务公开模板"，推进公开公示内容的目录化、规范化、制度化，促使党务村务见规程、工程项目见流程、产权交易见过程、财务兑付见凭证，真正实现"三务全透明，百姓知村情"。

1. 以党务公开推进党内民主

以政治建设和党风廉政建设为重点，聚焦群众普遍关心的村级重大事项决策情况、村干部年度考核评价结果、干部经济审计情况等事项，将党务公开板块细分为政治建设、思想建设、组织建设、作风建设、纪律建设、"三重一大"、其他事项7大项22小项。每一次民主生活会情况、每一名党员干部履职考核结果、每一个"三重一大"决策，都可以通过电视屏幕查看到相关记录。党务公开后，党组织做了哪些决定，开展了哪些活动，为群众办了多少实事，都可得到一一呈现；党员干部行使的每一项权力，都会留下清晰轨迹，真正实现了群众监督党员、党员监督支部，助力形成了党组织服务党员、党员服务群众、党群互信共进的良好氛围。

2. 以村务公开规范村级管理

以"便捷干群沟通，提升治理绩效"为目的，瞄准群众普遍想了解的村级规划情况、补助对象情况、村务监督情况等事项，将村务板块细分为村经济和社会事业发展规划、村规民约及各类规约、村务发生事项、村民会议及实施、村干部和村务监督委员会履职情况、其他事项等7大项14小项，

村民可以随时通过电视屏幕了解村级发展目标、村民代表会议决议、低保或补助名单、村干部分工与网格划分等村级事务。目前，村级管理基本实现资料不缺少、流程不缺位、内容不缺漏，而且每个数字都有出处，不仅促进了村务管理的规范、透明和高效，而且有力地保障了村民的知情权和监督权，增强了村民对村委的信任。

3. 以财务公开管好村级"三资"

以"管好钱袋子，防止微腐败"为指向，紧盯群众反映强烈的违规发放津补贴、公款私用、因私徇情等问题，将财务板块细分为本村家底、资金、资产、资源、工程项目、收支情况、村务报表等7大项31小项。每一份工程项目合同、每一张费用发票、每一次用餐清单、每一名干部工资、每一份低保或补助名单，全部上线公开并可通过电视屏幕查询，实现了各村每月所有财务报销凭证、发票、附件清单、村级集体资产租赁合同、村级预算、资产负债等群众关心事项的全透明。在工程项目公开中，工程决算、招投标、工程进度、增减项目等都要及时上网公示。财务全透明倒逼各村村级招待费、办公费、相关配套设施采购费等的使用更加规范，村级招待费呈现持续下降趋势，2019年195个村无招待费，占总村数的77.3%。

三 突出真实有效，实现流程全监管

紧紧抓住财务公开这个村民最敏感、最关心的"牛鼻子"，把全程透明管"三资"作为核心要求，借助财务平台、网络技术、金融在线支付、大数据分析等现代信息技术，按照三务公开的内容、时间、流程和要求，对"户户通"运行进行全过程、全方位审核把控，有效防止摆花架子、搞形式主义等问题。

1. 严格审核把关

明确把关主体，由各镇街农经部门负责审核财务结报、产权交易、工程审批、年度预算。明确步骤环节，做到每个事项的启动都有文件、决议或协议等原始依据，实施过程都按规定步骤展开，事后都有审核决算和检查。公开的每个事项必须有内在逻辑性，从发生到结束，自始至终都有理可依、有迹可循、有据可查，形成完整的工作闭环。

2.全程风险管控

为从源头上解决不入账、账外账等老大难问题，以规范村级账户支出为切入点，深入开展出借资金不合规和出租资产不达标"两项清理"。明确每个村集体只能有一个银行基本账户、一个财务管理端口，252个村统一将基本户设在江阴农商行，累计清理账户386户、注销违规账户48个。并由江阴农商行负责开发建设"E银通"系统，村里所有资金进出都归口"E银通"系统操作。充分借用银行成熟的金融管控机制，严格审批流程，原始票据通过经手人、证明人、审批人线下签章后，在"E银通"线上发起支付申请，村监委主任和镇农经部门审核人员分级进行线上审核，确保内部控制环节一个不落、无缝对接，将资金使用风险降到最低。目前，全市252个村全部上线"E银通"，实现交易37.21万笔，交易额达49.46亿元。

3.注重预警预防

"E银通"集成多样化的预警机制，当出现支付手续不完备、凭证不齐全、单笔支付额度超过5万元，同一支付对象一天内发生多次交易，支付对象为失信人员、不良企业、村干部本人或亲属、已死亡的低保户等情况时，平台系统会向经办人员和审核人员及时发起预警提醒，并每月形成异常资金支付报表，报市镇两级农经、纪检部门备查。所有的流程监管，全部无缝对接到"户户通"系统，通过电视界面向全体村民公开，最大限度实现实时和动态监督。

四 强化三项机制，实施全方位监督

针对"上级监督难到底、群众监督难到位"问题，强化上级问责和群众问效的有机衔接，变"广播式"公示为"互动式"公开，通过建章立制、群众参与、上下联动等多种方式，实现监督主体更多元、监督手段更多样、监督成效更明显。

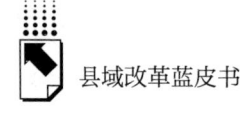

1. 强化督查机制

出台《关于进一步加强和完善全市村级管理的指导意见》，明确"户户通"建设目标任务、公开模板等相关要求，由纪委监委、农业农村等部门对全市"户户通"建设、运行情况进行定期检查、实时跟踪，重点检查公开内容是否全面、程序是否规范、形式是否恰当、制度是否健全、执行是否到位、效果是否明显。一旦发现异常情况，及时进行超前预警、即时反馈和迅速处理，真正使"户户通"成为加强和规范村级管理的有力工具。

2. 强化反馈机制

将"户户通"建设列为对镇街考核的重要内容和指标，督促各镇街规范开展工作；将"户户通"运行纳入村级日常和年终考核内容，对工作不到位、责任不落实、问题不解决的组织和人员，严肃问责、严厉追责；将"户户通"复制推广工作纳入集成改革试点，倒逼相关部门合力推进，2019年实现全市252个村全覆盖。

3. 强化互动机制

变单向公开为双向互动，在电视显示界面设置"我有疑问"按钮，村民在察看过程中，如对任何一笔资金、任何一张发票、任何一个工程、任何一项资产资源有疑问，均可点击该按钮或按照提示向市"12345"平台进行意见反馈，反馈意见被推送到所在镇街指挥中心平台，由平台根据村民反馈的内容分发到镇街相关职能部门进行调查处理和意见答复。村民所有反馈意见和镇街调查处理情况都会在"户户通"平台记录并按月推送给市纪委监委，实现了真正意义上的公开监督，做到了"小微权力"在阳光下运行。

B.16
构建"最江阴"24小时在线服务智慧平台

孔剑寒 姚徐江[*]

摘 要： 江阴市以构建温馨周到的生活服务体系为目标，坚持政府主导、市场化运作原则，依托手机客户端、"12345"热线和市民卡三大载体，创新打造"一体化、一端口、一站式"的24小时在线智慧生活服务平台——"最江阴"App，为市民提供集行政服务、公共服务、便民服务、公益服务、资讯服务五大服务模块于一体的信息咨询和事务办理综合服务，让市民随时随地、方便快捷地享受优质服务和便利生活，开启一屏智享生活服务新篇章。

关键词： 在线服务 生活服务 江阴

近年来，江阴市为大力破解便民服务集成之难，以构建温馨周到的生活服务体系为目标，以"政府主导、市场化运作"为原则，依托手机客户端、"12345"热线和市民卡三大载体，在全国县级市率先探索打造"一体化、一端口、一站式"的24小时在线智慧生活服务平台——"最江阴"App，将群众和企业所需的服务项目全部纳入网上服务平台，让居民足不出户即可享受优质服务和便利生活，推动了公共服务从多元分散向标准统一、从粗放低质向精准优质的有效转变。截至目前，"最江阴"App已集成1841项政务

---

[*] 孔剑寒，中共江阴市委党校（改革发展研究院）教师，主要研究方向为基层治理、社会管理、思想政治教育；姚徐江，江阴市委办副科长。

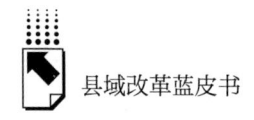

服务、189项公共服务、102项便民服务、2项公益服务以及8项资讯服务，平台下载量已超过87万次，平均日活量近5万人次，最高达152580人次，打通了服务群众"最后一米"，实现"一屏智享生活、一体运行联动、一端走遍江阴"，开启智慧生活服务新篇章，成为服务市民的金字招牌和城市生活的智慧样本。

一 高位统筹谋划，打造"五位一体"生活服务平台

政府的高位统筹谋划是平台建设的重要保证。针对普遍存在的服务主体多元、平台分散、标准随意等"小、散、乱"问题，成立生活服务体系建设办公室，由市城管局、工信局大数据中心、市融媒体中心牵头负责总体谋划、计划执行和协调落实，重点打造集行政、公共、便民、公益、资讯五大模块于一体的信息咨询和事务办理综合服务平台——"最江阴"App。

1. 行政服务模块，着眼阳光规范行权、便捷高效服务

整合市级层面各类行政服务资源，向广大市民及企业组织免费提供更为规范透明、方便快捷的网上申报办理、公共资源交易、咨询查询等服务。其中，网上申报功能涵盖了40个市级部门单位、开发区、镇街的1841个审批事项。

2. 公共服务模块，着眼盘活公共资源、共享社会服务

整合原本分散但与广大市民密切相关的交通、教育、医疗、生活、健康等公共服务，共涵盖189个服务事项，如新生入学预约登记、就诊预约挂号、网上云祭扫等都是市民生活需要的功能，一经开通便得到群众的高度关注和广泛好评。

3. 便民服务模块，着眼为民利民惠民、解决群众急需

围绕老百姓的衣、食、住、行、游、购、娱等方面要求，在现有"12345"政府公共服务热线基础上进行功能拓展，新增家政服务、保姆月嫂、清洗维修等102项与群众生活息息相关的家庭服务项目，吸引了全市133家服务商入驻，覆盖所有镇街园区，其中开锁、送水等服务实现24小

时响应。

4. 公益服务模块，着眼推动社会公益、激发组织活力

主要由公益活动组织报名和公益律师咨询两部分内容组成，相关部门和社会公益组织可在平台上自行发布公益活动信息、畅通法律咨询途径，方便市民享受便捷高效的公益服务。如在公益活动板块发布的第五届元旦公益徒步大会暨江阴绿道大桥道建成启用活动，报名通道一经开启便吸引了众多市民的积极参与和社会媒体的广泛关注，甚至还得到央视新闻联播的关注报道，有效发挥了平台宣传推广、助力公益的积极作用。

5. 资讯服务模块，着眼实时有效传播、服务引导群众

整合市融媒体中心的日常新闻资讯和各入驻部门单位的政务要闻、民生信息以及市民生活、文化、旅游等资讯，"江阴时刻"可以在线观看市融媒体中心制作的视频、直播，收听广播，收看电视，还能实时查看重要路段的交通情况，个性实用的特色功能满足群众多元化需求。在新冠肺炎疫情暴发之后，资讯模块积极发挥网络宣传阵地作用，先后开设"众志成城联防联控——江阴在行动"和"坚持两手抓 夺取双胜利"两个专栏，第一时间将全市疫情防控和复工复产的权威信息传递给市民和企业，积极引导舆论，正确科普防疫，及时解读政策。两个专栏累计更新疫情防控资讯4000余条，总阅读量超过160万次，为全市疫情防控和复工复产提供了坚强有力的舆论支持。

二 高度整合资源，实现数据共享互联互通

平台服务的深度广度和实际效能，一定程度上取决于公共数据资源的集成挖掘程度。针对存在的数据资源不互通、数据接口不统一、服务功能不集中等问题，坚持从用户实际需求出发，全面梳理与单点突破并进，实现数据功能的互联互通和服务功能的高效便捷。

1. 逐一梳理摸排，充分整合数据资源

按照"需求导向、统筹规划、实事求是、分步推进"原则，逐一梳理

摸排全市各部门（单位）的数据资源情况，合理评估、有序布局各项数据资源，统一数据接口标准。目前，已完成全市党政机关政务信息资源梳理工作，共接入数据资源集825个、数据项超过1.5万个，接入数据信息总量超过15亿条，实现了全市基础信息数据互联互通，推动了"最江阴"客户端与城市管理平台数据、"12345"政府公共服务热线的互通融合。

2. 整合服务功能，充分发挥数据价值

按照便民利民需求和"前端集成、后台不变、配套到位"的原则，依托高度共享的数据信息，打通原本分散的各类服务功能，主动对接全市63个部门单位（含镇街园区），对功能业务进行有机整合和流程优化。同时，以门类全、专业强、口碑好为前提，积极整合社会资源，面向全市广泛招募服务商，目前已吸引江阴惠邻家政服务有限公司、无锡筑家清洁服务有限公司等133家便民服务商入驻平台，实现"最江阴"平台服务功能全覆盖，构建起"一体运行联动、一屏智享生活、一端走遍江阴"的智能便民生态圈。

3. 持续优化体验，充分挖掘数据潜力

按照"功能齐全、操作流畅、保障过硬、服务优质"的目标要求，依据用户数据反馈和用户服务需求，夯实技术支撑，挖掘数据潜力。一方面，对客户端从数据产生、汇聚、使用到维护的各个环节进行闭环管理，确保数据的安全性、准确性和功能的有效性、便利性；另一方面，对客户端产生的用户数据进行信息提炼、深度挖掘，动态调整平台功能和数据的接入，推动平台服务功能的持续优化和不断拓展，真正将平台建成一个操作体贴独到、服务温馨周到的智能化网络平台。目前，平台已挖掘开发30多个方面的数据应用并持续开拓优化，如新冠肺炎疫情期间，平台充分发挥自身优势，先后承接了"政府保障性口罩线上预约、购买""江阴网上云祭扫""线上预约挂号""江阴3000万元电子消费券发放"等政府民生工程，其中"政府保障性口罩线上预约、购买"实现了线上下单、送货上门，老百姓足不出户就能买到平价口罩；针对老年群体操作智能手机不熟练的情况，还特别开通了60岁以上老年人专区，确保老年群体也能买到放心口罩，有效缓解了市民买口罩的难题，平台的影响力、美誉度、公信力得到进一步提升。

三　高效激发活力，创建市场化运维模式

借助市场优势，实现基本公共服务与优质服务的互补衔接，依托资源优势，实现平台大数据的统一开发与运营，不断满足市民群众多样化、个性化服务需求，不断提升公共数据分析与运用能力，确保"最江阴"App始终焕发活力。

1. 创新平台运维方式，成立股份制公司

按照"政府主导、市场化运营"的原则，拟组建江阴市大数据服务股份有限公司（以下简称"大数据公司"），专门负责"最江阴"App的宣传推广、运营维护等各项工作。结合"最江阴"App发展需要及相关国资公司意愿，大数据公司计划由江阴传媒集团控股，全市范围内拥有公共数据资源或有参股意愿的国资公司按一定出资额参股，以区域性、市场化、平台式、服务型互联网企业为战略定位，运用现代企业管理机制助推公司和平台发展。

2. 借助合作各方所长，实现优势互补

依照市场化运营的要求，合作各方将通过资金、技术和资源的优势互补，以大数据公司为主体，实现统一运营、责任共担、利益共享。江阴传媒集团充分发挥主流媒体影响力，侧重于提供广播、电视、新媒体等各类媒体资源渠道支持；各参股股东提供各自优质公共服务资源，依托"最江阴"App进行开发利用；大数据公司具体负责"最江阴"App的功能开发、日常运维和服务保障，通过人才引进、业绩激励、活动策划、大数据开发等，强化市场化运作理念，做大做强公司资本，有效激发市场活力。

3. 发挥综合竞争优势，实现经济社会价值共创

强大的资源获取和资源整合能力是实现平台价值的核心竞争优势。大数据公司拟充分发挥现代化股份制企业的竞争优势，以政府资源形成的政府公信力引入并整合合适的商业资源，以商业IP资源形成的商业策划力策划精准高效的线下活动，以IT资源形成的专业技术力开发、迭代和维护App平

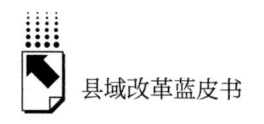

台功能，以媒体资源形成的宣传影响力向客户群宣推引流，以此进一步盘活市场中的过剩资源和低效资源，增强多主体用户对平台的使用黏性，实现政务、商务和传媒的价值共创和深度融合。目前，"最江阴" App 已吸引 133 家便民服务商加盟，激发了广告经营、接口租赁、电子商务等一大批细分市场需求。

四　高频监督监管，构建多维联动监管体系

精准、及时、全面地监督是平台有序运行的重要保障。针对平台市场化运行中可能存在的监管缺失、监督不力等问题，积极整合多方监督力量，构建多维联动的监管体系。

1. 强化政府监督，建立联合督查机制

由市委、市政府主要领导挂帅成立领导小组，市城管局、工信局（大数据中心）等多部门协同，明确责任分工和工作节点，坚持每周例会，建立推进情况周报制度，对数据共享不积极、资源接入不主动、影响阻碍体系建设的单位负责人进行约谈，并对限时不接入的部门和单位不予拨付信息化建设资金，有效破除了部门信息壁垒，实现了全市基础数据共享。

2. 强化行业监督，完善服务加盟商和服务人员数据库

通过上门走访、实地调查、审核审计等方式，对所有便民加盟商进行严格的资质审核，确保所有入驻商家资质合格、诚信优质。为已入驻商家和服务人员建立统一数据库，规范服务标准和服务清单。推行"红黄牌"考核制，对商家的资质和服务进行不定期回访与跟踪管理，对考核不合格者取消其平台入驻服务资格，有力地促进了行业监督的标准化、长效化。

3. 强化群众监督，撬动用户信用评价杠杆

按照"服务安全可靠、有质量、可追溯"要求，以信用评价为切入点建立信用评价模式，开发用户在线评价和好评优先推荐的大数据评价技术，使老百姓可对平台服务进行即时在线评价，并将用户信用评价作为杠杆反作用于加盟商和平台服务。商家获得的好评数量越多，则被推荐服务的机会就

越多；如果出现差评，则由平台客服介入调查，差评累积到一定程度就会被挪出平台，截至目前，仅1家加盟商因差评过多且整改不到位被挪出平台。通过线上综合评价、线下客服干预的双保险方式对加盟商服务行为进行全方位监督，提升了加盟商的服务能力和服务规范，激发了商家提供优质便民服务的积极性，有效推动了便民服务市场的健康稳定发展。

B.17
创新实践县级交通运输综合执法体系

邵燕 缪慧*

摘 要： 江阴市按照"行政职能由行政机构承担、执法职能由综合行政执法机构承担、公益服务职能由事业单位承担"的原则，全面整合交通领域管理、执法和行业服务职能，将25家事业单位精简到"一队一所五中心"7家事业单位；以"许可统办、管理统筹、执法统一"为原则，集中分散在23个事业单位的执法队伍，组建市交通运输综合执法大队，统一行使执法职能，形成大管理、大服务、大执法的"一门式"格局；建立"集中指挥—跨区合作—分片包管""工作联系单—联合查验—快速处置"等工作机制，执法工作闭环推进、无缝衔接、便捷高效。

关键词： 交通运输 综合执法体系 江阴

近年来，江阴市着眼解决交通运输管理条块分割、力量分散、衔接不畅等突出矛盾，按照上级要求，于2017年10月正式启动交通运输系统行政职能事业单位改革和交通运输综合行政执法体制改革。率先在全国组建县级交通运输综合行政执法队伍、理顺职能定位、下沉资源配置、强化能力建设，

---

* 邵燕，博士，高级讲师，中共江阴市委党校（改革发展研究院）市情研究室主任，主要研究方向为社会治理、新型城镇化、乡村振兴；缪慧，江阴市交通运输局党委书记、局长。

成功打造了具有江阴特色的"权责统一、监管有力、服务优质"的交通运输综合行政执法体系。该创新经验受到交通部和省市相关部门肯定，并在全国部分地区得到复制和推广，省内外40多个地区前来考察学习。

一 整合机构、厘清职能，实现"一支队伍管执法"

针对交通行政执法中存在的多头管辖、职权交叉、重复执法等现象，瞄准"政事分开、一支队伍管执法"的双重目标，按照《关于江阴市交通运输局承担行政职能事业单位改革机构编制调整的批复》的要求，精简机构、整合职能、妥善划转人员。

1. 整合机构，构建简捷高效的管理架构

交通运输领域下设单位承担着行政、执法、公益服务多种职能，政事不分、机构重叠、职责交叉等弊端较为突出。为此，江阴市按照"行政职能由行政机构承担、执法职能由综合行政执法机构承担、公益服务职能由事业单位承担"的原则，梳理市交通运输局下属的24个事业单位，其行政职能分散在21个单位，执法职能分散在22个单位；此外，原江阴市港口管理局下属1家事业单位也承担交通执法职能。通过事业单位改革，全面整合交通领域管理、执法和行业服务职能，将原有25家事业单位（含市港口管理局下属1家事业单位）精简到"一队一所五中心"（执法大队、船闸所、公路中心、港航中心、铁路中心、交建中心、邮安中心）7个事业单位，共减少事业单位18个，其中副科级事业单位1个、正股级事业单位17个。"一队"具体承担交通运输综合执法职能；"一所五中心"具体承担交通运输局和综合执法大队以外的公益服务和管理职能，补齐公共服务短板，提供便捷舒适的运输服务，提升群众获得感、幸福感和满意度。

2. 厘清职能，构建"一门式"执法格局

改革前，交通领域的行业管理、执法职能分散在公路管理处、地方海事处、运输管理处、航道管理处、乡镇交通运输综合管理所（含各乡镇街道交管所）等多个单位，同一领域由多家执法队伍轮番检查，职能交叉、执法力量分散等现象制约了交通领域综合执法的健康发展。为此，江阴市以"许可统办、管理统筹、执法统一"为原则，将分散在系统内公路、运输、航道、港口、船闸、地方海事、工程质量监督等七大执法门类的575项行政处罚、25项行政强制及相关行政检查等职能进行整合，将原先分散于23个事业单位的执法队伍进行组合，组建江阴市交通运输综合执法大队，由执法大队统一行使交通运输综合执法职能，打造一支全能型的综合执法队伍，构建"一门式"执法格局。改革后，有效提升了执法效率，解决了案件处理周期长、效率低等问题，消除了"一条路多家管"等现象。

3. 分类划转，实现涉改人员的妥善安置

交通体制改革意味着改变部分人员的原有编制性质，有限的行政编制将从原有20多个事业单位的401人员中产生，人员分流任务艰巨。为顺利平稳过渡，江阴市采取考试和考核的方式转变人员身份性质。考试委托第三方机构组织实施，笔试成绩占比80%；考核项目包括工龄和获奖情况，考核成绩占比20%，经过综合评定，9名成绩靠前、工作经验丰富、业务能力强的事业人员过渡为正式公务员。其余392人则根据机构改革后各单位承担工作的性质，采取整建制划转、相关科室划转、内部资源整合等方式，实现人员妥善安置。交通运输系统精简了事业编制128名，实现减员增效。

二 下沉资源、扁平管理，实现综合执法"全覆盖"

针对基层交通执法中因力量不足和权限不够导致的"看得见的管不着、管得着的看不见"等难题，坚持执法资源向经济社会发展一线配置，大力推进执法权限下放、执法力量下沉、执法保障下倾，实现执法领域"横向到边、纵向到底"全覆盖。

1. 执法权限下放

为打破原有镇街交管所因长期授权不充分、执法权限不足导致的"什么都要管、什么都管不了"的窘境，一方面，按照集成改革"市县同权"的要求，市交通运输局积极向上争取充分赋权，2019年共承接无锡市下放的市级46项行政许可和行政处罚权；另一方面，着力推动执法权限向镇街集中，按照"能放则放、应放尽放、充分下放"的原则，赋予各镇街中队行政区域范围内的交通运输综合执法和行业监管权限，有效推动资源向基层转移，赋予镇街中队交通执法权限，改变以往"责大权小"的局面，第一时间解决交通领域中的矛盾问题，逐步构建"市镇联动、权责统一、横向到边、纵向到底、精简高效"的基层综合执法治理体系。

2. 执法力量下沉

依据赋权清单明确的事项，按照"人随事走、编随人转"的原则，对人员进行深度重组、优化资源配置，原路政、运政、航政、港政等一线执法人员全部整合到交通运输综合执法大队，大队再按照网格化对接的方式下沉到各镇街交通执法中队、水上执法中队及治超、质监等专业中队，实行"横向到边、纵向到底"的扁平化管理。每个中队都有各领域的专业执法人员，变分散执法为综合执法，变单一执法为全能型执法，变单项执法为网格化立体执法。执法大队核定编制295名，其中230余名直接下沉到各镇街中队及专业中队，各镇街交通执法人员数量是改革前的2倍多。随着执法力量的下沉，原本"执法在城区、生活在城区"的执法人员通勤成本增加，考虑到基层工作人员的实际难处，通过"待遇向基层倾斜""人员交流轮岗"等方式，消除职工后顾之忧，解决不愿下基层、不想下基层的困境，有效充实基层执法力量。

3. 执法保障下倾

在执法力量下沉的基础上，通过不定期考核、在岗训练、执法标兵评比等多种方式，建立制度化、长效化的能力素质提升机制，确保基层执法可以满足高强度、专业化的需求。定期开展联合执法，通过以老带新、以熟带生，在执法过程中内化执法人员的知识储备，积累丰富的实际工作经验。每季度评选一次"执法之星"，年终评选"执法标兵"，并与工作绩效和职务晋升相挂钩。通过树立典型，激励执法队员在"比学赶帮超"中焕发活力、增添干劲。2019年，江阴市交通运输系统开展超限超载治理"百日攻坚战"，增设4个临时流动联合执法点，累计查获超限车辆1611辆，卸驳载货

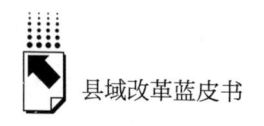

物 14513 吨。全力保障执法经费,将涉改单位的人员经费、装备经费、行政管理与行政执法经费和公益服务经费统一纳入同级公共财政保障。其中,执法专项经费财政拨款 3484 万元,比上年度增加 324.3%。

三 内强素质、外强协作,实现"全能型"综合执法

为适应综合执法涉及面广、专业性强的特点,着眼"全能型"执法,实行区域联动,强化部门协同,着力提升综合执法效能。

1. 精细化开展行业整治

建立以日常巡查为基础、以专项整治为重点的综合执法模式,全力规范交通运输行业秩序。日常巡查方面,以中队为先导,将执法范围全面覆盖各镇街,日均巡查道路 600 余公里、巡航水域 100 余海里,做到有问题早发现、早处理。累计清除公路沿线及桥下空间堆积物 5808 立方米,拆除违法建筑物 3955 余平方米,检查督促 11.4 万余艘船舶,上缴船舶垃圾 762.9 立方米、油污水 116.15 吨,重载船舶舱室封闭率超过 95%,有效净化了交通运输发展环境。专项整治方面,持续开展超限车辆治理、非法驾培经营、非法营运、滨江公园违停船舶等整治行动,查获非法营运车辆 157 辆、违章船舶 3305 艘。在开展非法驾培专项整治行动期间,市交通运输综合执法大队、各镇街中队与市场监管、综合执法、交警等部门紧密合作,对辖区内各非法驾培点进行拉网式排查,累计清理整顿非法驾培点 117 个,查获非法机动车驾驶员培训车辆 28 台,有效维护了机动车驾驶员培训市场秩序。

2. 跨区域开展执法联动

统筹市综合执法大队、镇街执法中队、片区机动分队资源,建立"集中指挥、跨区合作、分片包管"的管理体系。由市综合执法大队长担任总指挥,负责领导全局工作;分管大队长实行"3+2"工作制,即 3 天在大队部办公、2 天深入分管镇街中队,侧重组织力量协调解决跨镇街、急难险重、专业技术要求高的执法事项;各镇街中队全面负责本辖区内的交通领域综合执法事项,并视情形协同联合执法。同时,按区域将全市划分为澄江、

华士、长泾、青阳、城西5个片区，组建5个机动分队，片区内各中队实行每周轮值制，增强了联合执法力量，提升了执法督查成效。

3. "常态化"推进部门协同

加强上下联动、内外协同，形成执法合力。一方面，完善内部运行规范，局机关、各事业中心与综合执法大队之间建立工作联系单机制，完善线索移交、联合查验机制，快速处置各类突发应急情况，使各项工作闭环推进、无缝衔接。另一方面，强化外部协调机制，交通综合执法大队与全市其他领域执法队伍之间，按照"依法履职、提升服务、科技推动、创新管理"的原则，完善联合执法工作机制；建立行政执法机构与公安机关、检察机关、审判机关信息共享、案情通报、案件移送制度，实现了行政执法与刑事司法的无缝衔接、有效协同。

B.18
建设全民阅读社会化的"书香江阴"

戴南京 陆志澄*

摘　要： 突出"政府主导、社会参与、全城共建、全民共享"工作思路，制定统一的建设标准、评估标准和工作协作标准，借助社会力量和市场运行，在全国首创"公共图书馆＋咖啡馆"模式，积极培育以香山书屋为代表的公益组织和阅读推广人队伍，形成"三味书咖"城市阅读联盟，构筑覆盖全市的全民阅读和公共文化服务体系。

关键词： 全民阅读　公共文化服务体系　江阴

　　推进全民阅读是丰富县域发展内涵、提升公共文化服务水平的有力举措，也是提高市民素质、增强文化软实力的重要路径。近年来，江阴市积极引进社会力量加盟，大力拓展全民阅读网络，在全国首创"公共图书馆＋咖啡馆"模式，借助市场机制打造"三味书咖"城市阅读联盟，推动城市公共资源、文化资源和商业资源共享，构建了高效亲民的现代公共文化服务体系，探索了一条符合江阴市实际的全民阅读社会化新路子，相关经验做法被《人民日报》《新华每日电讯》《中国文化报》《新华日报》和凤凰网等多家主流媒体报道，多次获得中宣部和文化部的点赞。

---

* 戴南京，中共江阴市委党校（改革发展研究院）行政科副科长，主要研究方向为思想政治教育、党史党建；陆志澄，江阴市委办副科长。

一 构建政府主导的全民阅读社会化工作新格局

1. 推进全民阅读社会化，政府主导是关键

针对全民阅读社会化资源分散、服务零碎、氛围不浓等问题，强化顶层设计，注重系统谋划，推动形成全民阅读的良好局面。

2. 馆藏图书由"让人走近"转为"主动贴近"

按照"政府主导、两级投入、城乡一体、资源共享"的总体思路，全面启动图书馆总馆+分馆建设模式，以国家一级图书馆（江阴市图书馆）为主阵地，辐射至镇街、社区等分馆，实现全民阅读阵地全覆盖。加快数字图书馆、城市自助图书馆等分馆和基础设施建设，推动图书馆资源均衡布局，逐步形成城乡全覆盖的阅读阵地。目前，已建成总馆1家、分馆37家，人均图书拥有量1.94册，总分馆体系馆藏图书317.6万册，各镇街分馆流转图书44.4万册次，年均图书借还突破200万册次，年接待读者逾317万人次，领先全国同类城市。市图书馆先后被评为全国"全民阅读推广示范基地""最美基层图书馆"。在无锡地区首创"公共文化云"，通过聚合全市文化资源、活动和服务，收录420万种中文图书题录信息、275万种中文图书，可搜索信息超过13亿页，使每位江阴人都拥有了包括各类公共文化资源和服务的"便携式菜单"。

3. 服务范围由"线状覆盖"转为"网状覆盖"

以便民利民为原则，强化资讯、菜单、数字、定向等服务，大力整合市、镇街、村（社区）三级现有设施资源，将市图书馆及下设的17个镇街分馆、社区图书室、农家书屋以及实体书店、图书批发零售企业等阅读场所全部纳入网络体系。突破图书馆服务半径局限，按照数字阅读、亲子阅读、青少年阅读、民间阅读、新市民阅读等类别需求，布局24小时自助图书馆、书香公园、书香小区、书香驿站、书香军营等五个类别100个全民阅读点，配备志愿者进行日常管理，将图书服务延伸到老百姓身边。"15分钟阅读圈"从愿景变为现实，极大地满足了市民的阅读需求。

4. 全民阅读由"面上倡导"转为"系统推进"

针对全民阅读的细化分层趋势，采取科学精准措施，实行分层推动、分类推进，加快构建系统化、分众化的全民阅读引导机制。市委中心组带头组织专题读书会，形成以上带下、层层推动的全民阅读良好氛围。各级各部门分工合作、相互配合，积极开展"书香机关""书香村（社区）""书香家庭""书香企业""书香校园""书香楼道"等创建活动，"一二三"家庭读书工程、"三个一"读书活动。近十年来，读书节期间，全市共举办全民阅读活动2000余场次，参与人数达130万人次，"家家讲学习、人人重读书"的阅读氛围日益浓厚，江阴也被评为江苏省首届书香城市建设示范市。

二 拓展多元参与的全民阅读社会化发展新空间

推进全民阅读社会化，社会参与是核心。针对服务效能不高、社会参与不够、资源整合不足等问题，实行"党政主导、机构主力、社会主动、群众主体"策略，放大"三味书咖"城市阅读联盟、香山书屋的示范效应，引导多元主体参与推动全民阅读，努力集聚全民阅读推进力，培育民间阅读新生力，多维度激发全民阅读的主体意识和创新能力。

1. 吸引社会力量，以城市阅读联盟打造公私合作新业态

树立大文化理念，探索完善法人治理结构，采用PPP（Public Private Partnership）模式，在全国首创"公共图书馆＋咖啡馆"模式，打造"三味书咖"城市阅读联盟。在原有资源产权不变的基础上，由市图书馆因地制宜提供相应的图书资源，定期进行流转与管理，咖啡馆、茶楼、花店等社会服务机构负责提供场地、借阅设备及人力资源，负责"三味书咖"的日常服务，共同打造合作新业态。截至2019年12月底，先后建成"三味书咖"城市阅读联盟12家，市图书馆以4.4万册馆藏撬动超千万元的社会投资、近2000平方米的商业设施和百余名工作人员为总分馆体系所用，实现了政府、企业、市民三方共赢。

2. 培育公益组织，以香山书屋引领全民阅读服务新风尚

坚持重心下移、资源下配、服务下沉，致力于搭建"纯公益，全免费"的公共阅读平台，打造以香山书屋为代表的一批民办公益阅读组织，努力把更多优质的文化产品、文化服务资源送到群众家门口。香山书屋以"我们为您服务、您为自己服务、希望您为他人服务"为理念，向社会免费开放，组织开展各类公益服务和活动，形成了"实体书屋＋漂流书箱"服务模式。目前，香山书屋已有实体书屋8家、24小时开放的阅读驿站12个、"书香漂流"点60个，社会捐赠藏书约10万册。政府的鼓励与引导，香山书屋的良好示范让江阴民间公益阅读如雨后春笋般遍地而起，形成团队65支、公益合作伙伴15个，年开展读书沙龙、阅读讲座、志愿者交流等各类文化活动1000多场，服务接待约10万人次，成为全民阅读在图书馆总分馆体系之外的有益补充。

3. 激发群众热情，以阅读推广人推动全民阅读迈入新时代

以激发群众热情为原动力，面向全市公开招募阅读推广人，以此推动广大群众由文化服务的旁观者、接受者转变成参与者、创造者、提供者。通过开设图书馆管理员培训、QQ群实时在线服务、上门辅导等方式，培训全民阅读推广人，提高从业人员业务水平，以此催生并激发民间阅读力量的主体意识和创造力。截至2019年12月底，已有一大批具有公益精神的企业家、热爱读书的市民自发参与到推广全民阅读、共建书香城市中，培育形成了江阴日报暨阳读书会、菁存阁读书会、孔子学会读书会、青年书社、"爱心树"家庭成长指导中心、格致书屋等56支阅读志愿者推广队伍，集聚文化志愿者达11216名。

三　建立规范有效的全民阅读社会化管理新机制

推进全民阅读社会化，机制保障是根本。针对参与难持续、标准难统一、绩效难考核等问题，加强对项目的标准化、规范化、精细化管理，创新全民阅读治理机制，开发全民阅读社会化发展新路径。

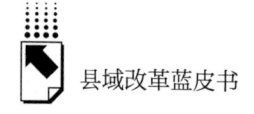

1. 严建运营标准

为避免社会力量参与公共文化服务体系建设一哄而上、一哄而散的问题，制定出台《"三味书咖"城市阅读联盟建设标准》《"三味书咖"城市阅读联盟评估标准》《"三味书咖"城市阅读联盟工作协作标准》。标准明确了分馆的馆舍面积、功能布局、基础设备、人员配置、图书流转等要求；评估标准从业务建设、读者活动与延伸服务、宣传推广等方面对服务和读者活动进行考评；工作协作标准重在加强总馆与各服务点之间的沟通联系，建立日常交流协作机制，形成全面覆盖事前事中事后的管理运营全过程、执行统一的业务规范体系。

2. 严选合作伙伴

市图书馆在选择"三味书咖"城市阅读联盟合作对象时，高度重视合作伙伴与群众日常生活的结合紧密程度，严格执行《江阴市总分馆服务标准》中的设置标准、服务标准、技术标准、数字支援建设标准、评估标准，各服务点设置统一标识、新书采编统一管理、图书资源统一流转、业务管理统一平台、基层藏书统一入库、数字资源统一利用、全民阅读统一指导、管理人员统一培训，促进全民阅读社会化建设的专业化、规范化、标准化。目前，合作伙伴已包括天鹤社区、文定社区、漫步咖啡、丰硕茶楼等多家机构。

3. 严格绩效考核

市图书馆不断完善"党委政府＋业务骨干＋文化志愿者"三方协作管理模式，按照《"三味书咖"城市阅读联盟评分标准》委托第三方每年对成员馆进行业务建设、读者活动与延伸服务、宣传推广等方面的绩效评估，实行优胜劣汰。对优秀服务网点进行奖励补贴，对部分长期不达标或因其他原因不宜继续合作的服务网点，取消其成员资格。自开展考核活动以来，多次发放高额奖补资金，3家分馆因运营不达标被终止合作关系。

评 估 篇

B.19
开发开放体制改革评估报告

江苏省社会科学院评估课题组*

摘　要： 江阴市开发开放体制改革沿着顶层设计、全面深化园区体制、优化营商环境三个层面展开。开发开放体制改革制度设计科学合理，特色鲜明；改革过程规范推进，平稳有序；改革成果形式多样，综合效益不断显现。但也存在市场化项目载体建设亟待加强；改革对开放型经济高质量发展的引领性和带动性作用有待提升等短板。应从优化制度设计、构建灵活机制、推进精准改革、提升改革效益等方面，系统深化江阴市开发开放体制改革的对策。

---

* 江苏省社会科学院评估课题组：战焰磊，博士，江苏省社会科学院《江海学刊》杂志社研究员，主要研究方向为区域经济、开放经济；成洁，江苏省社会科学院《江海学刊》杂志社助理研究员，主要研究方向为行政管理、协商治理；邵燕，博士，高级讲师，中共江阴市委党校（改革发展研究院）市情研究室主任，主要研究方向为社会治理、新型城镇化、乡村振兴。

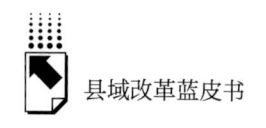

关键词： 制度型开放　开发开放　体制改革　营商环境　江阴

开发开放体制改革肩负着构建开发开放新格局、推动高质量发展的重要使命。江阴市始终秉承敢为人先的首创精神，着力推动开发开放体制改革，各类开发区建设成就突出，形成显著的对外开放新优势。开放型经济和园区经济的坚实基础和高速增长，为江阴市深化开发开放体制改革提供了有利条件。然而，从外部环境看，开放型经济面临中美贸易摩擦的不确定性影响，新冠肺炎疫情引发全球经济衰退和外需持续低迷等诸多挑战；从内部环境看，开放型经济距离高质量发展和"强富美高"新江阴目标要求尚有差距。为破解发展瓶颈，江阴市将开发开放体制改革作为集成改革主体内容，制定系统完备的改革方案，明确目标原则、重点任务及责任分工，构建完善的组织架构和运行机制，稳步推进各项改革工作，形成一批行之有效的改革举措，为全市开放型经济的高质量发展提供动力支持和制度保障。

本报告遵循实事求是、客观公正的原则，坚持过程导向与结果导向相结合、成绩导向与问题导向相结合、激励导向与优化导向相结合，综合运用实地调研、定量评价、定性评价、总体评价与典型剖析等研究方法，全面评估改革的制度设计、实施过程、结果效益，并通过问卷调查对改革的总体成效做出定量评价，针对存在的突出问题，系统探讨优化建议。

一　总论

（一）评估目的与意义

为顺利推进改革，实现改革预期，必须适时客观公正评估改革系统过程和总体进展，这既是推动改革的有效途径，也是改革的重要内容之一。客观公正评估江阴市开发开放体制改革，一方面有助于全面梳理改革进展情况，呈现改革成效，总结改革经验，坚定深化改革的决心和信心，将经验以制度进行固化，为后续改革提供可借鉴的依据；另一方面有助于深入剖析改革存在的突出问题和制约因素，探寻问题的深层成因和解决思路，及时优化调整改革方案，确保改革目标顺利实现。

（二）评估原则与依据

1. 实事求是与客观公正相结合原则

全面收集相关数据资料，对江阴市开发开放体制改革的规划目标与实施过程进行实事求是的分析诊断，以客观公正的第三方立场，对规划方案、配套制度、组织架构、推进步骤、过程控制、结果运用、综合效益等各项内容的科学性、规范性、合理性做出定量与定性相结合的综合评价。

2. 过程导向与结果导向相结合原则

综合考量改革过程规范性与改革结果合理性之间的逻辑关系，确保改革结果评价客观公正。对照预期改革目标，结合不断变化的内外环境，对各项改革内容的阶段性成果和总体性成果做出合理评价，关注改革的成功经验与突出问题。动态跟踪改革的关键环节，准确评价改革过程的合法性、合规性、合理性，关注改革过程中的潜在风险。

3. 成绩导向与问题导向相结合原则

评估改革项目的主要目的是总结成功经验、发现突出问题、探索改进路径。评估过程中既把握先行先试的重大使命，总结提炼开发开放体制改革的特色经验；又坚持对标找差，深入分析改革推进过程中的突出问题与制约因素，因地制宜地探索适合江阴市经济社会发展实际的解决思路。

4. 激励导向与优化导向相结合原则

摒弃或"歌功颂德"或"吹毛求疵"或"究责任、打板子"的异化观念，适度弱化责任追究导向，将评估重点放在发现问题、解决问题上，激励各方共同致力于深化开发开放体制改革，确保顺利实现预期改革目标、取得良好改革成效。

（三）评估方法

1. 理论分析与实地调研相结合

收集整理各级政府关于开发开放体制改革的政策文件，对开发开放体制改革的定义内涵、理论机理、基本方法、代表观点进行学理分析，奠定整个评估工作的理论基石和文献基础。对评估对象进行结构化访谈，获取相关资料与数据，听取相关意见和建议。

2. 定量评价与定性评价相结合

针对改革集成性、系统性、全面性的特点，紧扣改革的系统过程和内容体系，设计"江阴市开发开放体制改革评估指标体系"。运用李克特五级评分法，对每个指标进行打分，并运用专家打分法对指标权重进行赋值，最终得到各项改革的总体得分，对改革总体情况作出定量评价。设计"江阴市开发开放体制改革调查问卷"，借助微信平台对企业进行问卷调查，评估企业对于江阴市开发开放体制改革的认知水平和满意度。

3. 辩证分析与比较分析相结合

运用辩证唯物主义的方法审视改革的成败得失，既重视成绩背后的不足，又关注问题背后的机遇，对改革的现状和进程作出准确判断，对改革的趋势和环境作出科学估计，对改革的方向和思路提出理性建议。与改革先行地区、同类地区进行综合比较，在对标找差过程中，发现自身问题，发掘自身优势，探索未来的特色化改革路径。

（四）评估思路

本次评估综合运用多种科学的研究方法，全面系统梳理开发开放体制改革的目标任务、制度设计、实施过程、总体成效。紧扣改革目的和背景，重点从制度设计的科学性、实施过程的规范性、结果效益的合理性等方面对改革的系统过程进行全面评估。借助评价指标体系和问卷调查对改革的总体成效做出定量评价，总结提炼开发开放体制改革的典型经验和创新做法，剖析突出问题，围绕深化改革提出有针对性的、特色化的优化建议。

二 改革背景

（一）改革的制度背景

党的十九大明确提出，推动形成全面开放新格局，要以"一带一路"建设为重点，坚持"引进来"和"走出去"并重，遵循共商共建共享原则，加强创新能力、开放合作，形成陆海内外联动、东西双向互济的开放格局。随着中美贸易争端不断升级，逆全球化浪潮兴起，我国着力推动对外开放的范式转型，即由商品和要素流动型开放向规则等制度型开放转变。

面对日益严峻的国际需求环境和外资外贸下行压力，党中央从顶层设计上制定了"坚持对外开放的基本国策，坚持以开放促改革、促发展、促创新，持续推进更高水平的对外开放""对外开放要继续往更大范围、更宽领域、更深层次的方向走"等一系列战略部署，进一步明确了构建开放型经济新体制、推动形成更高水平全面对外开放新格局的发展目标与任务要求，为江阴市开发开放体制改革指明了努力方向、提供了制度依据；也对江阴市积极探索制度型开放，以体制机制创新化解开放型经济发展的压力与难题，在全球开放型经济大布局中开辟新局，积极构建县域经济高水平对外开放新格局的"江阴样板"提出了更高要求。

（二）改革的现实基础

系统、整体、协同推进开发开放体制改革，需要具备相应的前置条件，经过改革开放40余年的发展，江阴市已具备推动全方位对外开放的条件与基础。

1.经济基础发达，开放型经济发展水平相对较高

2019年，江阴市地区生产总值达到4001.12亿元，同比增长6.8%，人均地区生产总值达24.21万元（常住人口），实现全国县域经济和综合发展"十七连冠"、中国全面小康十大示范县市"十二连冠"、中国工业百强县

(市）三连冠；全市规模以上工业总产值、主营业务收入、利润总额分别为6069.31亿元、6417.01亿元、394.31亿元，拥有上市公司50家（境外上市18家、境内上市32家）。江阴市开放型经济发展水平较高，2019年，进出口总额为235.01亿美元，其中出口总额和进口总额分别为147.14亿美元和87.87亿美元，机电产品、高新技术产品出口所占比重分别为49.13%和19.26%，分别比上年提升4.74个和1.24个百分点，20个出口品牌获批"2019—2020年度无锡市重点培育和发展的国际知名品牌"；全年实际利用外资额9.31亿美元，完成对外直接投资总额2.52亿美元，其中对共建"一带一路"国家的13个项目直接投资额为3198万美元。江阴市开放型经济的平稳增长态势，加之不断优化的开放结构和发展质量，为江阴市深化开发开放体制改革提供了良好的经济基础。同时，江阴市经济的外贸依存度（2019年为40.52%）处于相对合理的水平、稳步前行的工业经济，为深化开发开放体制改革提供了更具包容性的试错空间。

2. 独立开放型园区提供了先行先试的平台载体

独立的平台载体既便于制度机制的先行先试，又可以相对稳妥地防范发生大面积波动和系统性风险。江阴市国家级高新技术产业开发区是苏南国家自主创新示范区的九大核心区之一，江阴市临港经济开发区是省级开发区，江阴市—靖江工业园区是全国首个跨行政区域的省级经济开发区。三大园区围绕自身特色产业集群开展重点项目建设，高新技术产业呈现良好发展态势。发达的园区经济为江阴市推进开发开放体制改革提供了良好的平台载体，三大园区特色鲜明的发展定位以及对创新驱动发展战略和区域协调发展战略的充分呼应，为江阴市开发开放体制改革提供了差异化的施展平台，为开发开放体制改革不断注入新的动力。

3. 具有良好的改革氛围和推行改革的综合实力

良好的氛围能为开发开放体制改革提供顶层设计和配套制度的支撑，综合实力则确保相关改革举措能够得到充分实施，改革中涉及的利益分歧和利益损失能够得到高效率的协调和弥补。作为全国"县级集成改革第一县"，江阴市拥有良好的行政管理效能和丰富的集成改革经验，并将开发开放体制改革作为集成改革的七大支柱之一,不断优化营商环境,在"2018 中国信用小康指数"之"中国营商环境满意度大调查"中,江阴市位列全国首位。

(三)区域竞争压力倒逼改革

江阴市在地区生产总值和人均地区生产总值方面一直与昆山并驾齐驱,但在开放型经济发展方面与昆山市相比还有较大差距。从利用外资来看,昆山市实际利用外资超过 288 亿美元,是江阴的 2 倍;从外贸来看,2019 年昆山市外贸总量超过 800 亿美元,是江阴(234 亿美元)的 3 倍多;从开放平台来看,昆山市有 2 个国家级园区、2 个省级园区,江阴市只有 1 个国家级高新区、2 个省级园区,开放园区在平台能级、全国排名、经济实力、对开放型经济的贡献份额等方面与昆山依然存在较大差距。江阴市迫切需要在开发开放体制改革方面取得新的突破。一方面,亟须深化开放园区体制改革,充分释放开放园区发展活力,为开放型经济中高速稳定增长注入新动能;另一方面,需要深化贸易投资便利化改革,优化营商环境,为开放型经济的产业升级、结构优化、效益提升营造良好的制度环境。

三 做法分析

江阴市围绕开发开放体制改革进行了系统谋划和深入探索,聚焦开发开放体制改革的重点领域和关键任务,取得了显著成效,形成了诸多有益经验。

(一)聚焦顶层设计,明晰改革目标

1. 健全宏观制度框架,明确差异定位

《江阴市县级集成改革试点总体方案》(苏办〔2017〕26 号)确立了开发开放体制改革的总体目标和基本思路,为开发开放体制改革提供了制度依据。从总体方案来看,江阴市开发开放体制改革的重点内容主要围绕激发开发区发展活力和贸易便利化改革两个方面展开,既对改革的总体任务做了系

统谋划，又明确了不同开放园区在开发开放体制改革中的差异化定位。一方面，基于开发区改革的共性要求，构建简约化、高效化、扁平化、便利化的开发区治理结构，围绕体制机制、人事制度、财税管理、绩效考核等方面先行先试；另一方面，结合三大开放园区的改革重点和目标做了各具特色的规划，不断激发开发区发展活力。

2. 优化总体方案设计，狠抓政策落实

《江阴市开发开放体制改革实施方案》从指导思想、基本原则、改革目标、主要内容、组织保障等方面，对江阴市开发开放体制改革作出了系统谋划和具体部署。方案明确了开放园区行政管理体制改革，深化干部人事薪酬制度、行政审批与财税管理制度、绩效考核机制等；积极探索开放园区运营模式，推动临港经济开发区获批国家级经济技术开发区和江阴—靖江工业园区的创新发展；加快建设苏南国家科技成果转移转化示范区、江阴市综合保税区、国家知识产权试点园区、苏南国家自主创新示范区创新创业一体化服务平台。改革项目以园区提档升级为依托，以区域合作与融合发展为导向，以优化营商环境为主线，着力为开放型经济高质量发展提供多元化的平台载体、科学的体制框架、完善的制度体系、高效的运行机制、良好的生态环境。根据改革分工，各责任部门紧扣自身实际，加强制度创新，积极推动任务落实。如江阴市高新区针对园区干部人事制度改革，出台了《江阴市高新区特设岗位聘任实施办法》和《关于进一步加强优秀年轻干部选拔培养工作的实施意见》，为高新区的健康可持续发展提供了人才支撑。

3. 完善绩效考核机制，激发改革动力

通过绩效考核的"指挥棒"，江阴市先行先试、积极探索，以绩效考核促进开发开放体制改革，激发干事创业的内生动力。制订了《江阴市开放园区高质量发展工作目标绩效考核实施方案》，规定"经济发展、改革开放、生态文明、城乡建设、人民生活、政治建设高质量和个性工作目标绩效考核"七个方面的考核内容。其中，经济发展高质量涉及综合实力、转型优化、自主创新等43项内容，改革开放高质量包括12项内容，生态文明高质量包括8项内容，城乡建设高质量包括5项内容，人民生活高质量包括

11 项内容，政治建设高质量包括 10 项内容。设计加分项和扣分项以及一票否决机制，以更加全面、清晰的绩效考核，进一步激发开放园区党员干部二次创业的激情和干劲。

（二）聚焦"一体五用"，探索改革路径

以"开发开放"为主体，围绕体系完善、合作交流、载体构建、产业促进、人才招引五个方面开展机制创新，形成"一体五用"的开发开放体制改革总路径。

1. 完善体系，提升管理效能

聚焦资源整合、简政放权、人才激励、财政资金等重点环节，深化多领域的行政体制改革，构建以集中高效的行政审批体系、选贤举能的激励保障体系、精简规范的财政管理体系为目标的"区镇街园一体化管理"。在组织架构层面，以区街实行规划建设、经济发展、财政管理、组织人事管理、社会管理、行政审批、综合执法、考核管理、纪检监察"九个统一"为主体，打造"一个条块融合的行政管理体系"；在人员配备层面，围绕人员的使用、考核、薪酬、管理、任免等，打造"一个步调统一的系统管理体系"，形成人员精准定位、任用创新大胆、薪酬统一规范、考核全面覆盖的管理格局；在服务供给层面，整合区域内现有服务资源，缩短服务流程、延伸服务触角、提升服务效率，打造"一个声音一致的精细服务体系"，形成集中高效的政务服务中心、精准精干的管理服务指挥中心、创新创业的建设促进服务中心。

2. 合作交流，释放发展动能

瞄准地域空间上的大开放格局，加强区域合作、实现一体化融合发展的平台和机制，如打造境外经贸合作区、推动内外贸江海联结等。江阴—靖江工业园区将推动江阴、靖江两市融合发展作为重要任务，紧紧抓住长三角一体化国家战略的良好机遇，全力推动联动开发向融合发展的转变，高质量跨江融合发展取得阶段性成果。2019 年，两地共同出台《江阴—靖江创建高质量跨江融合发展实验区行动计划》，成立江阴—靖江高质量跨江融合发展

实验区联席办公室,建立江阴—靖江上市公司党建联盟,推动筹建江阴—靖江船舶海工、钢结构产业联盟。以融合发展为导向的跨行政区域深度合作,有力地促进了江阴—靖江工业园区的高质量发展。2019年,江阴—靖江工业园区完成地区生产总值98.4亿元,增长6.7%;规模工业总产值177亿元,增长3.6%;公共财政预算收入8.91亿元;进出口总额9500万美元,增长40.37%;实际利用外资5505万美元,战略性新兴产业实际使用外资比重91.1%;港口货物吞吐量3502.4万吨,增长7.4%。

3.构建平台,健全园区载体

各园区把握自身优势,主动对接国家战略,瞄准实体经济转型升级的现实需要,着力建设开发开放的高层次平台载体。如高新区加快建设苏南国家科技成果转移转化示范区,先后获批创新型特色园区、火炬特色产业基地、国际科技合作基地、苏南国家科技成果转移转化示范区、大中小企业融通型创新创业特色载体等国家级载体,建成自创区双创一体化服务平台和省内首个设在县(区)的省技术产权交易市场地方分中心,在上海、深圳建设2个异地科创孵化器。临港经济开发区加快建设苏南自主创新中心新能源产业园,已培育出以远景能源、中建材浚鑫、双良光催化、艾尔姆为代表的一批实力雄厚、拥有自主核心研发能力的龙头企业,风电、光伏产业链已初具规模,新能源产业产值占规模以上工业产值的比重达70%。

4.产业集群,夯实开放基础

立足"制造业第一县"优势基础,瞄准产业转型升级和高质量发展的现实需要,江阴市从招商引资、集群发展、开放升级等维度夯实开发开放的产业经济基础,加快推进特色产业集群高质量发展。江阴高新区坚持把培育高新产业作为"东部科创城"的动力之基,以项目攻坚行动为主抓手,按照"五个一"(一龙头企业、一专项政策、一研究院、一产业基金、一主题产业园)模式,着力打造现代产业体系。其中,现代中药和生物医药产业拥有天江药业、普莱医药等代表性企业,获批国家火炬计划现代中药配方颗粒特色产业基地,2019年产值占全区规模以上工业总产值的比重达3.5%。临港经济开发区围绕"打造竞争力一流的国际化开放园区"目标,确立

"产业集群强区"的发展战略,通过深化产业一体化规划、资源要素一体化整合等改革,扎实做好招商引资和项目建设工作,不断强化园区产业发展优势。围绕"区块链群"的顶层设计,按"龙头企业+重点企业+平台项目"及现有产业规模对产业集群进行梳理,形成"5+2+2+1"发展格局,即5个千亿级产业集群——智慧能源、中信事业、节能环保及光催化、保税小镇及加工贸易、智慧港口;2个已建成的传统千亿级产业集群——金属新材料、石化新材料及清洁能源;2个百亿级新兴产业集群——智能制造、高端包装及现代家居;1个创新中心——南理工江阴创新港及军民融合产业基地。

5. "双招双引",积蓄发展动力

"双招双引"是开发开放体制改革的关键一招,更是推动园区高质量发展的重要保障。江阴市完善"双招双引"常态化机制,加大创新创业扶持力度,通过引进高端人才、核心技术和关键项目,构建特色鲜明的科技创新生态体系,形成了人才集聚与产业发展互促共进的良好局面。高新区结合机构职能调整,将高层次人才招引工作纳入招商局工作职责范畴,确保招才引智工作与招商引资工作同步计划、同步部署、同步落实。自2019年以来,已引进科技人才项目21个、新增高层次人才40人。积极打造"高新优才服务"品牌,陆续推出政策宣讲类、企业引才类、沙龙讲座类、人才服务类等服务项目;筹建人才服务网上平台,为企业和人才提供集政策申报、人才服务、咨询解答、活动组织于一体的"一站式"网上服务平台,让各类人才融入高新区,安心在高新区创新创业。

(三)聚焦三大园区,明确改革重点

作为实行国家特定优惠政策的区域,开放园区自设立之初就是对外开放的前沿阵地和重要平台载体,在发展开放型经济、扩大对外开放过程中扮演着极其重要的角色。江阴市将三大园区作为经济发展的主战场、开发开放的主阵地、改革创新的试验田,坚持用改革打破制度藩篱,释放发展活力、破解发展难题。

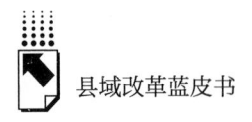

1. 高新区：率先突破，打造自主创新示范区

高新区以高质量发展为引领，以苏南国家自主创新示范区建设为主线，以项目攻坚为重点，紧抓重大外资项目引进。产业培育上，着力构筑以特钢新材料及制品为特色，微电子集成电路、现代中药和生物医药、机械智能制造为支撑，新能源汽车及关键零部件为战略的"1+3+1"先进制造业体系，被纳入国家创新型产业集群试点。创新提质上，加快培育创新主体，集聚创新资源，构建了"科技型中小企业—高新技术企业—创新型领军企业"和"雏鹰企业—瞪羚企业—独角兽企业"高新企业发展路径，并依托国家级孵化器、科技企业加速器，在美国、瑞典建立"海外孵化器"，在上海、深圳设立"异地孵化器"，借力海内外创新资源，推动更多科创型项目落户高新区。项目招引上，瞄准世界500强和著名跨国公司，重点在5G应用、大数据、生命健康等未来产业领域利用外资上取得突破性进展；紧抓优质外贸企业培育，大力引进优质进口商、经销商、服务商，大力发展跨境电商，推动一批新型、优质外贸企业在区内集聚。体制机制上，不断深化"区街合一"改革，调整优化内设科室及职能，公开竞聘遴选中层干部；积极深化行政审批改革、省开放园区生态环境政策集成改革试点，加快构建全链审批模式，探索形成的"双告知、双反馈"工作机制在全市范围内复制推广。

2. 临港经济开发区：大胆探索，打造国际化开放园区

临港经济开发区以打造产业集群、招引培育龙头项目和基地型项目为重点，通过区域一体、市场整合等举措，在经营、管理、技术、市场等方面加快与国际接轨，提升国际化程度，构建开发开放新蓝图。一方面，区域一体协同发力。加快融入苏锡常都市圈和长三角区域一体化发展，依托临港六大特色园区的集群优势，做大优势，做足特色，打造具有比较优势的产业高地；依托江阴港，深化与上海港、宁波港的战略合作，打造长三角江海联动区域性组合港、综合型物流服务中心；依托江阴综保区，主动承接上海自贸区和自由港的溢出效应，提升完善江阴综保区的功能业态；依托南理工江阴校区和江南大学江阴校区，打造长三角G60科创走廊和人才科技高地。另一方面，市场整合全面发力。坚持"走出去"与"请进

来"相结合,引导企业用好国际国内两个市场,在全球范围内配置资源、集聚要素。依靠产业优势,引导企业主动对接疫情后全球产业链整合以及世界 500 强、知名外企的兼并重组联合并购,打造外资招引新高地,补齐经济国际化短板。依托远景 AESC 智能电池、大昌行长三角食品加工物流园、中向旭曜土壤改良剂等一批超亿美元、超 10 亿美元重磅项目,以及 29 个超亿元在建项目、34 个在批拟建项目的推进,进一步提升国际化水平,为企业利用国际资源赢得发展空间。

3. 江阴—靖江工业园区:融合发展,打造跨江联动引领区

江阴—靖江工业园区瞄准创造高质量跨江融合发展试验区目标,强化系统性思维,突出整体性谋划,不断创造示范性实践,坚持主动融入,推动要素共享,聚焦产业导入。园区已成功打造中国民营造船、国家重钢结构两大产业基地,"特色冶金—机电—汽车零部件—特色车辆""特色冶金—钢结构—船舶修造"两条产业链,形成特色产业和央企项目集聚的态势。创造了最大的集装箱船、最高建筑的钢结构、最先进的高速铁路线缆、跨度最大的跨海大桥钢箱梁、最高强度的系泊链五个"国内之最"。在此基础上,以园区为载体,推动两地空间共构,搭建覆盖两地的公共资源共建共享平台,逐步实现两地公共服务制度、服务标准、服务内容的同城化,在跨江融合中激发新动能,放大沿江优势、放大功能优势、放大协同优势,为江苏跨江融合发展提供新路径,为扬子江城市群建设、长三角一体化发展乃至长江经济带建设作出新探索。

(四)聚焦营商环境,彰显改革优势

江阴市围绕开放型经济的现实需要,坚持以优化营商环境为主线,着力构建国际一流的营商环境。深入推进简政放权、放管结合、优化服务,通过推动口岸管理能力现代化、创新"关税汇"协同便利化等有效举措、加快发展江海联动的枢纽港口、建立口岸综合查验新机制等方式,强力推进营商环境建设,深入激发各类市场主体活力,着力打造对外贸易的"高速通道",构筑开发开放的制度环境优势。

1. 优化政务环境，提升开发开放活力

着力打造新型亲清政商关系，减少各种制度性成本，降低市场准入门槛，充分激发市场活力。以"证照分离"深化"放管服"改革，2018年5月，江阴市以高新区为试点单位，全面启动"证照分离"改革。构建分级分类的办理模式，将100项行政审批事项分成五类，即完全取消审批的改革事项（5项）、审批改为备案改革事项（2项）、全面实行告知承诺制的改革事项（23项）、提高透明度和可预期性的改革事项（37项）、加强市场准入管理的改革事项（33项），分别采取相应的改革推进思路。构建互联互通的监管模式，推动准入式监管转变为创新性的事中事后监管，通过创新机制、部门联动、信息共享强化监管。构建便捷便利的服务模式，坚持以"惠企利民"为出发点，严格按照"一站式、一网通、一条龙"的要求，以"店小二""急郎中"式服务，优化服务流程，提高服务成效，真正让企业"少跑路"。

2. 优化国际贸易环境，构建优进优出的贸易新格局

瞄准国际贸易的堵点、痛点、难点，通过搭建平台、降低成本、简化流程、提高效率、协同监管，为企业国际贸易创造安全、便捷、高效的运行环境。一方面，依托绿色、开放的枢纽港口建设，优化设施硬环境。提高核准标准，简化口岸查验和改扩建手续，完善综合功能，深化战略合作等，发展江海河联动的枢纽港口。整合临港产业链，打造一批进口消费品物流基地、扶持建设木材交易中心、申报建设进口肉类等指定口岸，发展多元贸易的开放港口，长江港口综合物流园成为全市首家超千亿元园区。另一方面，强化电子口岸和大通关建设，优化服务软环境。2018年9月，江阴市完成对接国标版"单一窗口"的各项工作，口岸查验单位全部实现互联互通，通过"单一窗口"实现"一口对外、一次办理"，申报应用率达100%，全链条压缩通关时间，实现了"数据多跑路，企业少跑路"。瞄准制约国际贸易便利化的流程、手续等环节，从码头开放、船舶靠港、货物通关等环节优化审批流程，简化锚泊手续促港口高效运营，简化开放手续促港口能级提升，简化通关流程促货物出口时效，不断提高通关效率。着力推进"一体化"查

验、"个性化"处理、"电子化"监管、"高速化"退税四个方面的系统创新，全面提升"整体通关时间"，国际航行船舶查验时间已由原来累计约 8 小时/艘缩短为 1 小时/艘。

3. 优化国际投资环境，构建招商引资新格局

为创造宽松的国际投资环境，吸引更多高层次外商直接投资，为开放型经济高质量发展夯实资本基础，江阴市全面深化招商体制机制改革，着力构建招商引资新格局。优化工作机制，配备专业化人员，实施企业化管理，激发招商活力，构建一体化大招商格局；优化多维规划体系，优化整合空间布局，优化提升软硬环境，统筹招商资源，打造产业高地。推行产业项目准入评审制度和产业项目联审会签制度，优选优质项目，保证要素资源集聚。通过"严督查、真考核、重杠杆、明导向、重奖惩、快兑现"，强化督查考核，加快项目落地。跨境电商呈现良好发展态势，2020 年底，澄江跨电产业园预计可完成进出口超 5000 万美元、邮政跨电产业园日发单量超过 1100 单、云蝠跨电产业园实现出口 3000 万美元。在利用外资方面，到位注册外资连续多年位居江苏县级市首位。2019 年，全市新批外资项目 36 个，完成到位外资 9.31 亿美元，其中投资总额超千万美元项目 20 个（超亿美元项目 2 个，超 3000 万美元项目 7 个），战略性新兴产业使用外资占比 67.2%。对外投资方面，2019 年，完成备案对外投资项目 30 个，完成对外直接投资总额 2.52 亿美元，连续多年稳居江苏省同类城市前列。

四 改革评价

为对江阴市开发开放体制改革的总体情况作出客观评价，一方面，设计评价指标体系，邀请相关专家打分，对改革的总体绩效进行定量评估；另一方面，通过对企业进行问卷调查，了解企业对改革的认知情况和满意度，并利用企业问卷调查数据结果验证诠释相应指标得分情况。

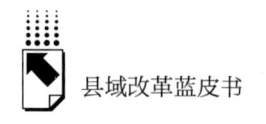

（一）总体设想与指标设计

为清晰把握江阴市开发开放体制改革的总体情况和绩效水平，借鉴已有研究成果，从制度设计、改革过程、改革成果、群众满意度四个维度设计指标体系（见表1），对此项改革进行综合定量评估。

1. 制度设计

开发开放体制改革是县级集成改革的重要内容，科学合理的制度设计是改革的初始步骤，也是改革取得成功的先决条件。因此，制度设计应对照系统性、集成性、协同性的要求，重点考量制度依据的充分性、制度体系的完备性、制度内容的特色性。

2. 改革过程

规范高效的推进过程是集成改革取得成功的关键。改革的推进是根据预期目标实现情况对原定方案进行优化的动态过程，经过充分调研准备，制定系统改革方案，根据方案确定步骤、任务、思路，灵活运用适宜手段解决突发问题、控制各种风险，最终完成改革任务。因此，应重点考量组织领导的权威性、职责分工的合理性、改革对象的参与性、信息传递的及时性、控制机制的有效性。

3. 改革成果

改革成果既包括以制度文件、工程项目等为表现形式的直接成果，又包括以成本节约、利润改善、经济增长等为表现形式的间接成果。因此，改革成果应重点考量其制度创新效应、工程推动效应、经济增长效益、社会生态效益等。

4. 群众满意度

开发开放体制改革必须遵循以人民为中心的发展理念，把群众满意度作为衡量改革成效的最终目标和最高标准。因此，群众满意度评价，要考虑不同群体的差异化需求和对改革的差异化态度，既考量改革的总体满意度，也关注人民群众对重点改革的满意度。报告采用专家打分法进行权重确定和指标估值。由10位专家，依据相关制度文件、经验做法以及企业问卷调查统计结果，对江阴市开发开放体制改革的各项指标进行评分，计算平均值

(见表1)。采用李克特五级评分法对各指标进行打分,按照非常好、好、较好、一般、较差依次取5分、4分、3分、2分、1分。指标分值乘以权重,逐级合并计算,得出改革的总体得分。不同分值区间对应的评价等级依次为:(1)优秀:4.5~5分;(2)良好:4~4.5分;(3)中等:3.5~4分;(4)尚可:3~3.5分;(5)差:3分以下。

表1 江阴市开发开放体制改革评估指标体系

一级指标	二级指标	三级指标	权重	分值(分)
制度设计 (0.3)	制度依据的 充分性(0.1)	与上位规划的衔接	0.05	5.0
		与国家战略的对接	0.05	4.9
	制度体系的 完备性(0.1)	覆盖整个行政区域范围	0.02	5.0
		涵盖开放型经济的关键领域	0.04	4.8
		呼应企业的现实诉求和难题	0.04	4.3
	制度内容的 特色性(0.1)	规划建设多元平台载体	0.05	4.1
		富有区域特色的政策	0.05	4.3
改革过程 (0.2)	组织领导的 权威性(0.1)	成立专门领导小组	0.05	5.0
		明确相关部门职责分工	0.05	4.9
	实施过程的 效率性(0.1)	改革对象的知晓度和认同度	0.05	2.4
		信息传递的及时性	0.02	3.3
		风险控制机制的有效性	0.03	3.4
改革成果 (0.25)	改革的制度 创新效应(0.05)	制度文件的数量	0.02	4.5
		制度文件的实施层次	0.03	3.4
	改革的工程 推动效应(0.05)	工程开工建设情况	0.02	4.2
		园区载体建设情况	0.03	3.4
	改革的经济 社会效应(0.15)	经济增长效应	0.06	4.2
		社会服务效应	0.04	4.1
		生态环保效应	0.05	4.1
群众 满意度 (0.25)	总体满意度(0.13)	总体满意度	0.13	4.1
	分类满意度(0.12)	"激发开放园区发展活力"满意度	0.02	4.2
		"做优开放园区功能载体"满意度	0.02	4.1
		"加强区域合作协调机制"满意度	0.02	4.1
		"培育跨境电子商务"满意度	0.02	3.2
		"提升江阴市港能级水平"满意度	0.02	4.1
		"深化电子口岸和大通关建设"满意度	0.02	3.1

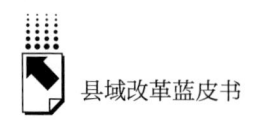

（二）企业调查与统计分析

作为开放型经济高质量发展的主导力量，企业对改革的认同度和参与度直接影响改革成效，其对改革的满意度更是评价改革成败的根本标准。课题组设计发放"江阴市开发开放体制改革企业调查问卷"，了解企业对改革的认识水平、参与程度、重点需求和满意度评价等。借助问卷星平台进行问卷的发放、回收和统计工作，获得有效问卷76份。从企业类型来看，81.58%的样本企业为民营企业，外资企业占比为11.84%；从业务类型来看，61.84%的样本企业有外向型经济业务（外贸或外资）；从行业类型来看，80.26%的样本企业属于制造业企业；从企业规模来看，63.16%的样本企业属于主营业务收入超过2000万元的规模以上企业。

1. 样本企业对开发开放体制改革的认知水平相对偏低

问卷结果显示，对江阴集成改革和开发开放体制改革表示"非常熟悉，了解其中与本企业有关的主要内容"的企业占比分别仅为3.95%和2.63%；表示"听说过这个概念，但不知道含义"的企业占比最高，占比均为48.68%；表示"完全不熟悉，从未阅读过相关信息"的企业占比分别为14.47%和15.79%。结果表明，近四成的样本企业对集成改革和开发开放体制改革的认知水平相对较高。

对于围绕开发开放体制改革提出的五大功能区载体，26.32%的受访企业表示"都不了解"，除"临港经济开发区升级为国家级经济技术开发区"的知晓度达到57.89%之外，其他四类知晓度都没有超过半数，江阴综合保税区为48.68%，国家知识产权试点园区为30.26%，苏南国家自主创新示范区创新创业一体化服务平台为26.32%，苏南国家科技成果转移转化示范区为21.05%。

2. 样本企业对改革的制度设计和实施效果评价较高

问卷结果表明，认为江阴市开发开放体制改革相关政策体系的科学完备性"非常好"和"较好"的受访企业占比分别为34.21%和55.26%。认为设计相关政策和制度的合理性可行性"非常好"和"较好"的受访企业占比分别为34.21%和53.95%。认为改革内容和举措推进效率"非常好"和"较好"的受访企业占比分别为36.84%和53.95%。认为改革内容对企业发展难题和需求的呼应程度"非常好"和"较好"的受访企业占比分别为31.58%和53.95%。认为改革对江阴经济保持中高速稳定增长的促进作用"非常好"和"较好"的受访企业占比分别为35.53%和56.58%。认为改革对本企业高质量发展的促进作用"非常好"和"较好"的受访企业占比分别为43.42%和46.05%。认为改革对本企业降低通关成本、扩大出口的促进作用"非常好"和"较好"的受访企业占比分别为42.11%和46.05%。

3. 样本企业对改革总体满意度较高

数据分析显示,样本企业对开发开放体制改革的总体满意度较好,总体满意度在"较好"以上水平的受访企业合计占比为88.16%。86.84%的受访企业对"激发开放园区发展活力"改革满意度评价"较好","做优开放园区功能载体"为85.53%,"加强区域合作协调机制"为86.84%,"培育跨境电子商务"为84.21%,"提升江阴市港能级水平"为86.84%,"深化电子口岸和大通关建设"为85.52%。数据显示,企业对改革总体的满意度与对改革具体内容的满意度均超过85%,达到改革预期目标。

(三)改革成果与实效

江阴市开发开放体制改革在制度性成果、平台性成果、项目性成果等方面各有千秋,显著提升了开放型经济高质量发展绩效。

1. 形成了富有针对性和操作性的制度性成果

改革项目直接以制度文件的出台作为项目完成验收的标志性成果,为相关工作推进提供了坚实的制度保障,清晰呼应了改革发展中的突出难题。江阴市牢牢把握开放型经济发展的重点难点,将改革重点放在园区、口岸、通关、电商、港口等方面,从载体、机制、成本、服务、安全等多维度解决了外资和外贸的发展难题;以激发园区活力和优化园区功能为统领,对三大园区的改革重点和目标任务做好了差异化的系统谋划,既明确

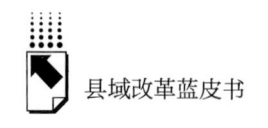

了改革的空间载体，又有利于改革的试验试错和风险控制；注重利用自身基础设施优势和多重国家战略溢出效应。改革形成了一系列制度性成果，制度红利不断显现，破解开放型经济高质量发展的现实难题，为开放型经济高质量发展创造了宽松的政策环境，对开放型经济高质量发展的贡献持续增强。

2. 形成了富有广泛性和系统性的平台性成果

改革形成了一大批覆盖广泛的平台性成果，为深化改革提供了服务优良、运转有效的平台支撑。按照线上线下有机结合的原则，系统谋划、配套建设各类服务平台。围绕"创新创业一体化服务平台"建设的促进服务中心项目（含窗口服务区及双创服务广场）、线上平台系统网站及手机App等通过了省级验收。秉承资源整合、开放合作的原则，围绕资本运营搭建高层次组织平台。依托"国有资本运营平台"建设搭建一系列投资基金平台，与无锡金投共同成立5000万元天使基金，与省高投及毅达资本共同成立10亿元VC基金和20亿元并购基金，与江阴市互助担保公司、江苏中普金融外包服务有限公司等共同成立江阴市中小企业转贷基金等。

3. 形成了富有示范性和带动性的项目性成果

江阴市开发开放体制改革注重体制改革与项目建设的良性互动，建成一批合乎改革方向、政策带动效应明显的项目性成果，为相关改革工作的进一步深化提供了务实有力的项目支撑。江阴市高新区围绕生态园区建设启动的"310"五项整治53个项目中，23个已完成，29个正在有序推进中，"国家知识产权试点园区"项目通过省知识产权局组织的评审验收。

（四）评估结果

江阴市开发开放体制改革的总体得分为4.01分，处于良好区间。从一级指标看，制度设计（4.53分）、改革成果（4.32分）均处于良好区间，但改革过程（3.75分）和群众满意度（3.84分）处于中等区间。从二级指标看，制度依据的充分性（5分）、制度体系的完备性（4.6分）、组织领导的权威性（5分）均处于优秀区间；制度内容的特色性、改革的经济社会效应、总体满意度处于良好区间,得分均为 4 分;改革的制度创新效应(3.4 分)、改革的工程推动效应(3.4 分)、分类满意度(3.67 分)均处于中等区间;实施过程的效率性处于差区间,得分为 2.5 分(见表 2)。从三级指标看,与上位规划的衔接、与国家战略的对接、覆盖整个行政区域范围、涵盖开放型经济的关键领域、成立专门领导小组、明确相关部门职责分工、制度文件的数量 7 个指标得分处于优秀区间。结果表明,改革在制度设计和组织领导方面非常充分,有效呼应了企业的现实诉求。

表 2 江阴市开发开放体制改革评估得分

单位:分

一级指标	得分	二级指标	得分
制度设计(30%)	4.53	制度依据的充分性(10%)	5.0
		制度体系的完备性(10%)	4.6
		制度内容的特色性(10%)	4.0
改革过程(20%)	3.75	组织领导的权威性(10%)	5.0
		实施过程的效率性(10%)	2.5
改革成果(25%)	4.32	改革的制度创新效应(5%)	3.4
		改革的工程推动效应(5%)	3.4
		改革的经济社会效应(15%)	4.0
群众满意度(25%)	3.84	总体满意度(13%)	4.0
		分类满意度(12%)	3.67
总得分	4.01		

五 现实挑战与对策建议

(一)现实挑战

1. 制度层面:政策设计有待完善

实施方案是开发开放体制改革的纲领性文件,江阴市集成设计的一系列改革举措,成效明显。然而,面对新情况、新问题,方案尚缺乏及时有效的

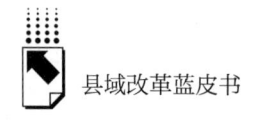

顶层设计。如，中美贸易争端、江苏获批自贸区的动向、进一步对接上海自贸区等，需要加紧研究、及时呼应。开发开放体制改革实施方案设计的内容涉及开放型经济发展的方方面面，许多特色鲜明的创新政策、创新举措缺少配套明确的操作细则，影响了改革实施的整体性。

2. 实施层面：项目载体建设有待提速

企业对改革举措的认知还不充分，参与度还不高，不少改革举措仍是政府主导推进，企业主体性作用尚未得到充分体现。问卷调查结果显示，有63.15%和64.47%的受访企业表示不熟悉江阴市县级集成改革和开发开放体制改革。改革规划的一批园区平台载体的建设进度相对较慢，实现预期目标依然任重道远。

3. 结果层面：制度成果溢出效应有待提升

开发开放体制改革过程中形成的许多文件在权威性和实施效力方面还有所欠缺，市级层面统一发布的文件数量相对较少，多为部门内部的规章性文件，制度成果的溢出效应大打折扣。开发开放体制改革的最终目标指向开放型经济高质量发展，肩负着促进外资外贸稳定增长、开放型经济结构转型升级等一系列重要使命。然而，在外需持续低迷、中美贸易冲突前景不明、宏观经济下行压力凸显等因素作用下，开发开放体制改革对经济高质量发展的促进作用尚有提升空间。

（二）对策建议

1. 优化制度设计

准确把握国际形势走向和国家战略挑战，及时优化开发开放体制改革的制度设计，将中美贸易冲突、逆全球化浪潮作为重要背景，在开发开放体制改革实施方案中提出应对措施。研究如何全面对接上海和江苏（苏州）两大自贸区的溢出效应，探索自贸区与自主创新示范区"双自联动"的开放新模式。进一步细化开发开放体制改革的实施方案，准确梳理相关改革任务清单，为改革的顺利推进提供政策依据。

2. 精细推进改革

适应政府机构改革的新变化，及时根据相关部门的职能调整情况，优化相关部门在开发开放体制改革中的职责分工。准确界定改革项目名称，规范项目验收清单，确保改革的整体性和精准性。加大宣传培训力度，让更多企业了解开发开放体制改革的相关内容，凝聚更大范围的改革共识，激励更多企业支持和参与开发开放体制改革。

3. 提升改革效益

辩证处理制度创设与改革创新的关系，不断提升制度设计的针对性和适应性，严格相关制度文件的落实，防止改革文件空转。注重推出项目性和平台性成果，提高重大改革项目、高端平台载体在改革成果中的比重，用实实在在的建设项目推动改革任务的落实。优化改革内容设计，拓展群众反映诉求的渠道，主动接受群众监督，不断提高改革的群众满意度。狠抓改革成果的落地转化，打通政策文件与建设实践的"最后一公里"，充分发挥改革举措对经济社会发展的现实促进作用。

4. 构建灵活机制

构建以各种领导小组和协调会议为主导的横向协调机制，系统谋划、协同推进改革。设立改革协调基金，对改革中承担成本较大的相关主体予以补偿。辅以相应的行政干预机制，借助非经济手段保障相关企业转型升级。建立风险监测和危机管理机制以防范改革过程中的系统性风险，及时发现风险并预警，妥善化解各种危机事件。

B.20
城乡发展一体化改革评估报告

江苏城市智库评估课题组*

摘　要： 城乡发展一体化意味着城乡居民享有同等的公共资源，具有相近的生活水平、生活方式和居住环境。本报告采用问卷调查、集中访谈等方式，围绕江阴市城乡一体化改革发展的集成理念、内在逻辑、实施路径、体制机制创新及改革成效等进行科学评估。报告认为，江阴市"以系统创新释放改革活力"，不断优化城乡发展五大服务体系建设，推动城乡公共服务资源均衡配置、功能配套集成高效，城乡居民日益享有均等的公共服务、社会保障和发展机会，获得感、幸福感不断增强，标志着江阴市集成改革在城乡发展领域取得重大突破，其做法与经验在全国范围内具有创新示范意义。

关键词： 城乡发展一体化　集成改革　乡村治理　江阴

一　总论

作为江苏省和全国的县级集成改革试点，江阴市自2017年7月开始启动全面推进集成改革试点各项工作，坚持"将全面深化改革进行到底"，从

---

* 江苏城市智库评估课题组：胡小武，博士，教授，硕士生导师，南京大学城市科学研究院副院长，江苏城市智库副理事长兼秘书长，主要研究方向为城镇化、城乡开发、城市生活方式、城市治理；李贻吉，南京市江北新区宣传与统战部综合办科员；孔剑寒，中央江阴市委党校（改革发展研究院）教师，主要研究方向基层治理社会管理、思想政治教育。

城乡发展一体化等七大领域系统布局，协同推进各项体制机制改革，不断释放改革红利，推动县域治理体系和治理能力现代化。作为经济基础较好的先发地区，江阴市集成改革，既是推动政治、经济、社会、文化、生态高质量发展等方面的率先探索，亦是对欠发达地区全面建成小康社会的路径引领，其集成改革理念、制度设计、政策推广等经验探索，意义重大，影响深远。遵循《中共中央 国务院关于建立健全城乡融合发展体制机制和政策体系的意见》要求，江阴市从产业融合、社会保障、生态文明、基础设施和社会管理五方面系统着力，推动城乡发展一体化体制改革纵深发展。城乡发展覆盖面广、内容繁复，全面评估江阴市城乡发展一体化改革成效，不仅具有梳理集成改革思路、推动制度优化的现实价值，也是推动县域治理体系和治理能力现代化建设的题中之义。

（一）评估目的及意义

本次项目评估旨在从现状梳理、内容体系、制度建设、改革效应、群众感知等多角度分析研判江阴市在城乡发展一体化领域的改革成效。具体包括如下问题。江阴市城乡一体化发展现状如何。其改革举措是否以满足人民美好生活需要为目标，是否聚焦制约江阴市城乡发展的短板。其推出的一系列改革政策和制度，是否符合治理体系和治理能力现代化建设的要求。其政策推行和制度重构过程，是否符合城镇化建设历史演变规律和新型城镇化的战略导向。其改革举措的实际成效，是否切实提升了广大人民群众的获得感和幸福感。其城乡发展一体化的改革经验，是否在改革方法和路径上具有开拓性、创造性和可复制性。通过对以上改革项目内容体系、改革过程和改革效应等多维度多领域的考察评估，解读改革内容对于江阴市发展的实际助益，探讨改革经验是否具有全国范围内的创新示范作用。

（二）评估的基本思路

本次评估力图从制度设计到政策落地、从资料分析到实地考察、从经验提炼到理论优化，全面评价江阴市城乡发展一体化改革。首先，评估江阴市城乡发展一体化改革在系统设计及实践推进方面的创新实践。其次，通过定量和定性相结合的调查研究，全面评估城乡发展一体化改革各项做法的实施成效及政策执行过程中相关主体的政策感知度和满意度。再次，结合实地调查的反馈和改革实践的资料分析，指出现实困境和有待完善之处。最后，深度考察其城乡发展一体化改革的设计思路、理念、体制机制建设等内容，系统归纳江阴市城乡发展一体化改革的内在逻辑，并提出改进策略。

（三）原则和方法

项目评估过程始终坚持客观、科学、公正的原则。科学设计调查问卷，如实客观记录，坚持"有一分材料说一分话"，不杜撰、不过度使用调查材料。坚持定量和定性分析相结合的原则。基于江阴市有关部门提供的销号材料，设计面向广大居民的改革感知调查问卷，从广度上确保数据的代表性和有效性；召集江阴市有关部门、改革重点乡镇和部分村社代表，分别召开主题座谈会，从深度上确保调研聚焦改革的重点难点。坚持微观效益和宏观效益相结合的原则。既分析各项改革举措带来的宏观社会收益，又关注政策执行的微观层面干部和群众的感知及满意程度。

江阴市城乡发展一体化改革项目第三方评估，综合采用资料分析、现场座谈、问卷调查等形式，具体分为三个阶段。

第一阶段：采用资料分析法对销号材料进行梳理和分析，归纳总结城乡发展一体化改革启动后的部门工作及实效。

第二阶段：采用现场座谈会的形式了解相关部门、各镇街及村社区对改革举措的实施参与和效果反馈。召开部门负责人座谈会、镇街干部座谈会、村社代表座谈会，全面了解相关情况。评估小组深度访谈近百人，整理1.2万字一手访谈资料。

第三阶段：采用问卷调查的形式了解不同类型居民对城乡发展一体化改革16个具体方面的感知与期待。问卷发放采取线上问卷星电子问卷和线下随机纸质问卷相结合的形式，共计发放有效问卷705份，其中电子问卷653份，纸质问卷52份；受访对象男女比约为4∶3，主要为20~60周岁具备劳动能力的中青年人；调查对象包括居住于市区、城镇、乡村的居民，涵盖户籍居民635人和非户籍居民70人。

二 改革项目概况

（一）改革项目的必要性和可行性

1. 必要性

首先，深化改革有其制度遵循。党的十九大报告提出，要坚持农业农村优先发展，按照"产业兴旺、生态宜居、乡风文明、治理有效、生活富裕"的总要求，建立健全城乡融合发展体制机制和政策体系，加快推进农业农村现代化。党的十九届四中全会提出，要健全城乡融合发展体制机制。构建区域协调发展新机制，形成主体功能明显、优势互补、高质量发展的区域经济布局。江苏省委多次强调，要积极鼓励基层探索创新，坚定不移把改革引向深入，不断为高质量发展增强新动力。推动城乡发展一体化体制改革，其实质就是通过系统创新释放改革红利，提升新型城镇化质量，助推高质量发展。其次，深化改革是对现实挑战的回应。当前江阴市城乡发展虽取得了一定成效，但还面临诸如村容村貌与城市发展不协调、农民增收渠道较少、增长乏力等现实困境。推动城乡发展一体化体制改革，就是通过一系列顶层设计和制度创新，逐步破除制约江阴市长远发展的体制机制壁垒，构建与当前经济社会水平相适应的新型城镇化动力机制和社会治理体系。

2. 可行性

江阴市城乡发展已有良好基础。2018年江阴市城镇化率达80.4%，高于2019年全国常住人口城镇化率近20个百分点（60.60%），高于2018年省内平均水平（69.61%），从绝对数值来看，江阴市城乡发展一体化水平已处于江苏乃至全国前列。当前，江阴市的城乡发展已进入内涵式发展的关键阶段，逐渐由原先的重数量向重质量、调结构转变。从2018年江阴市城镇化率镇街分布来看，利港街道等9个镇街已实现100%城镇化，璜土镇等

7个镇街的城镇化率还有提升空间。要进一步提升城镇化水平和质量，必须通过改革来创造区域发展活力。依托良好的城乡发展基础，2017年江阴市启动省级集成改革试点，本着"以改善民生为中心"的原则，有力有序推进城乡一体化各项改革工作，顺利完成6个方面50项具体改革任务，在城乡体制接轨、产业融合、资源配置、基层治理等方面取得了阶段性成效，为进一步破除制约长远发展的体制机制障碍、释放区域经济动能积累了经验。

总的来说，江阴市原有的城乡发展体制已不能更好地满足当前的城镇化发展需要，迫切需要通过改革对旧的体制机制进行系统创新。在这一背景下，城乡发展一体化体制改革既具有相对稳定的社会发展环境，亦符合以制度创新深化改革释放市场活力的调结构大趋势。通过城乡发展一体化体制改革，推动多领域资源优化配置，促进产业结构转型升级，为江阴市高质量发展释放制度活力。

（二）改革项目的系统性与协同性

1. 系统性

从理念到策略，江阴市始终坚持"以系统创新释放改革活力"的核心原则，从城乡产业、社会保障、生态文明、基础设施和社会管理五大方面系统重构城乡发展一体化的改革路径。改革具体涵盖6大领域50项具体任务，以季度计划和验收审批的形式逐步开展。

从部门来看，江阴市城乡发展一体化体制改革由城乡发展一体化改革办公室牵头，涉及发改委、农工办、供销社、文广新局、自然资源规划局、人社局、物价局、公安局[①]等多个部门或单位。

从内容上看，江阴市城乡发展一体化体制改革的具体实践主要依托"五个化"（见表1），不断推进乡村治理体制机制创新，努力营造共建共治共享的基层社会治理新格局。

---

① 此为机构改革前的名称。

表1 江阴市城乡发展一体化改革主要领域及实施成果

改革领域	改革项目	具体工作
城乡产业发展一体化	发展现代农业	1. "百企建百园"工程 2. 华西现代农业产业省级示范园、华士鹏程蔬菜园艺全产业链示范区等现代农业项目
	三产融合发展	1. 研究出台《江阴市农村土地经营权抵押贷款试点工作方案》 2. 制订农产品加工业提升行动实施方案
	发展现代服务业	1. 实施"现代服务业提质增效三年行动计划",出台《江阴市开展江苏省服务业综合改革试点方案》 2. 发展现代物流 3. 推动电子商务创业孵化
城乡社会保障一体化	量化村级资产股份	1. 全市推广覆盖村级股份制改革,组建村级集体经济股份合作社 2. 出台《江阴市村级集体经济股份合作社股权集成工作实施办法(试行)》《江阴市村级集体经济股份合作社股权有偿退出(转让)工作实施办法(试行)》等系列政策
	建设乡村文化	1. 打造特色文化标识(徐霞客休闲旅游度假区、海澜飞马水城等) 2. 推进"书香江阴"建设,实施农家书屋提升工程
	推动多元办学模式	1. 实施集团化办学策略 2. 以"项目化建设"为抓手,建设初中学校发展共同体 3. 推动"一校一品"建设
	推广村级医疗互助模式	1. 推广"福村宝"村级医疗互助模式
城乡生态文明一体化	村庄环境整治	1. 落实"263"专项行动 2. 落实"河长制"管理 3. 建设村庄环境长效管理示范点
	农房翻建	1. 长泾镇、月城镇农房翻建试点 2. 第二批农房翻建推进
	特色小镇建设	1. 打造一批特色小镇 2. 推进美丽乡村、城乡发展示范镇等示范村镇建设
城乡基础设施一体化	推动快速交通体系建设	1. 全面推进"1234"交通重点工程
	"五网"升级工程	1. 大力实施安全供水网、污水处理网、供热供气网、环卫保洁网、路灯照明网"五网"升级工程
	水利工程建设	1. 创建"节水达标县" 2. 创建11项节水型社会建设载体 3. 落实31项防洪应急抢险工程项目

续表

改革领域	改革项目	具体工作
城乡社会管理一体化	网格化管理全覆盖	1. 三级网格化管理全覆盖 2. 构建"三级联动"机制 3. 试点高新区"政经分设"
	升级三务公开监管方式	1. 党务、村务、财务通过"一栏一网三屏"全媒体公示
	基层民主法治建设	1. 创建一批民主法治示范点 2. 打造基层治理"五化"工作新模式

高位统筹、系统谋划的改革部署充分体现了江阴市城乡发展一体化体制改革的系统性原则。首先，集成改革系统布局、七大领域协同推进为具体改革事项提供了制度环境支撑，有利于不同领域的改革策略互为借鉴、取长补短，促进整体改革平稳向好。其次，执行主体多元参与、有效互动，政府、企业、社会、公众等多主体参与和政府多部门联动协作，有利于推动城乡服务体系及功能配套更加集成高效。最后，执行策略有序推进，将持续优化解决城乡发展差距大、乡村动力不足、城乡公共资源配置不均衡、部门职能不清、基层治理无序等问题，同时也为全国县域城乡融合发展提供重要借鉴。

2. 协同性

江阴市城乡发展一体化体制改革的协同性，具体表现在政府职能部门的协同联动和政府与市场、社会的良性互动上。

职能部门协同联动。协同联动既是江阴市城乡发展一体化体制改革的工作机制特征，也是改革事项有序推进体现的制度优势。一是上下联动，建立"一把手"负责制，形成强劲的工作推动力，鼓励镇（街、园）出台激励政策，激发基层改革创新的积极性、主动性和创造性，引导基层一线干部更好担负改革重任；二是同级协同，如"加强镇村规划设计"改革事项，由自然资源规划局、农业农村局、生态环境局、公用事业局、各镇（街、园）等共同作为责任单位。

政府与市场、社会的良性互动。一方面是政府端，各部门明确改革目标，提出具体改革任务、思路举措、推进计划，逐季度验收审批，通过中期考核、地区交流互鉴、第三方评估等形式，不断产出调研报告、工作方案、经验总结等实际改革成果；各镇（街、园）进一步明晰改革定位和具体任务。另一方面是市场和社会端，充分发挥市场与社会的功能，构建政府、企业、社会、公众等多主体协同参与的动力机制，实现城乡居民在生活水平、生活方式及居住环境等方面的一体化水平提升。

（三）改革方法评价

江阴市城乡发展一体化改革方法整体呈现三个主要特征。

1. 制度设计全面布局系统创新

江阴市城乡发展一体化改革紧紧围绕 50 项具体改革任务，从城乡发展体制、产业发展激励等多方面创新制度设计，系统构建具有江阴特色的城乡一体化发展机制。制度建设方面，积极推动与经济社会发展相适应的体制改革，如以农村土地制度改革、服务业综合改革等为试点探索创新，推动形成适应现代市场经济的农村制度体系；经济建设方面，既注重以现代农业、现代服务业、三产融合等构成现代化产业体系，也关注居民增收致富的渠道保障，如率先探索村级股份制改革、创新集体经济组织治理结构和集体资产管理制度；文化建设方面，既有推动城乡公共文化服务资源配置均等化的"书香江阴"建设，也有依托历史文化底蕴打造文化标识的特色项目；社会建设方面，统筹教育、文化、医疗、养老等保障体系建设，统一规划区域交通体系、城乡公共设施、水利工程等基础设施建设，从网格化管理、三务公开、基层民主法治等方面优化基层治理建设；生态文明建设方面，以生态修复治理为核心，推进环境整治、农房翻建，不断提升农村宜居水平。

2. 政策落实多点统筹协调推进

江阴市不仅以制度创新强化顶层设计，而且更注重在政策落实过程中多点统筹协调推进。首先，在科学调研的基础上制订改革推进计划，依托大量翔实可靠的一手资料保证改革不断深入。其次，构建顺畅的工作联动机制，推动部门联动联管，畅通对上对下交流渠道，确保各项改革任务有力有序推进，如在推进"多规合一"试点中，由自然资源规划局牵头，会同发改委、

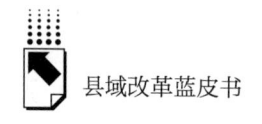

行政审批局、生态环境局等相关部门建立联动协同机制。最后，聚焦土地制度创新、村级经济壮大、特色小镇建设、社区基层治理等领域的重点难点问题，在深入调查研究的基础上，出台有针对性的实施意见和相关办法。

3. 以城带乡、以工哺农特质明显

城乡一体化发展体制改革的一个重要目标，就是构筑城乡要素对流机制以实现更好的资源配置，释放区域活力。在江阴的改革实践中，以城市资源带动乡村发展，包括公共文化服务资源、教育资源、基础设施建设等，通过改善乡村地区公共服务及其配套，改善乡村整体生活环境，提升生活质量。作为中国制造业第一县，江阴市充分发挥工业的反哺作用，在制度经验、产业转移、资源要素流通等方面推动城乡发展一体化。如依托海澜集团、阳光集团等明星企业打造特色小镇，引导资源要素向乡村集聚，如依托"福村宝"村级医疗互助模式探索城市职工医疗互助"福企宝"计划。概言之，以城带乡、以工哺农有助于缩小城乡差距，构建双向平等的城乡资源要素流通机制，挖掘城乡内涵式发展潜力。

三 改革内容分析

对江阴市城乡发展一体化体制改革的内容分析，主要从实践做法和体制机制建设两方面进行评析，提炼特色做法，总结制度创新成果。

（一）特色做法

江阴市城乡发展一体化改革，在经济、医疗、住房、文化生活等改革领域均形成了特色经验。

1. 股份制改革推动城乡经济一体化

乡村经济是江阴市经济增长的重要一极，量化村级资产股份、组建村集体经济股份合作社，是城乡一体化改革经济领域的重要举措。2019年江阴市累计组建村股份经济合作社238家，共有农民股东90.52万人，量化净资产53.9亿元，股东人均量化净资产5954元，累计分红30.2亿元，人均分红 3342 元，不仅实现了集体资产保值增值、农民增收，也盘活了农村产业发展资源，优化了村级经济要素配置。江阴市从实际出发，紧紧围绕农民需要，激发集体经济体制改革的内在动力，健全农村集体经济组织各项机制，建立现代化集体经济资产管理制度，出台并落实《江阴市村级集体经济股份合作社规范化管理实施办法》《江阴市村社分离——农村集体经济组织与村（居）委会财务事务分离改革试点意见》等一系列政策，为解决产权不清、主体不明、权益不清、流转不畅等问题提供制度遵循。

2. 医疗互助机制实现城乡医疗一体化

在国家基本医疗保险的基础上，江阴市率先推出"福村宝"村级医疗互助模式，通过政府资助、社会捐赠、集体出资和村民自筹等多渠道筹资，引入第三方管理运营，构建名副其实的"第二医保"，进一步补充完善居民的医疗保障。以 2018 年数据为例，自付医疗负担平均减轻了 16%，其中大病病种平均减轻了 19.7%。依托"福村宝"构建的乡村人口再保险机制，不仅具有减轻医疗负担的普惠性效益，直接提升了农村农民生活质量，也是利用市场手段破解"因病致贫返贫"的有效探索，为脱贫攻坚及建成全面小康社会提供了有益借鉴。该模式目前已辐射到全国 7 个省 106 个镇 1400 余个村，村民和社会赞助的补助资金已达 1.6 亿元，补助超过 11 万人次，体现了江阴市一体化改革在医疗保障领域的显著成效。

3. 农房翻建引领城乡居住一体化

以江苏省村庄环境改善提升行动为契机，以农房翻建和村庄环境整治行动为抓手，江阴市立足农民住房需求，推动乡村住房条件改善，完善公共设施配套，致力于实现城乡居住一体化。一是强化制度设计，出台农村住房建设审批流程、宅基地审批管理办法等配套政策，为解决审批、资金、技术等方面问题提供政策支撑；二是建立并完善市镇村三级联合联动的监管体系和工作机制，在编制规划、扶持项目、建设配套、督查落实等方面统筹布局，多元协同推动农村村民集中居住；三是以试点推广的形式推动农房集聚翻建，目前全市 14 个镇街 41 个试点村累计开工 1152 户，竣工 859 户。住房需求是民生保障的重要内容，也是美丽乡村建设的最直接展现，抓住农房翻

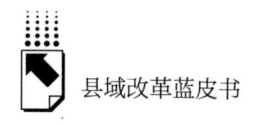

建这个"牛鼻子",显著提升乡村宜居水平,是江阴市城乡一体化改革在住房保障领域的关键一招。

4. 书香江阴助力城乡文明一体化

乡风文明是乡村振兴战略的要求之一,也是城乡文明一体化的重要组成部分。城乡一体化在精神文化层面更应表现为城乡在公共文化服务资源方面的均衡配置、在受益群体方面的普惠平等、在文化风格方面的各有千秋、在文化输出力方面的不相上下。城乡文明一体化的江阴实践,首先,系统设计,推动市、镇、村三级联动的公共文化服务设施资源整合与互联互通;其次,发挥城市引领作用,深化全市图书馆总分馆建设,实现通借通还;再次,重点优化乡村文化设施布局,实施农家书屋提升工程,改善乡村公共文化服务条件;最后,坚持普惠原则整体着力,打造全民参与的公共文化品牌,如城市阅读联盟、全民阅读公益服务点。在实践过程中,江阴市把书香城市建设作为提升居民文明素养的重要抓手,以名家讲座、阅读大赛等形式推动市级层面公共文化服务的全民参与,以演讲比赛、故事宣讲等百余项活动落实镇街层面的普惠性公共文化服务,以阅读为切口构建全民参与的公共文化服务体系,推动城乡文化生活一体化。

(二)改革的体制机制成果

1. 以镇企融合为动力,构建城乡发展持续一体化的长效机制

镇企融合是江阴市城乡发展一体化的原生动力。江阴市高位统筹规划,坚持"政府引导、企业主体、市场运作"的基本思路,以发达镇为先行试点,依托雄厚的产业基础,因地制宜打造各具特色的小镇品牌,以产业融合转型升级构成推动镇域经济发展的澎湃动力。在"三集中、三置换"① 的模式引领下,江阴市推动镇企融合作为城乡一体化的动力支撑,如新桥时装小镇依托海澜、阳光、精亚等品牌企业,打造集观光、体验、培训、赛事会

---

① "三集中":农民向小区集中居住,工业企业向园区集中,土地向规模经营集中。"三置换":农民将集体资产所有权、土地承包经营权、宅基地及住房置换成股份合作社股权、城镇保障和住房。

议、休闲度假等于一体，融合购物、娱乐、餐饮、住宿等内容的全旅游产业链，促进原乡村地区逐步达到甚至超越部分城区的高质量发展状态；璜土镇围绕"江南水乡·葡萄风情"小镇整体规划，充分利用优越的区位优势和葡萄、水蜜桃等特色产业优势，以"宜居、宜业、宜游"为标准，打造葡萄风情小镇，开发建设葡萄稻田漫步区、现代农业采摘区、篁村古村落体验区、民宿健康养生区、璜石湖休闲旅游区、水上休闲娱乐区等，努力将璜土建设成为"都市休闲观光后花园"。

2. 以系统集成为核心，革新城乡发展一体化的发展体制

江阴市城乡发展一体化体制改革的关键，就是以系统集成为核心，坚持系统谋划统筹兼顾，革新城乡发展一体化的系统体制。从改革思路来看，一是规划统筹，将乡村地区纳入区域整体发展规划，系统考虑人口、经济、资源、环境等问题，统筹区域发展基础、产业布局、人口与城镇体系、基础设施建设、环境治理保护等各方面，推动形成系统完善的区域发展战略布局，这是城乡发展一体化的"先手棋"。二是制度改革，以农村土地制度改革、服务业综合改革、村集体经济股份合作制改革等为试点探索创新，推动形成适应现代市场经济需要的农村制度体系，这是充分发挥工业反哺农业、城市带动乡村发展的重要保障。三是构建城乡平等的生产生活体系，在政务服务、经济生产、文化教育等各领域推动城乡平等的资源配置和要素对流，最终实现城乡一体化发展。从改革内容来看，主要包括生产方式和生活方式两个方面，从农村产业发展、特色小镇建设、社会管理体制等方面推动乡村生产方式与城市同步，从社会保障、生态文明、基础设施建设等方面推动乡村生活方式与城市同质。

3. 以改革事项为纽带，推动建立联动协同的工作机制

江阴市城乡发展一体化改革，将联动机制顺畅作为改革推进的发力要点。一是对具体事项的系统梳理，明确城乡发展一体化的战略方向和重点。二是明确部门责任和推进计划，每一项改革任务具体到责任单位，逐季度安排推进和验收审批，着力统筹推进各部门规划衔接，力争解决多规合一中"部门分散、系统繁杂、数据不一"的难题，实现信息共享。三是落实向上向下对接机制，推进村级资产核资、政经分设，形成"人口系数股"、中介

独立评估、三务公开"户户通"等一批具有江阴特色的改革亮点。江阴市城乡发展一体化改革的顺利推进,得益于建立联动协同的工作机制,这也是推动政府职能转型在工作机制方面的一大创新。

四 改革成效分析

坚持"以人民为中心"的理念,将群众评价作为江阴市城乡发展一体化改革评估的主要标准,通过电子问卷数据评估群众对改革各事项的满意度和期待值,结合资料分析和现场座谈,客观评价改革实效。

评估以矩阵列表的形式从17个具体事项考察居民的满意度,并由低到高给予1~5分[①]评价;以多选限制的形式考察居民对城乡发展一体化最期待的六大事项[②];结合填写者性别、居住地、户籍等基本信息对满意度与期待事项等进行交互分析。对问卷数据做Cronbach信度分析(见表2),信度系数值为0.918,大于0.9,说明研究数据信度质量很高;分析项对应的CITC值全部高于-0.2,说明分析项之间具有良好的相关关系。

表2 Cronbach信度分析

名称	校正项总计相关性（CITC）	项已删除的系数	Cronbach系数
1. 现代农业园区建设	0.848	0.910	0.918
2. 农村土地经营权抵押贷款项目	0.774	0.911	
3. 农村商贸流通服务体系建设	0.826	0.910	
4. 实施村级集体经济股份合作改革	0.833	0.910	
5. 推进"书香江阴"与农家书屋提升工程建设	0.814	0.911	
6. 推动"名校+"多元办学	0.816	0.910	

---

① 分值与选项相对应,1分:不满意(有负面影响);2分:不太满意(没有享受到改革成果);3分:一般(和自己没多大关系);4分:比较满意(有积极作用);5分:非常满意(对生活帮助较大)。

② 问卷罗列了人们日常生活中教育、医疗、养老、社保、公共交通、居住环境、住房、就业、社区治安、村经济管理、镇公共服务、休闲购物等若干需求,以多选限制的形式了解当前城乡发展一体化改革过程中哪些是群众更迫切的需求。

续表

名称	校正项总计相关性（CITC）	项已删除的系数	Cronbach系数
7. "福村宝"村级医疗互助模式	0.735	0.912	0.918
8. 生活污水治理	0.783	0.911	
9. 农房翻建工作	0.751	0.911	
10. 推进特色小镇建设	0.842	0.910	
11. 城乡公共道路建设	0.802	0.911	
12. 城乡公共巴士服务体系	0.764	0.912	
13. 打造安全供水网、污水处理网、供热供气网、环卫保洁网、路灯照明网升级工程（简称"打造五网升级工程"）	0.779	0.911	
14. 农田水利设施建设	0.829	0.911	
15. 实施市镇村三级网格化管理	0.801	0.911	
16. 村级党务、村务、财务全媒体公示	0.784	0.911	
17. 基层治理法治化、规范化建设	0.823	0.911	

（一）总体情况

从总体来看（见表3），17个事项①平均得分为4.28分，平均数大部分在4分以上，所有改革事项中，选择"非常满意（对生活帮助较大）"的人数占比均为最高，"比较满意"及以上的人数占比普遍超过70%，其中"城乡公共巴士服务体系"和"城乡公共道路建设"居民满意度超过90%。数据表明，江阴市城乡发展一体化的体制改革成果，普遍为居民接受和认可，且对居民的生产生活产生了实际帮助。

---

① 17个事项具体指城乡发展一体化五大方面的培育农业园区、出台《江阴市农村土地经营权抵押贷款试点工作方案》、发展现代服务业、组建村级集体经济股份合作社、"书香江阴"建设和农家书屋提升工程、"名校+"多元办学、"福村宝"村级医疗互助、生活污水治理项目、农房翻建、特色小镇建设、建设快速交通体系（公共交通、公共道路）、"五网"升级工程、兴建农田水利设施、三级网格化管理、三务（党务、村务、财务）公开、基层民主法治建设等17项内容，可参见表2、表3。

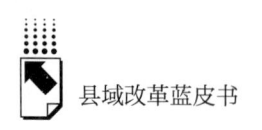

表3 居民对改革事项的评价

题目	不满意（有负面影响）	不太满意（没有享受到改革成果）	一般（和自己没多大关系）	比较满意（有积极作用）	非常满意（对生活帮助较大）	平均分（分）
1. 现代农业园区建设	10（1.42%）	25（3.55%）	96（13.62%）	245（34.75%）	329（46.67%）	4.22
2. 农村土地经营权抵押贷款项目	12（1.7%）	30（4.26%）	155（21.99%）	227（32.2%）	281（39.86%）	4.04
3. 农村商贸流通服务体系建设	5（0.71%）	17（2.41%）	130（18.44%）	245（34.75%）	308（43.69%）	4.18
4. 实施村级集体经济股份合作改革	10（1.42%）	19（2.7%）	93（13.19%）	255（36.17%）	328（46.52%）	4.24
5. 推进"书香江阴"与农家书屋提升工程建设	6（0.85%）	15（2.13%）	74（10.5%）	252（35.74%）	358（50.78%）	4.33
6. 推动"名校+"多元办学	11（1.56%）	34（4.82%）	84（11.91%）	237（33.62%）	339（48.09%）	4.22
7. "福村宝"村级医疗互助模式	6（0.85%）	19（2.7%）	49（6.95%）	190（26.95%）	441（62.55%）	4.48
8. 生活污水治理	10（1.42%）	33（4.68%）	62（8.79%）	262（37.16%）	338（47.94%）	4.26
9. 农房翻建工作	22（3.12%）	67（9.5%）	120（17.02%）	191（27.09%）	305（43.26%）	3.98
10. 推进特色小镇建设	11（1.56%）	38（5.39%）	101（14.33%）	223（31.63%）	332（47.09%）	4.17
11. 城乡公共道路建设	7（0.99%）	14（1.99%）	48（6.81%）	261（37.02%）	375（53.19%）	4.39
12. 城乡公共巴士服务体系	9（1.28%）	11（1.56%）	44（6.24%）	249（35.32%）	392（55.6%）	4.42
13. 打造安全供水网、污水处理网、供热供气网、环卫保洁网、路灯照明网升级工程	5（0.71%）	17（2.41%）	49（6.95%）	262（37.16%）	372（52.77%）	4.39
14. 农田水利设施建设	5（0.71%）	11（1.56%）	85（12.06%）	252（35.74%）	352（49.93%）	4.33

续表

题目	不满意（有负面影响）	不太满意（没有享受到改革成果）	一般（和自己没多大关系）	比较满意（有积极作用）	非常满意（对生活帮助较大）	平均分（分）
15. 实施市镇村三级网格化管理	12（1.7%）	21（2.98%）	66（9.36%）	253（35.89%）	353（50.07%）	4.3
16. 村级党务、村务、财务全媒体公示	7（0.99%）	13（1.84%）	56（7.94%）	236（33.48%）	393（55.74%）	4.41
17. 基层治理法治化、规范化建设	6（0.85%）	14（1.99%）	58（8.23%）	232（32.91%）	395（56.03%）	4.41
小计	154（1.28%）	398（3.32%）	1370（11.43%）	4072（33.98%）	5991（49.99%）	4.28

注：表中数据为调查问卷的份数，括号内数据为该项占总样本数比例。

居民对各改革事项的整体满意度较高，但各事项内部得分存在差异。其中，"福村宝"村级医疗互助模式，城乡公共巴士服务体系，村级党务、村务、财务全媒体公示，基层治理民主化、规范化建设，城乡公共道路建设，打造安全供水网等五网升级工程位列居民满意度评价前五位；农房翻建工作、农村土地经营权抵押贷款项目、推进特色小镇建设、农村商贸流通服务体系建设、现代农业园区建设、推动"名校+"多元办学分列居民满意度评价后六位，均低于平均水平。

形成差异的原因主要包括以下几点。一是各改革事项推行进度不一，如"福村宝"已由试点转向全域推广，基本实现全覆盖，已形成较为完备的制度流程和体系，而农房翻建等工作尚处于试点阶段，一些实际困境有待解决，尚未形成系统化的工作经验；二是改革事项的性质差异，城乡交通体系、五网升级工程、三务公开、民主法治建设等事项均以政府主导为主，行为主体相对单一，且多属于普惠性的公共服务领域改革，易于推行；而以市场为主要力量的农村土地经营权抵押贷款项目、特色小镇建设、商贸流通体系建设等事项，多属于生产方式的改革，且部分事项由居民个体担任行为主体，因个人受益程度不同，对改革事项的评价有所差异；三是改革事项的见效周期差异，"福村宝"、城乡公共交通体系等生活方式的改革，一经推行便产生经济社会效益；而特色小镇建设、商贸流通服务体系、现代农业园区建设等生产方式的变革，则需要一定运转周期才能带来显性收益；四是改革事项的推行质量差异，个别改革事项可能还存在制度设计的缺位或不足，以致居民整体满意度不高。

数据表明，一方面，城乡发展一体化体制改革使居民普遍受惠，突出表现为"福村宝"村级医疗互助模式的推广进一步提高了居民的医疗保障水平，建设城乡公共交通体系和打造五网升级工程等提高了城乡基础设施建设一体化水平，三务公开、基层民主法治建设等改革举措推动了农村社会管理体制不断优化完善；另一方面，在一些细分领域如农房翻建、农村土地经营权抵押贷款项目、特色小镇建设、农村商贸流通体系建设等事项，还需要通过优化制度设计、加快推广进度、强化显性收益等方式进一步提高改革能效。

（二）不同领域改革事项的群众感知

总体来看，产业发展、社会保障、生态文明、基础设施建设、社会管理五大领域改革事项的居民满意度评价有一定差异（见图1），其中基础设施建设领域的居民满意度最高，产业发展领域的居民满意度相对最低。

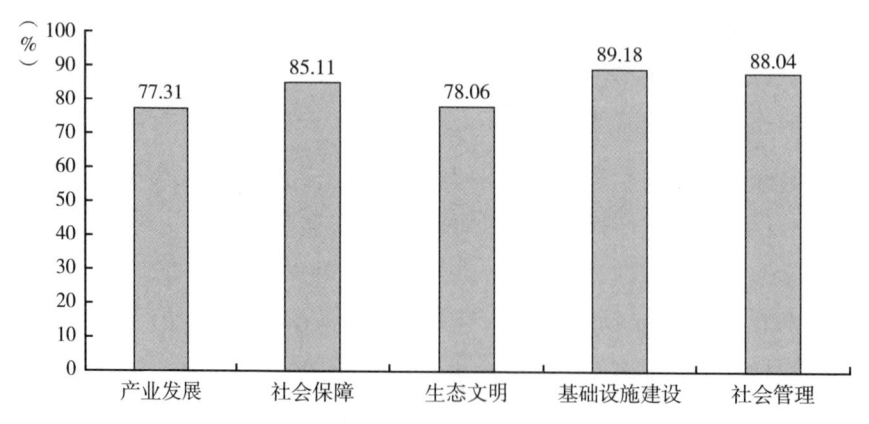

领域	满意度(%)
产业发展	77.31
社会保障	85.11
生态文明	78.06
基础设施建设	89.18
社会管理	88.04

图1　五大领域改革事项的居民满意度

产业发展方面（见图2），居民满意度由高到低依次为现代农业园区建设、农村商贸流通服务体系建设、农村土地经营权抵押贷款项目。农村土地经营权抵押贷款项目（试点工作方案）是扶持创新骨干企业、助力三产融合发展方面的具体举措，旨在拓展涉农创新骨干企业融资渠道，减轻融资负担，数据表明该项目还有优化提升空间。

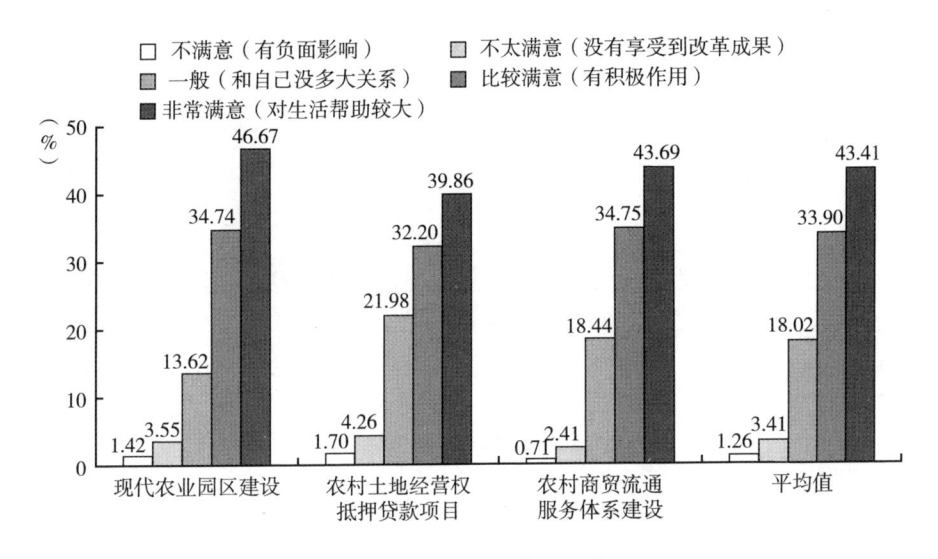

图例：
- 不满意（有负面影响）
- 不太满意（没有享受到改革成果）
- 一般（和自己没多大关系）
- 比较满意（有积极作用）
- 非常满意（对生活帮助较大）

现代农业园区建设：1.42、3.55、13.62、34.74、46.67
农村土地经营权抵押贷款项目：1.70、4.26、21.98、32.20、39.86
农村商贸流通服务体系建设：0.71、2.41、18.44、34.75、43.69
平均值：1.26、3.41、18.02、33.90、43.41

图2　产业发展一体化评价

社会保障方面（见图3），居民满意度由高到低依次为"福村宝"村级医疗互助模式、推进"书香江阴"和农家书屋提升工程建设、实施村级集体经济股份合作改革、推动"名校＋"多元办学。"福村宝"是江苏省内领先的新型"互联网＋"村级医疗互助模式，数据表明这一医疗保障模式卓有成效，已在全国范围内推广。

生态文明方面（见图4），居民满意度由高到低依次为生活污水治理、推进特色小镇建设、农房翻建工作。农房翻建工作是宜居乡村建设的重要内容，目前以长泾镇、月城镇为试点，逐步推进第二批12个镇街35个自然村的农房翻建，数据表明农房翻建工作的居民满意度低于平均水平。

基础设施建设方面（见图5），居民满意度由高到低依次为城乡公共巴士服务体系、城乡公共道路建设、打造五网升级工程、农田水利设施建设。数据表明城乡基础设施建设一体化领域的改革举措卓有成效，居民满意度普遍较高。

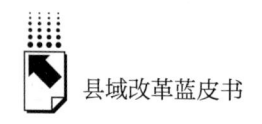

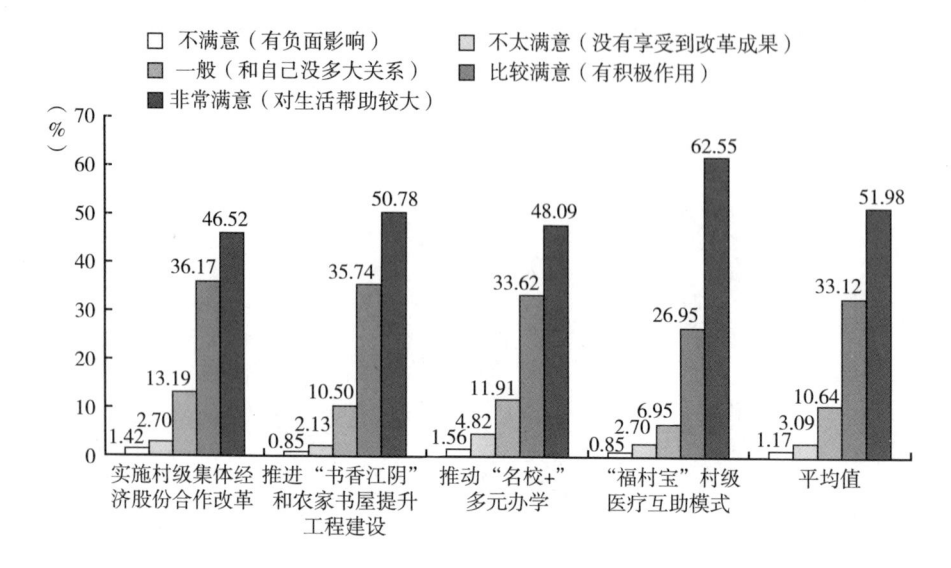

图3 社会保障一体化评价

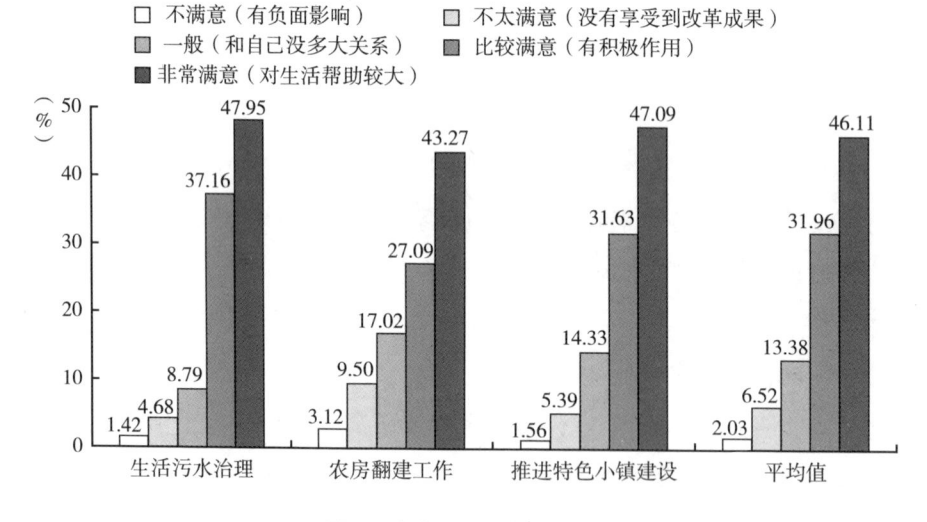

图4 生态文明一体化评价

社会管理方面（见图6），居民满意度由高到低依次为村级党务、村务、财务全媒体公示，基层治理法治化、规范化建设，实施市镇村三级网格化管理。数据表明城乡社会管理体制机制创新的一系列举措成效显著。三务公开

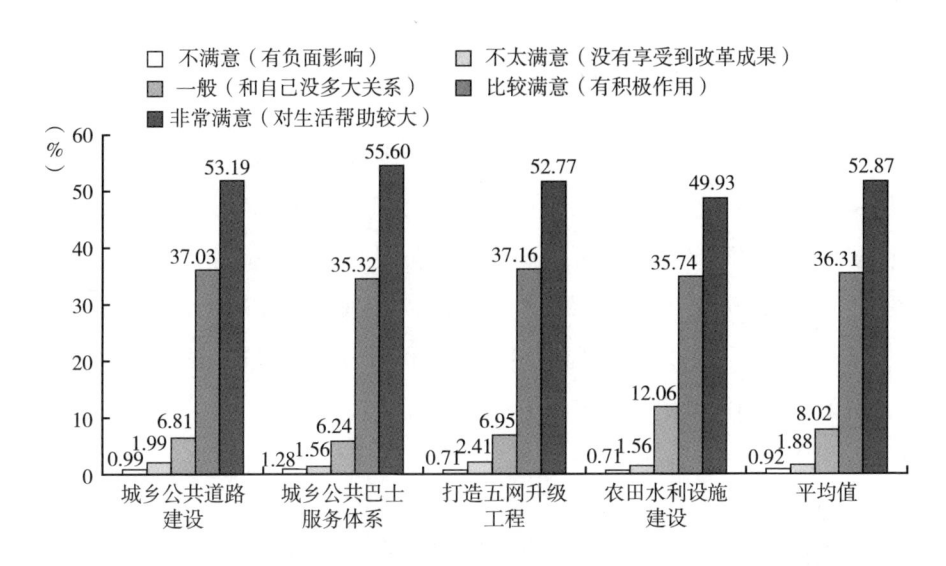

图5 基础设施建设一体化评价

的群众满意度最高，现代乡村社会治理体制逐渐成形。其中，实施市镇村三级网格化管理的居民满意度略低于平均水平。

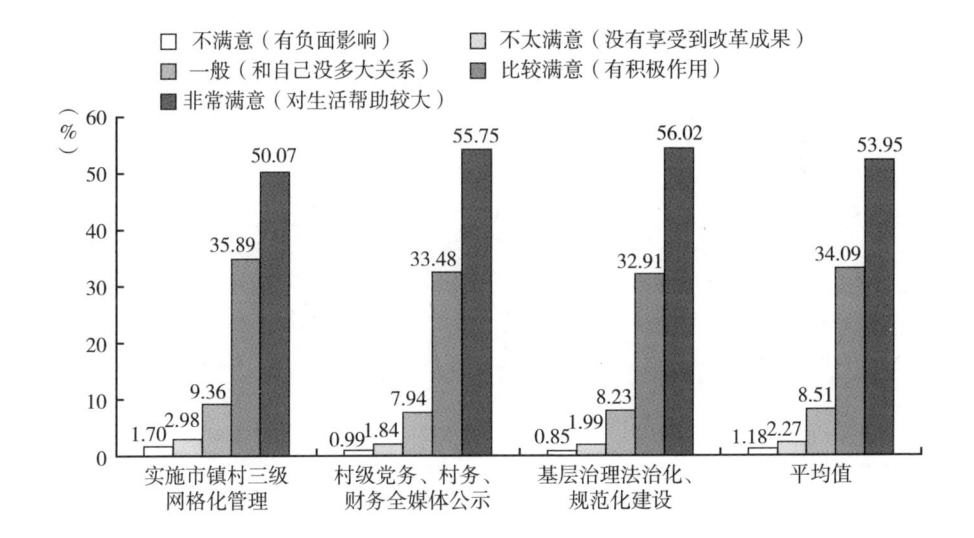

图6 社会管理一体化评价

（三）不同类型居民的改革感知

城乡发展一体化体制改革，关乎城市和乡村两类居民，在实际调研中，按居民居住地将受访对象分为市区、城镇（城市郊区）、乡村三类①，考察不同居住地居民对各改革事项的满意度评价（见表4）。数据分析显示，除"福村宝"村级医疗互助模式外，乡村居民对其他改革事项的满意度普遍低于市区和城镇居民，表明"福村宝"村级医疗互助模式成效显著，广受好评，也说明当前的改革举措服务中心更偏向于市区和城镇居民，乡村居民的感知度和满意度相对较弱。

表4 不同居住地居民对改革事项的满意度评价

标题	您的居住地属于			平均值
	市区	城镇	乡村	
1. 现代农业园区建设	4.250	4.266	4.144	4.217
2. 农村土地经营权抵押贷款项目	4.105	4.083	3.962	4.043
3. 农村商贸流通服务体系建设	4.224	4.235	4.102	4.183
4. 实施村级集体经济股份合作改革	4.276	4.294	4.152	4.237
5. 推进"书香江阴"与农家书屋提升工程建设	4.349	4.381	4.277	4.335
6. 推动"名校＋"多元办学	4.230	4.311	4.110	4.218
7. "福村宝"村级医疗互助模式	4.355	4.536	4.481	4.477
8. 生活污水治理	4.171	4.349	4.201	4.255
9. 农房翻建工作	4.072	4.042	3.856	3.979
10. 推进特色小镇建设	4.224	4.270	4.038	4.173
11. 城乡公共道路建设	4.408	4.439	4.337	4.394
12. 城乡公共巴士服务体系	4.461	4.484	4.337	4.424
13. 打造五网升级工程	4.408	4.467	4.292	4.389
14. 农田水利设施建设	4.309	4.398	4.258	4.326
15. 实施市镇村三级网格化管理	4.309	4.388	4.189	4.296
16. 村级党务、村务、财务全媒体公示	4.329	4.467	4.398	4.411
17. 基层治理法治化、规范化建设	4.401	4.439	4.390	4.413

① 居住地类型根据填写者的具体居住地划分，参考标准包括户籍类型、常住地行政区划属性、距离市区距离等。

按户籍考察居民对改革事项的满意度评价（见表5），可见非江阴户籍居民的满意度评价普遍低于江阴户籍居民，说明当前的改革举措让户籍居民更为受益，非户籍居民作为外来人口对改革的感知度和满意度相对较弱。

表5　不同户籍居民对改革事项的满意度评价

标题	您的户口属于？		平均值
	户籍居民	非户籍居民	
1. 现代农业园区建设	4.244	3.971	4.217
2. 农村土地经营权抵押贷款项目	4.080	3.700	4.043
3. 农村商贸流通服务体系建设	4.208	3.957	4.183
4. 实施村级集体经济股份合作改革	4.257	4.057	4.237
5. 推进"书香江阴"与农家书屋提升工程建设	4.373	3.986	4.335
6. 推动"名校+"多元办学	4.257	3.871	4.218
7. "福村宝"村级医疗互助模式	4.493	4.329	4.477
8. 生活污水治理	4.296	3.886	4.255
9. 农房翻建工作	4.019	3.614	3.979
10. 推进特色小镇建设	4.213	3.814	4.173
11. 城乡公共道路建设	4.427	4.100	4.394
12. 城乡公共巴士服务体系	4.458	4.114	4.424
13. 打造五网升级工程	4.413	4.171	4.389
14. 农田水利设施建设	4.362	4.000	4.326
15. 实施市镇村三级网格化管理	4.342	3.886	4.296
16. 村级党务、村务、财务全媒体公示	4.441	4.143	4.411
17. 基层治理法治化、规范化建设	4.439	4.171	4.413

（四）群众对改革事项的期待

为进一步厘清群众的具体需求，有效梳理城乡发展一体化体制改革的优化方向，要求受访者从教育、医疗、养老、社保等12个事项中选取6个最期待的改革事项。从普及率[①]和响应率[②]来看，医疗（75.9%，15.4%）、教

[①] 普及率：从整体上看，多选题各选项占所有选择的比例情况，比例较高项通常重点分析。本题目的拟合优度检验呈现显著性（chi = 1098.051，p = 0.000 < 0.05），意味着各项的选择比例具有明显差异性，可通过响应率或普及率具体对比差异性。

[②] 响应率：多选题各选项的选择比例，比例较高项通常重点分析。

育（71.3%，14.5%）、居住环境（63.0%，12.8%）、养老（62.1%，9.5%）、公共交通和公共道路建设（55.3%，11.2%）、社保（46.7%，9.5%）是群众最期待的改革事项。

同时，考察不同居住地居民对改革事项的期待。从居住地类型来看（见表6），市区居民最期待的事项是教育、医疗和居住环境，城镇居民最期待的事项是医疗、教育和养老，乡村居民最期待的事项是医疗、教育和居住环境。就与平均值差异而言，市区居民对教育、居住环境事项改革的期待值明显高于平均水平，城镇居民对社保的期待值明显高于平均水平。

表6 不同居住地居民对改革事项的期待值

改革领域	您的居住地属于			汇总（N=705）
	市区（N=152）	城镇（N=289）	乡村（N=264）	
教育更加一体化、均衡化	120（78.9）	217（75.1）	166（62.9）	503（71.3）
医疗	117（77.0）	230（79.6）	188（71.2）	535（75.9）
养老	94（61.8）	189（65.4）	155（58.7）	438（62.1）
社保	56（36.8）	157（54.3）	116（43.9）	329（46.7）
公共交通和公共道路建设	84（55.3）	168（58.1）	138（52.3）	390（55.3）
居住环境	107（70.4）	175（60.6）	162（61.4）	444（63.0）
住房	54（35.5）	83（28.7）	118（44.7）	255（36.2）
就业	32（21.1）	59（20.4）	51（19.3）	142（20.1）
社区治安	18（11.8）	45（15.6）	48（18.2）	111（15.7）
更好的村级经济管理	12（7.9）	30（10.4）	41（15.5）	83（11.8）
镇级公共服务	26（17.1）	43（14.9）	48（18.2）	117（16.6）
更好的休闲购物	38（25.0）	47（16.3）	40（15.2）	125（17.7）

卡方检验：$X^2=40.272\ p=0.010$

（五）改革实效分析

基于问卷分析与现场座谈，城乡发展一体化改革的系列举措从生活水平、生活方式和居住环境三方面切实缩小了城乡发展差距，生活水平同步提升、生活方式同步优化、生活环境同步改善。

1. 生活水平同步提升

居民生活水平主要包括收入、就业、消费能力等要素。基于城乡发展一体化改革推出的村集体经济股份制改革，拓宽乡村居民增收渠道，有效保障富民增收，入社农户超过95%，2018年人均分红达918元。江阴市构建以现代农业、产业融合、现代服务业为支撑的农业产业体系，推动了一批特色小镇项目建设，形成了成熟的现代工业产业体系，提供了大量充足的就业岗位和机会。通过"百企建百园"工程推动一批社会工商资本和新型农业经营主体投资落户农业园区，对推动农村产业聚零为整、提档升级，打造农业产业化龙头企业和品牌效应有直接助益。居民收入的提高带动了消费能力的提升，大病医疗救助、多元办学模式等社会保障体系解决了居民的后顾之忧。

2. 生活方式同步优化

城乡发展一体化，不仅是物质基础的一体化，更是意识行为的一体化，由传统的乡村生活方式向现代化的城市生活方式转变，有效推动了乡村居民的城市化和现代化。乡村居民的行为方式、消费意愿、择业观念、文化素质等已逐渐与城市的生活方式接轨。如农家书屋提升工程改善了城乡基本公共文化服务资源供给现状，提升了乡村公共文化服务能力，农家书屋的建设和运营受到乡村居民欢迎，全覆盖式阅读平台的建设推动了城乡居民文化生活方式的转变；户户通三务全媒体公开公示和基层民主法治建设等，便利了村民对村务信息的查询监督，促进了乡村居民更好地参与现代政治生活。

3. 生活环境同步改善

生活环境主要包括居住、基础设施等硬件环境和管理制度、文化教育等软件环境。交通体系、公共基础设施、水利工程等项目建设使乡村基础设施配套更完善；村庄环境整治、农房翻建等推动乡村生态环境质量提升，田园乡村呈现美好模样；产业布局优化同步带动了乡村就业环境的改善；"名校+"多元办学体制的完善推进乡村教育质量的提高；网格化管理进一步推动了乡村治理能力和治理水平的提升。乡土人才青苗奖等人才培养和激励政策，引导基层人才扎根乡村，助力乡村振兴。

五　问题与不足

（一）问题发现

1. 产业发展要素相对不足

城乡发展一体化体制改革依托技术和信息要素优势，在构建现代农业产业体系方面卓有成效，但部分产业还面临发展要素相对不足的问题。一是土地资源相对不足。在基本农田红线不能碰的前提下，一二三产业融合发展需要一定的建设用地，土地资源需求难以满足。二是涉农政策力度偏小。"百企建百园"工程实施过程中企业投资意愿不强；集体土地流转后，涉农散户的制度设计和政策安排不周全；农业股份合作制改革后的经营及管理模式等有待深化；村集体土地向园区流转，土地租金减少影响部分村级集体经济收入；城镇建设用地无法享受政策优惠，对企业投资的吸引力不强等。三是乡土人才资源相对不足。乡土人才比例偏低，专业领域的高精尖人才缺口较大，乡土人才的培育及其与产业的互动机制尚不完善。

2. 社会治理体系有待优化

目前江阴市已完成全域化的网格覆盖，但还存在一些不足。一是镇街管理层面的机制建设有待加强。镇街指挥中心设在党政办，办公地点设在综合执法局，事项管理归属综合执法局，人员和办公地点的分离，容易导致社会治理职能归口和责任分工不明晰。二是专职网格员短缺。当前网格员多由村（社区）工作人员兼任，时间精力有限，业务能力相对不足。三是网格化管理考核机制有待优化。目前一个事件要求一个月内结案的考核标准，容易导致网格员选择性上报或隐瞒不报、简单处理。四是网格化管理的思想认识和社会氛围不足。个别基层干部及群众对网格化管理的理解认识不到位，存在"应付式""表演式"开展工作的不良现象。从基层反馈来看，目前已实现了事项下放，但权责还有待下沉。在基层民主建设方面，老百姓更多的是想通过信访等形式反映诉求、解决问题，而通过民主协商、司法程序的意愿不强。

3. 社会保障体系尚有缺口

目前江阴城乡一体的社会保障体制机制已基本形成，但改革实效还有待增强。一是收入保障方面，村级集体经济发展不平衡，有的村集体经济实力雄厚，为民办事的能力较强；而有的村集体经济相对薄弱，难以满足村民多方面需求。二是文化保障方面，农家书屋管理体系有待优化，当前农家书屋管理主要由村社干部兼职，受时间精力的影响，加上农家书屋书籍数量不足、种类不多，不能充分满足居民日常的阅读需求。三是教育保障方面，"名校+"多元办学模式在满足学前教育需求、促进城乡教育资源合理配置方面发挥的积极作用还不够。公办幼儿园缺口较大，乡村学校面临"留不住老师"的客观窘境，师资力量相对薄弱。四是社会接纳方面，新市民融入成本较高，在公共资源享有方面与户籍居民仍存在一定差距。

4. 生态文明体系有待完善

目前江阴的村庄生态文明建设已改善明显，但在农房翻建、特色小镇建设和生活污水治理等方面还存在一些问题。农房翻建方面，土地腾挪大多需要整村翻建，涉及基本农田调整，沟通协调战线长，部分居民农房翻建意愿不强，据测算，农村居民自建房户均需投入30余万元，房屋翻建资金压力大，农村居民更愿意统一拆迁集中上楼。且翻建实操过程中还存在众口难调、选址困难、土地指标制约、审批手续繁复等问题。特色小镇建设方面，基础设施建设、人口、资金等方面存在缺口，个别产业集聚类型特色小镇如祝塘石墨烯小镇，其上下游产业链尚未盘活，相关产业处于停滞状态。生活污水处理方面，虽然"河长制"的实施一定程度上控制了污染排放，但污染治理的合力机制尚未形成，实际效果有待提升。

5. 基础设施建设有待提速

目前，江阴市已基本形成功能齐全、资源共享的城乡一体化基础设施建设体系，但城乡公共设施建设还需进一步统筹：一是管网工程按照户籍人口标准设计，不足以满足实际人口使用需求，且在实际改造中多项工程常有间隔，不能同时开工，致使对其他已建设施破坏较大；二是环卫职责划分不

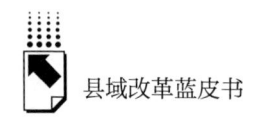

清,主干道、绿化带等分工权责有待明晰;三是垃圾分类还有待落实,垃圾投放设备比较简单,具体操作细则尚未出台等;四是快速交通体系建设面临规划布局难以适应产业发展与居民需求、环境承载力不足、土地资源达到规划上限、资金缺口较大等现实困难。

(二)制约因素

结合已有资料和实地调研来看,江阴市城乡发展一体化改革的纵深推进,还面临以下三方面的制约。

1. 城乡要素双向流动不畅通

城乡发展一体化在初级阶段主要由城市反哺乡村、工业反哺农业,重视发挥城市的引领和资源输入作用;当城乡基础设施、社会保障体系等公共服务资源趋近时,二者应当在经济社会发展贡献中取得相对均衡的比重,即实现生产要素在城乡之间的自由流动,乡村经济在区域经济结构中占一定比例。当前,江阴市以工业带动农业、城市向乡村的资源注入为主,乡村可能仅提供土地和廉价劳动力等低附加值的生产要素,且在项目决策中处于弱势,致使乡村地区在整体收益中居于附属地位,难以实现向城市地区的要素回流。

2. 就业人口结构及素质待优化

江阴市的现代工业产业体系较成熟,以冶金、纺织、机械、化工等为主的传统产业基础实、总量大、实力强,战略性新兴产业集聚效应逐渐显现,丰富的产业类型和庞大的企业规模提供了大量的就业岗位。与此同时,还可以进一步尝试释放第一、第三产业对就业的拉动力。受经济收入、基础设施建设、个人意愿等因素影响,乡村地区的年轻劳动力流失严重,部分高素质人才更愿意去大城市,而留守群体多为中老年人群,难以满足产业转型升级的人才需要。

3. 制度弹性有待提升

江阴市城乡发展一体化改革在一些具体改革事项中的制度弹性有待提升。由于区域内部发展不平衡不充分,部分镇(街、园)及村社区发展差异较大，主要表现为经济发展不平衡和公共资源配置不充分，这要求同一政策在不同镇街的基层实践需留一些制度弹性。具体来看，如部分经济强村对村民的保障已超越目前的"福村宝"政策标准，有的村"福村宝"集体经济发展还面临压力；乡村农房翻建由于部分居民面临较高的异地新建成本以致试点推广遭遇困境，同时面临房子成片连接不便实际操作、土地调整红线等现实挑战。

六 评估建议

（一）培育与完善农业产业发展要素

一是以市场经济导向引导农业产业发展。着眼长远，搭建推动农业产业持续健康发展的政策框架，不断健全市场机制，挖掘农村资源潜力，将农业产业发展的动力从政策导向转变为市场经济导向。二是以产权制度改革优化土地资源配置。以农村土地经营权抵押贷款试点为切口，慎重稳妥推进农村制度改革试点，推动土地要素市场化配置，为农业产业发展的土地使用建立制度支撑。三是完善乡土人才引进和培育机制。通过培育乡土人才为区域城乡发展提供人力资源储备，扩大范围，提高人才总量，通过各类专业技术培训和人才激励计划提高乡土人才整体素质，增强乡村环境对人才的吸引力。四是完善农业产业制度配套和金融支持。健全新型农业经营体系，创新农业社会化服务方式，对新型农业经营主体予以针对性、支持性政策帮扶，不断优化新型农业经营主体培育和成长的长效机制。

（二）优化城乡社会管理一体化体制

一方面，要持续优化三级网格化管理体制。深化部门职能配置和资源整合，明确网格员队伍建设和管理标准；强化网格化管理的思想认识，营造全社会共同参与的良好氛围；优化网格化管理考核机制，促进系统间互容共通、系统集成；适当调整网格化管理考核标准，设置网格员事件解决激励机

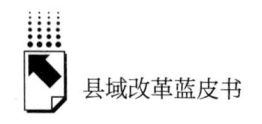

制；加强网格员队伍建设，优化人员配置，加强业务能力培训，提高解决问题能力。另一方面，善于运用智能化社会治理方式。推动市一级数据下沉到镇街，促进基层信息服务平台不断优化进步；树立大数据理念，强化基层政府人员的大数据意识，不断提升其利用大数据等信息化手段的工作能力和素质。以大数据提升乡村社会治理的精准性、预见性、高效性，引领乡村社会治理进入一个全新的智能化时代，从人工智能发展大势中挖掘巨大的价值。

（三）完善与优化社会保障体系建设

一是完善村集体经济发展的制度保障，不断拓展居民增收渠道。依托产业发展机遇，不断增强村集体经济综合实力，统筹农村转移劳动力就业工作，加强农民职业技能培训，实施更加积极的就业创业政策扶持农民灵活就业，拓宽农村创业增收渠道。二是以农家书屋提升工程为切口，不断提升乡村文化保障水平。持续擦亮重点品牌，推动市镇村三级联动的公共文化服务设施资源整合、互联互通；优化农家书屋阵地建设，积极探索新的公共文化服务方式，通过一些爆点策划活动深化乡村居民的文化生活参与。三是深化集团化办学，促进教育资源多领域多层次合理配置。以"名校＋"集团化办学为依托，做好农村学前教育集团化发展的整体规划；统筹规划宏观调控，优化配置优质教育资源；制定层次分明、系统健全的政策制度，加大财政投入实现对学前教育的普惠性支持，实施多重主体参与学前教育集团化发展策略。

（四）提升城乡生态文明建设动能

一是立足民众需求，有效推进农房翻建工作。创新农村土地资源流转制度，优化土地指标配置、审批手续等环节；适当采取补贴措施，加快农房翻建工作进程；在统一规划的基础上，鼓励居民在一定程度上自行设计和改造，形成个体特色，提升整体乡村宜居水平。二是强化配套支持，增强特色小镇可持续发展能力。尊重产业发展规律、城镇化发展规律和规划与运营并重的规律，在因地制宜规划定位基础上，加大财政投入，完善基础设施配套建设，从产业培育、企业招商和企业培育层面，构建具有产业特色的市场竞争力和健康可持续的运营体系。三是加强监控管理，健全生态环境长效保护和治理机制。重点解决部分地区管理交叉、权责不清等问题，严格落实水体保护，同时完善针对已污染水域的治理责任体系，构建大气污染防治机制，落实环境污染惩罚机制。

B.21
生态文明体制改革评估报告

南京大学评估课题组*

摘　要： 江阴市坚持"生态优先、绿色发展"的理念，以江阴"十三五"规划纲要的具体目标为导向，在大力构建生态安全格局、破解污染防治难题、推进水资源大保护、加强栖息地大保护、推动城乡生态融合发展、优化环保监管体系、实施污废全面监测、发展环境友好产业等方面形成了"江阴经验"。本报告通过资料与文献分析、实地走访和问卷调查、指标分析等方法，对江阴市生态文明体制改革整体设计方案、具体实施路径等进行了系统归纳、总结和评估。通过全面系统的评估工作，识别改革中的薄弱环节和存在的问题，并结合江阴实际提出进一步深化江阴市生态文明体制改革的意见和建议，为江阴市生态文明体制改革"再出发"找准"牛鼻子"。

关键词： 生态文明　体制改革　江阴市

---

* 南京大学评估课题组：花铭，博士，南京大学副教授，国际水协中国青年委员会副主席、国家环境保护有机化工废水处理与资源化工程技术中心副总工程师，主要研究方向为环境污染控制和区域环境治理；贾育红，博士，高级工程师，江苏禹治流域管理技术研究院有限公司总工程师，主要研究方向为生态环境规划、设计、评估咨询；刘志超，高级工程师，江苏禹治流域管理技术研究院副院长，主要研究方向为区域流域环境规划与管理、水资源管理及节水。

一 总论

（一）评估目的与意义

本报告以党的十九大精神、习近平生态文明思想为指导，坚持"五位一体"总体布局，坚持"生态优先、绿色发展"的理念，以江阴市"十三五"规划纲要的具体目标为导向，基于江阴市生态文明建设的基础、现状与特色，科学、客观、公正评价并反映江阴市生态文明体制改革的主要成绩与不足，明确江阴市生态文明体制改革深入推进的方向与重点。

以座谈会、问卷调查的方式，汇聚了社会各界对江阴市生态文明体制改革的看法，对江阴市已经采取的体制改革整体设计方案、具体实施方法等进行了系统梳理、归纳与总结。通过全面系统的评估工作，总结出江阴市集成改革以来在生态保护、环境质量、环境治理、资源利用等领域的先进做法，形成"江阴经验"，起到"试点建设"的作用；识别改革中的薄弱环节和存在的问题，为完善江阴市生态文明体制改革找出"突破口"；结合江阴实际，提出进一步深化江阴市生态文明体制改革的建议与意见。

（二）评估原则与依据

1. 客观性与全面性相结合的原则

本报告评估过程基于江阴市生态文明建设实际现状，客观全面地评估江阴市在生态文明体制改革中的创新突破和发展瓶颈，评估选择对象、评估内容等涵盖生态文明制度建设、环保项目审批、生态政策调控、生态建设具体举措、宣传教育、基础设施建设等领域。

2. 系统性与层次性相结合的原则

对江阴市生态文明体制改革的评估工作坚持系统性思维，将改革设计方案、实施方法、改革的成效与不足等视为一个完整的体系进行系统评估；坚持层次性原则，按照背景与现状的总结、先进做法的梳理、成效评估、意见

与对策等开展流程化评估。

3. 定性评估与定量评估相结合的原则

生态文明体制改革是一个复杂的系统性工程，涉及经济社会生活的方方面面。评估过程中，课题组充分参考与借鉴行业专家的意见和建议，特别是专家对改革做法、成效、问题等的定性观点；为使评估方法更具参考与借鉴价值，紧跟数字化、信息化的时代潮流，评价结果易于呈现与比较，本报告采取量化措施，结合定性评估的分析结果，以数字和图形的方式综合展示评估结果。

（三）评估思路与方法

依据国家《生态文明建设目标评价考核工作办法》《绿色发展指标体系》《生态文明建设考核目标体系》及相关学术研究，通过实地走访与召开座谈会，涵盖社会各界对生态文明体制改革的评价，汇聚相关专家对江阴市生态文明体制改革的观点；通过问卷调查、资料与文献分析等收集江阴市资源、环境、生态、经济、生活等生态文明建设的相关指标，使评价结果更具全面性、客观性；通过指标分析法，进行量化评估，使评估结果易于呈现与比较，更具科学性、可比性。

具体而言，课题组在江阴市生态文明体制改革评估过程中，采用的方法主要包括如下几个。

1. 实地走访与召开座谈会

组织江阴市各级各相关部门召开项目启动会、座谈会，听取各部门工作人员、行业专家等关于生态文明体制改革的观点、意见与建议。

2. 资料收集与分析

通过部门走访，收集《江阴市国民经济和社会发展第十三个五年规划纲要》《江阴市生态文明体制改革方案》《江阴市"十三五"生态建设与环境保护规划》《江阴市长江生态保护与绿色发展"1+9"规划》《江阴市水生态文明城市建设试点实施方案》等各类背景资料，并进行政策实效的分析与评价。

3. 问卷调查

基于国家、江苏省生态文明建设具体要求，设计调查问卷相关选项，了解社会公众对江阴市生态文明建设的知晓度与满意度，并收集相关意见与建议。"江阴市生态文明体制改革评价"问卷调查方式为电子问卷，共收到有效问卷585份，其中男性占69.6%，女性占30.4%；年龄集中在19~59岁。

4. 指标分析法

（1）指标体系

参考生态环境部和江苏省文件规定，构建覆盖资源利用、环境治理、环境质量、生态保护、增长质量、绿色生活等六个方面的评估指标体系，共38个指标。

一级指标权重与国家生态文明指标体系中确定的权重值一致，每项一级指标下，按二级指标的重要程度赋予不同权重，[①] 根据其重要程度，按总权数为100%，三类指标的权数之比为3∶2∶1。具体如下。

——资源利用指数（权重为29.3%）

该指标主要体现对生态资源的再利用，主要评价的是单位GDP能源消耗降低、单位GDP二氧化碳排放降低，在实际衡量的过程中，要积极对其未来的发展潜力、发展方向、基础设施匹配的程度、环境容量等客观因素进行系统的结合，综合性地对其生态的相容度进行有效的评价。

——环境治理指数（权重为16.5%）

该指标主要考察城市的环境治理情况，在实际评价的过程中，主要对化学需氧量排放、氨氮排放总量、二氧化硫排放总量等对环境有危害的指标进行评价。依托生态系统修复与治理效益的相关数据来全面展现生态系统的健康程度和生态治理投入之间的关系，从而更好地对生态系统自身的健康程度进行有效的风险评估。

——环境质量指数（权重为19.3%）

该指标主要衡量江阴市目前生态环境治理的成效，在实际运行过程中，主要是对空气质量优良天数、细颗粒物（PM2.5）浓度等环境有效指标进行

[①] 权重赋值参考已经审核、公开发表的学术文献《吉林市生态文明评价与对策分析》和《生态文明建设评价指标体系评析、比较与改进》。

评价分析。

——生态保护指数（权重为16.5%）

该指标主要对江阴市生态系统保护方面的成效进行评价，包括森林覆盖率、生态红线区域占区域土地面积比重、城市绿化覆盖率等重要指标。

——增长质量指数（权重为9.2%）

生态经济发展同样也和生态文明发展有重要的相关性，依托经济发展，生态文明建设也朝有利的方向发展。该指标主要考察人均可支配收入、第三产业增加值占GDP比重、R&D经费占GDP比重等关于经济增长质量的指标。

——绿色生活指数（权重为9.2%）

该指标通过江阴市公共机构人均能耗降低率、居民生活能耗中清洁能源的比重、城镇绿色建筑面积占新建建筑比重等来衡量生态文明发展情况。

(2) 分析方法

指标体系的测算方法采用综合指数法，根据江阴市"十三五"规划纲要中所设定的具体目标，对江阴市的资源利用、环境治理、环境质量、生态保护、增长质量、绿色生活等六个方面的指数进行测算，生态文明指数由38个指标个体指数加权平均而成，指数值在[60，100]。

计算公式为：$Z = \sum_{i=1}^{N} W_i Y_i$（$N = 1, 2, \cdots, 38$）

其中，Z为生态文明指数，N为指标个数，Y_i为指标的个体指数的权数，W_i代表指数Y_i的权重。

根据评价作用可以将生态文明指标划分成逆向指标与正向指标，根据指标数据的性质则可划分成绝对数指标与相对数指标。在计算指数时，需要把逆向指标和正向指标相互转换，把绝对数指标和相对数指标相互转换，再把总量控制指标转化为年度增长控制指标，最后标准化处理。

二　江阴市生态文明体制改革的背景

"生态兴则文明兴""良好的生态环境是最普惠的民生福祉"，生态文明是关系中华民族永续发展的根本大计。当前，我国已经进入工业文明向生态文明转型的发展时期，"生态文明"既是底线，也是转型升级的"高线"。近年来，江苏省开展污染防治攻坚战和系列保卫战，为生态空间保护、污染物综合防治和水体、大气、土壤污染流域共治等系列生态环境问题的全面解决创造了历史性的战略机遇。

党的十八大把生态文明建设纳入中国特色社会主义事业"五位一体"总体布局，明确提出大力推进生态文明建设，努力建设美丽中国。党的十九大报告明确指出，"建设生态文明是中华民族永续发展的千年大计""把我国建成富强民主文明和谐美丽的社会主义现代化强国"，将"美丽"纳入国家现代化目标中。《中共中央关于全面深化改革若干重大问题的决定》《关于加快推进生态文明建设的意见》《生态文明体制改革总体方案》等文件相继出台，既彰显了生态文明建设的重要性，也对当前和今后一段时期生态文明建设提出了更加明确、具体的要求。

江苏省委省政府积极响应党的决策部署与战略需要，深入贯彻落实"迈上新台阶、建设新江苏"的要求和任务，进入全面建成小康社会决战决胜阶段和积极探索开启基本实现现代化建设新征程的重要阶段。先后出台了《关于推进生态文明建设工程的行动计划》《江苏省生态文明建设规划》等系列文件，推动生态文明与小康社会建设的快速发展，为江苏自上而下的生态文明建设创造了良好的外部环境。

江阴作为我国县域经济发展的领航者，紧紧围绕"天更蓝、地更绿、水更净、空气更清新、环境更宜居"目标愿景，坚持问题导向，坚持市场化机制，坚持可复制推广，在体制机制建设、生态红线管控、污染强化防治、生态保护修复等领域进行了大量探索与实践。出台《江阴市生态文明建设规划（修编）（2016~2020）》《江阴市"十三五"生态建设与环境保护规划》《江阴市生态文明体制改革方案》《江阴市长江生态保护与绿色发展"1+9"规划》等顶层规划，在环保技防、水生态文明城市、绿色金融等生态文明领域改革成效初显。但受限于生态空间容量，江阴市生态文明建设仍面临转型发展绿色动力不足、环境持续改善压力加大等问题。

（一）资源供需矛盾突出，生态环境承载力趋于饱和

随着工业化和城镇化的快速发展，资源供需矛盾日益突出，资源需求持续增加，在一定程度上影响了地域经济社会的可持续发展。一方面，江阴市地域面积小、人口密度大、资源相对不足，煤炭石油以及金属和非金属矿产资源的供需矛盾非常突出，是典型的生态资源环境约束型地区。另一方面，江阴作为先发地区，传统制造业发达，资源消耗强度大，产业发展过程中所产生的废气排放量、污水量、废弃物等大幅增加，生态环境面临严峻挑战，环境资源承载能力逐渐趋于饱和，环境保护任重道远。

（二）环境质量不容乐观，群众美好生态需求迫切

改善生态环境，促进绿色转型发展，既是江阴稳固"中国制造业第一县"地位的"良方"，也是满足人民群众对美好生态追求的必然要求。截至2019年底，江阴市环境治理仍不容乐观，PM2.5平均浓度绝对值依然较高，对比江苏省平均水平及周边先进地区（张家港40微克/立方米、靖江48微克/立方米）仍有较大差距。虽然国省考断面均达标，但大多数断面仍存在单月超标情况，比如高新区金潼桥断面8月不达标、徐霞客镇湖庄桥断面8月不达标、长泾镇东青河晃山桥断面10月未达标，省"水十条"考核城市内河澄江街道锡澄运河五星桥、应天河彩云大桥年内未达标。

（三）产业结构性污染重，经济转型发展压力较大

长期以来，制造业都是江阴经济发展的主要动力，如何协调处理好经济发展与生态环境保护之间的关系是摆在江阴面前的一个重大难题。根据《2019年江阴市国民经济和社会发展统计公报》，江阴市三大产业比例为0.9∶51.0∶48.1。第二产业占比在50%以上，仍以钢铁、化工等高污染、高排放的传统产业为主，工业产品产量依然保持高速增长，污染态势依然严峻，总体上仍处于产业链和利润链的中低端，环境污染、能源与资源消耗量相对较大。另外，以科技为内涵的深加工、精加工和高附加值的高新技术产业的主导地位尚未确立，先进制造业发展速度亟须加快。

(四)治污基础设施尚不完善,环境监管仍需强化

一方面,污染治理基础设施尚不完善,污水集中处置、污泥处置、固废危废处置等设施无法满足现实需求。板块之间不均衡性大,污染治理不够扎实,"治水不治污、治污不达标"的现象依然存在。另一方面,环境监管难度大,从严执法与服务发展之间矛盾依然突出。江阴作为制造业第一县,企业范围广,排污总量大,环境监管手段以人防为主,面对监管对象点多、线长、面广、分散等问题,监管能力有限。部分企业由于环保管理水平不高、环保技术服务企业尚未形成规模,在非主观故意情况下仍然存在被查处的情况,从严执法与服务发展之间的矛盾难以调和。

三 江阴市生态文明体制改革的经验做法

(一)坚守底线思维,构建生态安全格局

习近平总书记强调,要牢固树立生态红线观念,不能越雷池一步。推进生态文明建设,需要与国家战略结合起来。当下,"长江大保护"战略已经成为全国人民的共识,江阴市做好生态文明建设,就要对照"长江大保护"战略,守住生态安全底线,制订好生态规划,构建生态安全格局。

1. 做好绿色发展规划,坚守生态底线

近年来,江阴市按照"水岸和谐、江河联动、江城互动、林湿一体"四大原则,全面实施江阴长江生态保护与绿色发展"1+9"规划体系,全面落实环境保护与污染防治、生态保护与修复、资源综合利用、城乡空间统筹发展等9个专项规划,合理布局生产、生活、生态三大空间,坚守生存线、保护发展线、扩展生态线。

2. 加强生态空间管控,严守生态红线

近年来,江阴市严格按照《江苏省生态红线区域保护规划》要求,保护风景名胜区、森林公园、饮用水水源保护区、重要湿地和生态公益林等5

类9处生态红线区域，总面积达121.07km²（见表1）。在这5类9处生态红线区域中，其中一级管控区达42.85km²，主要为水源水质保护区、自然与人文景观保护区、湿地生态系统保护区等，其余的为二级管控区。在一级管控区，严禁一切形式的开发建设活动；在二级管控区则是以生态保护为重点，实行差别化的管控措施，禁止有损主导生态功能的开发建设活动。

表1　江阴市生态红线区域

单位：km²

序号	红线区域名称	面积		
		总面积	一级管控区	二级管控区
1	要塞森林公园	2.20	2.04	0.16
2	定山风景名胜区	8.53	7.70	0.83
3	长江小湾饮用水水源保护区	2.65	1.19	1.46
4	长江肖山饮用水水源保护区	3.27	1.29	1.98
5	绮山应急备用水源地保护区	0.74	0.74	0.00
6	长江（江阴市）重要湿地	11.26	2.07	9.19
7	长江西石桥饮用水水源保护区	4.88	1.78	3.10
8	马镇河流重要湿地	64.22	10.62	53.60
9	江阴市低山生态公益林	23.32	15.42	7.90
	合　计	121.07	42.85	78.22

3. 构建生态廊道，优化生态安全格局

江阴市按照《江阴市主体功能区实施计划》的要求，在生态环境适宜性评价和潜在生态廊道网络识别的基础上，结合现状用地类型、道路、河流及其防护绿地等进行潜在生态廊道网络的优化，并综合考虑道路交通、高压防护廊道、燃气控制廊道等大型基础设计布局，以及生物多样性的保护，构建了江阴市"三横四纵多节点"生态安全格局。"三横"为长江水系带、马镇湿地水系带以及由定山、绮山、秦望山组成的山体带；"四纵"由桃花港河水系带、锡澄运河水系带、白屈港河水系带、张家港河水系带组成；"多节点"由定山、秦望山、马镇湿地构成。生态安全格局中生态要素总面积为197.46km²，占江阴市域面积的20%。

（二）推进专项行动，破解污染防治难题

生态文明建设重要的是攻破污染治理的难点，通过专项行动的方式，集中力量解决历史遗留问题。

1. 推进碧水保卫计划

江阴市大力推进城乡生活污水和黑臭水体污染防治，细化工业企业污染源排查，强化排污执法。2019 年，完成黑臭及劣五类河道整治 38 条，9 个国省考断面、7 个重点水功能区水质全面达标。经过对水源地开展专项整治行动，肖山水源地完成取水口迁建通水，绮山应急备用水源地实现蓄水运行。

2. 推进蓝天保卫计划

江阴市确定全市域为高污染燃料禁燃区，完成燃煤锅炉和窑炉分类整治，并配合开展了 VOCs 综合治理，推动化工、印刷包装、汽车维修等企业改造升级。同时不断加强扬尘和机动车船排气污染控制，共计淘汰高污染车辆 677 辆。在大气污染事件高发的秋冬季，强化大气管控，并完善工业、燃煤、车船、面源、挥发性有机物等方面的污染治理措施，有效减少了重点污染物的排放量。强化对农村秸秆焚烧等污染事件的管控，以 2019 年为例，全年综合利用秸秆量约 9.64 万吨，综合利用率达 95.38%，未发现因露天焚烧或秸秆抛入水体而引发的严重污染。

3. 推进土壤保卫计划

江阴市出台《江阴市污染地块环境管理联动方案》，加强污染地块联动监管。近年来，江阴市累计完成重点行业企业用地土壤污染状况调查，收集信息 289 家，现场探勘 396 家，审核并上传系统 42 家。针对土壤领域可能出现的污染，江阴市相关部门开展重点防控区土壤污染防控专项整治工作，建立全口径涉重金属重点行业企业清单 110 家，以便及时监控土壤污染情况。同时，协调相关部门开展土壤及地下水全年度自行监测工作。

4. 推进固废防治计划

江阴市全力推进固废防治计划，全面推动"无废城市"建设，进一步提升污染物处置能力，全面推进危险废物处置安全专项整治工作，对已完成

整治的7524家"散乱污"企业开展"回头看",杜绝死灰复燃,新增发现"散乱污"企业(作坊)66家,关停取缔63家,升级改造3家。对环保部门专项检查组交办的29项问题立行立改,全面整改到位,并对相关责任人进行了问责。督促推进固危废设施建设,推进秦望山产业园危废二期项目建设,秦望山产业园危废焚烧处置项目应急线建成投用,包括危废焚烧系统,并配套废水处理系统、废物收集和运输、废物暂存系统等辅助配套公用工程设施,全面实现工业废弃物的减量化、资源化和无害化处理。

(三)突出集约利用,推进水资源大保护

生态文明建设的重点是节约资源和保护环境,节约集约利用资源就是生态文明保护的重要基础。江阴作为工业强市,制造业领先全国同等城市,水资源消耗量大,属于水质型缺水城市,节约集约利用水资源是推进"长江大保护"、深化水资源利用保护体制改革的基础性工作。

1. 完善节水管理体系顶层设计

江阴市大力推动各项规划方案落地,将节水型社会建设与水资源管理制度、河长制管理、水生态文明建设、"长江大保护"等工作有机结合起来。近年来,完成《江阴市水资源管理"三条红线"规划》《江阴市"十三五"节水型社会建设规划》《江阴市水资源综合规划(2011~2030)》《江阴市"十三五"水资源消耗总量和强度双控行动实施方案》等顶层设计,形成了完善的节水管理政策支撑体系。积极营造全社会节水氛围,每年举行世界水日、中国水周、八月节水宣传月活动,有力地提升了全社会节水惜水护水意识。

2. 强化节水示范企业建设

江阴市以高新区和周庄工业园区为试点,积极探索水资源循环利用模式。全面推进节水型企业创建,苏龙电厂、利港电厂、兴澄特钢等用水大户顺利创建江苏省级节水型示范企业。目前,全市省级重点监控用水大户已超50%创建成节水型示范企业,62%以上的市级公共机构、16.7%的居民小区建成省级节水型单位,共建成工业、农业、生活等各类型节水型载体212家。打造了悦达企业合同节水、秦望山雨水收集、新桥污水处理厂尾水生态

净化、滨江污水处理厂中水回用等特色工程。

3. 积极推动农业领域集约使用水资源

江阴市持续开展农业水价综合改革，从严落实改革主体责任，积极出台相关改革政策，建立健全水价机制、奖补机制、建管机制和用水管理机制等四项机制，完善小型农村水利工程管护机制，管护效率不断提高。普遍实行农业用水总量控制和定额管理，建立并实施可持续的补贴和节水奖励机制，农业节水技术得到推广。改革后水费收缴到位，农民负担没有增加，高质量完成各项改革任务。江阴市全面完成农业水价综合改革面积36.9万亩，安装计量设施1600台，实现农业取水计量设施全覆盖。

（四）改善生态环境，加强栖息地大保护

生物多样性是城市可持续发展的基础，对改善城市环境、提高人民生活质量意义重大。将生物多样性纳入生态文明建设是城市发展的必然，维持生物多样性需要整合土地、修复湿地、加强栖息地保护，给生物提供良好的生存空间和发展环境。

1. 协调推进土地综合整治

土地综合整治应合理规划农村生产土地，加强农村土地的监管利用。江阴市按照"宜耕则耕、宜林则林、宜水则水"的原则，统筹安排土地利用方向、规模和时序，完善区域功能定位，构建生态综合体系，加强土地利用监管。以开挖中泓、疏浚河道、平田整地及营造沿线防护林带为手段，突出增地造地；以新增耕地和改善区域生态环境质量为目标，建立粮棉油、林果渔多种经营协调发展的生态农业系统和相应的农村产业结构，从根本上改善生态环境状况。

2. 持续推进湿地生态修复

湿地既是宝贵的自然资源，也是山水林田湖草生命共同体的重要组成部分。江阴市从面临的生态问题出发，通过促进水系沟通、水生植被建设、构建植被缓冲带和缓冲湿地，减少面源污染，恢复湿地自然生态功能。如窑港口生态湿地保护区建设以长江生态修复为主体，充分利用1400亩芦苇湿地，

构建鱼类栖息湿地，鱼类生活水道、产卵场、观测通道、生态修复浮岛、增殖放流点等单元，建设长江渔业资源保护区。另外，不断扩展湿地缓冲面积，对流经湿地的河流水体进行前置处理，提高进入长江重要湿地的水体质量。

3. 不断改善生物生存空间

江阴市为保护生物的栖息地，以原生自然特征为主，为生物预留栖息带，对桃花港河、西横河、青祝河、富贝河等郊野河流加强保护，形成自然生态状态的滨水空间，构建良好的生物栖息地；以净化缓冲功能为主，对锡澄运河、白屈港河、张家港河等流经不同区域的区域性河流，采用生态缓坡，在近水岸线建设缓冲湿地，降低人工干预，构建郊野型滨水廊道。

（五）做好城乡统筹、生态文明融合发展

城乡生态文明一体化是城镇化水平发展到一定阶段的必然趋势。将城市和乡村生态文明作为一个整体统筹谋划，充分发挥城市地区的先发优势，借助通盘规划、资源优化、要素对流等形式，加快推动城乡生态文明一体化建设进程，实现城乡生态文明融合发展。

1. 优化城乡宜居环境

江阴市坚持"城乡建设让生活更美好"的工作导向，加强各类保障，凝聚广泛合力，推动江阴城乡面貌、城市能级实现更大提升。如江阴绿道工程以水为脉、绕山成环，以园为核、串绿成网，串联城区内的"江、河、湖、园林"等不同类型的生态风光和多个历史人文景点，形成城乡居民健身步道、生态绿道、文化廊道。以一批高质量的滨江亲水工程，提升城市功能品质。加快推进锡澄运河公园、韭菜港公园、黄田港公园等工程建设，望江公园改造、应天河公园东段等项目建成开放，为打造美丽宜居城镇、实现城乡一体化发展开拓更广阔的前景。

2. 不断加快美丽乡村建设

江阴市全面落实农村人居环境整治三年行动，深入开展"道路绿化改造、沿路环境提升、农田环境治理、村庄面貌整治、河塘水质清洁"五大专项行动，创成江苏省级农村人居环境整治综合示范村14个、省级绿美乡村示范村

18个、无锡市美丽乡村示范村24个。以"空心村"、废弃地、闲置地整理和镇街企业用地整理为重点，调整优化农村居民用地布局，持续改善和提升农村人居环境，创建江苏省级绿化示范村10个，2020年，成片造林面积429.51公顷，林木覆盖率为24.49%，全市自然湿地保护率为22.6%。加大农业面源污染治理力度，实施畜禽污染治理（2016~2017年）两年专项行动，关停治理各类畜禽养殖场2200余家，规模化养殖场（小区）治理率达到100%。

3. 倡导城乡绿色生活

绿色生活是将环境保护与人们日常生活融为一体的新文明。江阴市积极构建城乡一体化公共交通网络，引导城乡居民绿色出行。目前，江阴市城市公共交通出行分担率为24%，镇村公交开通率达到99%，城市公交线路61条，线网密度1.8km/km²。推广绿色低碳智能化公交，清洁能源公交覆盖50%的公交线路，在江苏同类城市中率先建成以电子站牌、掌上公交、网站查询和触摸查询一体机为主要内容的公交乘客出行服务系统。在全国县级市中率先开通公共自行车交通系统，缓解公交车无法直达的"最后一公里"问题。

（六）压实主体责任，优化环保监管体系

改革生态环境监管体制、完善生态环境管理制度需要将责任落实到位，提高监管能力。江阴市通过压实责任、信用评价、全民参与，保障生态文明体制改革取得实效。

1. 完善环保责任考核体系

加快实现生态环境高质量发展，是经济社会高质量发展不可或缺的关键一环。江阴市出台《江阴市生态文明体制改革方案》《生态文明建设"一票否决"实施方案》等相关政策，从顶层设计入手，严格红线管控、强化污染防治和生态保护修复。不断完善责任考核体系，实现绩效考核部门"全覆盖"、目标任务指标"全量化"、考核等级"全分档"。压实各部门、社区、村居主体责任，明确任务、协调联动、密切配合，切实形成环保工作街道统领、各司其职、齐抓共管的良好局面。探索生态文明离任审计机制，干部离任不仅要算"经济账"，还要算"生态账"，用最严制度呵护绿水青山。

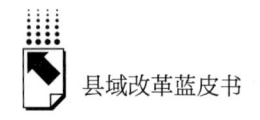

2.健全环保信用评价体系

江阴市积极推进企业环境信用评价,建立"守信激励、失信惩戒"的常态管理机制。环保部门借鉴交管部门12分记分制管理思路,依照《江苏省企业环境行为信用记分标准》,对企业环境行为进行记分,绿色等级企业(守信)环保信用分值为11~12分;蓝色等级企业(一般守信)环保信用分值为6~10分;黄色等级企业(一般失信)环保信用分值为3~5分;红色等级企业(较重失信)环保信用分值为1~2分;黑色等级企业(严重失信)环保信用分值小于或等于0分。目前,10239家企业已参加环保信用评价工作,其中绿色0家、蓝色10202家、黄色20家、红色0家、黑色17家。对黄色等级的企业,加大监察频次,督促其整改到位;对红色等级的企业,下达限期整改通知书,加大现场核查力度;将黑色等级、信访频繁的企业,列为重点监管对象,连续两年被评为黑色企业的,则列入关停计划,倒逼其转型升级。

3.强化环保网格监管体系

江阴市通过强化完善网格化监管体系,提升环境保护的公众参与度,发挥公众参与积极性。划分市镇村三级网格,保证环保系统各单元之间协同发力。村社区网格深入开展日常巡查突查、信访查处、"散乱污"整治、污染源普查等专项行动及矛盾化解工作。为环保巡查员配备移动执法记录设备,可实时定位、记录巡查信息,做到巡查留痕、执法有据。为提高网格员专项业务技能,江阴市常态化组织镇街园专职巡查人员业务轮训、现场教育、形势分析,对环境信访突出问题与热点焦点问题进行集中梳理、协调处置。

(七)技防结合人防,实现污废全面监测

废气与废水的实时监测是环境保护工作中至关重要的环节,不仅涉及有效数据的收集追踪,还会影响后续污染治理环节的力度和效果。因此,建设全市域的大气和水质自动监测系统,可以实现实时远程监控,为环境保护和治理提供事实依据和数据支撑。

1.以"天网工程"推行水气监测一体化

"天网工程"由大气自动监测站和水质自动监测站两个部分组成。大气监

测全市域。2018年全年建成六参数标准站20个，共设置PM2.5自动站5个，设置行政村简易PM2.5站260多个。水质监测全领域。水质自动监测站涵盖主要河流和断面，共建成70个四参数标准的涵盖国控、省控、生态补偿、环境质量等断面的水质自动站。主体责任全覆盖。全面压实属地镇街园管理责任，同时对照"集成改革"要求，推进环保部门与镇街园、城管、交通、水利、供电、供水等相关部门加强协作管理，通过"天网工程"，切实加强对各镇街园区以环境质量为核心的生态文明考核，真正实现责任共担、齐抓共管。

2. 以"环保管家"实现监测污染智能化

江阴市建立"环保管家"智慧管理平台系统，开启环保治理主动、系统、专业、长效的新模式，全面提升全市工业企业环境保护水平。"环保管家"对企业环境进行常态化监管，实现专业的事情由专业的人做，及时发现企业在环保手续以及污染防治措施方面的问题，为企业整改提出合理化的意见建议，助力企业及时开展整治。如在企业排污监管问题上，借助智能排污监管系统，实现污水处理上下游每个环节"全过程、全数据、全天候、无盲区"监管，进一步规范企业排污行为。建成固废管理"专车专账专频"管理机制，完成"环保一账通"及"江阴市污泥动态管理信息系统"监控平台建设，实现对固体废物从产生源头到处置末端的全过程跟踪监管，有效遏制了有害固废偷倒事件的发生。

3. 以用电监控系统实现监测不间断

江阴市采取企业投入、服务商运维的方式，对企业生产设备与环保治理设备用电数据、运行工况实行全天候不间断监测。通过关联分析、超限分析、停电分析等手段，及时分析和发现环保治理设备存在的异常情况。同时，基于历史数据的分析，可以追溯企业过去一段时间生产运行状态。运用技术手段逐步实现了"人防"到"技防与人防"的有机结合，缓解了环保工作量大面广但人手不足的问题。

（八）坚持绿色发展，发展环境友好产业

构建良好的生态环境，需要科技的有力支撑。只有坚持绿色发展，才能

推动经济发展方式根本转变，提高地区生态环境的承载能力，真正实现可持续发展。

1. 构建绿色工业体系

江阴市围绕资源节约、低碳可持续发展的目标，以淘汰落后产能、培育高新技术企业为具体抓手，建立符合生态文明发展要求的绿色工业体系，推动产业向质量效率型转变。重点以科技为动力，加快新兴产业培育，新能源、新材料、车船及机械装备、电子信息等重点领域得到长足发展。2019年，净增高新技术企业117家、全国科技型中小企业748家；新建院士工作站9家，省级工程技术研究中心累计达162家。市生命健康产业技术创新战略联盟成立，中科（江阴）创新园正式开园，不断提升企业自主创新能力和产业核心竞争力，促进经济结构调整和产业优化升级。

2. 优化绿色产业布局

江阴市大力推进长江大保护战略，实施"三进三退"（生态进、生产退，治理进、污染退，高端进、低端退），不断优化全市特别是沿江地区产业布局。大力淘汰落后产能，严守沿江生态红线区域，严禁在长江干流及主要支流岸线1公里范围内新建布局重化工园区和危化品码头，完成长江沿岸重点规划区域内化工企业的关停并转迁任务。自2017年"263"专项行动开展以来，累计关停化工企业115家。不断优化沿江地区产业布局，重点发展新能源、新材料等具有先发优势的战略性新兴产业和环境友好型绿色生态产业。

3. 推进绿色低碳发展

江阴市加大源头管控力度，始终坚持"控增量"与"减存量"并举，严格实行燃煤总量控制，全面取缔"十小"企业，坚决打好节能减排攻坚战。大力发展节能环保产业，推行生产清洁化、资源利用循环化，有效降低资源能源的消耗。突出节约集约用地，从严控制新增建设用地总量和土地开发强度，大力提升节地水平和产出效益。积极推进低碳城市建设，提高生态园区建设水平，全面实现生产、生活和消费方式的绿色化转型。

四 江阴市生态文明体制改革情况的评估结果与分析

(一)问卷调查法评估分析

1. 群众对生态文明了解程度分析

调查群体中,对生态文明不了解的占比3.42%,一般了解占比67.35%,非常了解占比29.23%(见图1)。群众对生态文明的了解程度仍有提升空间。

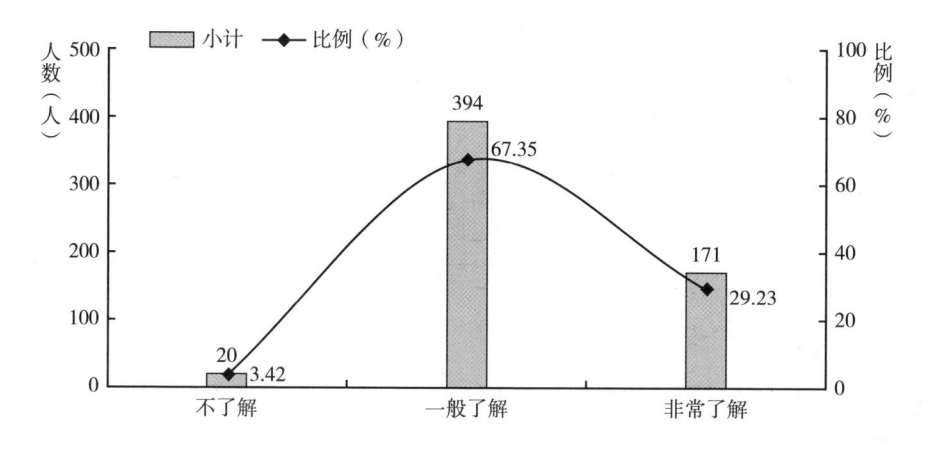

图1 问卷调查人群对生态文明了解程度统计

2. 满意度分析

通过对问卷调查的整体分析发现,群众对江阴市生态文明满意度较高,群众一般及很满意比例均在88%以上。群众不满意项集中在农业、工业、服务业产业发展结构,污染防治方面以及工业废弃物和生活垃圾回收利用三方面。在科技创新水平、人居环境改善、生态文明体制机制、资源节约利用、城市总体规划等方面的一般及很满意比例均在90%以上。数据表明,产业结构问题仍然是江阴市生态文明体制改革的重点和难点,在具体污染治理上,仍然存在"治污设施不足、治污不达标"的问题。

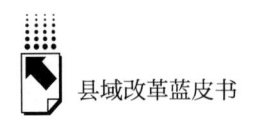

3. 关注度分析

单项统计表明，公众对大气污染、水污染、工业污染关注度较高，分别为92.65%、87.69%、71.62%；对交通污染、生活污染、农业污染关注度相对较低，均在60%以下（见表2）。数据说明，公众对生态环境保护的整体认识仍然有所欠缺，需要进一步加强宣传，创新宣传模式，全面提升公众的生态环境保护素养。

表2 问卷调查民众主要担心环境污染类型

单位：%

类别	占比
大气污染	92.65
水污染	87.69
工业污染	71.62
土壤污染	64.62
交通污染	57.95
生活污染	52.14
农业污染	43.08

4. 公众感受分析

调查群体中，认为生活中存在大气污染、水污染、土壤污染的比例分别为92.99%、80.51%、59.49%（见表3）。这与公众对污染类型的关注度情况基本一致，说明大气污染、水污染是江阴市公众最为关注的问题，也是对人民群众生活质量影响最大的问题，需要进一步加大对大气污染、水污染的治理力度。

表3 问卷调查民众生活中主要存在的环境污染类型

单位：%

类别	占比
大气污染	92.99
水污染	80.51
土壤污染	59.49

5.公众建议

通过对问卷调查回收的公众建议的梳理,江阴市在深入推进生态文明体制改革的工作中,需要加强顶层设计,统筹城市规划,优化产业结构及空间布局;强化针对各级各类污染治理基础设施的建设工作;优化宣传模式,提高全民生态文明意识(见表4)。

表4 问卷调查民众的主要建议

领域	主要建议
城市规划	加强生态管控,提升绿化率,修建绕城高架,鹅鼻嘴公园与黄山湖公园建旅游衔接街区,规划市民休息设施,城乡接合部整治
污染治理	重污染企业搬迁与整治,化工企业周边环境污染治理;工业、汽车尾气排放治理,提升企业接管率,老旧柴油车、农用运输车整治,乡村垃圾焚烧,流域综合治理,工业废弃物处置,生活垃圾分类处理
生态文明改革	生态文明理念宣讲与普及,工业型生态文明之城如何发展,加大农村改革力度

(二)指标法评估分析

基于指标分析法,综合资源利用、环境治理、环境质量、生态保护、增长质量、绿色生活指标值,计算得出江阴市生态文明体制改革评价总分为93.43分。可以看出,江阴市生态文明建设整体优秀,主要失分项为单位GDP新鲜水耗、SO_2排放强度、黑臭河道治理率、省级水功能区水质达标比例等,得分均在80分及以下,分别为70分、80分、70分、80分(见表5)。

指标分析结果与问卷调查结果基本一致,SO_2排放强度反映了江阴市大气污染问题依然突出,单位GDP新鲜水耗反映了水资源回收利用效率仍然偏低,黑臭河道治理率、省级水功能区水质达标比例不高,说明水体治理工作还有提升空间,治理效果仍有改善空间。

(三)评估结果

通过对走访与座谈会的记录、收集到的资料进行定性分析,结合问卷调查法、指标分析法的量化评估结果,得出江阴市生态文明体制改革评估结果。

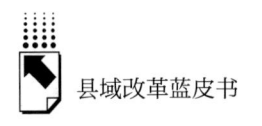

表 5 江阴市生态文明评价指标体系及评价结果

一级指标	序号	二级指标	计量单位	权数（%）	江阴市指标得分（分）
资源利用（权数=29.3%）	1	单位 GDP 能耗降低	%	3.14	100
	2	资源产出增加率	%	3.14	95
	3	单位 GDP 二氧化碳排放量	%	3.14	100
	4	清洁能源比重	%	2.09	100
	5	单位 GDP 新鲜水耗	m^3/万元	3.14	70
	6	单位 GDP 用水量降低率	%	2.09	100
	7	工业用水重复利用率	m^3/万元	3.14	100
	8	耕地保有量	万 hm^2	2.09	100
	9	新建绿色建筑比例	%	3.14	100
	10	国土开发强度	%	3.14	100
	11	一般工业固体废物综合利用率	%	1.05	90
环境治理（权数=16.5%）	12	COD 排放强度	kg/万元	2.20	90
	13	NH_3-N 排放强度	kg/万元	2.20	95
	14	SO_2 排放强度	kg/万元	2.20	80
	15	NO_x 排放强度	kg/万元	2.20	90
	16	危险废物处置利用率	%	1.10	95
	17	生活垃圾无害化处理率	%	2.20	100
	18	城镇污水集中处理率	%	3.30	100
	19	黑臭河道治理率	%	1.10	70
环境质量（权数=19.3%）	20	城区空气优良率	%	8.28	90
	21	省级水功能区水质达标比例	%	8.28	80
	22	集中式饮用水源地水质达标率	%	1.38	100
	23	化肥农药施用量削减率	千克/hm^2	1.38	100
生态保护（权数=16.5%）	24	生态红线区域占区域土地面积比重	%	3.00	100
	25	林木覆盖率	%	4.50	100
	26	水面率	%	1.50	100
	27	水体岸线自然化率	%	3.00	90
	28	自然湿地保护率	%	3.00	100
	29	受污染耕地安全利用率	%	1.50	90
增长质量（权数=9.2%）	30	居民人均可支配收入	元	1.67	100
	31	第三产业增加值占 GDP 比重	%	1.67	100
	32	高端产业功能区劳均产出率	万元	2.51	95
	33	高新技术产业产值占规上工业产值比重	%	1.67	95
	34	R&D 支出占 GDP 比重	%	1.67	95
绿色生活（权数=9.2%）	35	公共机构人均能耗降低率	%	1.53	100
	36	居民生活能耗中清洁能源的比重	%	1.53	100
	37	城镇绿色建筑面积占新建建筑比重	%	1.53	95
	38	公园绿地 300 米服务半径覆盖率	%	4.60	85
合计					93.43

注：部分指标以达到江苏省考核任务为得分依据。

一是社会公众重点关注大气污染和水污染，对生态环境保护的系统性认识仍显不足。群众的重点关注问题也是下一步的工作重点，同时要加大宣传教育力度，使社会公众对生态环境保护的系统性认识进一步增强，不断增强人民群众在生态文明建设及体制改革中的获得感、幸福感、安全感。

二是群众环保类信访量依然未减，亟须健全信访环保机制，加强环保队伍建设。当前，群众信访类别以大气污染类为主，基层信访调解处理的工作压力较大，处理效率有待提升。要切实畅通群众利益诉求表达渠道，加强基层信访工作队伍的建设，依法规范全市生态环境系统信访工作，提升依法分类工作效率，保障群众生态环境权益。

三是产业发展的结构仍旧偏重，生态环境治理和保护工作压力重重。江阴市产业结构和能源结构不尽合理、规划结构偏散的状况，短时期内难以得到根本扭转。群众对城市总体规划、三产结构比例满意度不高，产业结构性矛盾比较突出。

四是排污总量居高不下，治理能力和技术仍有待提高。江阴市工业废水、废气、工业固体废物等的排放总量较大，但污水、废弃物等污染物的基础处理设施的技术能力与处理规模不相匹配，存在治理设施不足、治理不到位的问题，如现有的38家污水处理厂，存在部分小而散、管理水平低、出水不稳定等问题。

五 江阴市生态文明体制改革的对策建议

结合问卷调查及指标评价结果，综合生态环境局、农业农村局等相关部门收集到的信息，针对江阴市生态文明体制改革存在的问题，提出以下相关对策建议。

（一）进一步增强公众对生态文明的关注度

培育良好生态意识。通过生态文明宣传教育，引导社会公众增强节约自然资源意识，自觉养成节约一滴水、一粒粮、一度电的良好习惯。引导社会

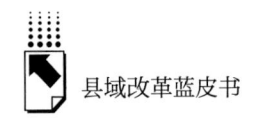

公众树立保护生态环境就是保护生产力、改善生态环境就是发展生产力的理念，坚持走可持续发展道路。引导社会公众深刻理解人与自然相互影响、相互作用、相互制约的关系，自觉形成尊重自然、热爱自然、人与自然和谐相处的生态价值观。发挥社会团体作用。环境保护，人人有责。社会公众的积极参与是生态文明深入推进的持久动力，要充分发挥社会组织在生态文明建设中的作用。积极引导社会团体参与政府环保决策、监督政府和企业履行环境责任、维护环境公共权益。要完善参与机制，畅通社会组织作用发挥的渠道，扩大社会组织作用发挥的空间。

（二）进一步提升环保信访的调处能力

加强基层环保队伍建设。大力引入环保专业人才，补充进入镇村级环保队伍，加强对现有成员的生态环保法律法规、专业技术等方面的系统性培训，着力提升信访干部执行法律政策、做好群众工作、化解社会矛盾等方面的能力，主动适应环保信访工作新形势新任务的迫切需要。建立环境保护监测机制。坚持源头治理，加强源头管控，推动对可能引发重特大环保问题的危险源实行远程监测预警、自动化控制、智能化处理。在污染问题对公众造成不良影响前，及时发现并处理，将生态危害和对经济社会的负面影响降到最低限度，切实保障人民群众的生命财产安全。

（三）进一步优化产业结构及布局

改变传统的"大量生产、大量消耗、大量排放"的发展方式和消费模式，优先发展低消耗、低污染、绿色低碳的第三产业，使资源、生产、消费等要素相匹配相适应，实现经济发展和生态环境保护的协同共进。对于现有工业企业，要严格审查污染物产生、处理及排放情况，积极引进环境保护专业服务机构为工业企业提供技术咨询、设备供应、设施安装与运维的全流程服务，引导帮扶企业实现绿色转型发展。坚持"产业生态化，生态产业化"的原则，坚持走绿色发展之路，弘扬地区优势和特色，兼顾经济效益、社会效益和生态效益的有机统一。优先考虑生态环境保护需求，综合分析产业分布现状、未来城市规划、经济发展、社会稳定等因素，运用互联网、物联网、大数据、人工智能等新技术，实现新旧动能转换，调轻调优产业结构布局。

（四）进一步提高环境污染综合治理能力

聚焦污染治理基础能力建设，积极引进先进技术，充分利用市场化手段，探索应用"PPP模式"和"合同治污"等方式，引入社会资金、技术力量，将具有内在关联的环境治理、生态修复等项目捆绑打包，让专业的人做专业的事，发挥环境综合治理效用。加大政府各部门协同力度，按照系统治理的原则，重点支持生态环境综合治理领域和项目，加大对环境综合治理实践支持力度。坚决打好打赢蓝天、碧水、净土保卫战。建立严格的环境准入制度，推进大气环境质量持续改善；加快产业园区工业、农业生产、生活污染源和水生态系统整治；健全垃圾和固体废物处理处置体系，强化土壤污染风险管控，切实提高面源污染治理成效。

B.22
基础教育集团化办学改革评估报告

江苏省委党校评估课题组*

摘　要： 为推动教育高位均衡发展，满足人民群众对优质教育资源的更高需求，江阴坚持系统设计、系统推进、系统创新，着手制度、师资、质量、文化、管理、教学六个维度的共建共享，不断提升区域基础教育发展水平，初步形成了一条集团化办学的"江阴路径"。总体来看，江阴市集团化办学改革卓有成效。改革扎根落地、有序推进，初步实现了教育资源的优质均衡，学生家长与学校教师的满意度、认可度、支持度、获得感稳步提升。

关键词： 基础教育　集成改革　集团化办学　江阴

　　集团化办学是回应"努力让每个孩子都能享有公平而有质量的教育"时代新要求的重要路径。江阴以实现基础教育优质均衡发展为目标，通过改革为教育高质量发展释放制度活力，为未来教育布局优化提供新经验与新思路。本报告主要围绕江阴集团化办学的政策体系、改革路径、实际效果、群众感知等，开展公正、科学、客观的第三方评估，梳理总结其做法和成效，剖析问题与瓶颈，并在此基础上提出可行性建议。

---

* 江苏省委党校评估课题组：华涛，江苏省委党校公共管理教研部教授，主要研究方向为行政改革、组织创新；房冠辛，博士，江苏省委党校社会和文化教研部讲师，主要研究方向为城乡治理、城市文化、城市创新；许一鸣，高级讲师，江阴市委党校（改革发展研究院）市情研究室副主任，主要研究方向为政治学、公共管理学。

一 评估目的与思路

（一）评估目的

对江阴集团化办学改革进行评估，旨在通过对改革项目进行多视角、多维度、多领域的考察，评测改革成果、总结改革经验、指出存在的不足、提供未来发展方向，进而以评估带动改革、推进改革，为深化办学改革提供有效指导，为其他地区提供参考借鉴。

（二）评估思路与方法

本报告采用文献分析、问卷调查、案例研究等方法，重点围绕改革过程和效果进行客观数据评估，具体包括：梳理办学改革已有的政策文件与配套行动清单；评估办学改革在推动区域教育高质量均衡发展方面的效用；了解办学改革在提升关键受众群体（学生家长与学校教师）实际感受层面的表现；在学理上思考集团化办学改革的经验，形成可复制路径；剖析改革实践过程中的问题与困境，结合外部优质经验，提出进一步深化集团化办学改革的对策建议与可行路径。

二 总体评价与指标设计

（一）指标体系：注重成效，兼顾平衡

评估小组以"注重成效，兼顾平衡"为设计理念，基于办学改革政策的周期理论，综合考虑江阴基础教育集团化办学改革的目标、思路、路径等内容，建构评估指标体系。评估指标体系包括一级指标3个、二级指标11个、相配套细化指标73个。按照"锚定目标、注重成效"的设计原则，对实施过程、目标完成与影响效果分别赋值20%、30%和50%的权重；按照

"兼顾平衡"的设计原则，每个二级指标有效分配指标权重。指标评分标准采取"数据标定法"与"状态描述法"，前者以客观细分指标得分情况划分百分比，依权重计算；后者根据评估情况将每个二级指标评分标准定为 A、B、C、D 四级，对应分值分别为权重得分的 1、2/3、1/3 和 0。在本次评估中，全部二级指标累计原始总分为 100 分。

（二）数据采集：渠道多维，力求客观

为全面客观评估江阴落实 2019 年集团化办学改革的相关情况，评估小组最大限度拓展数据来源渠道，通过数据的多样性来提高评估的客观性。本次评估数据包括三大方面：一是教育集团主体的自评和信息反馈，通过 9 个教育集团就改革做法、成效、问题等方面的自我评价，获取改革推进主体端相关信息；二是面向教育改革主客群体的数据采集，评估小组面向教师与学生家长群体设计"江阴市'基础教育集团化集成改革评估'调研问卷"（家长版+教师版），对全市 9 个教育集团共 31 个学校进行随机抽样，共回收 4192 份学生家长有效问卷、862 份学校教师有效问卷，全面获取改革需求端相关信息；三是改革实际措施的相关数据，主要包括教育相关部门在政策、制度、资源、编制等领域一系列改革举措，以此评估江阴市在本轮改革层面的做法与成效。

（三）总体评价：表现优秀，稳步推进教育高质量均衡

总体来看，江阴市教育集团化改革卓有成效。基于江阴教育发展基础、特色、方向等情况，实现了集团化办学改革的扎根落地与有序推进，同时充分发挥集成改革推动多方联动的制度优势，构建"主管部门—职能部门—教育集团—所属学校"多方联动、协同参与的动力机制。

评估发现，作为江阴集成改革重点领域之一的集团化办学改革，聚焦制约江阴基础教育的突出问题，在鲜明的问题导向下，以充分实现人们对优质教育资源均衡化的需要作为改革目标，将推动教学质量、教师技能、学生素质等全方位、高质量发展作为核心目标，推出了一系列改革政策和新的制度

探索，实现了集成改革对集团化办学"均衡资源"与"提升教学"双重要求的有效应对。

同时，江阴市各教育集团着眼自身办学过程中生源质量错配、教育资源不均、优质师资力量稀缺等现实问题，结合自身实际经验与办学情况，通过有效措施提升了集团内部各学校教师与学生等主要群体的获得感与认同感。应该说，江阴市集团化办学改革是在对教育自身发展，尤其是对基础教育内在规律充分尊重基础之上的有益尝试，在一定程度上能够为全国推进基础教育集团化办学改革提供重要借鉴。

评估项目对江阴教育集团化机制集成改革的综合评估得分为91.84分，表现优异。其中，改革过程工作的评估得分为18.34分（满分为20分），得分比为91.7%；改革目标完成情况的评估得分为29.7分（满分为30分）[1]，得分比为99%；改革影响效果的评估得分为43.8分（满分50分），得分比为87.6%。由此可见，江阴集团化办学改革工作呈现"过程—结果"的良好导向。由于目前改革尚处于展开阶段，因此过程得分要高于影响结果得分，而随着改革进一步深化，"过程—结果"的导向趋势会越发明显。

三 评估内容与现状分析

（一）改革工作过程

1. 政府工作内容：改革模块引领，统筹推进框架建设

政府层面的改革立足三个"高质量"，即高质量谋划，侧重改革的方案设计；高强度支持，侧重改革的资源调配；高水平布局，侧重改革的路径创新。着力于政策保障、制度优化、资金投入、专项提升、长远布局、路径创

---

[1] 由于江阴本轮的教育集团化改革刚刚展开，因此目标完成领域的许多指标尚未出现明显变化，因此采取预期值估算。

新六个改革模块13项改革措施，形成了贴合江阴实际、能够有效指导集团化办学的改革清单（见表1）。

表1 江阴市集团化办学既有政策措施汇总

江阴市集团化办学	高质量谋划	一、政策保障	1. 坚持顶层谋划，成立江阴市集团化办学工作推进领导小组，由分管副市长任组长，统筹指导全市集团化办学工作，制定集团化办学总规划 2. 出台主导性政策文件，制定出台《江阴市基础教育集团化办学规划（2019~2022）》《2019年江阴市基础教育集团化办学实施方案》等系列文件，明确集团办学模式、运行机制、实施计划和制度保障，探索不同模式下优质教育资源的集团化办学形式
		二、制度优化	1. 建立中小学校长职级制。探索以校（园）长职级制为改革方向的中小学（幼儿园）校（园）长管理体制，出台《江阴市校（园）长职级制改革实施意见》，完善选拔任用、管理监督和考核激励机制，提高管理水平 2. 优化教师编制管理体制。贯彻落实《关于统一城乡中小学（幼儿园）教职工编制标准的实施意见》，建立各类学校教职工编制动态调整机制。加大公办教师招录力度，完善"以县为主"的教师调配机制 3. 完善绩效工资制度。优化总量核定办法，根据各校实际在编在岗教职工数，兼顾核定编制数等因素，综合核定各校奖励性绩效工资和教育系统专项奖励总量。贯彻落实《江阴市学校教职工绩效考核与奖励性绩效工资分配指导意见（修订）》，完善考核分配制度
	高强度支持	三、资金投入	1. 设立专项发展资金用于硬件设施提升。优先安排和重点保障参与集团化办学学校的新建项目和改扩建项目资金，从省义务教育奖补资金中安排专项资金为集团办学成员学校添置设施设备 2. 设立专项发展资金用于师资培训、绩效奖励。政府优先保障集团化办学所需的师资培训、教师交流、名特优教师培养经费。根据考核情况，对集团总校（园）长、在集团内交流的骨干教师、校级领导和中层领导给予以绩效奖励或补贴，根据各教育集团办学实际需要和评价考核结果给予一定奖励
		四、专项提升	1. 大力推进教师培养工程。优先组建集团内部覆盖全部学科的名师工作室，优先选派集团内部的骨干教师参加高端培训，优先推荐集团核心校建设省、市级教师发展示范基地校。加快校本研修水平提升速度，通过人员蹲点等方式助推集团内校本研修一体化实施 2. 强化办学质量评估。建立集团化办学年度质量评估制度和两年一次的专项督导制度，实施集团化办学核心校和成员校的捆绑考核机制，并根据考核情况进行绩效评定

续表

江阴市集团化办学	高水平布局	五、长远布局	1. 推进教育体制改革。根据《深化教育体制机制改革的实施意见》文件要求，落实义务教育"以县为主"管理体制，通过管理体制改革推进"跨城乡"集团化办学，逐步建立城乡一体化发展的教育管理体制 2. 大规模学校独立建制。对全市有分校（分园）的大规模学校根据实际情况，有序推进独立建制。通过独立建制，培育新的优质学校，加大校（园）长队伍建设力度，壮大中层骨干队伍，进一步储备人才
		六、路径创新	1. 探索"多元化"集团化办学，"跨学区"办学采用"一体型"组建方式，实施"多个校区、统一管理、资源共享、条块结合、以块为主"的管理模式。"跨体制"办学主要采用"协作型"方式组建，按照"政府支持、名校参与、企业办学"的模式运行，公办名校输出学校品牌、教育理念和学校管理体系。"跨城乡"办学主要采用"加盟型"方式组建，由核心校指导加盟校优化管理、培养干部、培训师资、培育课程、培植文化 2. 探索"跨学段"集团化办学，为促进敔山湾区域教育整体发展，由南菁高级中学与敔山湾实验学校组建成南菁高级中学教育集团，利用名校的品牌影响力和办学优势，探索学段纵向衔接的集团化办学

2. 集团工作内容：立足自身基础，专项领域精准着力

本轮改革的具体工作由9个教育集团承担，它们基于自身情况、发展特色与改革目标，在江阴市教育主管部门的统一协调下，进行了卓有成效的探索。

一是制度共建。基于江阴集团化办学的目标要求与客观规律，各教育集团建构一体化制度体系，初步形成一整套管理标准和制度，确保核心校与成员校在制度章程、教育体系、管理方式等维度上共同探索、一体推进，从而使教育集团内部管理更加专业化、现代化、标准化、制度化（见表2）。

表2 制度共建层面的典型措施与特征

教育集团	已有措施	特征阐述
江阴市实验幼儿园教育集团	1. 实施"多个校区、统一管理、资源共享、条块结合、以块为主"的管理模式 2. 实现"人事管理统一、经费管理统一、业务管理统一、评估考核统一"的运行机制	1. 在制度层面进行统一扎口，提升集团内部的一致性程度 2. 从结果发展的导向倒逼制度调整，以落实相配套的权利与义务为

续表

教育集团	已有措施	特征阐述
江阴市实验小学教育集团	1. 制定了教育集团发展章程，建构了教育集团三年主动发展行动纲领，建立了"条块结合"的管理体系 2. 厘清、规范、保障集团发展过程中各成员学校的义务与权利，形成集团稳定发展的保障机制	核心重点 3. 在宏观层面强化领导、管理与理念的统一，在具体实践层面进行常规性的制度共建与执行
江阴市城中实验小学教育集团	1. 组建一套领导班子，使用一套管理模式，落实一套办学理念 2. 两校区全面落实《城中教师一日工作常规》，学校工作计划、工作要求见学校官网；无特殊情况，每周二全体教师工作会议集中东校区开展；每周排定集体备课时间、地点，两校区同备课组教师，一起进行教学研讨。统一规范的办学行为，让两校区共同发展，用优质的教育质量打造集团的品牌	
江阴市辅延中心小学教育集团	1. 对集团办学宗旨、内部管理体制与机制等重大问题和关键环节做出全面规范，通过破、改、立，形成了一套与集团发展相应的学校制度体系，形成全新的集团章程，使集团办学有依法治校的准绳 2. 为了促进集团内教师流动，发挥名师的辐射引领作用，制定《辅延教育集团教师交流制度》，从制度层面有序规范、保障了教师交流工作	

二是管理共治。加快"学校本位"向"集团本位"理念转变，各教育集团积极建设集团化办学背景下的新型管理模式，构建一体化的新型管理架构，统筹管理核心校与成员校，将统一的管理理念与先进的教育方法落实在管理和实践之中，稳步推进集团化办学进程（见表3）。

三是师资共育。借助"有效挖掘、有效传播、有效带动、有效循环"路径，各教育集团进一步整合、利用集团内核心校的优势师资资源，充分发挥骨干教师、优秀教师的领衔作用和名师工作室的辐射引领作用，实现教育集团内各校区师资共育共享和专业水平整体提升（见表4）。

表3　管理共治层面的典型措施与特征

教育集团	已有措施	特征阐述
江阴市辅延中心小学教育集团	1. 建设集团化办学视野下的新型管理模式，构建决策层和执行层"条块相辅、以块为主"的管理架构，建立一"会"四"心"的运行体制，总校长全面统筹两校区工作，执行校长负责校区的日常工作，各校区配备完整的管理团队 2. 集团成立"课程科研中心""教学培训中心""学生成长中心""行政保障中心"四个管理中心，各管理中心整体规划、统筹推进两校区条线工作	1. 推动建立以校长负责为中心的管理体系，实现学校管理的有效联动 2. 针对改革所处阶段的核心关注，设置"功能板块"管理模式，进行专项管理 3. 将制度规范设计与管理要素流动相结合，提升管理水平
江阴市城中心幼儿园教育集团	1. 加强人员交流，促进核心校与成员校之间行政团队、年级组等多层面、常态化的互动交流 2. 核心校派出正副园长和成熟型的教师到成员校担任管理团队、各年级组的教学人员，将正确的办园方向和先进的教育理念与方法能运用在管理和实践中，以发挥正确的示范与导向作用	

表4　师资共育层面的典型措施与特征

教育集团	已有措施	特征阐述
江阴市城中心幼儿园教育集团	1. 开展有针对性的实地指导。核心校组建骨干教师指导团队，每周四前往成员校进行现场观摩和教学指导，助力成员校教师队伍成长 2. 建立互学交流机制。通过搭建教师、行政干部互学交流平台，促使核心校与成员校互帮互学，共同提高	1. 凸显骨干教师的指导带动作用，在形式上不断创新 2. 利用多种形式强化教师间的跨校教学交流 3. 从教学带动上升到行政带动层面，进行干部轮岗 4. 坚持问题导向，针对学科教学的重点问题进行专项突破
江阴市第一初级中学教育集团	1. 推进学科教学互动交流。共享第一初中"三点四步问题导学"课堂教学模式；依托陆丽萍化学名师工作室和钟珍玖数学名师工作室在两个校区进行化学、数学等学科的教研交流；开展教师培训活动 2. 开展协作型办学事项研商。通过政府指导、专家讲座等形式，开展中考针对性研讨，搭建考试学科与体艺特色学科骨干教师交流平台，促进教师专业化发展	

续表

教育集团	已有措施	特征阐述
江阴市辅延中心小学教育集团	1. 建立集团教师学习共同体。启动"辅延讲坛",设立"集团走课节",依托名师工作室搭建主题研究的教师学习共同体 2. 实施集团干部教师轮岗交流制度。2019学年度集团内部共交流干部、教师12人次,其中辅延校区派出2名中层到城南校区,有力充实了城南校区的管理团队力量,促进了集团各校区的均衡发展	
江阴市实验幼儿园教育集团	1. 加大三园教师的交流。先后有14位教师在集团内流动,占教师总量的比例为14%,教师的流动带动集团的良性运转,激活教师管理机制,也给教师发展提供平台,形成互惠互利、合作共赢的局面 2. 自集团成立以来,先后已有10多次教师培训和现场观摩活动,给老师们增加了学习机会。集团内教师的交流与培训活动形成同频共振、互为促进、优势互补	

四是教学共融。各教育集团以教学提升为关键节点,在核心校的引领下,建立集团内学科沟通交流平台,共享学科教学资源,推进校区间教研联动、教师交流合作的常态化开展,培育新一批名师名课,有效提升集团教学质量和教学水平（见表5）。

表5 教学共融层面的典型措施与特征

教育集团	已有措施	特征阐述
江阴市第一初级中学教育集团	1. 加强教研联动,实现集团教研活动一体化 2. 建立集团教研中心,通过开展一系列扎实有效的集团大教研活动,相互取长补短,实现优质教育资源共享、课改工作共进 3. 成立学科指导小组,各组推荐一名学科骨干教师担任学科指导小组组长,各学科指导小组组长牵头,建立集团内学科沟通交流平台,共享学科教学资源,扎实开展学科教研活动	1. 形成"大教研"观念,将教学、科研与管理进行联动改革 2. 强调团队之间的整建制合作,提升合作程度与效能 3. 立足课堂与科研,进行有效的集团交流平台机制建设

续表

教育集团	已有措施	特征阐述
南菁高级中学实验学校教育集团	1. 课题研究联袂。组建两个校区的教科研团队，以中心校课题研究带动成员校区开展子课题研究，实现集团教师科研水平共同提高 2. 课堂教学共通。两个校区的教研组、备课组完全同步，定期开展教学研讨活动，如学科讲座、教学分析交流等	

五是质量共进。突出质量导向，各教育集团在成员校师资力量、教学创新、文化建设、基础设施等方面形成统一的教育质量评价体系，实现了教学管理、办学质量、社会美誉度和家长认可度等方面的显著提升（见表6）。

表6　质量共进层面的典型措施与特征

教育集团	已有措施	特征阐述
江阴市第一初级中学教育集团	1. 集团制定统一的教学质量评价体系，加强集团两个校区各学科的质量提升合作，在教学进度把握、教学过程管理、教学资源共享、教学质量监测等方面进行合作，做到"资源共同享用、问题共同分析、措施共同研讨、质量共同提高" 2. 两个校区要相互交流教学管理经验，取长补短，促进教学管理水平共同提升	1. 统一质量标准体系，提升教学质量督导水平 2. 发挥核心校的带动作用，全面提升成员校整体发展水平
江阴市城中中心幼儿园教育集团	1. 通过集团一体化办学，实现老园带着新园齐步走，在制度章程、教育教学计划、管理方式等一体化推进中，带动敔山湾实验幼儿园走向正规 2. 在核心园的辅导下，提升敔山湾实验幼儿园教师的安全意识。通过完善幼儿接送制度、午睡巡逻制度等安全制度，促使老师主动排查教室内的安全隐患，保障幼儿的安全 3. 通过定期跟班指导和集团集体教学研讨，促使敔山湾实验幼儿园老师掌握一日活动的组织流程，其带班能力得到了大幅提高	

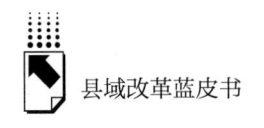

六是文化共生。各教育集团推进集团共同文化理念与核心价值观建设，促使集团内各成员对办学理念、学校精神、教育模式、管理制度等达成充分共识，自上而下、由点及面全方位推动对集团文化深层的认同感和归属感，让集团办学更好地承担以文化人、以文育人、以文培元的根本使命（见表7）。

表7 文化共生层面的典型措施与特征

教育集团	已有措施	特征阐述
江阴市实验小学教育集团	1. 建立集团共同核心价值——以美立教，创美的教育，实现"臻美"办学理念在成员校价值层面的统一 2. 全面、系统梳理各成员校历史，明晰成员校大桥小学"在有故事的校园笑着长大"的办学愿景，让其与中心校"办一所儿童喜欢的学校"愿景相辉映，让"悦纳、睿智、大气"成为集团共同文化追求	1. 将文化价值观的核心理念进一步提升高度，形成荣誉感与激励性 2. 挖掘成员校与核心校之间的共通点，形成文化共鸣 3. 利用多种形式提升校园文化价值观的渗透力与感染力
南菁高级中学实验学校教育集团	1. "南菁文化"润泽。用办学理念"向着美的方向奔跑"、校训"忠恕勤俭"和"三风一训"等教育暨阳校区师生 2. "菁美德育"渗透。将南菁"菁美教育"理念贯穿暨阳校区学生用餐管理、德育工作考核等，推动暨阳校区管理向"文化育人""以文化人"方向转变	

3. 工作重点感知：目标导向精准，着重提升教学质量

在本轮对江阴集团化办学已有工作内容感知程度的问卷调查中，家长与教师对管理制度变革的感知程度最强，为66.17%，紧随其后的是师资力量、课程设计等，分别为58.32%和48.74%。这说明目前江阴的集团化办学改革正处在"搭框架＋夯地基"的初期阶段，依托管理制度等形成新的教育集团框架、依托师资力量优化等不断提升教育质量成为重点。但同时，硬件与信息化平台等基础设施建设有待进一步强化。

已有改革成果的感知程度测评呈现与改革工作感知度测评的因果推导关

系，办学质量提升、管理制度更新、文化价值观传播名列前三，选择比例均超过40%。这与既有改革工作中管理制度、师资力量、课程设计、文化建设等环节的高选择比例相对应，说明江阴集团化办学改革基本实现了"精准介入、有效推进、结果导向"的良好局面。本轮集团化办学改革有的放矢的特征较为明显，做到了人民中心导向的改革要求，办学改革较好回答了来自教师与家长对改革的命题要求，基本实现了规定动作的高质量完成，为后续深化办学改革打下了坚实基础。

在改革措施的重要性选择测评中，学生家长群体呈现"宏观重视制度—中观重视师资—微观重视课程"的选择序列，即通过集团化办学来学习先进的管理制度、获得优质师资以及使用特色课程，从而提升学生的学习成绩是集团化办学改革最重要的任务。事实上，家长对集团化办学改革的成绩导向倾向非常明显，76.12%的家长将课程学习成绩提升当作最主要目的。学校教师群体呈现"外部注重教学交流与平台资源—内部注重个人专业与课程设计"的选择序列，将提升自身教学水平与能力作为核心目标。跨校教学交流、个人专业能力增强、优质课程设计参与、平台资源共享等获得较高选择比例。

基于进一步对照可以发现，教育集团化改革在教师与家长层面已经形成了以教学成绩为核心的倾向性目标，因此，在办学改革中提升教师教学能力与提升学生学习成绩应当成为重点。

4. 工作主要特征：框架布局优化，集成改革有效推进

基于政府部门和教育集团既有工作内容，结合评估小组的座谈调查，江阴教育集团化办学改革内容呈现以下四个典型特征。

一是改革主体凸显多元性，有效参与协同创新。本轮改革的内容呈现政府主体与教育集团联动共进的特征，即政府主体"控方向、把大局、定基调、做协调"，从宏观制度、政策、资源调配等层面进行顶层设计、居中协调，优化改革的整体方案；教育集团"抓落实、做基础、成方案、解难点"，具体承担办学改革的落地任务，基于自身发展的客观基础、历史渊源、形成过程和办学特色进行多样化探索，将集团化办学切实付诸实践。两

者形成改革合力，有效推动江阴教育集团化办学改革的阶段性建设。

二是改革方向凸显科学性，高质量均衡成导向。本轮改革的方向呈现较高科学性，紧紧围绕"基于一个矛盾+着力一个中心"目标展开。基于一个矛盾，即强调办学改革的问题导向，就是江阴基础教育发展供求错配问题。改革以破解人民群众对优质基础教育资源需求与既有教育资源有效供给之间的矛盾为出发点，进行系列布局。着力一个中心，即以实现"高质量均衡"为中心，基于既有的教育资源实现扩张，扩大教育资源的覆盖面和服务范围。优质教育资源通过对外拓展，一方面引领、带动其他教育资源的发展与升级，另一方面提升既有优质教育资源的利用强度。

三是改革路径凸显体系性，全面布局持续耕耘。本轮改革的路径具有典型的体系性特征，共围绕10个方面展开数十项具体改革。各教育集团从制度、师资、教学质量、文化价值、管理机制、教学方式等角度入手，以"结果前置"与"场景视角"的创新改革思路建构集团化改革落地时间的措施体系。"结果前置"就是将教学质量提升这一结果导向前置，指导改革措施设计与实施；"场景视角"则是紧紧围绕"课堂教学—校园生活"这一核心场景，推演验证相关改革措施的有效性与可行性。正是基于这种体系性，本轮集团化办学改革实现了上中下游的贯通融合，有效推动了改革方案从"墙上桌上"走到"校园课堂"。

（二）改革工作效果评价

1. 改革客观发展成果：保持高位型增长，实际效果明显

当下，通过多样化创新实践，江阴市集团化办学改革的效果已初步显现。一方面，江阴市基础教育保持了较高的发展水平，不论是在班级规模、师资比、高学历教师占比、高职称教师占比等既有教育资源层面，还是市级以上的科研课题、教师论文获奖、骨干教师、优质课程等学校荣誉方面均表现出色，呈现高质量办学的良好态势。另一方面，集团化办学带来的均衡效应也在不断提升。校际师资交流规模与中小学每年投入教师培训的经费等专项投入力度较大，同时在师资比、高学历教师占比等关键指标层面，成员校

的数据表现也较突出，甚至领先于中心校。

除此之外，虽然本轮集团化办学改革尚处于展开阶段，但教育集团在生源比等关键指标层面表现不俗。比如，实验小学教育集团、辅延中心小学教育集团 2019 年度起年级本地生源比例就分别达到 72.3%、100%；南菁高级中学教育集团 2019 年度起年级本地生源比例相较改革前增加了 27.78%，生源结构发生了明显变化。集团化办学改革还优化了新加入成员校的办学理念、管理模式、奖励机制等，锻炼了教师队伍，提升了教学水平，整体办学质量有了显著提升。

2. 改革总体评价情况①：着力高质量均衡，获得高度肯定

在对集团化办学改革的总体了解程度上，江阴整体得分为 4.24 分，超过"比较了解"，接近"非常了解"；在对集团化办学改革的总体满意程度上，江阴整体得分为 4.29 分，超过"比较满意"，接近"很满意"；在对集团化办学改革的总体认可程度上，江阴整体得分为 4.30 分，超过"比较认可"，接近"非常认可"；在对集团化办学改革的总体支持程度上，江阴整体得分为 4.54 分，大幅超过"比较支持"，很接近"非常支持"。

总体而言，江阴集团化办学改革得到来自教育主要目标群体的高度评价，在总体了解程度（4.24 分）、总体满意程度（4.29 分）、总体认可程度（4.30 分）与总体支持程度（4.54 分）得分上呈现依次升高趋势。这意味着江阴本轮教学集团化改革获得了来自家长与教师群体的高度肯定，各项得分均超过"比较高"标准，接近"非常高"，呈现一种"高位稳定"的整体态势；支持度得分相对于其他维度（尤其是认可度）的评估表现更好，说明江阴教育集团化办学改革具有很强的社情民意基础，不仅满足了利益相关群体（学生家长与学校教师）的真实需求，更在很大程度上凝聚了来自家庭、政府与学校三方的共识，形成了共建共治共享特征。

3. 满意度的结构分析：聚焦学生与教学，框架优化到位

第一，总体满意度结构分析：教学中心导向明显，家长满意度高于教

---

① 对家长问卷数据与教师问卷数据综合处理之后的结果。

师。江阴集团化办学改革工作的满意度指标方面，教师和家长群体分别打分4.12分、4.49分，家长群体的满意度高于教师群体。

家长群体满意度呈现"宏观—微观"得分差异，即宏观维度"学校教育"的满意度高于微观层面"学生发展"的满意度。这说明集团化办学改革在实践中对学校宏观教育与学生微观发展都产生了较为明显的正向推动效能，但局限于推进时间较短、展开阶段较少等问题，办学改革的宏观影响力强于微观影响力。来自家长对改革实际工作的认可程度分化也佐证了这一点，家长对集团化改革提升学校整体办学水平的认可度得分是4.31分，而对集团化改革提升学生学习成绩水平的认可度得分是4.06分，前者显著高于后者。

教师群体满意度呈现"教学导向"的分布趋势，即教师群体在"教学提升"维度上的满意度得分要显著高于"工作效果"维度的满意度得分。这说明，江阴市目前已有的集团化办学改革对教师尤其是成员校教师的教学提升帮助较大，因此这一维度的满意度得分较高。相对而言，改革措施对教师实际工作变革带来的效果稍显不足，尤其是在教师具体工作支持等领域的着力较小。

第二，家长群体满意度分析：整体测评得分优异，教学提升仍有空间。家长对江阴集团化办学改革在"学校教育"领域工作的满意度打分为4.50分，接近"非常满意"。其中师德师风、学校声誉、管理服务、特色发展、家校互动这五项排名靠前，说明改革对学校教育"软环境"领域的提升作用明显。家长对江阴集团化办学改革在"学生发展"领域工作的满意度打分为4.42分，整体表现优秀。道德品质、行为规范、身体锻炼、课外活动排名靠前，说明江阴集团化办学改革对学生的"全面发展"工作较有成效。

综合来看，家长满意度有三个基本趋势。其一，在宏观与微观两个维度共计15项细化指标测评中，所有细化指标的满意度得分都在4分以上，超过"比较满意"，接近"非常满意"，显示出学生家长对江阴集团化办学改革工作的高度评价。其二，学校教育与学生发展两个维度呈现"互动交叉"的特征。在微观维度上，家长对班级规模的满意度（4.41分）较低，这对应了宏观维度上家长对学校生源的低满意度得分（4.45分）；而宏观维度上,家长对教师教学水平的担忧与微观维度上家长对孩子学业成绩情况的最低满意度(4.19分)则相互对应。这实际上是家长对于集团化办学带来教育资源均衡化趋势的一种担心,说明既有的集团化办学改革还没有完全展开,在教学效果层面没有得到明显突破,但基于集团化办学的客观规律,这种低满意度应当是一种"阶段性低谷",在后期会随着集团化办学走向高水平均衡而逐渐改善。其三,学校硬件设施满意度(4.40分)在所有15项细化满意度中排名倒数第二,说明目前在"硬件设施"的投入上还没有完全到位,未来集团化办学需要重点关注。

第三,教师群体满意度分析:技能提升效果显著,框架调整优化已到位。工作效果维度的测评中,教师满意度平均得分为3.99分,接近"比较满意",表现较为良好。其中,各细化指标满意度呈现"外高内低"的特征,即在外部性的制度、机制、管理等维度方面满意度较高,但在与自身工作紧密相关的内部性工作强度、收入、生源质量等维度方面的满意度则相对较低。细化来看,集团日常管理、教学技能培训、集团资源共享、校际交流这4个细化指标得分靠前,成为第一序列;在这之后,学生教育成绩、职业发展前景、职业技能提升这3个指标得分也超过平均值,排名第二序列。这七项指标的满意度测评表现显示出改革在教育集团本身的管理联动、资源联动、人员流动等方面取得了较大成果,同时基于框架层面的调整优化,学生教育成绩以及教师个人的职业发展、技能提升等也得到认可。值得注意的是,学校生源质量、班级学生规模、日常工作强度与自身收入水平这四项满意度低于平均值,均没有达到"比较满意"的程度。尤其是日常工作强度与自身收入水平的满意度,分列后两位。因此,相对于办学改革对整体架构层面的作用,教师工作的压力与困难度在上升,从而影响其满意度。但从集团化办学教育发展客观规律来看,生源质量下降、学生规模扩张都是集团化办学进程中的客观现象,随着资源进一步投入会逐渐缓解。

在教学提升维度的测评中,教师满意度平均得分为4.25分,超过"比较满意",接近"非常满意"。这其中各个细化指标的满意度得分呈现"教学提升为先—增量改革为先"的特征,即教学技能提升相关举措的教师满意度较高，同时不涉及对既有相关格局冲击影响的"增量改革措施"满意度较高。具体来看，10项细分指标中绝大部分都表现出较高的满意度测评得分，包括师徒带教、培训学习、课程研发、课程体系等。可以看出，集团化办学改革在提升集团内教学技能环节着力颇多，因此这一领域，教师表现出高满意度。其他数据也支持这一结论，教师对江阴教育集团校际师资交流的频率打分为4.08分，超过比较频繁，77.05%的教师认为自己参与的频率程度很高。与此同时，跨校教学课题研究、教师跨校送教、行政干部轮岗流动的满意度得分相对偏低（低于平均值）。这说明目前许多改革措施，一旦涉及对教育集团内各学校既有教学框架、人员体系的调整和冲击，就会出现满意度得分降低的情况。

4. 教育均衡发展情况：核心校引领带动，良性互补形成

从本轮评估来看，江阴教育集团内核心校与成员校的差距测评得分为2.83分（5分制），认为"差距较大"或"差距很大"的只有28.81%，较好地实现了教育资源的高质量均衡发展。在满意度方面，核心校与成员校也形成了一种高水平基础上的相对均衡。

第一，家长满意度：整体层面凸显硬件差距，微观层面注重成绩差距。在家长满意度上，核心校得分表现均优于成员校。家长总体满意度测评中，核心校得分4.49分，成员校得分4.40分。细化来看，学校教育维度的满意度测评中，核心校得分4.53分，成员校得分4.44分；学生发展维度的满意度测评中，核心校得分4.45分，成员校得分4.35分。值得注意的是，这种相对差距首先是建立在高满意度得分基础之上的，核心校与成员校家长的各项满意度得分都在4.4分以上。其次，这种差距的幅度很小，家长总体满意度得分的差距只有0.09分。

在学校教育维度上，核心校在所有9个细分指标上的家长满意度得分都要高于成员校，差距最大的是"学校硬件设施"，紧随其后的是"学校生源质量"与"学校社会声誉"，差距最小的是"教师教学水平"和"课程设计体系"。在学生发展维度上，核心校在6个细分指标上的家长满意度得分都高于成员校，其中差距最大的是"孩子学业成绩情况"，差距最小的是

"孩子所在班级规模"。

综上可见，改革对江阴教育集团内部的均衡发展起到了积极推进作用，家长满意度的得分差距非常小。但这种推进作用的差异度也比较明显，"教师教学水平"和"课程设计体系"等分差较小说明集团化办学在师资力量均衡、课程设计共享等措施上着力较多，"孩子学业成绩情况"等满意度分差较大说明从框架性措施到具体教学效果提升需要一定的验证周期。目前核心校与成员校在教学成绩这一核心考验指标领域已经进入攻坚克难阶段。同时，"学校硬件设施"满意度得分差最大也说明目前集团化办学在硬件投入方面相对欠缺。

第二，教师满意度：核心校的教学优势明显，集团内部存在互补空间。在教师总体满意度上，核心校得分表现均优于成员校。教师总体满意度测评中，核心校得分4.23分，成员校得分3.94分。相对于家长满意度的高得分、小差距，教师满意度呈现得分差距大、提升幅度大的特征。

细化来看，教师对工作影响维度的满意度，核心校得分4.09分，成员校得分3.81分。从11项细化指标的分差来看，核心校在生源质量上的满意度领先幅度很大，其他包括学生成绩、技能培训、资源共享等的满意度领先幅度也较大。这说明核心校在办学上的固有优势依然明显，其中生源质量是典型代表。而成员校唯一领先的是教师对班级学生规模的满意度，这恰恰说明核心校与成员校在集团化办学中的互补可能，即通过学生规模与教学质量在集团内的有序分配与调节，最终形成集团在教学层面"规模数量－成绩质量"的良性互动。

教师对教学提升维度的满意度，核心校得分4.37分，成员校得分4.07分。在10项细化指标测评中，核心校全都领先成员校，领先幅度相对平均。"新课程研发"与"跨校教学课题研究"的满意度分差相对较大，显示了成员校教师对进一步参与集团内教学开发尤其是新课程、新课题开发的意愿，围绕课程教学提升的相关改革措施应引起更大程度的重视。

5. 集团主体横向对比：表现整体性良好，阶段分化出现

在教育集团自评得分中，8个教育集团①的平均自评得分为94分。其

---

① 南菁高级中学教育集团未提供自评得分。

中，城中实验小学教育集团为100分；实验小学、辅延中心小学、第一初级中学、春申中心幼儿园4个教育集团紧随其后形成第二梯队；城中中心幼儿园、实验幼儿园与江阴初级中学3个教育集团自评得分低于平均分。从学阶来看，小学阶段集团自评得分较高，中学与幼儿园阶段集团自评得分较低（见图1）。

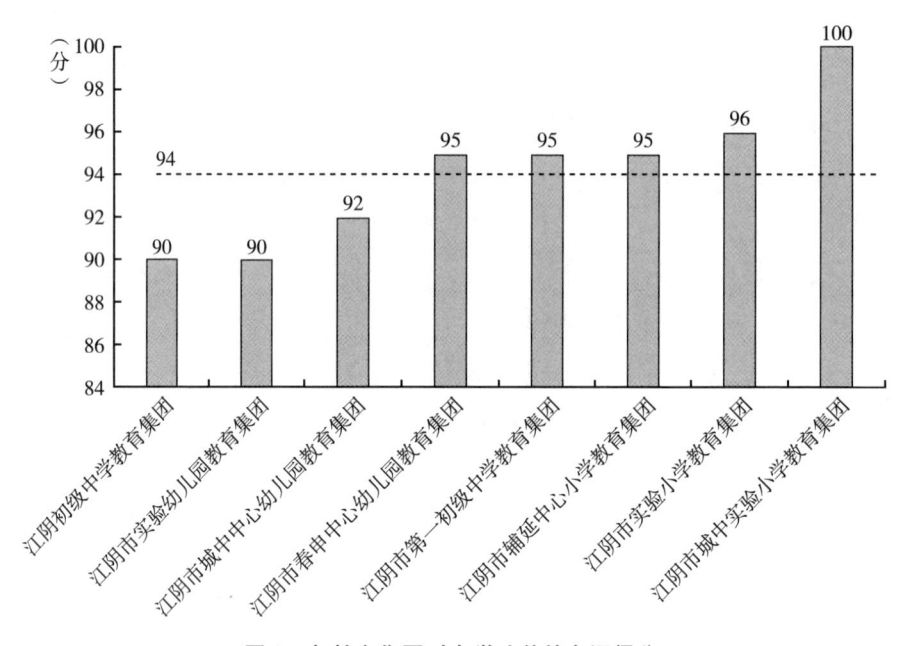

图1 各教育集团对办学改革的自评得分

在集团化改革对学校办学水平提升程度的评估中，实验小学教育集团在9个教育集团之中拔得头筹，其后是城中实验小学教育集团。这说明了实验小学教育集团办学改革对办学提升的引领带动效应较为明显。而后是城中中心幼儿园教育集团、春申中心幼儿园教育集团、江阴初级中学教育集团。相对而言，实验幼儿园教育集团、南菁高级中学教育集团、第一初级中学教育集团、辅延中心小学教育集团则低于平均得分（4.31分），存在一定提升空间。

在家长对集团化办学改革满意度的评估中，城中实验小学、实验幼儿园与实验小学、城中中心幼儿园、南菁高级中学等5个教育集团排名靠前，满意度得分较高。而春申中心幼儿园、辅延中心小学、初级中学与第一初级中学四个教育集团的满意度得分则低于平均满意度得分（4.46分），表现有待于进一步提升。

在家长对各集团内中心校与成员校差距的评估测评中，差距最小的分别是城中实验小学、实验幼儿园与实验小学教育集团，而辅延中心小学、第一初级中学与南菁高级中学这三个教育集团的内部差距还是比较大，需要通过集团化办学进一步实现均衡发展。

事实上，教育集团的表现分化与自身所处的教育阶段有一定关系。例如，基于不同学段的家长满意度分析，幼儿园、小学与初中三个学段都表现出较高满意度（4.4分以上）；而总体满意度呈现幼儿园、小学、初中三个教育阶段的"递减排列"，并且递减幅度越来越大（见图2）。

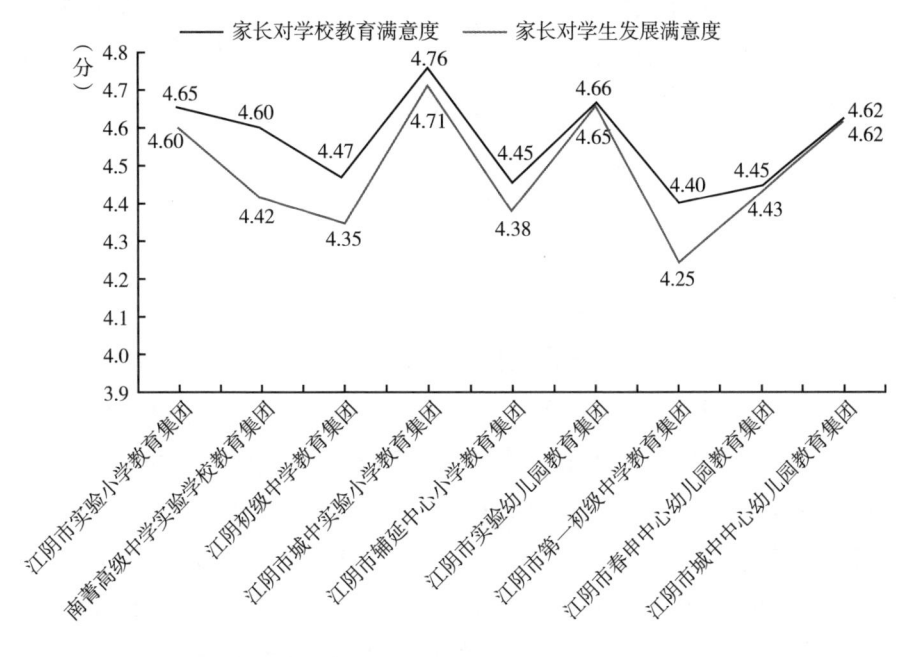

图2 各教育集团家长满意度得分的对比（学校教育与学生发展）

从9个教育集团的测评情况来看，家长对学校教育的满意度均高于对学生发展的满意度，并且满意度之间的差距呈现"幼儿园—小学—中学"递

增趋势。这说明集团化办学改革的难点与痛点具有较显著的后置特征，在小学与初中阶段，家长对学校要求增多与强化（尤其是学习成绩），提升家长满意度的难度不断增加。

四 改进方向分析

（一）资源支持：投入"饱和程度"有待提升

在本轮教育集团化办学改革过程中，框架、政策、路径以及来自各教育集团主体的教学提升措施等成为重点，与此相对应，江阴基础教育改革的资源投入虽然已经基本到位，但在饱和度层面依然有提升的空间。

其一，质量层面的硬件设施改善。调研反馈，多个江阴教育集团迫切需要改善硬件设施，尤其是成员校进入新教育集团后，硬件设施差距成为制约办学改革的核心阻碍。如实验小学教育集团的大桥小学校区，现有条件无法满足正常课程的功能性需求，没有专用活动室，没有学生食堂，没有阅览室；校园内人车混流，基本安全无法保障等。

其二，规模层面的校区容量扩张。随着集团化办学推进，集团面临的教学任务与学生规模都在不断提升，如何有效进行校区容量扩张成为关键。如城中实验小学东校区只有58亩土地，正常办学已不堪重负，集团化办学改革后，一年级要招收14个教学班，亟待扩建。

其三，资金调配的精准性。集团化办学催生许多新的经费需求，对经费审批、划拨和使用提出了精准度和专门性要求，不论是集团管理人员和交流教师的激励措施、文化设计品牌打造，还是文化环境改造都需要专项资金支持。例如，因人员经费按照最低标准拨付，澄江路幼儿园出现了代课教师和保育员等后勤人员流动性大等问题，给园务管理带来较大困扰。

（二）师资培育：供给体系架构有待完善

江阴集团化办学改革的核心是师资队伍培育。从评估结果来看，教师教学技能提升及后续办学效果都取得了很好的反馈。但相对于宏观框架、学生成绩等环节，师资培育依然有进一步完善的空间。

其一，人员配置不足。教育集团规模扩大，但带班骨干及有经验的教师数量严重不足，缺口较大。如南菁高级中学教育集团南菁校区就因为承担交流指导等任务，优质师资被稀释；暨阳校区师资虽然超编，但面临教师集中退休的问题，师资力量也相对不足。

其二，人员编制不足。多个教育集团反映，教师编制本就紧缺，集团化办学后，教学压力加大、编制不足的矛盾更加凸显。如按目前在校学生数，江阴初级中学教育集团核心校教师缺编30余人；江阴实验小学因缺编严重，仅核心校就有临时代课老师19名，还要承担对成员校的教学指导工作。

其三，激励机制不足。在集团化办学改革的任务要求下，许多岗位尤其是新校区岗位因人员配置与编制不足只能安排兼任。但目前在交流政策、经费政策和教师待遇、绩效、评优、职务职称晋升等方面的倾斜力度不大。

（三）机制保障：改革配套路径有待理顺

江阴集团化办学改革在初级阶段，虽科学规划出台了指导政策方案，但随着改革实践过程的深入，依然出现了一些运行机制问题，制约了集团化办学宏观结构层面效果的进一步深入。

其一，机构设施变化带来的新问题。推进集团化办学会对各个学校既有机构设置造成冲击。随着机构设置的变化，许多新的问题不断出现，需要从顶层机制层面进行协调。如江阴市实验幼儿园从一个单位变成三园分设，需要独立建制、独立资产、独立财务、独立核编等，对岗位、人事关系等多领域产生了新要求。

其二，从学校办学到集团办学带来的公共服务挑战。包括周边环境、公交服务等。如江阴市第一初级中学教育集团成立后，原要塞中学初中部大部分本地生源入学第一初中校区，这部分新生家长希望乘坐公交专线，需要市教育局出面给予帮助协调。

其三，集团化办学运作经验缺乏。因改革仍在初期，虽然各学校积极性

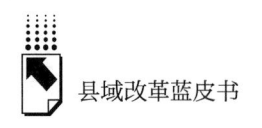

高涨，但缺乏深入推进集团化办学的经验，因此需要相关部门进行协调对接，组织学校外出学习先进的集团办学经验，以利于集团内多个校区的共同提高。

五 发展对策建议

（一）"激"与"励"：激发教师活力，提升改革质量

从已有评估来看，江阴教育领域的集成改革应该着重加大激励维度的措施力度，以此更好激发教育改革各主体尤其是教职工群体的参与热情。"激"是在规定动作环节，江阴相关部门需要通过制度设计与激励机制来激发集团化办学活力。其一，应在"人—财—物"上强化保障，尤其是注重加大对办学改革结构性痛点的专项经费投入。进一步明确财政预算内集团化办学发展专项经费，根据全市集团化办学发展规划和年度目标任务统筹安排专项资金使用，并纳入同级财政年度预算。其二，应在制度层面探索建立集团化办学改革背景下的教师评价制度和教师专业发展体系，明确教师发展路径与阶段特征，保障教师专业发展，提升学校办学质量。其三，应探索完善市域范围内教师编制统筹配置的相关政策，尝试进行教师编制的扩容与优化。积极推进跨层级划转教师编制改革，探索跨区域教师编制划转改革工作，谋划跨层级、跨区域紧密型集团化办学建设。如在地方事业编制总量和中小学规定岗位结构比例内，集团核心校可适当增加教师编制，加强管理力量。其四，应着力提升教师队伍知识结构与技能水平，在现有基础上提高中学教育集团核心校的高级专业技术职务和小学、幼儿园教育集团核心校的中级专业技术职务聘任比例，形成"雁阵队形"，引领教学提升。

"励"则是针对规定动作之外的自选创新，制定有针对性的激励政策，以扩大容错空间并激发创新动力。政府应当通过调查与意见反馈，对各级名师工作室、特级骨干教师等给予工作经费补助，支持高职称教师下沉到基层与成员校开展项目制教育教学课题研究，针对特定学校、特定区域的教学难

点进行专家会诊式应对。同时联动各教育集团，组织青年教师培养培训、学术交流等帮扶工作，强化对外的专题班式培训交流。

（二）"督"与"导"：绘就发展蓝图，促使百花齐放

集团化办学改革过程中如何把控质量、把控进程，需要妥善处理好"督"与"导"之间的关系。"督"是要督促各教育主体及时准确地理解、把握和遵守江阴市政府集团化办学的基本要求。江阴市政府应该进行周期性顶层设计，在深入调研、分析诊断基础上，制定集团化办学整体发展规划，使之成为各教育主体共同发展的目标与行动蓝图。通过对集团化办学的专项督导，解决瓶颈问题，发现新的生长点，引导集团良性发展、主动发展。

教学改革中的"导"则是政府从顶层设计上为集团化办学立柱架梁，强调及时针对办学改革进程中的问题制定靶向性保障政策以推进集团化办学深化。此过程中，要注重引导各教育集团对江阴市教育改革的认同与实践，在政府牵头统筹集团化办学整体设计的基础上，推动各教育集团集群差异发展。为此需要在实际管理层面赋予各教育集团更大的自主权，避免政府层面的大包大揽。

（三）"评"与"估"：形成改革谱系，着眼江阴全局

为保证江阴市基础教育集团化办学改革在政策周期内的有效性与持续性，应当着重优化评估路径，通过评估来不断检测、把控改革发展，及时回应特定阶段问题，提升改革稳定性。"评"就是政府要建立完善的集团化办学考核评价体系，包括量化考核指标、考核细则等环节，对每年度各教育集团的办学效果包括制度建设、办学质量、教学管理、师资队伍等方面进行考核评价，通过长时段、连续性的考核评价，形成每个教育集团以及江阴市的改革谱系。在结果评估之外，政府应当通过专项检查、集中检查和综合督导等方式强化过程考评，不断促进集团内各校办学水平和教育质量整体提升。其一，教育行政主管部门针对本区域集团化办学的阶段特点，联合专家团队

制订集团化办学发展性的评估方案①，设计科学合理的考核评价体系，纳入学校年度绩效考核重要指标，考核教育集团办学效果。其二，试点引入第三方评估与监测机构，开展针对不同集团的个性化跟踪评估，通过立体、多维的评价，既考核集团的总体发展状况，又考察集团各个学校的提升程度。其三，多部门联动第三方权威团队，展开对政府层面既有相关政策执行情况的评测，并引入360度满意度测评方案，将集团化办学改革的执行情况与各相关部门的工作测评紧密结合，打破单一的职能考评，形成以结果为导向的新考评方式。

"估"就是要做到对江阴集团化办学改革的外部效应进行评估，既要实现江阴市地方优质教育资源的均衡发展，也要带动更大范围内社会效益的提升，如社区满意度、区域吸引力等。换言之，就是要将教育改革与其他集成改革领域，乃至江阴市整体发展的战略大局有机关联，更好地确定教育改革发展的位置与重点。主要应从治理性价值和社会性价值两个维度评估既有教育改革政策效果及影响力，将实证性的成效评估研究作为有效的政策评判依据，以此修正既有政策，探索更有效的集团化办学模式和运行机制。

面向未来，江阴基础教育集团化办学改革必须紧扣"实现基础教育资源高质量均衡"这一核心命题，在兼顾教师主体与学生主体的前提下，激发制度活力、政策活力、市场活力与社会活力，推进政府部门、教育集团、具体学校三个层面的创新联动。同时应当实现从城区向城乡的改革转变，将城区的办学改革下沉到各个街道乡镇，探索全域性的教育资源优化分布；应当推动改革从下到上，通过具体改革实践与有效反馈，不断调整、优化既有教育体制与机制框架，为进一步改革创新提供增量空间。总而言之，江阴基础教育集团化办学改革需要不断提升自身体制改革的系统集成能效，将集成超越做实、做透、做真，以更有格局的教育让未来的江阴真正做到学有优教！

---

① 比如，杭州就发布了《杭州市名校集团（互助共同体）考核评价指标》，而上海市教委则颁发了《上海市学区化集团化办学发展性评估指南》。

B.23
紧密型医联体建设改革评估报告

江苏省社会科学院评估课题组*

摘　要： 本评估报告系统总结了江阴市在统筹区域医疗卫生服务资源、发挥"三医联动"效应、提升医疗卫生服务整体效能等方面的紧密型医联体建设经验，运用定性分析与定量分析相结合的方法，着重从紧密型医联体建设的管理机制、运行成效、人才建设、居民就医满意度等维度，全方位评估紧密型医联体建设的主要目标实现情况。评估结果显示，江阴市紧密型医联体建设的主要目标稳步实现，主要任务有序完成，改革的组织机制不断完善，初步形成了关键环节可复制、可推广的经验。今后，应进一步强化各级政府的主体责任，逐步完善合理高效的财政补偿机制，着力破除医联体建设的机制障碍，注重基层医疗机构的人才培养，拓展紧密型医联体建设的智慧应用场景，提升紧密型医联体建设的社会共识。

关键词： 医联体　分级诊疗　医疗卫生服务体系　集成改革

党的十九大报告指出，我国社会主要矛盾已经转化为人民日益增长的美好生活需要和不平衡不充分的发展之间的矛盾。而人民群众对医疗卫生服务

---

* 江苏省社会科学院评估课题组：丁宏，博士，江苏省社会科学院研究员，主要研究方向为政策研究、创新经济；孙运宏，博士，江苏省社会科学院社会学所助理研究员，主要研究方向为社会政策、经济社会学；陈晔，湖州市委党校教师，江阴改革发展研究院，主要研究方向为政府管理、基层治理、比较政治学。

预期的不断提升与优质医疗资源分布不平衡、服务不充分的现实正是新时代医疗卫生领域的主要矛盾。为贯彻落实江苏省委、省政府关于"在江阴市先行先试，开展县级集成改革试点，形成改革集成效应"的总体要求，江阴市以紧密型医联体建设为着力点，推进医疗卫生服务体系改革，在改革实践中形成了一系列特色亮点。本评估报告围绕江阴市紧密型医联体建设，开展公正、科学、客观的第三方评估，归纳提炼紧密型医联体建设的成效与经验，剖析进一步推进紧密型医联体建设面临的瓶颈，并提出可行性建议。

一 总论

（一）评估目的与意义

紧密型医联体建设是江阴市社会事业体制改革的重要组成部分，通过深入推进紧密型医联体建设，坚持以人民为中心的发展思想，更好地满足了人民对健康生活的向往，进一步增强了优质、高效、合理的医疗服务供给能力，使江阴的医疗质量和服务水平得到提高，更好地服务于民、造福于民。

对紧密型医联体建设进行评估，旨在及时总结这一社会事业领域改革的创新做法，对如何巩固紧密型医联体建设的既有改革成果、发现和解决紧密型医联体建设中的问题、进一步深入推进紧密型医联体建设提供可行性建议，形成紧密型医联体建设的"江阴经验"，为全面实现"健康中国"战略贡献"江阴智慧"。

（二）评估原则与依据

定性与定量分析相结合。对紧密型医联体建设的政策形成和运行机制的评估以定性分析为主；对紧密型医联体建设的实施成效通过定性与定量分析相结合的方法进行评估；对江阴市居民和医护人员对紧密型医联体建设的评价以定量分析为主。

客观公正与实事求是相结合。遵循实事求是的基本原则，对江阴市紧密型医联体建设情况开展评估，全面分析评价江阴市紧密型医联体建设的实施效果，深入客观地分析紧密型医联体建设在实际运行中存在的问题和不足，提出有针对性的对策措施。

目标导向和问题导向相结合。对照江阴市紧密型医联体建设的目标要求，对实际运行情况进行评估，在评估建设目标实现情况和进度要求完成情况中发现问题，提出进一步深化紧密型医联体建设的对策建议。同时，紧盯紧密型医联体建设中迫切需要解决的"卡脖子"问题，进一步明确发展路径和任务措施。

本评估以《江阴市社会事业体制改革方案》确定的紧密型医联体建设的改革任务为依据，结合江阴市紧密型医联体建设工作的开展情况，全方位评估江阴市紧密型医联体建设的落实情况。本评估所采用资料，主要包括江阴市紧密型医联体建设的系列政策文件，卫健委、医保局和人社局等相关部门的研究和分析报告、内部汇报材料。

（三）评估思路和方法

1. 评估思路

主要从紧密型医联体建设的重点举措和创新做法入手，系统总结、归纳、梳理紧密型医联体建设重点领域的经验做法，围绕政策支撑、医疗集团建设、保障机制完善、医疗服务绩效展开评估，分析和发现江阴市紧密型医联体建设在实际运行过程中的成效和短板，在此基础上提出进一步深化江阴市紧密型医联体建设的对策建议。

2. 评估方法

紧密结合江阴发展实际，对《江阴市社会事业体制改革方案》确定的紧密型医联体建设的主要目标和重点任务进行评估，依据所掌握的资料进行分析、对比和评估，梳理其创新做法，形成评估报告。主要评估方法包括如下几个。

文献分析法。全面收集关于江阴紧密型医联体建设的文献资料，重点对紧密型医联体建设涉及职能部门的发展思路、建设举措、经验归纳和短板分析等文献进行系统研究分析，了解并研究江阴市紧密型医联体建设的目标、

任务和典型特色举措。

问卷调查法。通过对江阴市居民和医护人员对紧密型医联体实施情况评价的问卷调查进行分析，全面评估江阴市紧密型医联体建设的实施情况，量化分析存在的问题和短板，科学评估人民群众对江阴市紧密型医联体建设的满意度。

案例研究法。重点对江阴市紧密型医联体建设进行分析研究，结合实地观察，捕捉紧密型医联体建设的共性规律与典型经验，归纳紧密型医联体建设实施的生动案例。

结构式访谈。与紧密型医联体建设的政策设计者和具体实践推动者沟通协商，按照统一标准和方法，选取政府部门工作人员、市民群众，就紧密型医联体建设的推进情况、获得感及存在的问题进行访谈，从被访者的回答和切身感受中掌握真实可靠的信息。

二 江阴市紧密型医联体建设的背景

（一）江阴市紧密型医联体建设的宏观背景

党的十九大报告作出了"人民健康是民族昌盛和国家富强的重要标志"的论断，提出"实施健康中国战略""要完善国民健康政策，为人民群众提供全方位全周期健康服务"。紧密型医联体建设是当前深化医药卫生体制改革的重要内容，是卫生健康事业发展进入新阶段的重要标志，也是调整优化医疗资源结构布局的重要举措，更是进一步提升医疗服务体系整体效能的有效途径。2017年，国务院办公厅、江苏省深化医改领导小组办公室相继出台了《关于推进医疗联合体建设和发展的指导意见》《关于进一步推进医疗联合体建设和发展的实施意见》，此后一系列的重要文件也都对医联体建设工作作出部署、提出要求。江阴市自启动县域集成改革以来，在深入学习领会国家、江苏省关于医联体建设有关要求基础上，结合江阴市医疗卫生事业发展实际，逐步形成了加快推进紧密型医联体建设的基本构想和重点路径。

（二）江阴市紧密型医联体建设的必要性

近年来，江阴市医疗卫生业发展取得了显著成绩，在全国县级医院竞争力排名中一直位列前茅，但与全面建成小康社会目标和人民群众过上更加美好生活的期待相比，医疗卫生领域还有不少薄弱环节，特别是在紧密型医联体建设方面比较明显，亟待创新体制机制，打造优质高效的医疗卫生服务体系。江阴市医疗卫生服务领域面临以下问题。

一是医疗卫生资源配置有待优化。江阴市的三级医疗机构以及近一半的社会力量兴办医疗机构均集中分布在澄江街道，这与基本公共服务体系建设的要求严重不匹配，亟待通过紧密型医联体建设来解决区域医疗资源的不合理分布问题。

二是基层医疗卫生机构人员短缺。2016年，江阴开放床位8080张，共有卫生技术人员9448人，床位与卫技人员比仅为1∶1.16，医务人员缺乏，尤其是基层医疗机构人员招录困难，基层医疗卫生服务能力难以提升。人民群众看病就医涌入市人民医院和市中医院两家三级医院，进一步导致大医院与基层小医院之间患者分布的严重不平衡。

三是医联体建设的机制有待创新。江阴2018年以前的医改，是卫生行政部门"单兵突进"的改革，没有形成改革合力，医疗、医保、医药"三医联动"效果不佳，改革政策落实不理想，部门参与深度不够，医联体建设的"中梗阻"有待打通，"三医联动"机制创新的"天花板"有待突破。同时，三级医院的"虹吸效应"越来越严重，医务人员工资收入偏低、参与改革的积极性不高，医疗服务价格无法真正体现医护劳务价值，医疗机构选人用人缺乏自主权等问题日益凸显。因此，亟待通过紧密型医联体建设来整体推进江阴市医疗卫生服务事业的发展。

三 江阴市紧密型医联体建设的经验做法

江阴市以县级集成改革为契机，在推动市镇村纵向一体化医联体建设的

基础上，率先成立独立法人事业性质的两大医疗集团，逐步建立完善整合型医疗卫生服务新体系，形成了以卫生人才绩效激励机制、医保激励约束机制、医疗服务价格动态调整机制等创新举措为保障的集成改革新经验，县域医联体建设取得了新突破。

（一）坚持"三个突出"，全面统筹区域医疗卫生服务资源

江阴市通过成立独立法人事业性质的两大医疗集团，以集团成员、院府合作、专科联盟等多种形式，着力推进服务协同、责任统一、利益共享、管理合一的县域紧密型医联体建设。

1. 突出集团发展，打造责权统一的责任共同体

一是建立统一事业法人单位。成立具有独立事业法人资质的江阴市人民医院医疗集团和江阴市中医院医疗集团，公立医院以集团成员单位加入紧密型医联体，由医疗集团实行人、财、物统一管理。医疗集团总院长由龙头医院法人代表担任，同时兼任其集团成员单位的法人代表，建立统一法人代表的责任共同体，实现优质医疗资源的有力整合，推进县域医疗卫生单位的集团式发展。二是建立完善医疗集团管理体系。成立医疗集团理事会，实行理事会领导下的总院长负责制。理事会作为医疗集团的决策机构，对医疗集团重大事项进行会议表决。总院长办公会作为医疗集团经营活动的执行机构，落实理事会决议有关事项，负责医疗集团的具体正常运营事务。三是建立健全医疗集团组织架构。制定医疗集团章程，明确医疗集团的机构设置、管理制度、岗位职责、议事规则等，厘清成员单位的权利和义务，规范治理结构和运行规则，提高了管理效率。

2. 突出院府合作，加强市镇村纵向一体化管理

卫生院（社区卫生服务中心）等基层医疗卫生机构以"院府合作"形式加入紧密型医联体，在保持地方政府对基层医疗机构办医主体不变、财政投入渠道不变、依法执业主体职责不变的前提下，由镇政府（街道办事处）委托医疗集团管理。按照"保基本、强基层、建机制"的医改要求，瞄准基层医疗机构服务能力建设，着力在医疗规划、基层医务人员培训、专家下

基层坐诊和畅通双向转诊等方面下功夫,实现院府的高效协作与配合。通过下沉科技院长、医疗骨干等优质资源,开设名医、名中医工作室,实行公共卫生服务人员到基层医疗卫生机构驻点制度,与家庭医生签约服务、公共卫生服务、中医中药特色服务等有机融合,构建医疗与公共卫生服务协同合作的服务共同体。

3. 突出专科联盟,推进医疗机构多元化发展

民营医疗机构以履行社会公益责任和义务为出发点,以专科联盟形式加入紧密型医联体。目前,医疗集团充分发挥三级医院特色专科优势,分别牵头建立妇科专科联盟、内分泌专科联盟、肿瘤专科联盟、卒中中心联盟、乳腺甲状腺肿瘤诊疗联盟、呼吸与危重症医疗联盟等6个专科联盟,引进标准化代谢性疾病管理中心(MMC)落户民营医疗机构,形成跨体制补位发展模式,推进区域内各专科规范化建设,提升了专科专病救治能力。

(二)推进"三项机制",发挥"三医联动"效应

江阴市着力打造卫生人才绩效激励机制、医保激励约束机制、医疗服务价格动态调整机制等协同保障机制,推动医疗、医保、医药联动集成改革,确保医改措施系统化、有实效。

1. 建立医疗卫生人才绩效激励机制

一是提高公立医院绩效工资总量调控水平。建立绩效工资总量调控机制,提高公立医院绩效工资总量调控水平线,最高调整到全市绩效工资基准线水平的250%,调动了医务人员参与改革的积极性,促进了服务质量和效益的提升。加强对院长的激励约束,强化年度目标管理,院长绩效工资水平原则上按单位绩效工资年人均水平的300%考核发放。二是建立医疗卫生人才"县管乡用"机制。按照"岗位固定、动态调整、人编捆绑"的原则,在保证基层医疗卫生机构编制数量不低于原标准的基础上,划出一定数量编制,设立医联体内的"县管乡用"人才岗位,人员由医联体统一招聘、技术培养和业务管理,与服务的基层医疗机构建立人事关系,签订聘用合同,享受所在基层单位岗位相关政策待遇。三是建立考核激励机制。制定医疗集

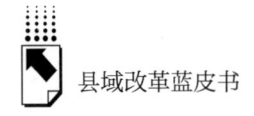

团综合绩效考核办法，按照组织实施、分工协作、医疗资源上下贯通、效率效益、可持续发展等5个一级指标50个三级指标，加强对医疗集团的绩效考核，设立医疗集团总院长年度目标考核奖15万元，加强对总院长及医疗集团管理团队的考核激励。市政府设立医联体发展专项资金100万元，并列入年度政府预算，由卫生健康委考核发放；医疗集团总部设立医疗集团管理资金，对公立医院按医疗业务收入（除药品、高值耗材收入外）的1%收取管理费（其中龙头医院定额收取），主要用于对医疗集团管理团队、下派到基层医疗单位工作的医疗业务骨干以及资源共享中心医务人员的考核奖励，不列入单位绩效工资总额。设立"院府合作"保障基金，由委托医疗集团管理的镇政府（街道办事处）提供30万~100万元，用于"院府合作"委托管理的人员补贴、项目建设补贴、会诊补贴、基层人员培训等，不列入单位绩效工资总额。

2. 建立供需双方医保激励约束机制

职工医保、城乡居民医保对两大医联体实行医保总额"打包付费"，实施"结余留用、合理超支分担"政策，超支由医联体统筹承担，结余原则上由龙头医院、社区卫生服务中心（镇卫生院）、社区卫生服务站（村卫生室）按6∶3∶1比例进行分配，充分发挥医保基金的整体导向和控费作用，有效提高了基金使用效率。在市人民医院推广按疾病诊断相关分组（DRGs-PPS）的付费方式改革，建立合理奖惩和风险分担机制，结余10%以内的部分70%医院留用、30%医保基金留用，超支10%以内的部分70%医院承担、30%医保基金补助，超支10%以上的部分由医院全额承担。经第三方分组器校验，江阴市开发的疾病诊断编码库，编码入组率达98.7%，为医保支付方式改革贡献了江阴经验。

3. 建立医疗服务价格动态调整机制

全市公立医院实施医疗服务价格动态调整改革。坚持公立医院公益性的基本定位，将公平可及、群众受益作为改革出发点和立足点，科学界定公立医院的合理收益空间及适度增长区间，充分考虑公立医院取消"以药养医"后的政策性亏损、养老保险改革后人员成本急剧增加、技术劳务价格偏低等实际,制定动态调整医疗服务价格结构的改革方案。一是把握调整空间。按照"腾空间、调结构、保衔接"的总体思路,组织全市公立医院参加江苏省、无锡市的药品集中采购和价格谈判,通过压缩药品耗材采购成本,腾出价格改革的空间。严格对照江苏省医疗服务价格改革试点明确的动态调整约束条件,对实际运行情况进行全面评估,结合评估情况和"腾空间"的主要政策措施把握好调整幅度。二是理顺比价关系。对公立医院医疗服务费用进行全面认真摸底、科学测算,充分征求综合医院、专科医院、各级医院及不同临床科室意见,综合考虑不同类型、不同等级公立医院的收入状况和医疗服务能力,重点梳理价格偏低项目,调整偏低的体现医务人员技术劳务价值的诊疗、手术、康复、护理、中医和综合类医疗服务项目价格,调增幅度原则上不高于20%,其中综合服务类(不包括床位费、社区卫生服务及预防保健项目、其他医疗服务项目、特需医疗服务项目)不高于省规定的三类医院价格。同时主动做好与分级诊疗的政策配套。三是坚持有降有升。在提高医务人员劳务价值的同时,降低药品耗材、大型设备检查、部分检验类项目价格,按照"小步走、不停步"的方式,有计划、有重点、有步骤地分批分类对医疗服务价格进行动态调整,逐步理顺医疗服务比价关系,防范价格异常波动,确保医疗服务价格动态调整机制健康有序运转。

(三)创新"四化四工程",提升医疗卫生服务整体效能

江阴市通过整合县域医疗卫生资源,立足一体化、同质化、协同化、信息化,重点围绕基层医疗卫生机构提档升级、检查检验结果同城互认、全生命周期健康管理和智慧医疗等方面,全面提升医疗卫生服务整体效能。

1. 加强一体化管理,打造基层提档升级工程

根据江阴市"一城四片区"的总体规划,重点加强澄东、澄西、澄南、澄东南四个片区医疗中心建设,以二级综合医院为承上启下的骨干,做优做强"大基层"医疗卫生服务体系,不断提高基层卫生服务能力。江阴市三院、四院、五院、青阳医院等四个片区区域医疗卫生中心均建成二级综合医院,其中,市三院为二级甲等综合医院,其余三个片区医疗中

心均为二级乙等综合医院。在医疗集团内探索一体化统筹管理,实现集团各成员单位行政、人才、业务、医保、药品、信息、绩效、后勤等"八个合一"的统筹管理,使龙头带得动、基层接得住。立足基层首诊,加强基层医疗机构能力建设,让基层群众在家门口就能享受三级医院的优质医疗服务。市人民医院医疗集团总部设立"一会七部五中心",加强医疗集团内的统筹管理(见图1)。

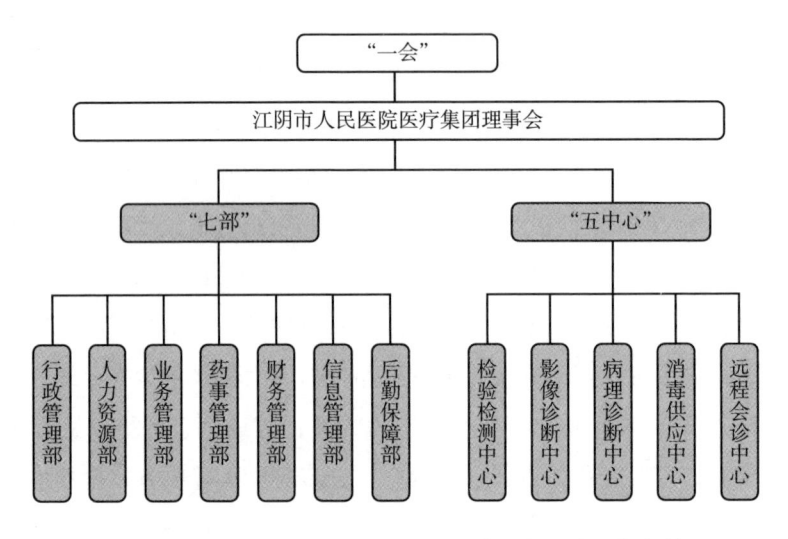

图1 江阴市人民医院医疗集团"一会七部五中心"架构

市中医院医疗集团以规范化建设为牵引,充分发挥党委领导核心作用,不断完善医疗集团内部运行组织架构,着力推进现代医院管理体制建设,成立相关专业管理委员会,成立双向转诊中心,围绕"八个合一"来推进紧密医联体建设(见图2)。另外,注重等级医院创建,不断提升龙头医院质量管理水平,深化等级医院创建工作,以创促建,以评促管,全面提升龙头医院医疗服务质量管理水平。

2. 加强同质化服务,打造同城互认惠民工程

着重发挥病理诊断、消毒供应、影像诊断、临床检验等中心优势,以信息化助力医疗集团内统一出具报告,做到检查检验报告全城共认,让"信息多跑路,患者少走路"。

```
                    ┌──────────────┐
                    │  党委理事会   │
                    └──────┬───────┘
                    ┌──────┴───────┐
                    │  执行委员会   │
                    └──────┬───────┘
                    ┌──────┴───────┐
                    │   总院长     │
                    └──────────────┘
```

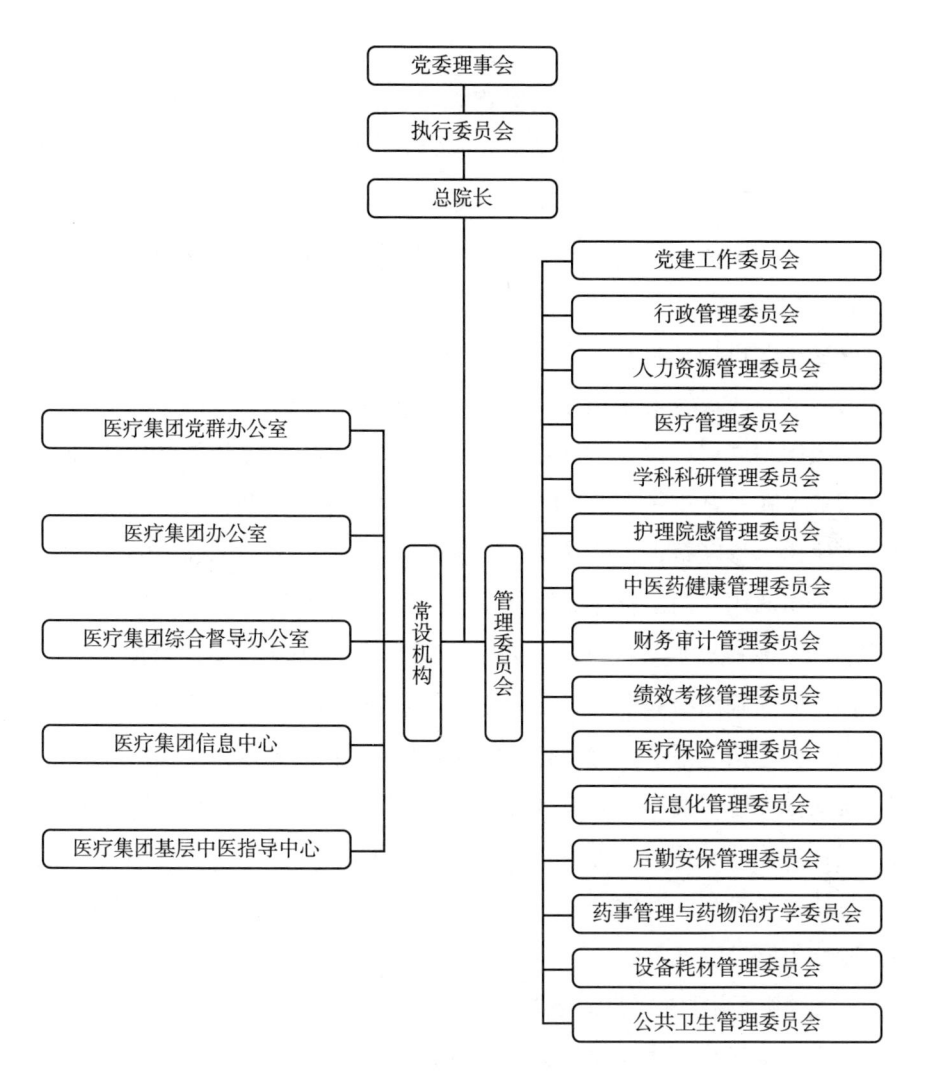

图2 江阴市中医院医疗集团组织架构

一是建立病理诊断中心。有效整合全市病理诊断资源，分阶段建立病理标本条形码管理，实施标本制作、诊断、结果应用全程监控管理，基本建成专业化临床诊断平台，为全市范围内25家医疗机构病理标本提供专业服务。该中心已完成近万例诊断，有效提升基层病理诊断报告的准确性和权威性，为基层医疗机构提供强有力的技术保障。

二是建立消毒集中供应中心。在关停33家未经过验收或验收不合格的供应室基础上,依托市人民医院医疗集团,建成集专业电子质控、电子追溯、符合标准规范、装备高质量于一体的消毒供应中心,创新高效、专业、经济的医疗器械消毒管理新模式,切实保证物品消毒灭菌效果。

三是建立影像远程会诊中心。两大医疗集团依托全市影像归档和通信系统平台(PACS),分别建立影像远程会诊中心,实现市影像诊断中心与医院、基层医疗机构之间的影像调阅、受托、委托诊断、检查结果互阅。依托该中心,部分成员医院通过上下联动,形成"基层拍片＋中心读片"的模式,有效缓解基层有检查设备但诊断水平低的难题,让基层群众享受到优质专业服务。在日常工作中遇到的疑难影像片通过PACS系统上传到中心,由中心专家出具诊断报告,即时发送至申请单位,整个过程只需10~20分钟,且报告全市通用。两个影像远程会诊中心已为医联体成员单位完成2万多例放射、CT、核磁共振等检查报告读片、审核,大幅提升了诊断效能。

四是建立临床检验中心。市人民医院医疗集团购置成套检验流水线,建成区域实验室信息系统,与所有医疗机构的检验信息管理系统、医院信息管理系统实现无缝对接,打造检验信息全市联网、检验报告全市通用的统一模式。以标准化标本条形码管理完成从检验申请、标本采集、运送到结果远程发送打印的全过程,有效避免不同医院之间重复检验和设备闲置的弊端,实现检验结果同城互认。

3. 加强协同化服务,打造全生命周期健康管理工程

树立"大卫生、大健康"理念,把以治病为中心转变为以人民健康为中心。以县域医联体为载体,加强医防协同,打造公平可及、系统连续的预防、治疗、康复、健康促进等全生命周期健康管理服务新模式。

一是开展公共卫生驻点,构建三位一体综合防控体系。制定《专业公共卫生机构驻点工作实施方案》,将市疾病预防控制中心、妇幼保健所、健康促进中心等机构业务人员融入两大医疗集团,派驻到镇街卫生院、社区卫生服务中心,加强对基层机构公共卫生服务工作的指导,实施驻点工作小组"片区责任管理"制度,设立100~200元/天的驻点工作考核奖,按工作实

绩、驻点服务、驻点指导、驻点出勤等指标,由医疗集团考核发放。

二是加强基层培训指导,做实做细家庭医生签约服务。龙头医院通过派出医师参与签约服务团队,加强对基层人员培养培训、开展远程医疗和远程教育培训等工作。在2018年开展家庭医生签约服务试点工作的基础上,2019年制定出台了《关于推进江阴市家庭医生签约服务工作实施意见》,以慢性病为突破口,做实做细家庭医生签约服务,为群众提供契约式、清单式、精准式服务,扩大重点人群签约覆盖面。开展家庭医生签约对象提高慢性病门诊补助比例、免收门诊一般诊疗费个人承担部分、免收健康管理服务费、优先就诊、优先检查、优先住院等("一提高二减免三优先")服务,做到签约一人、履约一人、做实一人。统筹基层医疗卫生机构与二级以上医院用药衔接,在医联体内促进双向转诊的用药方式和途径,完善基层医疗卫生机构签约慢性病患者"长处方"政策。全市共建立家庭医生签约服务团队335个,累计签约近20万人,有效满足了广大签约群众多层次、个性化医疗服务需求。

三是探索长期护理保险,建立失能人员护理保障制度。2019年5月,出台《长期护理保险制度实施方案》,按每人每年100元的标准,由个人缴费、政府补助、医保统筹基金划转等多渠道资金筹措,对在医疗机构、养老机构住院护理和社区居家护理的重度、中度失能老人,分别按每天50元、30元的标准支付护理服务费,为因年老、疾病、伤残等长期失能的居民建立了长期护理保障制度。医疗集团积极利用基层富余的床位开设护理型病床、病区,并与民营养老护理机构建立专科联盟,加快构建"健康管理—治疗—康复—长期护理照顾—临终关怀"全生命周期的健康服务链。

4. 加强信息化建设,打造智慧医疗惠民工程

一是"健康江阴—银医通"项目全面上线。通过与江阴银行合作,引进社会资本1000万元,建设"健康江阴—银医通"智慧卫生工程项目,打通居民群众与医院、医保、银行之间的信息壁垒,群众通过手机App随时享受预约挂号、定时段看病就诊、先看病后付费、查询各种检查报告等,并且可以通过手机在线支付医保费用和自费费用,实现群众携带一部手机完成

整个看病检查、医疗费用结算过程，进一步缩短群众看病等待时间。与医保居民签约，通过手机绑定医保卡，实现医保在线移动支付。

二是自助服务平台高效便民。江阴市人民医院、中医院、五院等医院在门诊大厅安装了自助服务机，就诊患者不必经人工窗口排队挂号，即可在自助设备上进入自动挂号界面，自主选择科室或专家，瞬间完成挂号流程。与此同时，自助机还能办理新病历本、缴费、打印报告单，高效、便捷的就诊方式有效提升了患者的就医满意度。

三是"共享中药房"实现少跑路。江阴市中医院每年投入20余万元，依托中药房平台免费为患者提供集中代煎、配送服务。在基层医院坐诊的医生只要在电脑上将开出的药方传到江阴市中医院，该院的药师在对药方进行审核后，24小时内代煎好的中药就可以配送到当地的服务站或者患者的家中。

四 江阴市紧密型医联体建设情况的评估分析

对江阴市紧密型医联体建设情况的评估，主要围绕紧密型医联体管理机制情况、紧密型医联体建设运行成效、基层医疗卫生人才队伍建设和患者在医联体就医满意度等四个方面进行评价。课题组通过充分挖掘和运用相关调查资料与访谈资料，结合"居民对江阴市紧密型医联体实施情况评价的问卷调查"和"医护人员对江阴市紧密型医联体运行状况评价的问卷调查"中的数据分析，对江阴市紧密型医联体建设情况进行定量和定性相结合的评估。其中，问卷调查通过网络平台开展，获取669份居民对江阴市紧密型医联体实施情况评价的数据，获取1107份医护人员对江阴市紧密型医联体运行状况评价的数据。

（一）紧密型医联体管理机制情况的评价

江阴市紧密型医联体在管理机制方面，逐步构建了卫生健康事业高质量发展的体制机制保障，集成化、系统化、制度化的紧密型医联体管理机制成效显著。

1. 助推紧密型医联体建设的政策支撑体系日益完善

自启动紧密型医联体建设以来，江阴市先后出台了《关于开展紧密型医联体试点建设实施方案》《江阴市紧密型医联体试点建设实施方案》，通过完善总体政策设计，有力推动了全市紧密型医联体试点建设工作的开展。围绕医疗卫生人才机制创新，出台了《关于建立江阴市基层医疗卫生人才县管乡用机制的实施意见》《关于印发2018年医疗集团总院长绩效考核办法及指标的通知》，有效激发了紧密型医联体试点建设中的人才活力。围绕医疗卫生业务建设，出台了《关于加快建设医疗集团的通知》《江阴市公立医院总会计师制度实施办法（试行）》《江阴市公立医院医疗服务价格动态调整改革方案》等文件，紧密型医联体改革逐步向关键环节和关键领域深入。概言之，通过出台实施一系列推动紧密型医联体建设的相关政策文件，提升了江阴市紧密型医联体建设的管理效能和协同推进力度，也保障了集成改革的合法性和科学性。

2. 依托院府合作推进医疗卫生资源纵向一体化的目标逐步实现

一方面，院府合作充分体现了政府的领导责任、保障责任、管理责任、监督责任。通过政府的主动参与，强化了对院府合作的整体规划和制度性安排，特别是在涉及利益分配等关键方面，由政府托底，依托区域公立医疗机构平台，向市级大型公立医院购买服务，让基层群众在家门口就能享受到三级医院的优质服务。另一方面，医疗集团积极履行社会公益职责，顺应分级诊疗形势，发挥专科优势，对托管基层医疗机构实行行政、业务、人才、医保、药品、信息、绩效、后勤等"八个合一"市镇村纵向一体化管理。通过下派专家建立名医工作室，建立资源共享中心统一出具检查检验报告，建设共享中药房统一配送中医经方，增设联系用药目录统一用药衔接等一系列有效举措，全面提高基层医疗机构服务能力，体现了政府搭台、机构参与、政策支持、机制创新、问题导向、目标明确、以人为本的新时代医疗卫生服务模式。创新院府合作管理机制，进一步提高了各级医疗机构的运行效率，有效落实了医疗质量同质化管理，大幅提升了基层医疗机构服务能力水平。

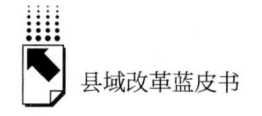

3. 通过政策引导激发了基层医务人员的积极性

江阴市制定《关于进一步深化社区卫生服务中心（卫生院）运行机制改革的实施意见》，从2017年起，在全市社区卫生服务中心（卫生院）推行"核定收支、定额补助、超支不补、结余留用"的预算管理制度，实行主任（院长）目标责任制，社区卫生服务中心（卫生院）自求收支平衡，收支结余用于奖励性分配，绩效工资调增至其他事业单位绩效工资基准线的150%。2019年，江阴全市社区卫生服务中心（卫生院）医药业务收入达2.93亿元。其中，医疗服务收入达6506万元，同比下降8%；绩效工资人均提高到113%，基层医疗机构效益明显提升，医务人员积极性明显提高。

4. 医疗服务价格动态调整机制初步实现

自2018年12月起，在全市12家公立医院调整医疗服务价格共四大类14小类1052项。从实施情况看，2019年，上述12家公立医院门诊病人均次医药费用增长4.96%，低于省定约束标准，住院病人次均医药费用增长6.30%，略高于省定约束标准；医疗总费用增长7.92%，低于省定约束标准；城乡医疗保健支出增长3.18%，居民消费价格水平涨幅低于预期调控目标；医保统筹基金总体保持收支平衡。同时，各医疗机构进一步规范价格行为，收入结构不断优化，收支效益总体平稳，医护人员总体收入有所提高，基本完成了预期的阶段性改革目标。

5. 建立健全医疗保险经办机构与医联体之间的谈判协商机制和风险分担机制

通过完善相关谈判协商机制和风险分担机制，进一步激发了医疗机构规范行为、控制成本、合理收治和转诊患者的内生动力，引导医疗资源合理配置，提高医保基金使用绩效，打造了医疗服务供需双方医保激励约束机制。

（二）紧密型医联体建设运行成效的评价

江阴市紧密型医联体在运行成效方面，分级诊疗制度的效能逐步显现，两大医疗集团的优质医疗资源下沉，带动作用日益彰显，智慧卫生惠民工程成效显著，医疗资源县域共享成效显著。

1. 分级诊疗制度运行良好

"基层首诊、双向转诊、急慢分治、上下联动"的分级诊疗制度框架体系基本形成，引导群众合理就诊的改革目标初步实现。2019年上半年，江阴全市总诊疗量446万人次，基层医疗机构总诊疗量319万人次，基层首诊率达72%，县域内就诊率为90%左右。

2. 两大医疗集团的优质医疗资源下沉，带动作用日益彰显

一方面，通过紧密型医联体建设，有力推进了优质医疗资源稳步下沉。龙头医院向医疗机构下沉科技院长4人，下派医疗骨干834人，开设名医、名中医、慢性病工作室18个，建设联合病区3个，领建基层特色专科7个，诊疗7214人次，开展手术（操作）328人次。另一方面，两大医疗集团充分发挥区域专科优势，加快推进卒中、胸痛、创伤、高危孕产妇、高危新生儿等五大县域危急重症救治中心建设，逐步构建了融预防、筛查、院前急救、救治、康复、健康管理为一体的救治网络。问卷调查显示，有66.21%的医务人员认为参加紧密型医联体活动的效果较好。这也表明江阴市紧密型医联体建设在带动医务人员提升医技方面发挥了较好的效能。

3. 医疗资源县域共享初步实现

2019年上半年，江阴市消毒供应中心共配送无菌包105269个，检验检测中心为镇街医院提供检验服务11049人次，病理诊断中心完成各基层单位常规病理送检412例次，影像诊断中心为医联体成员单位完成9394例会诊。资源共享中心有效提高了基层诊断水平，促进了卫生资源的集约利用，实现了全城同质化管理，取得了政府、医院、群众共赢的效果。

4. 智慧卫生惠民成效显著

自"健康江阴"上线以来，"医保在线移动支付"签约超过21万人次，签约用户就诊超过54万人次，支付金额超过4800万元。全市通过手机预约挂号数、就诊数和移动支付笔数均按每月100%以上的速度递增，居民就诊平均等待时间有效减少40%，医院门诊潮涌现象得到有效缓解，进一步提升了居民看病就医的获得感和满意度。

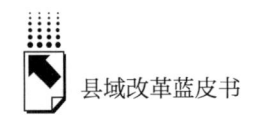

（三）基层医疗卫生人才队伍建设的评价

在基层医疗卫生人才队伍建设方面，江阴市紧密型医联体委托基层医疗机构负责其执业、培训、进修、职称评聘、绩效考核、奖励惩戒等日常管理，医联体负责监督指导，充分保障医联体内部的岗位固定、人员流动和服务持续。同时，以医疗集团为单位统一实施事业人员招聘，2019年上半年共招聘在编人员165人，其中博士1人、硕士72人、本科生92人。全市各社区卫生服务中心（卫生院）工作的临床医学、麻醉学、医学影像学等23名新招聘人员，纳入"县管乡用"专项计划管理，享受所在基层单位岗位相关政策待遇，其中基本工资部分提高10%，有效增加基层岗位吸引力。同时制定各类下乡补助与补贴政策，且不纳入绩效工资总额，引导医务人员到农村基层一线去，有力地调动了医务人员参与医改的积极性。

（四）居民在紧密型医联体就医的满意度

健康是人民幸福之本、全面小康之要、城市活力之基，紧密型医联体建设要坚持以人民为中心的思想，同样紧密型医联体建设的成效最终也要看人民群众的满意度。评估发现，江阴市居民对紧密型医联体建设有着较高的认知度，对基层医疗卫生机构建设的成效较为满意，对紧密型医联体建设有较高的满意度。

1. 居民对紧密型医联体建设有着较高的认知度

问卷调查结果显示，居民对紧密型医联体建设了解比较充分，紧密型医联体建设的宣传成效显著，有14.5%的居民非常了解江阴市紧密型医联体建设，有31.39%的居民比较了解，仅有7.77%的居民没听过。居民对紧密型医联体建设的知晓主要是通过报纸、电视、互联网等媒体（占86.87%）、村（社区）宣传（占82.98%）、医院就诊过程得知（占73.91%）以及熟人告知（占55.27%）。

2. 居民在基层医疗卫生机构就诊逐步获得三级医院相关医疗服务

问卷调查显示，有20.33%的被调查对象在基层医疗卫生机构（如镇、村的医疗机构）就诊时获得过大医院的远程医疗指导，有62.78%的被调查对象没有经历过但知道可以获得远程医疗指导。在三级医院专家坐诊指导方面，有53.66%的被调查对象在基层医疗卫生机构就诊时接受过三级医院专家坐诊指导。问卷调查结果表明，江阴市紧密型医联体建设，有力地推动了三级医院相关医疗服务的下沉，居民在基层医疗卫生机构就诊有机会享有三级医院的医疗服务。

3. 居民对基层医疗卫生机构建设的成效较为满意

问卷调查数据显示：在基层医院的医疗检查设备齐全程度方面，被调查对象认为"非常好"和"比较好"的共占58.59%，仅有2.39%和0.9%的被调查对象认为"比较差"和"非常差"。在基层医院的药品种类丰富程度方面，被调查对象认为"非常好"和"比较好"的共占54.56%，仅有3.14%和0.75%的被调查对象认为"比较差"和"非常差"。在基层医院的医务人员技能水平方面，被调查对象认为"非常好"和"比较好"的共占65.18%，仅有不到2%的被调查对象认为"比较差"和"非常差"。在基层医院的服务价格合理、公开、透明程度方面，被调查对象认为"非常好"和"比较好"的共占77.13%，仅有0.75%和0.3%的被调查对象认为"比较差"和"非常差"。总体而言，江阴市居民对基层医疗卫生机构建设的成效较为满意，特别是在服务价格合理、公开、透明程度方面和医务人员技能水平方面有较高的满意度，而基层医院的药品种类不够丰富是亟待提升的短板。

4. 居民对紧密型医联体建设持较高的满意度

问卷调查数据显示，江阴市被调查的居民对紧密型医联体建设的整体满意度总体达到96.27%，其中，"非常满意"占30.31%，"比较满意"占36.79%，"基本满意"占29.17%，仅有0.16%的被调查对象对紧密型医联体建设"非常不满意"，3.57%的被调查对象对紧密型医联体建设"不太满意"。由此可见，紧密型医联体建设给居民带来了便捷和实惠，居民对江阴市紧密型医联体建设给予较高的评价和认可。具体而言，江阴市整体的就医状况与以前相比在以下几个方面取得了显著成效：一是"医院就诊时间减少"（占71.75%）；二是"医务人员态度更好"（占69.36%）；三是"医保报销的更多"（占49.63%）；四是"医院的环境更好"（占42.00%）；五是"医保报销流程更简洁"（占37.82%）；六是"疾病医疗费用更少"（占29.45%）（见图3）。由此可见，紧密型医联体建设不仅给江阴市居民带来了便捷、高效、热情的医疗服务，也让广大居民享有了更为普惠合理的医保。

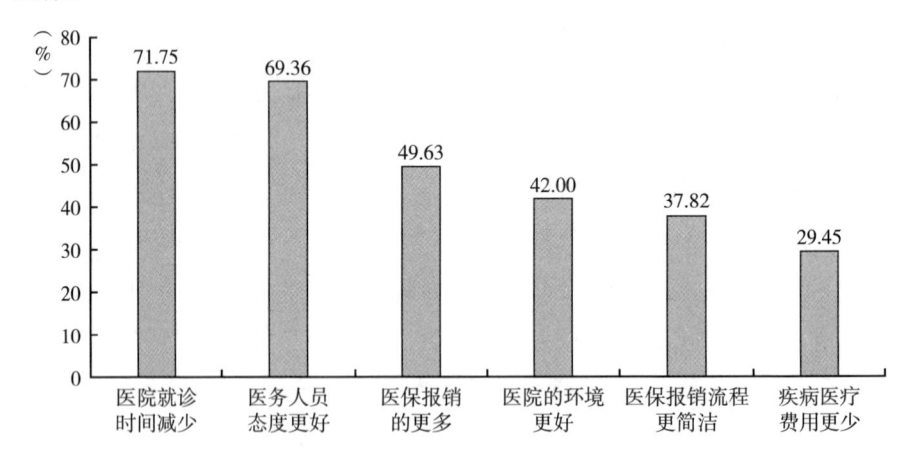

图3 江阴市居民对紧密型医联体建设成效的评价

（五）紧密型医联体建设的总体评估结果

在推进紧密型医联体建设中，江阴市始终坚持以人民为中心，以医疗健康资源的高质量供给为引领，着力解决人民群众"看病难""看病贵"的问题，高起点、高标准推进紧密型医联体建设，在满足人民群众健康需求方面取得了显著成效。

1. 江阴市紧密型医联体建设的主要目标稳步实现

自紧密型医联体建设以来，江阴市加快推进"县管乡用"人事制度改革、公立医院薪酬制度改革、医疗服务价格动态调整、医保支付方式改革等医药卫生体制集成改革项目，建立健全了医疗、医保、医药"三医联动"配套政策，通过开展"八个合一"，进一步引导全市医联体健康有序发展，医联体内部形成科学高效的分工协作机制和规范顺畅的转诊机制，逐步建成具有江阴特色的医疗卫生服务体系和多元办医格局，给人民群众带来更加方便快捷的多样化就医服务，县域医疗健康服务体系的均等化和标准化水平显著提升，紧密型医联体建设走在江苏全省前列。

2. 江阴市紧密型医联体建设的主要任务有序完成

江阴市通过系统谋划、高位推进、积极探索、创新实践，紧密型医联体建设总体进展顺利，主要任务有序推进，关键环节改革突破创新，逐步达到改革预期。建立行政管理合一的紧密型医联体组织架构，进一步完善了医联体章程，强化组织管理，由龙头医院法人代表担任集团理事长，统筹全体成员单位重大行政事项的决策管理，打造了医联体理事会决策机制下的现代医院管理模式。建立业务管理合一的紧密型医联体诊疗机制，业务管理由龙头医院统筹负责，开展医疗服务转会诊制度流程完善、法律法规与核心制度规范培训、下派骨干医师蹲点带教、统一科研管理等事项。同时，建成五大医疗资源共享中心，实现了基层检查检验上级诊断、医联体内统一出具报告单，在医疗卫生机构医疗服务的同质化建设领域迈出坚实步伐。建立紧密型医联体内实施医疗卫生人才"县管乡用"的人才管理机制，在人员总量内实现自主公开招聘，有力地推动了专技人员统一管理、统一调配、柔性流动，同时龙头医院通过上调基层医务人员进修培训、下派中级职称以上医务骨干蹲点带教等多种方式进一步提升了基层队伍医疗技术水平。探索紧密型医联体"打包付费"政策，健全医保谈判协商和风险分担机制，调动医联体控费积极性。建立信息管理合一的紧密型医联体信息平台，实现医联体内所有成员单位信息互联互通与实时共享，对预防保健、医疗服务、康复护理等多个环节整合优化，逐步完善双向转诊、预约诊疗、远程会诊等系统，人民群众不断获得综合连续高效便捷的医疗服务。

3. 江阴市紧密型医联体建设的组织机制不断完善

在紧密型医联体建设过程中，江阴市委主要领导抓谋划、抓部署、抓督察、抓落实，改革稳妥有序推进。建立部门协调推进机制，顶层政策设计不断完善。卫健委进一步深化医联体建设的实施方案，明确医联体建设目标和

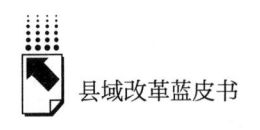

时序进度，按时、保质完成工作任务；人社、财政等有关部门，积极支持医联体建设，制定相关配套政策，推动医疗服务价格和支付方式改革，落实相关财政补助政策。同时，着力加强督查评估，卫健委根据县域实际建立医联体考核评估机制，完善绩效考核方法，重点考核牵头单位资源下沉及基层医疗卫生机构能力提升情况，有效遏制了大医院"跑马圈地""虹吸效应"。在跟踪和定期总结医联体建设试点情况的基础上，有针对性地不断完善相关政策和制度，形成紧密型医联体建设关键环节可复制、可推广的经验。此外，充分发挥公共媒体作用，加强对医联体工作的宣传，增强群众对医联体工作的认可度，有效引导群众逐步改变就医观念和习惯，有力推动了分级诊疗模式的开展。

五 推进江阴市紧密型医联体建设的对策建议

江阴市紧密型医联体建设工作稳步有序推进，改革成效突出，人民群众的获得感显著提升，但尚存在一些亟须解决的短板，要从以下几个方面着力改革创新。

（一）进一步强化各级政府的主体责任

充分发挥市公立医院管委会组织协调功能，建立健全联席会议协调机制，统筹协调解决医联体建设中遇到的各类困难和问题。加强市镇（街道）两级政府上下联动，落实政府主体责任，加强政府对医联体建设的统筹指导，实现各类资源要素合理优化。深入研究并推进全市医疗机构管理体系建设，突出人才队伍、财政投入、支付制度等，进一步完善协同联动的政策体系和制度保障。

（二）逐步完善合理高效的财政补偿机制

认真落实公立医院政府办医主体责任，加快出台支持医联体建设的财政保障措施。借鉴安徽天长建立合理财政补偿机制的经验做法，让医院发展有保障，明确"专项+定向"的财政补偿方法，足额安排县级公立医院运行的各项经费，将县级公立医院政策性亏损、离退休人员经费、重点专科建设和人才培养等列入财政预算，对基层医疗机构人员薪资实行定向财政补助。同时，加大对公立医院特别是医联体两个龙头医院的投入，下大力气做强做大龙头医院，最大限度地发挥好龙头医院在紧密型医联体建设中的引领作用。加快推进社区卫生服务中心和乡镇卫生院标准化建设，补强村（社区）医疗卫生机构软硬件配置。加大对医疗卫生系统基础建设的投入，增强"银医通"和家庭医生签约的资金保障，进一步扩大江阴市居民受益的覆盖面。

（三）着力破除医联体建设的机制障碍

加快推进医保支付制度改革，落实以医疗集团为单位的"总额预算、结余留用、合理超支分担"的医保支付制度，支持和推动紧密型医联体建设与发展，研究出台和DRGs支付方式相衔接的绩效方案，把结余的医保基金和医务人员的利益挂钩，让DRGs支付方式进一步顺利实施并出实效，真正实现患者、医生、医院、医保共赢局面。探索推进基层医疗卫生机构补偿机制，建立健全稳定长效的多渠道补偿机制，加大对乡村医生的补助力度，深入推进家庭医生签约服务工作。加快推进医疗集团法人治理体系建设，建立健全医疗集团综合绩效考核机制。

（四）注重基层医疗机构的人才培养

进一步做细做实江阴市紧密型医联体内基层医疗卫生机构的家庭医生签约服务，切实发挥家庭医生"守门人"作用，进一步鼓励和引导居民到紧密型医联体内的基层医疗卫生机构首诊。同时，结合江阴地域特色，深入挖掘中医资源，有效运用乡村医生熟悉农村居民的特点，在签约服务中充分发挥乡村医生的属地作用。加大面向二级医院的内、外、妇、儿科住院医师规范化培训，支持有条件的二级医院成为培训协同医院，由规培基地统筹安排规培人员在基地和用人单位之间轮训，实现自身"造血"，缓解规培期间二级医院用人紧张问题。继续加强农村订单式定向医科学生免费培养，重点是

培养服务江阴地区的以本科学历为主的全科医生，与有江阴户籍的优秀高中毕业生及医学在校大学生签订协议，免学费并补助就读医学院校，毕业经培训获得就业资格后，须服务当地一定年限，在晋升、待遇方面可给予一定的政策倾斜。进一步完善"县招乡用"的招聘方式，加强县、乡、村一体化管理，持续解决基层医疗人员不足问题。

（五）拓展紧密型医联体建设的智慧应用场景

适应"互联网+医疗"的趋势发展需求，加快推进紧密型医联体信息化建设，运用互联网技术进一步完善网上预约、移动支付、床旁结算、就诊提醒、信息推送等便捷就医服务。整合居民电子健康档案，实现医疗集团或医共体内各医疗机构电子病历信息系统互联互通。促进线上线下医疗健康服务结合，在实体医院基础上在线开展远程影像诊断、远程病理诊断、远程心电诊断和远程MDT多学科会诊等医疗服务、"互联网+健康管理"、"互联网+慢病复诊"等，进一步打造基层区域影像、区域心电以及区域临床检验中心。支持"互联网+医疗健康"可持续发展，为紧密型医联体提供有效的协同手段，弥补区域医疗资源分布的不平衡。

（六）营造紧密型医联体建设的社会共识

个别部门和镇街对组建紧密型医联体工作的认识还有差距，基层政府主导作用不够明显，有的仍缺乏实质性举措。开展理性健康理念和就医观念的宣教活动，做实基本公共卫生和家庭医生签约服务，引导群众重视预防，合理就医，避免基层医疗资源浪费。通过及时总结宣传有效经验和先进典型，充分发挥先进典型的带动、示范作用，提高紧密型医联体建设的社会认可度和满意度，引导群众改变就医观念和习惯，进一步强化合理有序的就医格局。借助镇街、村（社区）力量，通过微信、短信等载体开展多形式宣传，提高群众对医联体工作的认知度和认可度，引导群众树立正确的就医观，逐步形成小病、慢病到社区卫生服务中心，大病、急病到大医院就医的心理和习惯，推动构建科学有序的分级诊疗格局。

B.24
推动公用事业领域市场化改革评估报告

江苏扬子江城市群智库评估课题组*

摘　要： 公用事业主要涵盖了电力、燃气、电信、供水、环境卫生和排污系统、固体废弃物收集和处理系统等领域，是城市和区域经济社会发展的重要载体，也是民生福祉关切所在，关系到人民群众生活质量，关系到一地经济和社会的可持续发展，具有基础性、先导性、公用性等显著特征。本报告采用问卷调查、集中访谈、实地考察等方式，围绕江阴公用事业市场化改革的发展理念、实施路径、体制机制创新及改革成效等进行科学评估。近年来，江阴市以市场化改革为方向，重点推进"生活垃圾分类减量和综合利用"等8个项目的改革。报告认为，改革在增强公用事业发展的活力效能、改善城乡综合环境、提升居民生活品质、保障城市安全运行、支撑县域经济发展等方面发挥了重要作用。

关键词： 公用事业　市场化改革　江阴

---

* 江苏扬子江城市群智库评估课题组：吴海瑾，博士，南京市社会科学院城市发展研究所所长、研究员，江苏省扬子江创新型城市研究院专家，主要研究方向为城市规划与区域发展、城市治理；曾盛红，博士，南京市社会科学院城市发展研究所助理研究员，江苏省扬子江创新型城市研究院专家，主要研究方向为公共管理与政策、城市发展与治理；张新生，博士，南京市社会科学院社会发展研究所副研究员，江苏省扬子江创新型城市研究院专家，主要研究方向为城市社会学、公共服务和民生问题治理；辛宏宾，中共江阴市委党校（改革发展研究院）教师，主要研究方向为中共党史、基层党建。

经济和社会的快速发展，对公用事业提出了更高效能、更高水平的保障要求。加快推进市场化改革，通过多种方式引入市场主体参与公用事业建设，是公用事业发展的必然趋势。江阴紧紧抓住"市场化"这条主线，秉持专业高效的理念，按照多角度、深层次、广覆盖的思路，以环卫保洁一张网、城乡供水照明一体化、污水收集处理一盘棋"三个一"为抓手，实施8项重点改革，持续加大投入、统筹推进，大幅提高了公用事业服务的专业化水平，有力地推动了基层政府公共管理转型。

一 改革及其评估的综合背景分析

（一）评估的背景与意义

为贯彻落实习近平总书记关于"江苏要努力在全面深化改革中走在前列"的指示精神，江苏省委省政府在江阴"落子"集成改革试点。在顶层设计的支持下，江阴抓住推动转型升级和高质量发展的"牛鼻子"，围绕推进县域治理体系和治理能力现代化的目标，聚力推动公用事业领域市场化改革。

公用事业涵盖电力、燃气、电信、供水、环境卫生和排污系统、固体废弃物收集和处理系统等领域，具有基础性、先导性、公用性等显著特征，是城市和区域经济社会发展的重要载体。受计划体制影响，公用事业长期由地方政府直接管理和运营，具有一定的"垄断性"特征。随着经济社会迅速发展，旧有管理体制下的公用事业领域弊端逐步凸显：服务能力和服务水平难以满足城市发展的需要，市场活力和资源整合能力不足等。这些问题阻碍了公用事业向更高水平、更高质量的发展，成为城市发展和管理的一块短板，改革势在必行。

江阴市改革发展起步早、速度快，经济实力和文明程度在江苏省乃至全国县域中首屈一指。作为集成改革的重要组成部分，江阴市公用事业领域市场化改革关系到江阴市民生活质量，关系到江阴市经济和社会的可持续发展。由于早期县域市政规划水平不高、传统管理体制活力不足等因素，江阴市公用事业领域的一些问题和短板也日益凸显，这与江阴市的经济社会发展水平不相适应，不利于江阴城乡面貌的改善和城市能级的提升，难以充分满足江阴城乡居民美好生活的需求。以集成改革为契机，江阴市委市政府高度重视公用事业发展，明确以市场化为导向谋划推动公用事业改革，以创新监管和服务方式，推动公共产品和公共服务供给侧结构性改革。

对江阴市公用事业领域市场化改革实施推进情况进行评估，一方面，对该领域各改革项目具体改革举措及其成效的检验，确保公用事业在"真改革"中求得"真发展"；另一方面，通过评估可以发掘县域发展和治理改革的共性经验，为江阴集成改革试点工作走向纵深保驾护航。同时，江阴市在公用事业领域市场化改革中一些好的做法，通过评估和总结，形成可复制、可推广的成熟经验，也可以为江苏省乃至全国的县域市政公用事业高质量发展提供参照和借鉴。

（二）评估的内容和依据

对公用事业领域市场化改革进行评估，宏观上主要着眼于三大改革目标：一是市场化投资，即多元化、多渠道筹措市政公用事业发展所需资金，引入新的投资主体，开辟新的融资渠道，打破传统的由政府统包统揽的僵局；二是市场化运营，即运营机制和运营方式符合市场通行惯例，减少行政干预，积极与国际接轨，让市场发挥更大的作用；三是市场化监管，即对公用事业企业的定价进行第三方监管，对成本构成进行专项审计，举行有用户代表参与的价格听证、公布审计结果，由独立的监管机构确定其执行的价格。通过市场化监管，既让企业有发展的后劲，又防止其牟取暴利、侵害消费者利益。

微观上则主要评估以下改革举措。一是实施开放型经营。对供水、供气、供热、污水处理、垃圾处理等经营性市政公用事业单位进行改革，对原来由政府部门直接负责经营的市政公用事业单位进行现代企业制度改革，实现政企分开。在职能部门监管下，通过公开招标的形式，鼓励社会资本采取独资、合资、合作等多种形式，参与市政公用事业的建设，形成多元化的投

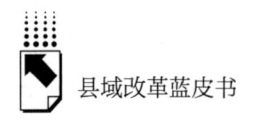

资结构。二是实施特许权经营。推行特许经营权制度，打破地域、行业限制，采用公开招投标的形式，公开选择相关市政公用事业建设、运营和管理单位。通过经营权的竞争和转让，实现城市市政公用事业的市场化建设。三是实施管养分离。通过招标发包的方式，选择市政设施、园林绿化、清扫保洁等非经营性市政设施的日常养护和维修单位，以道路为载体，建立道路养护、园林绿化、环卫保洁等三位一体的管理机制，提升管养工作效率和水平。四是实施市场化选择。将市政公用设施的设计、施工、监理单位全部放开面向市场，改变原由建设主管部门直接管理的方式，变为市场选择，有效地提升了市政公用事业的运营效率。

（三）评估的原则与方法

本次评估遵循以下原则。客观性原则。坚持实事求是，深入调查研究，以江阴实地调研材料、案例为依据，尊重客观事实、客观规律，如实反映江阴公用事业领域市场化改革的实际成效和问题。系统性原则。树立系统性思维，避免孤立、静止地看待问题，把江阴公用事业领域市场化改革纳入全面深化改革的理论脉络和县域发展治理的宏观视野进行考察，作出全面动态的分析论证。可操作性原则。明确以江阴公用事业领域重点改革项目为本次评估的具体对象，以点带面、点面结合。

本次评估采取定性与定量相结合的分析方法。文献分析法。多种途径搜集评估所需的有关政策文本、统计资料、研究报告、媒体报道等各类文献，在此基础上进行信息的梳理、筛选。集体座谈法。召开座谈会，与相关部门、企业就市场化改革情况进行交流，收集和掌握改革推进过程等客观信息以及相关方态度、观点等主观信息。问卷调查法。根据评估内容设计调查问卷，以调查员实地访问填答或受访人线上线下自行填答等方式采集信息和数据。

（四）评估过程

自评估工作启动以来，评估小组按照工作要求，通过论证研讨，精心设计评估方案，组织开展资料搜集、调研座谈、问卷调查等方面的工作。

二 改革的主要内容和成效

江阴市公用事业主要围绕环卫保洁一张网、城乡供水照明一体化、污水收集处理一盘棋"三个一",实施 8 项重点改革(见表 1)。

表 1 江阴市公用事业市场化改革重点项目概览

主要事项	改革项目	责任部门
环卫保洁	生活垃圾分类减量和综合利用	市公用事业局环境卫生管理处
	餐厨有机类垃圾处理全覆盖	
	打造"超净路"市场化试点	
供水照明	城乡供水一体化	市公用事业局(设攻坚领导小组办公室)水务管理科、公用事业服务中心公用事业局照明管理处(履行行业管理职责)
	城乡照明一体化	
生活污水收集处理	村庄污水处理(污水主管网整合建设)	市公用事业局(牵头单位)水务管理科、公用事业服务中心
	污水厂整合新建	市公用事业局(设攻坚领导小组办公室)水务管理科、公用事业服务中心
	城区黑臭水体治理	市公用事业局水务管理科、公用事业服务中心

(一)环卫保洁一张网

环卫保洁是一项系统工程,要整治到位,必须按照多角度、深层次、广覆盖的思路综合考虑。江阴市以人居环境综合整治为契机,重点从生活垃圾分类减量和综合利用、餐厨有机类垃圾处理全覆盖、打造"超净路"市场化试点等项目,积极构建覆盖城乡、精准高效的环卫保洁"一张网"。

1. 推进"生活垃圾分类减量和综合利用"

一是强化顶层设计,提升政府工作效能。一方面,江阴市加强垃圾分类工作的顶层设计和高位推动,2019 年 1 月出台了《市政府关于江阴市生活垃圾分类处置工作的实施意见》，对城乡生活垃圾分类工作的目标、任务和工作机制作出了规定。成立江阴市生活垃圾分类和治理工作领导小组，由公用事业局牵头协调、组织实施和监督管理，相关部门及镇街园都有明确的职责分工，部门间协调合作机制得到确立，垃圾分类工作的制度化水平得到提高。另一方面，江阴市坚持问题导向，全力攻坚垃圾分类难点，致力于构建垃圾分类"1234"工程，即"一张网格、二支队伍、三项工程、四个环节"——建立一张垃圾分类管理网，建立健全宣传引导和考核督导二支队伍，倡导依法分类，全力建设垃圾发电厂配套工程、市环境卫生运营管理中心项目和餐厨废弃物集中处理项目等三个环卫基础设施项目，进一步完善分类投放、分类收集、分类运输、分类处理四个系统环节。2020年新增生活垃圾分类小区134个，建设3个省级垃圾分类示范镇、30个分类示范村，城区居民小区分类设施覆盖率达100%。

二是引入市场机制，提升垃圾处理能力。一方面，江阴市引入市场化机制和市场化服务，提升垃圾分类工作的专业化水平和处理能力。在锦江花园小区试点推行的垃圾分类"互联网+"智能管理系统，通过数据汇总分析分类投放次数，实时监测智能箱体的使用情况，产生垃圾分类积分40万个。问卷调查显示，75%的受访者对所在小区或社区的垃圾分类相关工作有所关注。截至2020年4月底，全市居民小区垃圾分类智能化设施已累计投递18600次，投放重量17吨。另一方面，在"近期大分流、远期细分类"和"城乡一体化，建成区全覆盖"原则指引下，江阴市建立与生活垃圾分类、回收利用和无害化处理等相衔接的完善高效、密闭环保的收转运体系。通过"前端、后端"有效衔接，加大垃圾分类收集、运输和处理等设施的投入，提升生活垃圾"收—运—处"的能力，提高全链条管理水平。

三是加强宣传引导，提升公众参与自觉。一方面，江阴市积极开展垃圾分类服务进小区、进学校、进乡镇等主题活动，让垃圾分类推广更接地气。开展广场分类宣传回收活动156场次，垃圾分类志愿者一对一指导分类活动530余次，通过餐厨垃圾云商城积分、可回收物现场兑换、有害垃圾有奖回收等举措，全面提升了垃圾分类宣传入户率和社区居民参与率。另一方面，江阴市创造性地推出了以鲥鱼、河豚、鲫鱼、刀鱼"长江四鲜"为原型的垃圾分类吉祥物组合,以"鲥鲥、豚豚、鲫鲫、叨叨"分别代言"可回收物、有害垃圾、易腐垃圾、其他垃圾"四类垃圾,并通过线上线下各类传播渠道进行生活垃圾分类推广宣传,居民参与垃圾分类投放率在80%以上,生活垃圾分类成为市民生活新时尚。

2. 实现"餐厨有机类垃圾处理全覆盖"

一是坚持制度先行,完善政策配套。江阴市委市政府高度重视、高位推动餐厨有机类垃圾处理改革工作(见表2),切实加强统筹协调和支撑保障,确保该项民生实事重点项目落地落实。

表2 江阴市餐厨有机类垃圾处理相关政策与规划

相关政策	主要目标
《关于加强全市垃圾管理的实施意见》(澄政发〔2013〕122号)	推行餐厨废弃物规范处置
《关于江阴市推广有机垃圾就地资源化处理的实施意见》(澄政办发〔2015〕45号)	推进生活类有机垃圾就地式集中处理与资源化利用工作
《关于印发〈江阴市餐厨废弃物管理实施细则〉的通知》(澄政发〔2015〕88号)	餐厨有机类垃圾收集、运输、处理
《关于同意〈江阴市环境卫生专业规划(修编)(2015~2030)〉的批复》(澄政复〔2015〕48号)	生活垃圾终端处理规模、有机垃圾资源化综合利用、环境卫生公共设施配备等
《江阴市餐厨废弃物处理规划(2016~2030年)》	统筹构建完善有效的餐厨废弃物的分类投放、分类收集、分类运输和分类处理体系,建立健全相关监督管理与绩效考核体系和机制
《关于江阴市生活垃圾分类处置工作的实施意见》(澄政办发〔2019〕11号)	全面推进城乡生活垃圾分类工作,促进源头减量和资源利用

二是坚持专业高效,提高处理质量。江阴通过市场化改革形成了以"单位定点+相对集中"为基础、以"前端执法+后端监管"为保障的餐厨和有机垃圾资源化处理"江阴模式"。依托"近期大分流、远期细分类"的城乡垃圾处理体系,在前端将餐厨、果蔬类有机垃圾从生活垃圾中有效分流出来,实行单独收集、单独处理,确保收运质量及整个项目的稳定有效运

行。在后端通过制定考核办法和定期考核通报，借助城管执法力量，加大对餐厨垃圾合法收运处置和项目营运质量的监管，确保项目实施效果，实现餐厨有机类垃圾处理市域范围全覆盖。

三是坚持点面结合，实现全面覆盖。按照"合理布局、区域收运、就近处理"的原则，科学建立镇街有机垃圾相对集中处理站和城区单位餐厨垃圾定点处理站。采用动态高温好氧发酵工艺，垃圾减量化达90%以上，实现有机垃圾处理的全覆盖。镇街层面，采用"分类收运＋相对集中"的处理模式。在各个镇街现有垃圾中转站内建设有机垃圾处理设施，每个负责周围5km范围内收运的有机垃圾，收运距离大大减小；市级层面，采用"定点处理＋集中"的处理模式，在不方便收集且产量较大单位采用定点处理，并在城区建设集中垃圾处理厂。自2015年底开始，江阴市通过市场公开招标（见表3），采取"源头分类，就地处理"模式，选择学校、机关、企事业单位和重点商业区分别建设餐厨废弃物就地处理示范设施。目前，江阴市已建成33个有机垃圾处理点，日处理能力达到172吨。14个镇街有机垃圾相对集中处理站以及16个单位餐厨垃圾定点处理站已正常运行2年，总计处理量6.23万吨，产出有机肥0.3万吨，基本形成了覆盖全市范围的闭环运行体系。

表3 江阴市餐厨有机类垃圾处理市场公开招标项目举例

年份	招标项目
2015	江阴市餐厨垃圾就地式处理推广项目
2017	江阴市长泾镇餐厨垃圾收运服务采购项目
2017	江阴市部分果蔬餐厨垃圾的运营、升级改造及收运服务项目（包括①江阴市西郊果蔬项目、市政府餐厨项目、人民医院餐厨项目运营服务；②江阴市西郊果蔬项目升级改造；③江阴市西郊果蔬项目垃圾收运服务）
2018	江阴市垃圾焚烧发电及餐厨有机垃圾处理点运营第三方监管服务项目
2019	江阴市餐厨废弃物集中处理PPP项目（一期）

3. 打造"超净路"市场化试点

一是典型示范引领推进。结合全国文明城市创建工作，江阴市以黄山路、中山路、文富路为试点进行细化清理,严格按照道路清扫"四无五净"标准,做到无零星垃圾、无果皮、无积灰泥、无堵塞窨井沟眼,路面净、积水净、树穴净、边角净、花坛护栏周边净,通过8小时无间断冲洗降尘作业,进一步提升道路精细化作业水平。"超净路"从起初的3条逐步扩展至15条,实现以典型示范推进环境卫生整体面貌提升,带动了江阴中心城区整体环境质量的提升,有力地保障了全国文明城市创建和复审任务,也提升了市民群众的满意度。

二是规范作业高质运行。针对城区背街小巷、狭窄路段等大型装备无法作业路段,优化配置"四小车辆"(小型扫地车、收集车、冲洗车、护栏擦洗车),提高机械清扫、护栏擦洗、设施冲洗等作业效率,确立了更高的道路保洁等级标准和作业规范,形成了"高压冲洗+机械清扫+人工保洁"三重高效协同作业模式、主次干道快速保洁模式、繁华路段"墙到墙"全天候保洁模式,实现了城区道路机械化作业率90%、背街小巷机械化作业率90%的目标。

三是完善制度强化考核。创新保洁长效管理机制,中心城区推行"网格化"保洁管理,全面实行"三化制度",即环卫作业标准化、检查考核清单化、职责分工精细化,合理调整环卫道路清扫、机扫、收集、擦洗、快保等5项工种人员工作内容,明确管理人员及一线职工工作任务和作业要求,做到"定点、定时、定人、定责、定标"。进一步修改完善《江阴市城区环境卫生市场化作业管理考核办法》及考核细则,加大考核力度,并尝试推动建立更为科学有效的政府、民众和专业机构三方考核机制和长效化、动态化的环境卫生管理工作机制。

(二)城乡水电一体化

针对当前农村供水、照明等基础设施建设和服务存在的投资、标准、长效机制等现实问题,江阴市以城乡供水一体化整合与照明一体化发展,通过统筹谋划、优化布局和创新机制,消除城乡供水、照明管理标准、管理水平上的差距,让农村群众同样享受到优质高效的水电服务,为满足人民群众对

美好生活的向往提供坚实基础。

1. 城乡供水一体化

一是加快城乡供水体系整合部署。江阴市坚持问题导向，多方合力、多措并举、重点突破，着力解决供水一体化整合进程中的难点问题，2019年制定出台了《江阴市城乡供水一体化整合工作实施方案》。在明确和压实各责任主体具体职责的基础上，形成了推进改革的路线图和时间表。成立城乡供水一体化整合工作攻坚小组，公用事业局等相关部门、属地政府以及江南水务公司等多方参与。一方面，为江南水务作为市场主体按市场化原则收购相关水厂提供政策支持，同步谋划部署供水管网设施改造建设工作。市场化机制的引入保证了整合工作的专业化和公正性，也最大限度上保障被收购方的权益。另一方面，强化厂网整合工作责任考核机制，将一体化整合工作纳入镇街、部门及江南水务公司年度工作目标考核范围，对未完成年度整合工作目标的镇街、部门及江南水务公司，在年终绩效考核中予以扣分。

二是加快城乡供水能力提档升级。为保障在长江发生短期污染事故时江阴市的用水需求，江南水务作为处在全国县级市供水行业前列的上市公司，实施江阴绮山应急备用水源地建设项目，创新发行可转债的方式，融资9亿元用于项目建设，以市场化的手段降低了融资成本，有效地解决了政府一次性投入的问题。该工程建成后将满足40万m^3的肖山水厂日供水规模，应急储备水量需满足应急保障对象7天的用水需求，与现有水源形成"互为备用"的安全供水保障机制，极大地提高了江阴地区应对突发污染事件的应急供水保障能力。

三是提升城乡供水服务管理能力。通过厂网整合，推进城乡供水服务实现均等化。在加快城市小区供水设施的移交接管基础上，加快农村地区管网及户表改造工程，提高城乡供水全程管理能力，解决农村地区供水管网老化、水压不足等问题。市财政、镇街、江南水务股份有限公司按照各1/3比例投入资金，实施农村供水管网及户表改造。通过供水资产整合和管网改造，逐步形成城乡一体、协调均衡、优质高效的供水保障体系。目前已完成全市12个镇（街道）308个自然村共24762户农村居民的供水管网及户表改造，实现"最后一公里"保障优质供水。

2. 城乡照明一体化

一是实施合同能源管理模式。结合《国务院关于创新重点领域投融资机制鼓励社会投资的指导意见》以及江苏省《加快推进半导体照明产业发展的意见》，采用合同能源管理（EMC）模式对路灯进行节能改造，使用未来的节能收益升级道路照明设施。市管照明资产由城投公司入股公用事业产业公司，并调整电费支付主体。合同能源管理模式把照明业务的设计、改造、实施及协调工作等具体事务交给市场主体负责，公用事业局从公共服务的提供者转变为行业监管者和考核者角色，从而保证照明业务质量的有效提升。在节能改造之后，共节省了近2000万元的电费，部分用于支付节能改造工程经费，达到了不增加政府财政负担，由市场主体进行城市基础设施建设并从中获得收益的目的，为城市其他公用基础设施建设提供了新思路。

二是实施照明设施专业化养护。引入竞争机制，通过公开招标引入专业化市场主体，2019年7月，路灯改造项目完成招标，同年11月即完成了第一期1.2万盏光源（主要集中在滨江路、毗陵路、花山路等30条道路）的改造任务。通过增设监控终端、单灯监控设备、无线通信网络、计算机控制等系统模块，实现全镇域路灯的系统化监管，有效控制能源消耗，大幅节省电力资源，提升公共照明管理水平，降低维护和管理成本。实现全市照明的"四个统一"，即统一模式、统一队伍、统一标准、统一监管，对设施完好率、亮灯率、群众满意度、应急反应速度等指标实施月考核。持续推动在城区老旧小区、背街小巷实施路灯补装工程，消除城区照明盲点，城市照明亮灯率保持在99%以上，实现照明养护专业化。

三是实施照明设施智慧化建设。江阴市积极构建以"智慧灯杆"为智慧城市社区化信息节点，以"智能路灯网"为智慧城市信息网络基础，打造面向广大城乡居民和政府公共管理的智慧城市综合管理系统。自2019年3月起，江阴市照明管理主体机构每年有计划地对照明设施"三遥控制系统"进行提升改造，计划三年内完成近600个改造任务，不断提升路灯智慧管理的稳定性和灵敏性。2020年6月,江阴市积极推进"智慧路灯"建设试点项目,探索"多杆合一"和集视频、基站、一键救助、信息发布、环境监测、无线WiFi等多功能模块于一体的智慧灯杆建设模式,通过试点积累经验并逐步推广应用,打造具有江阴特色的"智慧港湾""智慧城市"。

(三)污水处理一盘棋

污水处理是水环境治理的重要内容,江阴市坚持全市一盘棋思想,以污水减量化、分类就地处理、循环利用为导向,通过污水主管网整合、污水处理厂整合重建、城区黑臭水体专项治理,凝聚全社会力量,打赢"净水"保卫战。

1. 污水主管网整合建设

一是明晰属地部门职责。江阴市根据城市总体规划和详细控制规划,结合道路建设等各类专项规划,以《江阴市城镇污水专项规划(2018年~2030年)修编》为依据,按照轻重缓急,并结合污水厂整合新建,分年度制订切实可行的污水管网建设实施计划,逐年推进工作目标的实现。明确由属地政府承担辖区管网建设整合的主体责任;公用事业局作为牵头单位,主要负责规划协调和行业管理,并牵头做好市场主体引进工作。得益于总体工作的有序推进,江阴市逐步扭转了污水主管网建设滞后及运行管理水平不高的局面,构建了与全市经济发展水平相适应的污水收集运行体系,实现了城市和集镇建成区污水管网全覆盖和污水全收集、全处理,有效地促进了全市水生态环境的不断改善。

二是采取市场运作模式。按照谁投资谁受益原则,以城区污水管网为先导,积极推动各镇街园区建立市场化机制,鼓励社会资金参与管网投资、建设和运营,破解建设资金瓶颈。政府借助TOT模式,出让城区污水管网及相关资产,通过购买服务进行管网运行管理,解决污水主管网覆盖率与污水处理能力不协调问题。临港开发区、周庄、华士等镇先行先试,推动镇属投资公司与中信环境合资组建管网公司合作开展存量污水管网整合提升和拟建管网新建工作。通过引进市场主体参与城区生活污水治理工作全过程,初步形成生活污水前端收集、中间管输、终端处理的闭环运行新模式。

三是健全长效考核机制。为确保污水管网正常运行,江阴市以《城区污水管网设施运行维护管理办法》为监管考核依据,定期对污水管网运行维护管理工作进行考核,重点对养护计划制订、养护登记统计、管网设施维护、投诉处理、安全生产管理等内容进行了检查评定,抽查台账资料,实地检查泵站、道路污水管网、控源截污区块,及时查纠各类问题,确保管养工作实效。

2. 污水处理厂整合建设

一是发挥市场主体积极性。通过实施特许经营等方式,建立利益平衡共享机制,合理照顾各方利益主体,调动各方参与整合的积极性;以兼并重组、收购等市场化手段对现有污水处理厂进行整合,建设区域性中心污水处理厂。目前,已完成对周庄镇周北、周南、周西、金湾及华宏5家工业污水厂的整合,均已实现出水达标排放。有序建设青阳镇、华士镇、周庄镇等中心污水厂,随着整合新建工作的不断深入,逐步形成全市污水处理厂分片区、市场化统一投资、建设、运行、监管的模式,实现污水厂运行管理科学化、集约化、规范化、高效化的目标,加快各镇街"局域网"向全市域"互联网"提升,确保城乡污水管网全覆盖、排放全纳管。

二是发挥政府部门主动性。围绕整合新建污水处理厂的目标,江阴市制订污水厂整合新建三年行动计划,成立了以分管领导为组长的污水厂整合新建推进工作攻坚小组,明确了工作目标和任务,构建了上下联动、部门协作、条块结合的工作机制,多方齐抓共管形成工作合力。并将相关任务分解到责任部门,纳入镇街原部门年度工作目标考核范围,形成工作闭环。集中开展"定向视察污水处理厂整合"活动,详细了解污水处理厂整合进展情况、存在的问题、整合举措等,不断提升水环境质量,加快完成水环境治理目标。

三是发挥外包服务专业性。为加强对水质检测单位检测工作有效监督管理,保障生活污水处理达标后排放,采取服务外包模式,由第三方公司将检测结果反馈给部门。部门无须买一台机器,只需投入较少的资金,即可收获优质服务。政府通过公开招标,择优选取具有CMA认证并且业务范围包含排水检测的单位进行定期检查。出台《江阴市生活污水水质检测服务考核实施细则》,由公用局和水务处定期对水质检测服务的台账、养护业绩、投诉处理、附加事项等内容进行考核,采取情况汇报、台账检查相结合的方式组织实施,并根据考核结果支付运行维护管理服务费用,考核后5日内支付,每半年支付一次。

3. 治理城区黑臭水体

一是构建统筹多方参与的治理体制。黑臭水体整治工作始终得到市委市政府的高度重视和高位推动,始终注重部门间协调联动和指导督促,动员社会和市场力量参与,形成多元共治的局面。江阴市制定了《城区黑臭水体治理攻坚实施方案》,成立了城区黑臭水体攻坚工作领导小组,研究并协调解决城区黑臭水体整治推进过程中遇到的相关难点重点问题;公用事业局成立专项工作小组和现场工作小组,与中建水务成立联合指挥部,完善"每周会商、每月例会"机制,及时解决推进过程中的问题和障碍,加强项目整体推进,确保城区黑臭水体治理工作扎实推进;街道和村(社区)成立专项工作小组,最终形成市级、部门、街道、村(社区)多方协同推进的四级工作格局。

二是探索源头长效并举的治理体系。遵循治污规律,树立系统思维,结合黑臭水体成因特点,坚持统筹兼顾、整体施策,统筹上下游、左右岸、地上地下的关系,点面治理和源头污染管控并举,抓当前与管长远相结合,探索建立预防治理黑臭水体的长效机制。将城区排查出的排水问题加快进行系统整改,并将污水处理提质增效达标区工作、污水主管网建设工作、城镇污水处理厂提标改造工作与城区黑臭水体整治工作有机结合,协同推进,确保污水全收集、全处理,真正实现"长治久清"。针对城区上游各排水户内部管网错接、漏接、混接导致的污水排河现象,在实施河道治理的同时,开展城区排污多部门、多板块协作联动的污染源排查整治行动,通过全覆盖的摸底排查、整改落实、执法检查等工作措施,全面摸清城区范围内排水户污水排放底数,整治雨水排口污水流出、无证接管排水、接管超标排水等问题,完善污水管网及污水预处理、监测设施,健全长效监管机制,有效提升城区内河水环境质量,助力城区黑臭水体治理工作。

三是依托专业力量提升治理能力。江阴市依托中建水务江阴有限公司进行黑臭水体整治工作,具体解决方案设计、手续办理、施工协调、矛盾处理、工程进度、质量安全等方面的问题和难点。按照《江阴市城区黑臭水体整治方案(2017~2020)》相关要求,采取以控源截污为主,与点源治理、面源治理、内源治理、驳岸整治、活水工程、生态修复、景观提升相结合的措施对城区黑臭水体实施一体化综合治理。2019年江阴市引入长江委长江勘测规划设计研究院实施城区黑臭水体整治项目的方案设计工作,完成"江阴城区河道消黑方案""江阴城区水系连通及活水工程方案""江阴城区河道景观规划"等方案的设计,同步完成相关河道清淤、末端截污和周边自然村生活污水治理。2019年,对城区27条(6条重度黑臭、11条轻度黑臭和10条水质提升)河道进行了断面测量、底泥检测、水质检测监测、管网普查工作;完成5处淤泥处置场所建设工作,淤泥采用板框压滤,最终送至填埋场规范处置;完成迎凤河、朱家坝河等17条河道干河清淤。累计完成清淤164325立方米,建设末端截流井69座,铺设沿河截污管道7.65公里,新建一体化泵站15套,实施周边10个村庄生活污水治理,累计铺设污水截污管道10公里。

三 改革总体成效评价和经验总结

(一)总体成效

江阴市在公用事业市场化改革方面起步较早,集成改革进一步明确和提升了公用事业市场化改革的目标任务,并为加速推进提供了契机、创造了条件。江阴市在"环卫保洁一张网""城乡水电一体化""污水处理一盘棋"三大板块八个重点事项和领域积极开展市场化改革、探索建立市场化机制。

为了解江阴市居民对公共事业改革成效的满意程度，针对改革成效向社会公众发放了调查问卷，结合问卷调查结果（见图1），综合分析各个领域的改革实践。总体上看，江阴市公用事业领域市场化改革坚持以市场化为导向，不断加大投入，强化管理，公用设施总量和服务水平都有了较大的提高，取得的阶段性成效非常明显。自来水供水和服务、煤气供气服务以及路灯照明城市亮化改革成效突出，市场化运作机制已经比较成熟，公众满意度都达到90%以上。但是污水管网建设与整治领域的改革推进成效尚未充分显现，公众满意度仅为57.2%，改革还有待进一步深化。

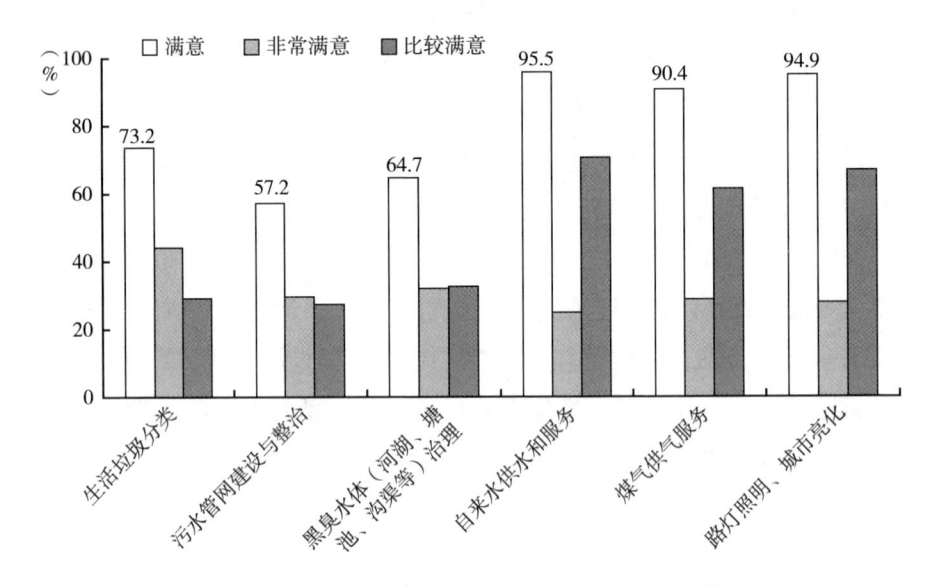

图1 受访社会公众对江阴市市场化改革分领域成效的评价

具体分析，改革对促进江阴经济社会发展和人民生活质量的提高发挥了重要作用。

1. 进一步增强了公用事业发展的活力与效能

江阴公用事业领域市场化改革围绕打破垄断、引入市场化主体和市场化机制，进行了许多有益的尝试和探索，多个专业公司逐步介入市政公用市场，竞争态势日益凸显，促进了公用事业运营和服务效率的提高。

问卷就改革成效及对公用事业的推动作用问题对江阴市的社会公众做了调查（见图2），合计有59.6%的居民表示"改革举措周全而有效""改革举措还不够周全，但既有的举措有成效"。就改革成效及对本行业领域活力提升的影响问题对江阴市的公共事业系统从业人员做了调查（见图3），合计有59%的从业人员表示对本行业的事业推进有非常大影响或者是有较大影响。从这两个数据可以看出，江阴的公用事业改革坚持"提质增效"的目标导向，在一定程度上提升了江阴市公用事业发展的动力与活力。

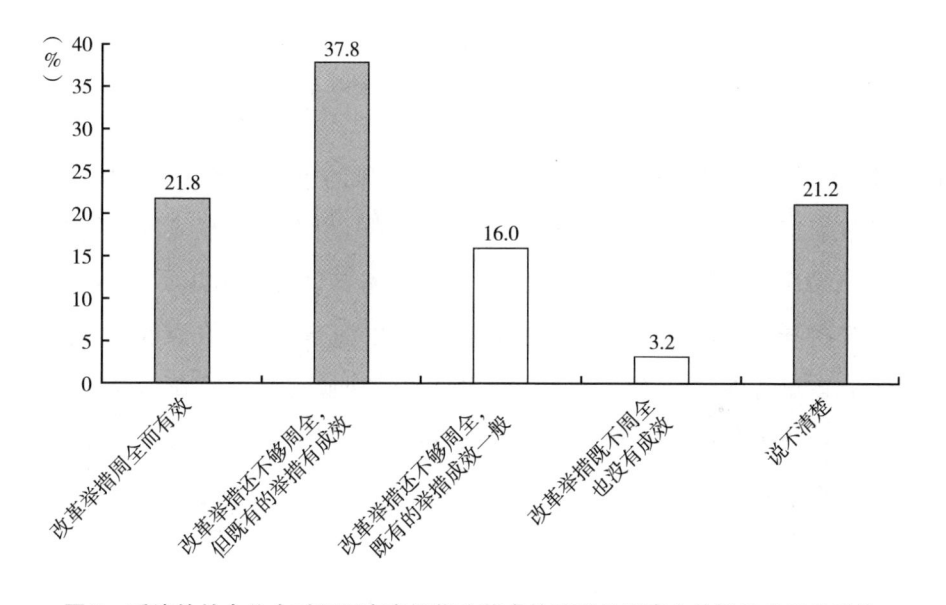

图2 受访的社会公众对江阴市市场化改革成效及对公用事业的推动作用的评价

2. 进一步提升了城乡环境品质

江阴公用事业领域的改革扩大了公用事业的建设规模，提高了公用事业各个领域的运维水平和服务能力，三大板块八个重点事项和领域等各类市政公用设施与服务通过补短板、强弱项，为群众提供越来越优质的公共服务，促进了江阴市容环境的整体改善，城乡环境品质得到有效提升。

对江阴市的社会公众对近年来总体市容环境变化的满意度的调查结果（见图4）显示，25.9%的受访社会公众对江阴近年的市容环境变化

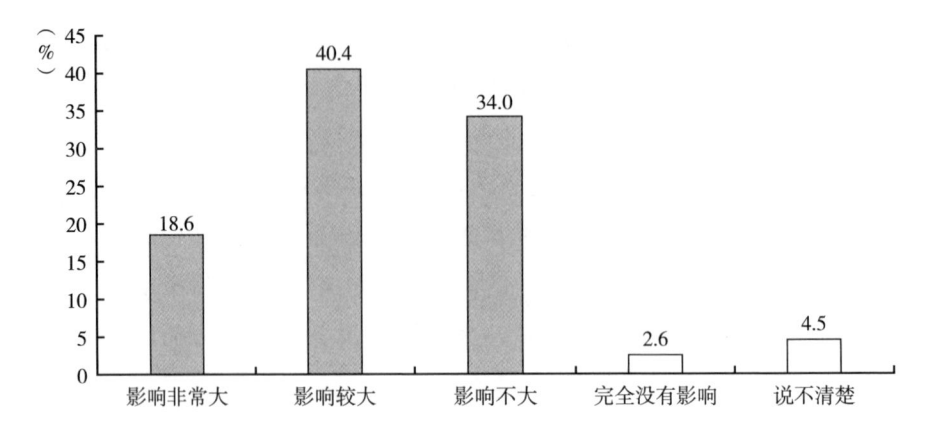

图3 受访的公用事业从业人员对江阴市市场化改革成效及对本行业领域活力提升的影响

非常满意，65.6%的受访社会公众对江阴近年的市容环境变化比较满意，总体满意度达到91.5%。通过对社区居民进行所在社区环境满意度的调查，结果显示（见图5），25.2%的居民对本社区的环境表示非常满意，51.7%的居民表示比较满意，总体满意率达到76.9%。可以预见，随着市场化改革各项举措不断落实，公用事业的高质量发展将在保障城市安全运行、支撑县域经济发展、改善城乡综合环境、提升居民生活品质等方面发挥重要作用。

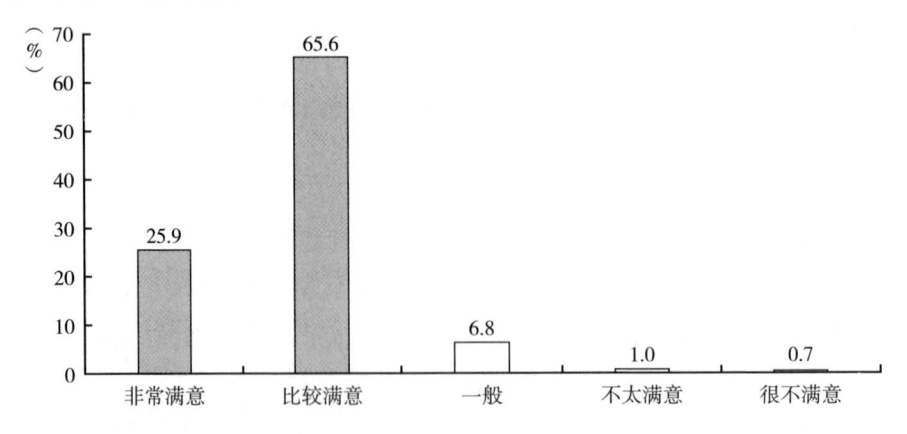

图4 受访的社会公众对江阴市近年来总体市容环境变化的评价

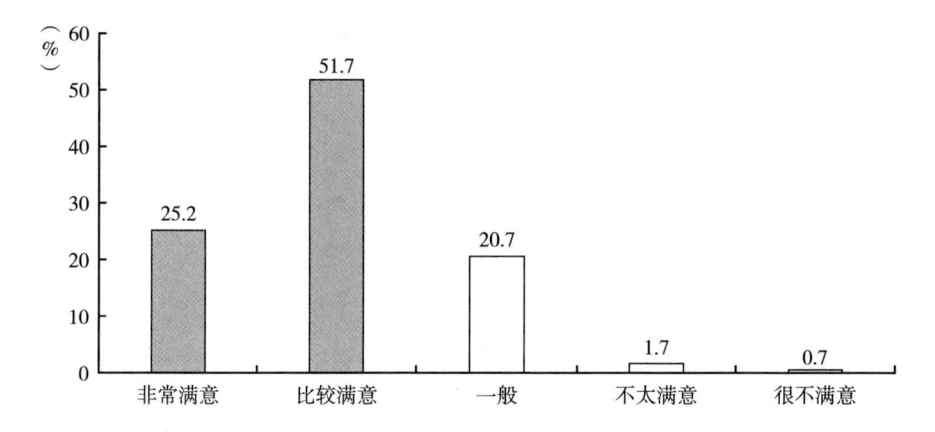

图 5　受访的社会公众对江阴市社区环境卫生状况满意情况的评价

3. 进一步推动了城乡基本公共服务供给的一体化与均等化

江阴市以标准化体系引领公共事业领域的改革实践，城乡同等标准服务，强调补县域软环境的短板，从解决城乡居民最关心、最直接、最现实的利益问题入手，三大板块八个改革项目的措施基本实现清单化，明确各个改革项目具体服务对象、服务指导标准、支出责任、牵头负责单位等内容，实现城乡公用服务从制度一体化到服务一体化，成效显著。

通过对社区（村）环境卫生状况满意度的专项调查，发现农村社区对本社区的环境状况满意度为67%，城镇社区对本社区的环境状况满意度为72.9%（见图6）。通过对"改革工作总体进展与成效评价"专项调查，结果显示农村受访者中38.6%的居民认为非常好或者比较好，城镇人口中41.5%的居民认为非常好或者比较好（见图7）。调查结果进一步说明，江阴城乡居民对公用事业改革及其成效的获得感基本相同，改革正在有力推动江阴市城乡基本公共服务供给的一体化和均等化。

（二）经验总结

江阴市适应不断加快的城市化建设步伐，满足市民日益增长的物质文化生活需求，扎实推进公用事业领域的改革，推进早、措施实、效果好，走在

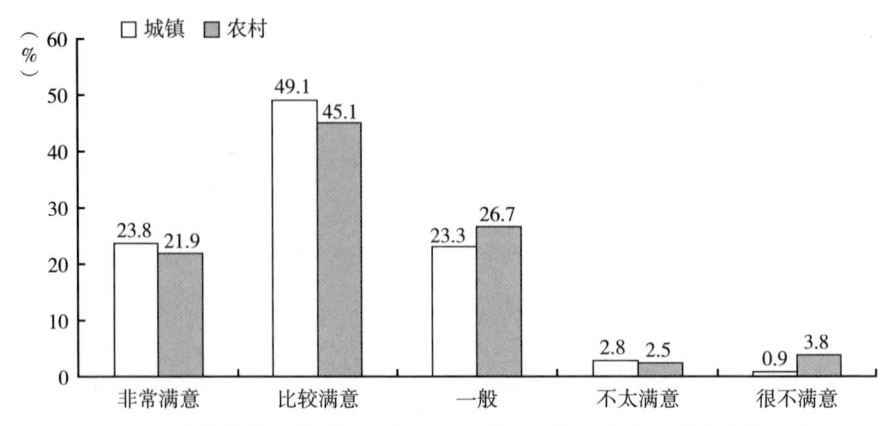

图 6 受访的社会公众对江阴市社区（村）环境卫生状况满意度的评价（分城镇与农村）

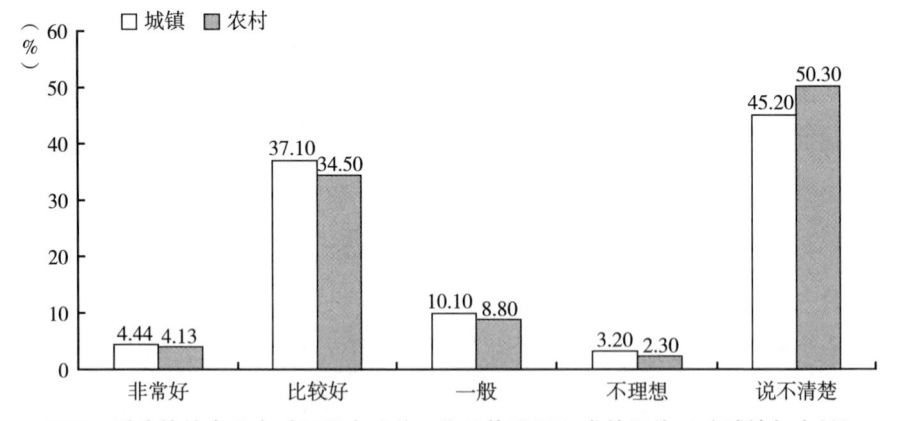

图 7 受访的社会公众对江阴市改革工作总体进展和成效评价（分城镇与农村）

全国前列。在寻求促进竞争和维护公众利益平衡点的过程中，把公用事业的管理和经营平稳推向市场，对全国各地的改革推进具有借鉴意义。

一是统筹谋划与机制保障相结合。江阴市编制了改革各领域推进实施方案，进一步明确了改革目标和重点任务，对各部门职责分工作出安排。在统筹谋划方面，积极对接国家和省市的新政策新要求，进一步解放思想，抓住"市场化改革"的"牛鼻子"，以重点项目为突破口，因地制宜订立各项目改革推进的路线图、时间表，建立集中领导、责任明晰、协调推进、全面保障的各项工作机制。在推进落实方面，坚持以问题为导向，针对改革过程中遇到的问题、困难和矛盾及时开展协商会诊、调处解决，确保工作有效衔接、顺利推进。

二是政府推动与市场化运作相结合。江阴市将市场化主体建设运营的公用事业资产或服务，充分依托市场主体组织实施，如城市供水、燃气热力、生活垃圾收运处理、黑臭水体治理、污水处理、道路保洁、绿化养护等。同时，政府主导制定相关的实施方案、办法等，并积极提供资源、资金、政策等方面的支持，充分激发市场活力。

三是社会效益与经济效益相结合。江阴以市场化改革为导向、产业化发展为纽带，一方面把保证社会效益作为特许经营的条件，实行契约管理；另一方面引导企业通过技术升级、设备改造等手段，提高资源利用效益，实现政府、市场、社会的共赢。同时，实施从建设到运营的全周期监管，制定标准要求和考核细则，对相关市场主体进行严格监管，努力实现社会效益与市场效益的良性互通。

四是区域整合与高效运营相结合。鉴于公用事业具有地域全覆盖的特点，江阴市坚持"因地制宜、规模适度、相对集中"的原则，实施"一张网、一体化、一盘棋"建设管理，提高点、管、网、厂等相关市政设施的整合度与集中度，从而提高资源利用效率，降低运维成本。

五是国资主导和民资参与相结合。江阴市以提升公共利益和公共服务质量为落脚点，充分发挥国资的主导作用，把相关领域已建成的相关设施经评估后统一打包，由国资公司进行统一运行、维护，实现近远期双收益。同时，通过国资企业在江阴市场的成功运营，不断吸收民营资本积极参与，积极拓展市场，最终走向全国，实现江阴公用事业建设品牌和资产持续增值。

四 改革中存在的问题与不足

（一）实际成效有待提升

就对于公用事业市场化改革工作总体进展和成效问题分别对江阴市民和

行业从业人员做调查，结果（见图8）与预期设想目标还有一定差距，改革实际成效还有待继续提升。公用事业系统从业人员的总体满意度为66.6%，评价为"一般"的为26.9%，评价为"不理想"的为1.3%；社会公众的总体满意度仅为40%，高达46.3%的市民明确表示"说不清楚"有多少改革成效，这说明改革给人民群众带来的获得感还不够强，改革的实际成效与理想目标还存在差距。

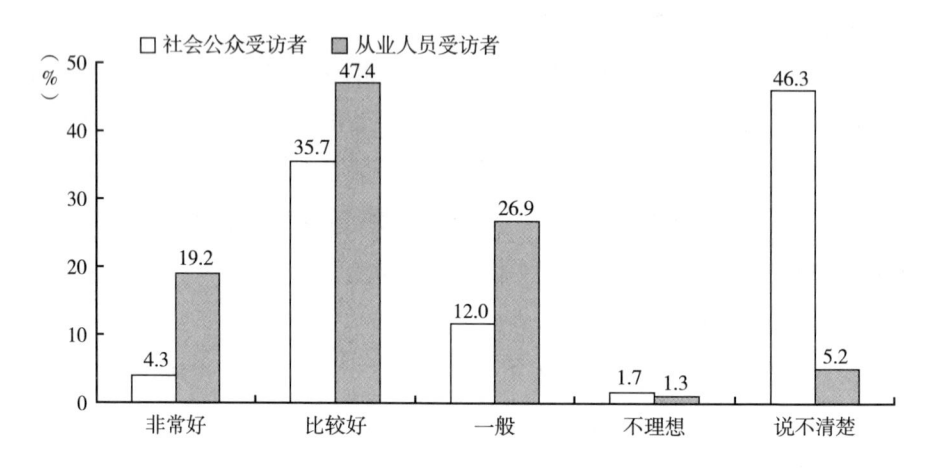

图8 受访的社会公众对江阴市改革总体进展和成效的评价

对江阴市相关部门进行座谈调研发现，目前在投资的市场化方面，环卫、供水等改革领域的资金还存在短缺问题，投资主体较为单一，多元化的投融资渠道还需要完善；在运营市场化方面，环卫等领域的市场主体引入还不够充分，缺乏充分有效的市场竞争；在监管市场化方面，由于环卫等领域有些市场主体是从原主管部门下属单位转制而来的，监管主体的独立性、公正性受到影响，对企业的利润、运行安全以及环境影响等方面的监管存在不足。另外，由于排污、水环境整治等领域涉及多个主管部门，投资、建设、运营等方面存在"九龙治水"、协调困难、效率不高的问题。

（二）市场化程度有待增强

部分改革项目在集成改革启动前已经不同程度地展开，市场化改革更多的是对既有工作的延续和深化,其优势是确保了改革的平稳过渡、有序衔接。不足之处在于改革方案受原有工作计划和方案影响较多,市场化改革的目标和路径不够清晰,体制机制的改革突破性还不够强,市场在资源配置中起决定性作用的机制还未完全确立。就所在行业市场化水平的问题对公用事业系统从业人员进行问卷调查,结果显示(见图9),44.9%的从业人员认为本行业已经实现或者较高程度实现了市场化运作,尚有31.4%和4.5%的从业人员认为所处行业"一定程度上实现了市场化运作"和"还没有市场化运作"。

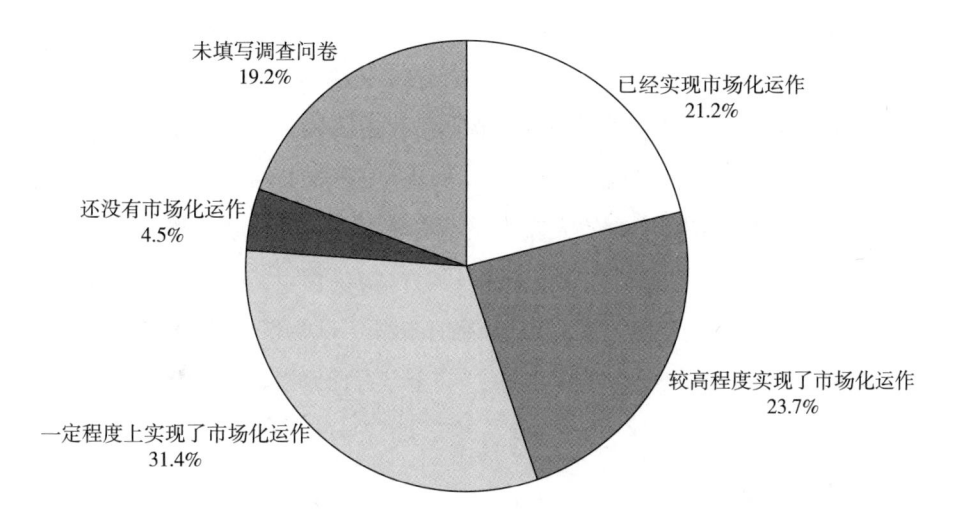

图9 受访的公用事业系统从业人员对所在行业市场化水平的评价

(三)方案预估有待完善

江阴市公用事业领域以"三个一"为总体布局、以八个重点领域为重点突破,形成了相对完善的改革方案。但在具体实施过程中,部分领域改革方案的前瞻性、问题预判等相对不足,如餐厨有机垃圾处理项目,对餐厨有机垃圾体量预估不够充分,设施建设与产能规划偏向保守,导致处理能力很快就出现"饱和"状态,不能充分满足全市餐厨垃圾处理需求。在环卫作业的市场化改革环节,由于没有综合考虑保洁经费、环卫作业质量以及相关

招标要求，城区 B 区块的招标工作未能完成，只能继续沿用环卫所管理的旧体制，市场化改革不够彻底。

（四）末端治理水平有待提高

江阴市在推进改革的进程中，进行了有效的动员和引导，形成了市场化改革的共识，但距离改革的目标和要求还有一定的差距，尤其是在基层末端的推进及覆盖面上还需打通"最后一公里"。通过问卷调查发现，江阴市民（包括社会公众和从业人员）对公用事业改革的了解程度和认同感不是很高（见图10、图11），受访的公用事业系统从业人员尚有19.2%的人不太了解改革相关内容，表示"完全不了解"的有7.7%；受访的社会公众表示"不太了解"的有44.1%，表示"完全不了解"的有21.0%。针对市场化改革的必要性，有9%的受访公用事业系统从业人员认为必要性不高，有3.2%的人认为完全没有必要，有18.6%的人表示说不清楚。市民对垃圾分类、污水管网建设、黑臭水体治理等市场化改革工作及其方案表示不太清楚的分别为23%、31.8%和27.2%，在这三个改革领域分别有33%、11%和8.1%的市民明确表示"虽然进行过宣传但没有开展治理""完全没有任何措施"。

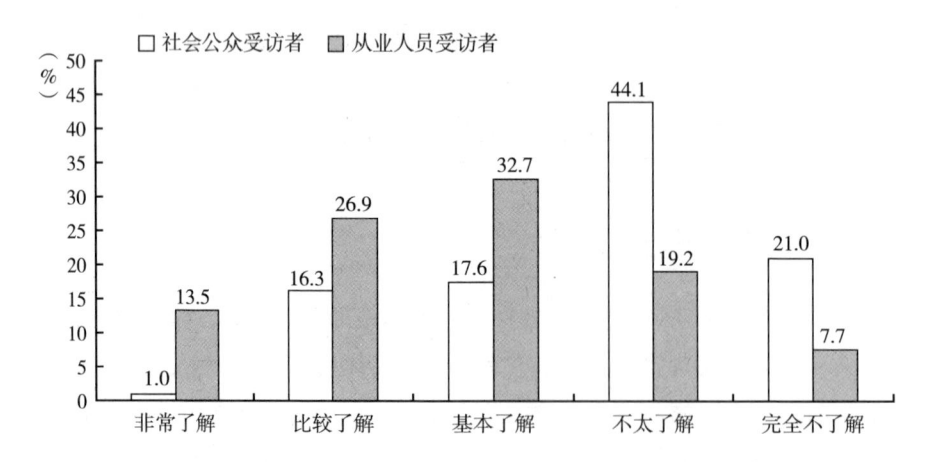

图10 受访的社会公众和公用事业系统从业人员对改革工作的了解程度

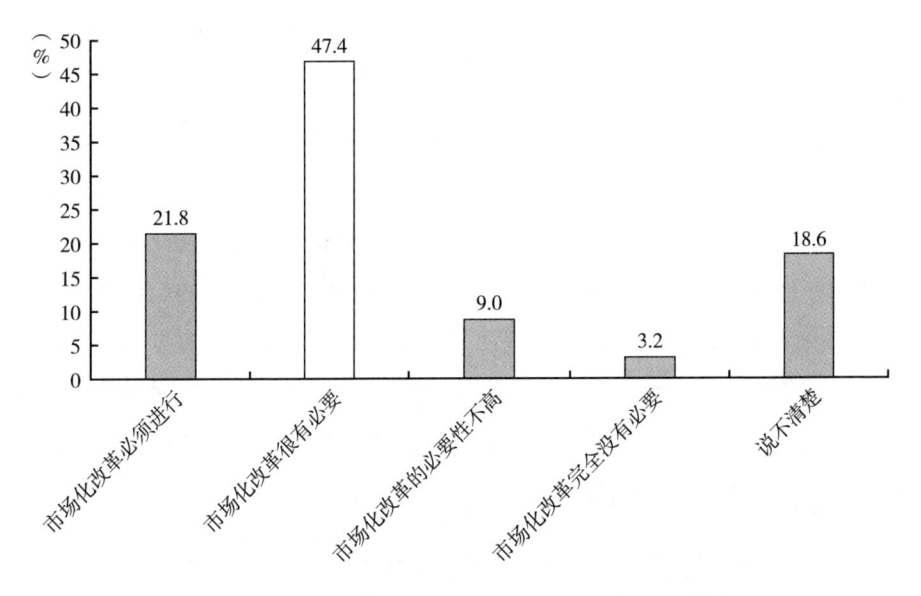

图 11 受访的公用事业系统从业人员对改革工作必要性的评价

五 深化改革的对策建议

(一)加强改革顶层设计,提升制度化水平

公用事业直接关系和影响着民生福祉,涉及多个行业,其改革牵一发而动全身,因此强化和做好顶层设计至为关键。市场化改革的顶层设计需做到:目标要实,避免改革"标签化""新瓶装老酒";举措要准,既要遵循市场化的一般原则,也要兼顾特定行业的内在特征和发展规律;步伐要稳,以制度化的方式不断巩固改革成果,持续推进改革走向深化。同时,市场化改革还需坚持问题导向,结合公用事业的公益属性,进一步完善改革总体制度框架,确立改革的近、中、远期目标,形成市场化改革不断走向纵深的内外部预期与合力。此外,对具体的改革举措应进行充分的论证和评估,通过"试点—完善—推广"等机制逐步形成一批成熟管用的政策和制度规范,推动和保障市场化改革各项任务目标逐步实现。

（二）加强改革调研论证，增强前瞻预判

深化改革是一项复杂系统的工程，在推进的过程中必须结合改革本身特点和规律，在增强调研论证的科学性、前瞻性上下功夫。公用事业不同领域发展和改革的基础及面临的问题不尽相同，具体的目标与路径也存在差别。因此，在推进市场化改革的过程中，翔实的调查研究与科学的论证评估十分重要，要认真调研、充分论证，提出具有前瞻性和预见性的意见建议，积极稳妥推进各项改革。在调研论证过程中，要对家底摸排清楚，对政策全面吃透，对问题和形势研判准确，对目标和路径规划合理，在此基础上制定和完善改革推进方案，并加强对方案执行的统筹协调。

（三）加强改革宣传引导，激发动力活力

公用事业与城市运行和民众生活息息相关，推动公用事业领域市场化改革，必然直接和间接地对系统内外的各方产生不同程度的影响，激发改革主体的积极性和战斗力，争取改革对象以及社会公众的理解支持和配合参与，对顺利推进改革和实现改革目标至关重要。因此，要重视改革的宣传教育工作，把公用事业领域市场化改革的"故事"及相关政策举措讲好讲透，特别是有些措施涉及一些群体（如系统内从业人员）的切身利益、影响到生产生活方式（如垃圾分类等），更要细致做好宣教、解释和引导工作；要创新宣传教育的工作方式和方法，依托新媒体传播平台和单位、社区、学校等公共宣教平台，扎实细致把宣教工作做好。

（四）加强改革末端治理，确保落实见效

人民群众的满意度、幸福感和获得感，是检验公用事业领域市场化改革成效的最终标准。针对改革总体进展和成效存在的不足，应当加强对改革各项目标任务的跟进与考核，加大上下级和部门间统筹协调的力度，加大对重点任务和主要困难的攻坚力度，确保改革措施的落实落地，倒逼末端治理水平的提升，让广大群众享受更为高效便捷优质的公用事业服务，提升城乡生活环境的品质。

B.25 深化三务公开"户户通"改革评估报告

东南大学评估课题组[*]

摘　要： 为评估江阴市农村三务公开"户户通"改革成效，课题组依据乡村治理有效理论和相关法规政策，采用理论分析和实证分析相结合的方法对江阴市"户户通"平台建设运行情况开展评估。评估结果表明，江阴市三务公开"户户通"改革部署规范有序、监督治理有力、制度运行有效，实现了三务公开的预期目标。江阴改革的独特制度优势体现在把外部监督转变为内部监督、从基层管理到基层治理的创新、基层民主监督制度的有效执行。江阴还把制度优势转化成制度效能，三务公开"户户通"改革在规范村级事务管理、保障村民权益、制约村干部小微权力、密切党群关系、提高自治水平方面发挥了积极作用。针对"户户通"平台技术不够完善、管理流程不尽合理、群众关注度有待提高等问题，建议江阴市进一步深化三务公开"户户通"改革，着眼乡村治理有效，着力村民自治方向，加强顶层设计，强化部门协同、上级督查与村民监督结合，提高平台知晓率和使用率，建好平台的同时更要用好平台，实现村民共建共治共享。

---

[*] 东南大学评估课题组：袁健红，博士，教授，博士生导师，东南大学经济管理学院党委书记，中国特色社会主义发展研究院副院长，主要研究方向为创新经济、创新管理、中国特色社会主义政治经济学；都超飞，东南大学马克思主义学院博士生，主要研究方向为马克思主义理论；靳文静，武汉大学马克思主义学院博士生，主要研究方向为马克思主义理论；王锋，高级讲师，中共江阴市委党校（改革发展研究院）市情研究室副主任，主要研究方向为党史党建。

关键词： 三务公开 "户户通"平台 集成改革 乡村治理

自党的十九大以来，党中央高度重视农村工作，始终把乡村振兴战略放在国家战略的高度，明确提出加强和改进乡村治理的总体要求，提出全面实施村级事务阳光工程，并把完善党务、村务、财务"三公开"制度，实现公开经常化、制度化和规范化工作作为一项基础性和长期性工作来抓。江阴市从2018年起全面推进三务公开"户户通"平台建设，2019年实现了市、镇街、村三级全覆盖，为扩大群众的知情权、参与权、监督权提供了有效途径。"户户通"作为江阴市深化三务公开改革的重要载体，对推动乡村振兴、提升全市农村基层治理现代化水平具有重要意义。为推动改革的完善和落实，检验三务公开平台建设成效，课题组以"户户通"建设、运行情况为主要考察内容，对江阴市农村三务公开建设的推行进度、执行效果、社会影响和可持续性进行系统评估，在总结其有效性的同时对存在的问题进行分析，以期为进一步深化农村三务公开提供建议。

一 评估过程及评估方法

（一）评估依据

1.评估的理论依据

村民自治作为一种制度安排，是探索建构有效乡村治理体系的制度基础和组织载体。新时代农村基层治理有效，也必然在村民自治制度框架下进行探索和实践。自开展村民自治以来，中国不断从法律层面完善村民自治制度，从操作层面落实村民自治制度，要求基层组织讲究程序、讲究民主、按照制度办事，确保乡村治理的权力运行规范化、程序化。特别是农业税费改革之后，农村经济社会发生了重大变革，给村民自治也带来了极大挑战。乡村治理方式更加注重运用现代治理技术和手段，表现为乡村治理的制度化、规范化和法治化，把乡村治理纳入法治轨道。

新时代乡村治理体系构建的关键在于自治有效。村民自治的有效运转取决于各个环节的有效协作。包括有效的规则组合机制、有效的利益机制、有效的参与机制。乡村治理的核心是正确处理权力结构中自治权与行政权之间的关系。实行村民自治要把握四大原则：一是要注重发挥村民自治制度的民主价值；二是要建构村民自治有效实现的条件与形式；三是要建立优化村民自治有效的内在规则和运行程序；四是要达到自治的有效性目标。四大原则相互补充、互为支撑，随着自治创新实践而不断深入。

2.评估的政策依据

乡村治理是公共权力对乡村社会进行组织、引导、规范和调控的过程，是国家治理体系和治理能力现代化的有机组成部分与重要基础。自从党的十八届三中全会提出"乡村治理现代化"以来，推动和实现"乡村善治"成为乡村治理发展的新趋向。习近平总书记提出"创新乡村治理体系，走乡村善治之路"，再一次将乡村善治提到新的战略高度。十九大报告提出必须坚持和完善中国特色社会主义制度，不断推进国家治理体系和治理能力现代化。基层治理现代化意味着"实现社会各项事务治理制度化、规范化、程序化"，"增强按制度办事、依法办事意识，善于运用制度和法律"进行治理。党的十九届四中全会把构建基层社会治理新格局作为重要内容进行部署，完善党委领导、政府负责、民主协商、社会协同、公众参与、法治保障、科技支撑的社会治理体系，健全自治、法治、德治相结合的乡村治理格局。未来乡村治理现代化将以构建中国共产党领导下的自治、德治、法治"三治"相结合的乡村治理体系和开放的多元化治理格局为主要方向，实现乡村善治。

（二）评估思路

1.及时性

根据农村三务公开"户户通"平台安装情况、农村事项公开时间、使用率、用户反馈情况等评价三务公开是否及时。

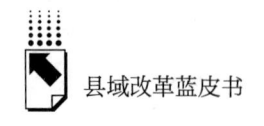

2. 全面性

考察三务公开"户户通"平台对依法依规应当公开的事项、与村民利益相关的事项、村民群众普遍关注的事项是否公开，以及平台推行后，基层党组织建设情况、村级事务管理状况、人民群众满意程度、村民自治情况、农村改革发展情况等，是否做到了公开范围的最大化。

3. 真实性

通过村民查看村务、党务、财务的主要途径以及群众上访情况考察村务、党务、财务是否做到了敢公开、全公开、真公开。

4. 可持续性

根据农村三务公开"户户通"建设的推行进度、面临的困难和阻碍、财政负担等方面评价"户户通"平台是否能够长期有序运行。

（三）评估方法

1. 问卷调查

课题组在实地考察及预调研征集意见的基础上，从基本情况、村发展现状、三务公开建设实施情况等方面设计"江阴市深化农村三务公开评估调查问卷"，共发放1378份问卷，回收1160份。发放对象包括：改革责任单位江阴市农业农村局；涉改单位江阴市委组织部、市财政局、市民政局、市纪委监委、江苏有线江阴分公司等相关部门；各镇（街道）党（工）委、经发局；村党组织书记、主任、会计，各村普通群众。其中，向三务公开"户户通"建设主要部门以及镇街园区领导干部发放问卷118份，回收97份；向各村党组织书记、主任、会计以及普通党员群众发放问卷1260份，回收1063份。

在选取抽样调查对象时，课题组考虑了性别、年龄、学历、职位身份、政治面貌、是否本地人口、所在村村级年收入、所在村资产规模等因素，使得问卷样本分布较为均匀。①性别分布上，女性占34.22%，男性占65.78%。②年龄分布上，各个年龄阶段分布较为均匀。30岁及以下的占12.93%，31~40岁的占28.62%，41~50岁的占34.74%，50岁以上的占23.71%。③学历分布上，本科学历占40%，专科及以下学历占58.71%，拥有研究生学历的数量为极少数。④政治面貌上，85.95%是中共党员（含预备党员），其余是群众、共青团员及无党派人士。⑤职位身份上，被调查对象分为市镇干部、村干部及普通群众三大类。镇街及市政府机关领导占8.7%，村书记及主任占29.9%，村会计及"两委"其他成员占35.9%，普通群众占25.6%。其中村干部及普通群众占多数。⑥所在村村级收入上，年收入为1000万元以下的占87.77%，年收入1000万~5000万元的占10.63%，超过5000万元的占1.6%。⑦所在村资产规模上，78.74%的村资产规模在5000万元以下，12.51%的村资产规模在5000万~1亿元，8.75%的村资产规模在1亿元以上。综合而言，本次问卷调查对象的分布情况较为均匀，涉及不同特征的人群，全面真实地反映了江阴三务公开改革的总体情况。

2. 召开座谈会

课题组分别在江阴市澄江街道、新桥镇、璜土镇、南闸街道、徐霞客镇召开了座谈会，每场座谈会选取10人左右，包括镇街村主要领导干部、普通党员、群众等有代表性的相关人员，围绕"户户通"建设的成效与问题，听取了各方的汇报与建议。为了解"户户通"在实施推广过程中的具体情况，课题组与相关部门领导举行了一次专门座谈，对于座谈会上所形成的一手资料进行归纳整理。

3. 资料收集与分析

资料收集手段包括文献调查、访谈调查和问卷调查。文献调查以现行文件研读、历史文件整理、其他地区相应改革措施对照、相关研究梳理等方式进行。访谈调查根据工作开展的阶段和调查对象的典型性，采取座谈会和个别深入访谈的方式，利用主题讨论、非结构式访谈、半结构式访谈和结构式访谈等形式进行。问卷调查主要采取线上发放问卷的方式进行。对于调研所获得的资料，采取定性和定量相结合的方式进行处理。定性判断，以政策法规比对、实地访谈为依据，由课题组在征集各方代表意见的基础上确定评判标准并给出初步判断。定量处理，以问卷数据为基础，通过数据分析，定性判断和定量处理相互印证，交叉检验。

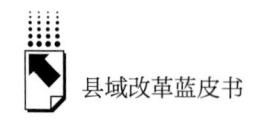

二 江阴市三务公开的主要做法

（一）改革背景

三务公开"户户通"把农村的党务、村务、财务通过有线电视这一媒介及时、全面地公示到家家户户，形成共商共议共治的氛围。它克服了传统方式的局限性，能够满足更多群体的需求，具有易看懂、能操作、全公开的特点，有利于最大限度地保障群众的知情权、参与权和监督权。

一是对传统模式的优化升级。传统三务公开模式存在一定局限性：个别基层领导干部对于推行三务公开的重要性认识不足，存在怕麻烦不想公开的思想，对群众关心的产权交易、合同票据等事项公开不全面，公开形式单一，更新不及时；镇街及各村一般都是被动接受上级检查，进行自我检查的比较少；村民在使用三务直通车触摸屏、手机App等工具时，公开的形式如财务报表等专业性太高，过于复杂，存在群众不会看、看不懂的情况，尤其是在村民普遍关注的农村集体资产交易、公权建设、住房出租等方面；公开媒体受到地点、技术等因素的限制，不能满足多层次人群需求。针对这些矛盾和问题，江阴市不断深化改革，探索农村三务公开新形式，在2012年全面建成三务公开信息"直通车"平台的基础上，打造了原有三务公开模式的升级版——"户户通"平台，实现了从村务公开栏的传统化阶段到三务直通车的现代化阶段再到现在"户户通"平台的智能化阶段的"三级跃升"。

二是对现实需要的主动回应。从"三资"管理层面来看，江阴市目前有17个镇街，下辖252个村，净资产229亿元，村均9709万元。面对大量的村级资产和收支，部分村存在不知如何管、如何用的状况，在实际运行过程中，出现了使用和管理不规范，甚至违规违纪违法的情况，市委开展的村级巡察中，有部分村级领导班子被查处问责。推行三务公开"户户通"建设是对村级"三资"进行监管的有效外部方式。

从基层群众诉求来看，推行三务公开"户户通"一定程度上满足了基层群众想要了解乡村发展、参与乡村治理的期盼。"户户通"的推行，使得农村各项事务公开透明呈现于群众面前，有效地消除了村干部与村民之间的误解，保障了群众的知情权。

三是对"治理有效"的积极探索。三务公开是实现乡村善治的最基础方面、最重要环节、最敏感问题。加快"户户通"建设，是夯实农村基层组织建设、巩固党的执政基础的必然要求，是创新基层治理方式、完善基层民主制度的迫切需要。作为江阴集成改革试点工作的重要抓手，三务公开"户户通"工程可以有效提升基层治理能力，加大群众对村级党务、村务、财务的监督力度，让"小微权力"在阳光下运行，为江阴大力实施乡村振兴战略、加快实现农业农村现代化进程提供坚强保障。

（二）现实做法

"户户通"平台于2017年4月在江阴启动建设，11月初在璜土镇璜土村第一次试点运行，为之后全市范围内的推广建设提供了成功经验。2018年，江阴市投入900万元，在江苏省率先开通三务公开"户户通"有线电视平台，并在全市行政村全面推广。2019年财政安排"户户通"专项补助资金720万元，6月全市实现了村级全覆盖。问卷结果显示，93.87%的村民安装了"户户通"平台（见表1），62.55%和28.22%的村民非常了解和比较了解"户户通"平台的操作和使用（见表2），每天使用和经常使用的比例分别为18.77%和58.21%（见表3），通过有线电视"户户通"平台查看党务、村务、财务的村民为到67.64%。由此可见，"户户通"覆盖面广、使用率高、实效性好。

表1 三务公开"户户通"平台安装情况

单位：份，%

选项	小计	比例
安装	1089	93.87
没有安装	71	6.13
合计	1160	100

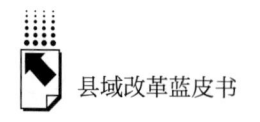

表2 "户户通"平台操作了解程度

单位：份，%

选项	小计	比例
A. 非常了解	726	62.55
B. 比较了解	327	28.22
C. 一般了解	77	6.68
D. 不怎么了解	25	2.16
E. 完全不了解	5	0.39
合计	1160	100

表3 "户户通"平台使用情况

单位：份，%

选项	小计	比例
A. 每天使用	218	18.77
B. 经常使用	675	58.21
C. 偶尔使用	222	19.19
D. 从不使用	45	3.86
总计	1160	100

"户户通"工程统一设置党务、村务、财务三大模块，具体包括今日××（镇或街道名称）、党务公开、村务公开、财务公开和便民服务等五大方面内容。大到村级工程建设项目，小到村干部就餐发票，所有涉及村民利益并依法应该公开的内容都做到了全面公开。一是内容更加全面，对村级党务、政务、村务17个大类67个小类的所有资料进行全面梳理，查漏补缺，把最富含金量的数据全面录入系统，对村级收入、资金出借、资产资源输出、工程建设、日常支出，包括村干部的报酬等群众关注度较高的事项做到应公开尽公开。二是方式更加及时，针对村级事务的不同情况科学确定公开时限，做到常规工作定期公开，临时工作及时公开，重点重大事项实施事前、事中、事后全程公开。三是审核更加规范，一些街道设置代理记账中心，抽调人员组建专职队伍，对村里面的各项支出进行日常审核，对照公开目录，做到了不错不漏、应录尽录，确保每一个公开事项都有据可依、有规可管、有理可

循，实现了由部分公开向全面公开的转变，由结果公开向全程公开的转变。

1. 三务公开层次：告知、监督、自治

江阴市在推进三务公开工作时，逐层递进，经历了村务公开栏—"直通车"平台—有线电视"户户通"平台等三个阶段，逐步走向成熟化、现代化、智能化。在实际开展工作中，三务公开有着不同的发展层次，第一个层次是告知，向村民公开村里的党务、村务和财务，按照规定对依法依规应当公开的事项、与村民利益相关的事项进行公开，保证老百姓普遍的知情权。第二个层次是监督，通过公开要达到监督的目的，通过"户户通"平台，党务村务、工程项目、产权交易、财务兑付等每一个流程都在老百姓的监督之下，事前事中事后老百姓都能参与其中，以此保障党务、村务、财务的高度透明。目前"户户通"平台已经达到告知和监督的层次，正在向第三个层次自治迈进。十九大报告指出要"健全自治、法治、德治相结合的乡村治理体系"，其中自治是基础，乡村自治就是要发挥好农民的主体作用，真正提高老百姓的主人翁意识，参与决策、参与管理、参与建设。目前"户户通"平台在村民提建议这一环节中做了很多工作，比如开发"我有疑问"的功能，充分发挥老百姓参与商议的作用。

2. 三务公开模式："四全模式"

为了取得三务公开工作的良好效果，江阴市主要通过在全市所有村实行"四全模式"的做法，不断提升三务公开的质量，加强对村级事务的有效治理，"四全模式"使得江阴市农村基层治理现代化过程有了阶段性的成果。

第一，内容全公开。主要是突出内容全面覆盖的重要性，包括党务、村务、财务三个方面。首先是党务公开常态化，党务公开主要包括党组织基本情况、基础党务工作情况、日常活动情况、重大事项通告、党风廉政建设等，各村党务部分包括政治建设、思想建设、组织建设、作风建设、纪律建设、三重一大、其他事项等七大项，后又将七大项细化为22小项，每一项党组织的政策决定都可以通过"户户通"平台看到相关公示，一方面老百姓可以随时随地监督党的建设工作，另一方面党组织、党员也可以与老百姓形成良好互动，党务公开常态化成为农村党员和村民的习惯；其次是村务公开规范化，各村将经济社会事业发展规划、村规民约及各类规约、村务发生事项、村民会议及实施、村务监督委员会履职情况、其他七大项内容细化为14个小项，村民可以随时了解村里的事务实施情况，保障村民的监督权、知情权，使得村务治理更加规范化、高效化；最后是财务公开制度化，村民最关心的是农村财务分配情况，各村将本村家底、"三资"、工程项目、收支情况、财务报表等七大项细化为31小项，确保每一项费用支出、项目合同、补助名单等的全透明，包括原始票据、开销事由和具体信息以及相关负责人员签字等，在工程项目上特别要求招投标、工程进度、增减项目都要及时上网公示。

第二，方式全优化。本着"易理解、易操作、易参与"的原则，江阴市优化公开方式，力求达到三个效果：一是随时看，让村民随时随地都可以看到；二是及时看，做到历史数据可通达、最新数据及时达；三是看得懂，让村民真正看到公开账、明白账、放心账。为了更加贴近农村居民的使用习惯，目前江阴市江苏有线完善了7版软件，最新版"户户通"数据每4小时更新一次，将财务公开中专业性较强的财务报表变成村民易懂的账单，确保老百姓看到最新的、能理解的内容。

第三，流程全监控。一是全程审核把关。在做好账户清理、清产核资、专项清理、巡察审计等工作的基础上，出台了村级管理、小微权力、"户户通"运行管理办法等政策体系，建立了云记账、资金支付监管系统、党务信息公开系统、产权交易系统等4个信息化系统，由市（业务科室）、镇街（农经中心、代理记账中心）、村（村会计）三级工作体系审核把关，保证流程的有序推进。二是全程风险管控。在老百姓重点关注的财务公开方面，明确每个村集体只能有一个银行基本账户、一个财务管理端口，由江阴农商行负责开发建设"E银通"系统，村里所有资金进出都归口"E银通"系统操作，从源头杜绝"不入账""账外账"等老大难问题，借用银行成熟的金融管控机制，严格审批整个流程。目前，全市252个村已全部上线"E银通"，实现了风险管控的全覆盖。三是全程预警预防，主要依靠"E银通"这一媒介形成常态化预警机制，通过系统自动设置风险等级，自动监控支付流程是否规范、支付要素是否齐全、交易行为是否异常等过程的监控达到系统风险自动预防预警的效果,所有的流程监管对接到"户户通"平台,最大限度实现了实时、动态监督。

第四,监督全方位。江阴市通过建章立制、群众参与、上下联动,让监督主体更多元、监督手段更多样,切实破解监督难题。一是坚持上级问责、群众问效,通过多部门联动推进、纪检监察机构强化再监督机制,使"户户通"成为加强和规范村级管理的有力工具;二是将"户户通"完成情况纳入部门和集成改革考核,强化考核机制,督促各镇街规范开展工作;三是对群众疑问的反馈进行处理跟踪,强化互动机制,实现真正意义上的公开监督,做到"小微权力"在阳光下运行。

3. 三务公开形式:"一栏一网三屏"

针对农村地区不同年龄、不同学历、不同层次的村民,适应多样化的受众人群,江阴市加大资金和技术的投入力度,将传统与现代形式相互结合、线上与线下同步推进,实现了"一栏一网三屏"全媒体公开。"一栏"是通过户外三务公开栏进行公示,"一网"是在互联网平台进行三务公示,"三屏"是通过三务公开"直通车"触摸屏、手机App以及微信公众平台、"户户通"平台及时发布消息,将新旧媒体结合在一起,让三务公开信息迅速全面地传输到每一个村民的手中,有效实现人人监督、时时监督。多方平台的有效结合增强了三务公开的时效性,在一定程度上提升了村民的民主参与意识。

4. 三务公开特色:"三个转变"

江阴市将党务、村务、财务的公开常态化、制度化和规范化作为一项基础性和长期性工作来抓,积极落实,开拓创新,探索出符合新时代要求、具有江阴特色的三务公开"户户通"平台建设路径,创造并形成了自己的特色优势。

(1) 从单一的外部监督转变为内外结合的立体监督体系。"户户通"改变了基层治理体系的权力结构,村民自治的决策权、执行权和监督权中,监督权发生了根本改变,从"权力监督权力"的外部监督转向"权利监督权力"的内部监督。村庄内部的监督体系形成以村务会议为核心、以村务公开为监督程序、以监督机构（村务监督委员会）为组织载体的监督体系。这种内部监督与上级部门的外部监督相互结合形成的立体监督体系加大了对农村重大事务决策和执行的监督力度，提高了监督效应，节约了监督成本，显现了民主监督的根本优势。从村民最关心的是财务管理来看，江阴市村级所有固定资产，大到办公楼，小到纸张，都有明确登记。村级资产包括电力、办公设备、变电站以及企业的租金明细等都有清晰的账目，村民在家里使用遥控器就可以实时了解、及时监督。同时，各镇街成立三资监管办公室，组建三资监管网络平台，实现村账镇街代理，7个镇街率先聘请第三方机构对村级财务收支进行监审。由此形成内部监管和外部监管相结合的立体监督体系，所有支出安全可控，避免重大财务风险。

（2）从单一的行政管理转变为多元参与的社会治理。江阴"户户通"改革从行政管理思维转变为基层治理思维，按照系统治理、依法治理、源头治理的治理理念，以"户户通"为抓手倒逼基层治理方式的创新，为基层治理能力现代化探索了新的路径。把与村民利益密切相关的事项、群众关心的热点问题，特别是各项重点工程的招投标及实施情况作为公开的重点，确保群众及时了解村级各项工作开展，极大地提高了村民参与乡村振兴建设的热情，一些关心集体事务、热心公益事业的群众，自发加入村级事务的管理中，为村集体发展建言献策、出工出力，如璜土镇璜土村、篁村村的社会公益项目、社会事业项目建设，都有本地群众的积极参加，而报酬远低于市场平均水平。总体而言，"户户通"改革大大提升了基层自治水平，推动了基层治理能力现代化建设。

（3）从单项的信息提供转变为多元的信息供给。"户户通"改革改变了村民的信息获取方式，消除了信息不对称的传统弊病，有效地保障了基层群众的知情权。通过增加有效信息供给，满足了人民群众获取多元信息的需求。对基层群众来讲，真正的民主就是敢公开、真公开，就是村里透明、百姓知情。在"户户通"的机制下，能做到公开范围最大化，杜绝了盲点和灯下黑，从源头上消除了公告栏、集成网站等散点式公布在时效上、程度上、透明度上引起的猜疑和矛盾。比如，璜土镇小湖村、汇南村个别村民，之前经常反映流转土地补贴标准不公平、果品保险只收钱不理赔，村涉农补贴情况在平台上公布后，村民很快释去了心头的疑问。

三 江阴市三务公开实施成效

2019年6月江阴市实现了"户户通"村级全覆盖，将党务、村务、财务通过有线电视通到家家户户，规范了村级事务的管理，有效地保障了人民群众的知情权、参与权、表达权和监督权，制约基层小微权力的运行，密切了党群关系，提升了基层自治水平。问卷调查显示，94.15%的村民认为"户户通"有效果，达到了改革预期效果（见表4）。

表4 "户户通"平台使用效果

单位：份，%

选项	小计	比例
A. 有效果	1092	94.15
B. 没有效果	68	5.85
合计	1160	100

（一）规范村级事务管理

三务公开"户户通"平台，将三务全部公开、全程公开，实现内容和流程的公开化、透明化、规范化，也促使村级管理水平和能力得到了显著提升。在平台建设过程中，各村之间互相比学赶超，工作标准和效率得到了明显提高。"户户通"平台的建设，还产生了"数据库"的附加价值，平台中存放的资料，包括上级文件、工作计划、实施过程、往来单据、图文信息等，都是开展工作考核、专业审计、向群众解释最有力的说明，同时也最大限度地消除了资料缺失造成的社会矛盾。89.68%的村民认为"户户通"的建设能够使村级事务运行在阳光下，管理更规范。

（二）有效保障村民权益

三务公开的实施保障了群众的知情权、参与权、表达权和监督权。通过电视媒体进行三务公开，在人民群众中具有自然的政治权威性，公开的认可度更高。在问卷调查过程中，88.48%的群众认为户户通的建设使得了解村级事务更加方便快捷。

三务公开内容全面，保障了群众知情权。从作风建设工作方案、领导个人对照检查材料、村干部述职报告到"三重一大"、最低生活保障、残疾保障等全部公开。财务公开方面，每张发票、每份合同、每笔经费开支、每份凭证明细资料都作为附件上传向村民公开，村干部的工资和考核奖金全面公开、全程公开。在调查中大多数人完全赞同三务公开内容全面（81.53%），公开内容真实（83.32%），公开内容清晰易懂（82.85%），公开内容符合民意（82.19%）（见表5），并且关于三务公开的时间，62.85%的村（居）民认为非常及时，34.5%的村民认为比较及时（见表6）。总体来看，群众对三务公开内容认同度高。

表5 关于三务公开内容的评价

单位：%

选项	完全赞同	比较赞同	一般	不太赞同	不赞同
（1）公开内容全面	81.53	14.97	3.30	0.09	0.09
（2）公开内容真实	83.32	14.13	2.46	0.00	0.09
（3）公开内容清晰易懂	82.85	14.04	3.11	0.00	0.00
（4）公开内容符合民意	82.19	14.32	3.30	0.09	0.09

表6 关于三务公开及时性的评价

单位：份，%

选项	小计	比例
A. 非常及时	729	62.85
B. 比较及时	400	34.50
C. 一般	27	2.30
D. 不怎么及时	3	0.26
E. 不及时	1	0.09
总计	1160	100

三务公开规范透明，保障了群众的参与权、表达权和监督权。三务公开"户户通"的建设，使村级管理"没有秘密"，通过简单易懂的报表，群众对财务支出情况、村级资产情况，包括自己所占份额、多少分红，都清晰明了。比如财务支出都通过"E银通"系统进行操作，每张发票经过经办人、证明人、村监委、村书记签字，公开透明，减少了很多由群众不知情而引发的矛盾以及相应的解释工作。如果群众对相关事务有异议，可以通过"我有疑问"进行留言，相应部门给出相应解释，在调查中有34.12%的村民通过"户户通"反馈过问题（见表7），其中98.34%的村民反映反馈的问题有回应并得到解决（见表8）。村级事务在阳光下运行，群众能够参与其中，发表意见，进行监督。

表7 使用"户户通"平台反馈问题情况

单位：份，%

选项	小计	比例
A. 有反馈	396	34.12
B. 无反馈	764	65.88
总计	1160	100

表8 反馈问题的回应及解决情况

单位：份，%

选项	小计	比例
A. 有回应并得到解决	389	98.34
B. 有回应并没有解决问题	6	1.41
C. 既没有回应也没有解决问题	1	0.25
总计	396	100

（三）制约村干部小微权力

三务公开的实施，充分保障了群众的权利，有效制约了村干部小微权力。调查中79.36%的村民认为三务公开"户户通"建设能够使村级事务接受群众的监督，制约基层权力运行，改变了村级事务管理中"村干部说了

算"的状况。通过"户户通"平台，村民能够了解到诸如污水管网建设、修渠道等工程的招标和进展情况、村里福利待遇、公务接待等财务支出情况，让群众心里明白，干部干得清白，解开了群众与干部之间的"疙瘩"，消除了误解。"户户通"的建设有利于上级部门开展业务指导和监督管理，通过电视随时抓取信息，及时发现问题，及时解决问题。群众认为"如果你敢于公开，说明整个村是没有问题的，只有不敢公开才说明有问题"，无论是从群众方面还是从上级部门层面，通过三务公开，实现了对村干部的监督，提高了基层小微权力的运行质量。正如有些村干部所说，无论群众看或不看，公开本身就是一种监督和制约。

（四）密切党群干群关系

三务公开"户户通"的推行，有效解决了群众要看什么、村干部在干什么的问题。调查结果显示，72.97%的群众认为有利于提高群众对干部的信任程度，密切党群干群关系。三务公开工作的规范化让干部干事创业更加有底气，不再遮遮掩掩，积极主动地接受群众的监督。做任何事情不怕群众知道、就怕群众不知道，这也让一些原本因猜疑而产生的矛盾烟消云散，促进了党员干部与群众之间的理解和互信，让社会文明程度更高。特别是在党务公开后，党组织做了哪些决定、开展了哪些活动、为群众办了多少实事，都一一呈现在大家面前。久而久之，村民百姓对党员干部就产生了信任感和依赖感，干群之间的沟通更加顺畅了，社会矛盾也大幅减少了，二者关系也走上了良性循环之道。"户户通"的建设，体现了"两增两少"的成效，即村干部的公信力增强，依法行政、依法办事意识增强，群众的不信任变少，村干部办事的束缚变少。

（五）提升基层自治水平

"户户通"的实施在加强农村基层党组织建设、深化村民自治实践、建设平安乡村等方面发挥了积极作用，提高了基层自治水平。"户户通"推行后，70%以上的村民认为，在领导班子团结一致共同谋发展、有力落实党的路线方针政策、当好乡村社会发展的"领头雁"方面；在村领导班子合理制订发展规划、村日常事务有效开展、村民积极发挥作用以及村干部责任有效落实等村事务管理方面，产生了非常积极的影响。在村财务管理影响方面，"户户通"对提高资金使用效益（71.5%）、有效扩大资产规模（68.86%）、合理使用村（社区）资源（71.4%）等同样产生了非常积极影响（见表9）。在了解村级事务运行及管理的基础上，"户户通"为村发展建言献策（66.04%），参与村集体事务（66.79%），监督基层干部权力运行（70.27%），维护自身权益（68.86%），遵守村规民约、参与文明创建活动、打造淳朴乡风民风（66.98%），参与扫黑除恶等社会治安治理活动、维护乡村稳定（69.99%）等方面产生了非常积极的影响。

表9　推行三务公开后对所在村（社区）财务管理的影响

单位：%

选项	非常积极影响	比较积极影响	一般	影响较小	没有影响
（1）提高资金使用效益	71.5	21.07	5.55	0.47	1.41
（2）有效扩大资产规模	68.86	20.6	7.43	0.94	2.16
（3）合理使用村(社区)资源	71.4	20.79	5.74	0.75	1.32

四　江阴市三务公开"户户通"存在的问题

江阴市三务公开"户户通"的推行取得了明显的成效，但在运行过程中不可避免地存在群众关注度有待提高、公开技术有待完善等一些问题。

（一）群众关注度有待提高

"户户通"于2019年6月实现村级全覆盖，安装率在被调查者中占比超过93%，数据可观。在调查中发现，每天使用和经常使用的大多为村党组织书记、主任、会计以及"两委"其他成员，普通群众的日均使用率不

高。村干部由于工作需要，对"户户通"普遍较为关注，而对于群众而言，因为感觉"户户通"建设用处不大，所以存在不关注村级事务管理的现象。"户户通"形式不够多样，仅有电视平台，基本以文字、报表方式呈现；内容不够丰富，仅有村级事务管理方面的内容，可适当增加相关政策解读内容、与群众生活紧密相关的信息等，内容更加贴近群众需求；功能不够完善，目前仅限于公开和简单互动，可以借助户户通平台开发更多功能，也需要加大宣传，引领群众关注及参与村级事务管理，提高乡村自治水平。

（二）平台技术有待完善

在调查及访谈过程中，有50.14%的受访群众反映，"户户通"存在技术不够完善的问题。平台时常出现卡顿、操作不流畅、同步不及时、内容不准确等问题，以致耗费的时间及人力成本增加。被调查的村民中，31.89%的人认为三务公开"户户通"上传操作复杂，费时费力（见表10）。同时有20.97%的村民认为"户户通"平台与群众互动度低，群众发挥监督作用以及参与发展程度有限。在被调查者中，有村民建议开发"三微一抖"等新媒体平台，借助手机实现更加多样的三务公开，方便更多村民上网查看与关注。

表10　深化三务公开面临的困难（多选题）

单位：份，%

选项	小计	比例
技术不够完善	582	50.14
不同部门间协同困难	374	32.27
上传操作复杂，费时费力	370	31.89
干部及工作人员压力大	367	31.61
财政资金保障困难	253	21.83
影响其他工作的正常开展	153	13.17
其他	60	5.17

（三）审核流程有待优化

由于党务、村务、财务几乎涉及全市所有部门，镇级审核人员很难识别业务的真实性和规范性。现行的审核流程都是村级与各个条线部门对接、核实数据准确后由村书记签字把关上报。镇级审核部门再审核时只能根据村书记上报的内容审核，无法核实业务情况。审核人员责任重大，但是由于公开内容涉及部门广泛，事实上不具备精准审核的可能性，审核人员感到进退两难。另外，村级信息上传平台后，技术人员无法分类找到相应模块。访谈过程中有些村干部表示有些已发布的内容广电技术部门没有抓取，导致"户户通"界面上内容不全。

（四）公开范围有待明晰

"户户通"的推进很大程度上密切了党群关系，增强了乡村凝聚力，营造了有利于干事创业的氛围。但在目前推行过程中，存在公开内容"一刀切"简单化现象，需要在坚持原则性的基础上，增强公开内容的灵活性。比如拆迁过程的个性化做法以及超过5万元的重大事项，虽然有村民理财小组和村务监督委员会的决议，但公开明细后容易引起不必要的误解；用于维稳的信访费用等不适宜公开；对于村里特殊人员的慰问，如艾滋病人群，公开后对于这些人容易产生一定的负面心理影响；关于拆迁征地增值收益差异，由于土地用途变更后增值收益相差巨大，造成村民心理不平衡，街道和村干部面临巨大压力。

五 深化江阴市三务公开"户户通"改革的建议

（一）进一步提高群众参与意识与基层干部能力水平

首先，提高群众参与意识。在"户户通"普遍安装的情况下，群众关注及参与乡村治理与发展的程度不高，一定程度上与人民群众的参与意识有待提高有关。由于江阴市乡村城镇化程度较高，很多村民都居住在城镇社区中，打破了原有的村落自然形态，村民的居住变得相对分散，对于农村的身份归属意识相应有所减弱，由此对于乡村发展的关注度和

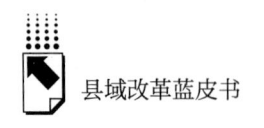

参与意识减少。因此，要进一步提高信息公开质量，加大宣传力度，增强群众知晓度和信任度。提高三务监督参与度，提高电视点击率。加大便民服务力度，落实村级便民服务事项，公开工作流程，宣传服务信息，使服务在公开中升级，从而提高群众参与乡村建设发展的意识，为乡村发展建言献策。

其次，提升基层干部能力水平。村民参与意识的提升，倒逼基层干部治理能力与水平相应提升，要求村级事务管理更规范、工作内容公开更及时、干部对平台的使用更熟悉。但由于基层干部的年龄、学历、水平存在差异，对于新技术的掌握以及适应改革发展的能力也有所不同。调查显示，31.61%的村民认为部分基层干部存在"想公开而不会公开"的状况，思想压力大。因此，"户户通"的继续推行以及不断深化，需要加强基层干部的能力培训以及技术指导，切实将平台的使用融入基层日常管理工作中，实现基层有效治理，推动乡村振兴。

（二）进一步提升内容全面性与形式通俗化

首先，进一步完善公开内容。对照《村民委员会组织法》以及江苏省委省政府下发的《关于加强村务监督委员会的实施意见》，对村务公开的内容做相应调整，明确村务监督委员会的职责、监督内容；增加与小微权力相关的村级零星工程公开内容，防范监管制度的漏洞；增设政策法规栏目，对政策使用进行解释和说明，列举不同适用条件下的解决方案，方便群众对照使用。例如残疾人补贴政策，要说明哪些人可以适用、如何进行补贴等；增加实用性信息，发布一些对老百姓比较直接的、有益的信息，使发布内容更加贴近百姓生活。比如有关致富的信息、企业发明专利奖励、农村科技项目申报、农业新技术等；增加农村党建意识形态教育内容，通过数字化、常态化宣传教育，使习近平新时代中国特色社会主义思想飞入寻常百姓家，根植村民心中。

其次，进一步优化公开形式。根据调查发现，"户户通"的用户60%以上是老年人，其形式要更加方便百姓使用及操作。公布的政策要通俗易懂，要把政策名词转化为群众能够理解的通俗语言发布，如"优抚""社救"等专业名词，可以转化为"困难补助"等说法，以便于理解；公开的目录要接地气，要增加公开目录内容的相关说明，便于群众清晰明了、易于理解；公布的文件要分类清晰、细化条目、统一模板，保持形式基本一致。对于涉及身份证、银行卡等个人隐私问题的明细资料，要做好相应处理再公开。

（三）进一步优化审核流程，加强部门协同

首先，优化审核流程。在审核端进行数据分类，不同类别的数据上传到不同端口，方便相对应的审核人员审核；完善审核内容，保留源头数据与审核数据，使上级部门不仅能看到上一层审核通过的内容，而且可以与源头数据以及事实相比对，供审核者综合参考；基本制度如"三会一课"等，可以从后台直接放入，避免各村重复上传，加大基层工作负担。

其次，加强部门协同。完善顶层设计，建立以广电技术为支撑，以民政、农业农村局、纪委和组织部门为协同的部门合作机制，配足工作力量，强化统筹协作。定期研究解决操作流程繁杂等技术问题和公开内容齐全等业务问题，规范从上传到公开的过程数据管理，优化数据分类和公开流程，实现职能互补、信息互通、资源互用、问题互解。

（四）进一步完善系统功能与升级操作技术

首先，完善系统功能。增强反馈互动功能，村级重要决策、基础设施工程建设等，可以让所有村民通过"户户通"进行勾选，通过信息化的手段让村民自治、自主决策能够得到充分体现，并实现实时共享；强化系统互通，把财务消费情况与财务公开直接连通，确保财务内容的真实性同时减少村级上传工作量。

其次，升级操作技术。尽快开发"户户通"App版本，增加年轻群体的关注度。针对电视平台信号不稳定、易卡顿、访问速度慢以及访问失败等问题，不断升级完善平台设施，提高技术水平；针对"户户通"使用过程

中，显示错误、重复显示、格式混乱、审核未通过平台就已公开等问题，严格技术把关，确保公开的内容严谨准确。

（五）进一步强化原则性，提升灵活度

首先，进一步强化公开的原则性。加强制度建设，明确公开要求和相应标准，提供政策以及法律法规解释，为村干部开展工作以及群众了解工作提供明确参考；加强各级纪检监察机构的再监督，发挥好再监督职责，对于违纪违法问题及时查处，提高群众反腐既得感；加大相应工作与政策的解释力度，对于群众不易理解的概念，要提前做好相应说明。在公开相应补贴时，要上传相关文件的附件作为证明材料。

其次，进一步提升公开的灵活度。设立不适宜公开的负面清单，如涉及特殊人群隐私内容、信访费用、特殊情况下的拆迁补偿等，给予村干部一定的灵活空间，但要接受上级部门和各级纪检监察机构的再监督，不向群众公开不代表不接受监督，要在合法合规范围内开展相关工作，真正做到"开展工作要谨慎加谨慎，小心加小心"。

研 究 篇

B.26
县域公共安全体系的构建与愿景
——以江阴市为例

唐钧 龚琬岚 刘东来 张芳*

摘 要: 构建公共安全体系是党中央、国务院着眼于人民安居乐业、社会安定有序、国家长治久安作出的重大战略决策。江苏省江阴市率先探索县域公共安全体系的创新实践,开展公共安全体系中长期建设规划,以"四梁+八柱+地基"的总体规划和26个分领域的专项规划为指引,围绕公共安全体系的4维12要素,力争实现"补齐安全短板"和"规避系统风险"等目标。为进一步优化县域公共安全体系,应围绕改革完善应急管理体系、防范化解重大安全风险、优化公共安全基层

---

* 唐钧,中国人民大学公共管理学院教授,中国人民大学危机管理研究中心主任;龚琬岚,中国人民大学危机管理研究中心风险管理部部长,中国人民公安大学首都社会安全研究基地研究员;刘东来,江阴市应急管理局副局长;张芳,江阴市安委办综合协调科科员。

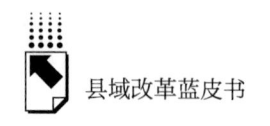

治理，建设高效能、全周期、保障型的公共安全体系。

关键词： 公共安全　应急管理　社会治理

构建公共安全体系是贯彻落实总体国家安全观的战略要求。党的十九届四中全会强调，健全公共安全体制机制，构建基层社会治理新格局，完善国家安全体系。统筹发展和安全是推进治理体系与治理能力现代化的必然要求。随着经济社会发展进入新常态，江阴在自然灾害、安全生产、公共卫生、社会安全等方面所面临的形势错综复杂、矛盾日益突出。为有效协调安全运行与经济社会高质量发展，构建大安全格局，保障全市总体安全稳定，江阴以集成改革试点为契机，坚持系统化、法治化、智能化、专业化、社会化原则，创新开展公共安全体系改革专项行动，打造"防救集成、全域全民"的县域公共安全体系"江阴模式"，为推动地方应急管理体系和能力现代化探新路、作示范。

一　构建公共安全体系的背景

（一）构建公共安全体系是国家治理体系和治理能力现代化的基础

习近平总书记指出，"各级党委和政府要充分认识维护公共安全的重要意义，自觉把维护公共安全放在维护最广大人民根本利益中来认识，放在贯彻落实总体国家安全观中来思考，放在推进国家治理体系和治理能力现代化中来把握"。党的十八大以来，中央对建立健全公共安全体系提出了系列要求，特别是党的十九届五中全会，历史性地把"统筹发展和安全"纳入经济社会发展五年规划的指导思想，历史性地把"办好发展安全两件大事""实现更为安全的发展"明确为"十四五"时期经济社会发展必须遵循的重要原则。一系列重要指示和政策文件深刻阐明了我国应急管理体制机制的特色和优势，科学回答了事关应急管理工作全局和长远发展的重大理论和实践问题，为应急管理体系和能力现代化的推进提供了科学指南。

（二）风险社会中的公共安全体系构建面临诸多共性问题

面对波谲云诡的国际形势、复杂敏感的周边环境、艰巨繁重的改革发展稳定任务，世界大变局加速深刻演变，全球动荡源和风险点增多，各类风险连锁联动。2020年新冠肺炎疫情的全球传播进一步凸显出风险社会现状。在此背景下，公共安全体系建设面临诸多共性问题，城市灾害的突发性、多样性、复杂性、连锁性，受灾对象的集中性、后果的严重性和影响的放大性等特点越来越突出；随着我国社会主要矛盾的转化，人民群众对保障公共安全、维护自身安全、追求安全稳定生活环境的需求增强并呈现多元化特征；但是公共安全的基层基础依旧薄弱，信息化程度较低，管理体制尚未完全理顺，部分仍存在条块分割、权责不清、职责交叉等问题，导致部分安全隐患久拖不治、久治不愈，致使公共安全事件仍处于高发、频发状态。

（三）县域公共安全体系的创新建设仍面临诸多严峻挑战

目前县域层面的公共安全体系建设，是以县级行政区（包括区、县、县级市等）为地理空间，以县级政权为调控主体，尚无公共安全方面全面完整的上层法律法规和标准规范为支撑，也受经济社会等多方面条件制约，更是直面基层社会综合治理的复杂局面。以江阴市为例，江阴在县级集成改革背景下，先行先试，率先破题构建了公共安全体系的框架，虽然既有的改革探索有效改善了公共安全治理面貌，但一方面仍面临潜在风险底数庞大、事故防控压力较大、责任还未压深压实、基层基础仍旧薄弱等县域公共安全的共性问题；另一方面，江阴存在市场主体多、经济金融发达、涉危企业多、危化品储存量大、在建工程多、人口密度大、机动车保有量大等个性特征，决定了其公共安全体系建设不可避免地面临诸多挑战。

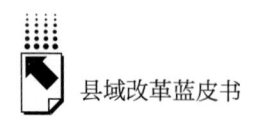

二 江阴市公共安全体系改革的创新探索

江阴从人民群众反映最强烈的公共安全突出问题着手，坚持顶层设计与基层探索相结合，以全方位、立体化为导向，突出高点站位、高位谋划、防救一体、精准有效、常态持续，从系统化角度创新探索构建公共安全体系。

（一）着眼高站位、高起点，率先破题县域公共安全体系总体框架

为全面落实党中央、国务院和江苏省委、省政府对公共安全的相关部署，结合当前严峻复杂的公共安全形势，江阴坚持高站位统领、高起点谋划，在全国同类县域城市中率先探索公共安全体系建设，率先破题公共安全体系的基本内涵和总体框架。

1. 坚持系统思维，集成统筹发展

相比以往城市公共安全体系建设的单向化、局部化、碎片化、短期化，江阴此次打造的公共安全体系的特点是始终坚持高点站位，站在提升县域治理体系和治理能力现代化高度，把公共安全体系作为县域治理体系的重要内容和有力支撑。以集成化思维、协同化理念全面破解过去安全和应急部门化、碎片化管理和突击式、运动式防范的困境，实现由疲于应付转向主动出击、由零打碎敲向系统治理的加快转变。2019年4月，江阴将集成改革县域治理体系总架构由原来的"1+4"（即党建统领为根本保障、便捷高效的政务服务体系、沉底到边的基层治理体系、精准有力的社会救助体系、温馨周到的生活服务体系）升级为"1+5"，增加的"1"就是"构建全域覆盖的公共安全体系"。这就意味着公共安全体系建设正式被纳入江阴集成改革试点范围，被纳入整个县域治理体系框架中，强调"真正把加快构建全域覆盖的公共安全体系，上升到优化升级县域治理体系的高度来认识，上升到加快实现县域治理现代化的高度来推进"。

2. 加强组织保障，合力推动发展

江阴在全国率先谋划"十四五"公共安全规划，2019~2025年建设

全域覆盖、科学高效的公共安全体系。成立高规格的市公共安全体系建设领导小组，市应急局作为全市公共安全体系规划编制和建设牵头部门，统筹公共安全体系建设工作。邀请清华大学公共安全研究院的专家、学者来澄研讨，进一步明晰江阴公共安全体系建设方向、目标、重要内容等。同时，专程赴中国人民大学邀请危机管理研究与风险管理、社会治理等方面的权威专家，对标欧美、日本等先进发达国家以及国内在安全和应急等方面的成熟经验及亮点做法，研究探讨构建适合面向江阴当前及未来5年的公共安全体系。

3. 精准总体构建，谋划高位发展

江阴创新构建"三位一体"战略、形成"四梁八柱+地基"体系（见图1），从总体安全、系统安全和长效安全3个方面对公共安全体系的基本内涵进行了界定，并于2019年11月2日正式出台全市公共安全体系总体规划纲要及实施方案。"三位"是指总体安全、系统安全、长效安全，具体内容为全覆盖、全方位的总体安全，搭建了战略层面的"四梁"，全要素、全流程的系统安全，构建实操层面的"八柱"；全驱动、全保障的长效安全，奠定基础层面的"地基"；三者相辅相成、互为支撑，构成全域全民、防救集成的公共安全体系"一体"。基于这一总体框架，江阴力争至2025年，初步建成对标先进发达国家水平的公共安全体系，形成县域公共安全体系的"江阴模式"；至2035年，建成与基本实现社会主义现代化相适应的安全发展城市，为继续当好新时代高质量发展领跑者奠定更加坚实的安全基础。

（二）着眼全覆盖、全方位，搭建防救集成的总体安全"四梁"

江阴牢固树立"防为上，救次之，戒为下"的"防救集成"总体安全观，围绕防救结合、全域全民，大力推动公共安全风险防控体系、突发事件应急救援体系、全域标准化安全管理体系、全民自救互救和共建共治体系建设，搭建全覆盖、全方位的总体安全"四梁"，从而实现全面统筹、全民安全。

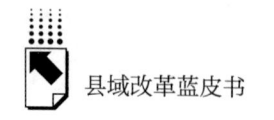

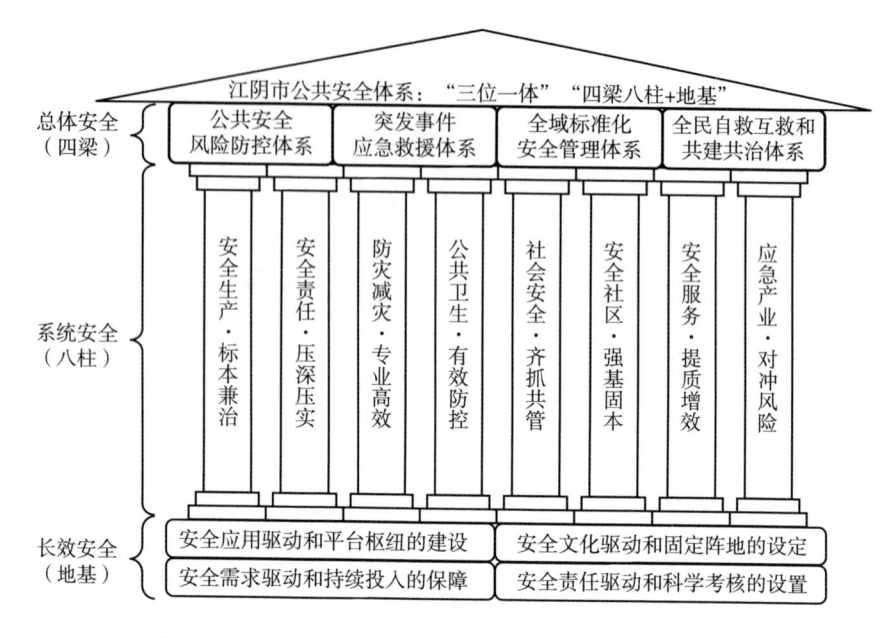

```
                    江阴市公共安全体系："三位一体""四梁八柱+地基"
总体安全    ┌公共安全      ┬突发事件      ┬全域标准化    ┬全民自救互救和┐
（四梁）    │风险防控体系  │应急救援体系  │安全管理体系  │共建共治体系  │

系统安全    安│安│防│公│社│安│安│应
（八柱）    全│全│灾│共│会│全│全│急
            生│责│减│卫│安│社│服│产
            产│任│灾│生│全│区│务│业
            ·│·│·│·│·│·│·│·
            标│压│专│有│齐│强│提│对
            本│深│业│效│抓│基│质│冲
            兼│压│高│防│共│固│增│风
            治│实│效│控│管│本│效│险

长效安全    ┌安全应用驱动和平台枢纽的建设│安全文化驱动和固定阵地的设定┐
（地基）    └安全需求驱动和持续投入的保障│安全责任驱动和科学考核的设置┘
```

图1　江阴市公共安全体系"四梁八柱＋地基"总体框架

1. 突出"防"，构建公共安全风险防控体系

近年来，鉴于公共安全现状复杂耦合、公共安全风险数量增多的发展状况，江阴按照党的十九大提出的要"健全各方面风险防控机制"要求，对标国际标准化组织 ISO 风险管理标准 ISO 31000 Risk Management 和"韧性城市"① "稳健性"② 等规范，严格管控落实分类分级评估、超前预测预判、及时处早处小、智能前置处置，压降风险到最小化。坚持规划先行，将公共安全规划作为城市经济社会发展总体规划、国土空间规划、城市综合防灾减灾规划、重大项目规划等的首要板块和红线内容；立足"治隐患、控风险、防事故"，建设全市公共安全风险辨识评估和前置处置的常态化工作机制，建设公共安全风险数据库，编制公共安全高危风险评估报告，绘制四色等级安全风险空间分布图，加强建设重点行业领域的风险分级管控和隐患排查治

---

① "韧性城市"是指城市能够凭自身的能力抵御灾害，减轻灾害损失，并合理地调配资源以从灾害中快速恢复过来。
② "稳健性"是指在异常和危险情况下系统生存的能力。

理的双重预防体系，建立新业态、新材料、新工艺、新产能的安全风险评估管控机制，定期识别预判公共安全新生风险和风险新动态；加强公共安全时间规律特点分析研判，全面推进重点时段安全防范，超前采取风险预警预防措施，加强区域性安全风险管理，完善重大安全风险联防联控机制。

2. 突出"救"，构建突发事件应急救援体系

按照"总体规划、分步实施；依托现有、整合资源；一专多能、平战结合、立足江阴、辐射周边"的建设原则，高标准推进建设江苏省首个省级沿江危化品应急救援基地——江苏省沿江（江阴）危险化学品应急救援基地，该基地于2016年立项，总体规划100余亩，建设"两队四中心"[1]，以应急指挥中心为平台，以市大数据中心为依托，结合智慧城市建设，构建覆盖全市域、全要素的公共安全信息化、网格化应急治理体系。建立健全全市公共安全快速高效、专业精准、联动协同的应急救援体制机制；按照"全面覆盖、配套衔接、操作顺畅、定期更新、高效联动"的要求，健全全域各级各类应急预案系统，形成属地政府和重大危险源企业"一对一"生产安全事故应急预案管理制度；切实提升应急物资、装备、运输、通信、避难场所五大单元综合保障能力；提升灾后恢复社会秩序、防范次生灾害、应对社会舆论的能力；科学规划建设全市应急救援装备物资储备中心和各街镇园区、各行业领域的应急救援物资储备，建立健全应急物资紧急生产、采购、征收征用、市场调控与调用等机制，实现应急物资综合动态管理和资源共享。

3. 突出"全域"，构建全域标准化安全管理体系

鉴于公共安全风险的规律性特征和"一案三制"[2] 标准化要求，对标美国国土安全的预防、保护、缓解、响应、恢复的五环节规范化建设，研究探索安全生产和城市安全治理体系和治理能力现代化的"江阴模式"，努力形成一批可复制可推广的"江阴标准"。厘清各类各级的安全生产职责，制定

---

[1] "两队四中心"是指危化品应急救援队、应急救援综合队和应急指挥中心、应急培训和检测鉴定中心、实训体验中心（含防灾减灾）、应急产业孵化中心。
[2] "一案三制"是指国家突发公共事件应急预案体系和应急管理体制、运行机制、法制。

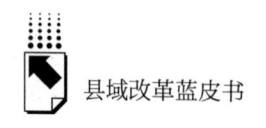

职责清单，各司其职、各负其责，贯彻落实各部门、各单位、各环节监督机制；严格执行重点场所部位的公共安全技术或管理标准；针对监管"盲区""空白区"等，出台覆盖属地和行业主管部门的监管办法，切实实现监管全域全覆盖；实施"细胞安全单元"的标准化创建，逐步形成安全村（社区）创建标准。

4. 突出"全民"，构建全民自救互救和共建共治体系

积极营造全社会"关注安全、人人有责"的浓厚氛围，社会单位自觉自愿承担落实安全主体责任，对冲"灰犀牛"式灾害风险①和"黑天鹅"式事故风险②；政府在做好"全面统筹、夯实基础、抓住重点、保障弱势"的基础上，以蓝天救援队、行业协会、产业联盟、应急企业等社会力量有序有效参与，共同分担公共安全的事务和责任，对冲"保姆式监管"和"家长式应急"的责任风险。同时，积极培育形成与江阴市工业经济体量相对等的应急产业，对冲"经济转型、体制转轨、产业转态"连带产生的公共安全综合风险、系统风险。对标日本"家庭自助、社区互助、政府公助"模式，提高全民自主自发避险减灾、科学有效自救互救的能力，实现风险对冲最大化。江阴自2017年起启动全民自救互救工程，由市委、市政府、人大、政协领导带头示范参与自救互救培训，目前全市共有58个学校、企业、机关等场所单位配置了应急设备保障，普及、宣传、培训累计6万人次，近750人获得"应急救援员"资格。

（三）着眼全要素、全流程，构建精准有效的系统安全"八柱"

为落实中央关于"补短板、优系统"的要求，江阴围绕要素齐全、突出高危、全程防控、阻隔连锁，从补齐安全短板、规避系统风险、做足风险对冲的三大原则维度，为总体安全和长效安全提供实操层面的"八柱"，实现公共安全"无短板"和"规避系统风险"的双重目标。

---

① "灰犀牛"式灾害风险是指太过于常见以至人们习以为常的风险，比喻大概率且影响巨大的潜在危机。
② "黑天鹅"式事故风险是指极其罕见的、出乎人们意料的风险。

1. 立足安全生产和安全责任，补齐安全短板

为应对底数庞大、结构复杂的安全生产风险和有力破解安全生产事故总量压降瓶颈，江阴突出安全生产标本兼治。2019年，通过"一设一挂"率先破冰，江阴在江苏省县（市）率先实现安全生产内设机构全覆盖。在负有安全生产监管或管理职责的20个重点部门增设"安全生产监督管理科"，其他市级机关部门及直属事业单位在相关科室增挂"安全管理科"牌子，板块综合执法局单设"安全生产监督管理科"，基本形成横到边、纵到底的安全生产监督管理网络。同年12月，71个内设机构挂牌成立，全市安全生产监管专职力量超过400人。2020年，以全年30个行业领域安全生产专项整治"一年小灶"为主线，按照"排查务必见底、整治务必彻底"要求，全面摸清各行业领域底数，细致分解市、镇两级监管责任和任务，打好隐患歼灭战，安全生产源头管控和依法治理能力水平进一步提升，安全生产专项整治工程进一步深入推进，协同持续推进生态安全与绿色发展，进一步提升本质安全水平。"一年小灶"全市整治隐患5.1万余项，重大隐患169项，事前立案977起，处罚3300余万元，停产整顿230家，关闭取缔189家。

2. 立足防灾减灾、公共卫生、社会安全，防范系统风险

一是完善自然灾害防治体系。目前，江阴正在搭建森林防火智能监测指挥系统，项目监控报警所需的基本软件系统、红外双光探头等已建设完成，通过测试并开始启用。未来将进一步建设森林防火救灾视频监控、智能预警、辅助决策及应急指挥系统，打造森林资源"天上看，地上管，网上查"立体化监管新模式。二是加快建设疾病预防控制体系。江阴有序、有力、有效加强公共卫生应急管理体系建设，在新冠肺炎疫情防控工作中经受了考验、得到了检验，以"快速、便捷、高效"为导向，加强疾病预防控制、医疗救治、应急保障体系建设。健全公共卫生服务体系，优化医疗卫生资源投入结构，健全重大疾病医疗保险和救助制度。三是健全人防、物防、技防全方位风险防控体系。江阴通过创新"网格+警格"深入推进新形势下社区警务建设，按照城市三级综合网格，重新调整社区警务网格和巡防网格，实现警务专业网格与政府综治全要素网格无缝对接。有效整合利用基层政府

行政资源、公共服务资源、社会资源等服务管理资源，真正做到"微事不出格、小事不出村、大事不出镇、难事不出市"。

3.立足安全社区、安全服务、应急产业，做足风险对冲

一是注重安全社区强基固本。江阴市以安全生产为重点，因地施策出台江阴市安全村（社区）创建"16条"，针对村和社区的生产生活安全中的重点难点与顽疾痼疾，提出切实解决基层安全"最后一公里"问题的工作措施，并深化网格化管理和全民安全宣教，积极稳妥推进示范引领下的创建工作，探索多元主体参与治理模式，形成群防群治工作格局。按照每年不少于20%的比例推开创建，5年内实现全覆盖，2020年全市首批60个村（社区）已创建达标。二是促进安全服务提质增效。江阴出台了《江阴市工业企业安全生产技术服务工作管理办法（试行）》，并结合《江阴市安全生产"黑名单"管理制度（试行）》对中介机构进行诚信等级评定，进一步加强对安全生产技术服务机构的监督指导，规范安全生产技术服务行为，建立公正、公平、有序的安全生产技术服务体系。三是实施应急产业来对冲风险。结合2020年疫情防控工作，江阴市进一步摸清全市应急企业底数和应急产业现状，结合"十四五"规划，将应急产业发展纳入全市经济社会发展规划并提出发展引导计划，逐步建立技术创新、标准、投融资服务、产业链协作以及政策保障等产业支撑体系，培育应急产业的骨干企业和知名品牌、创新型中小企业，形成一批"江阴制造"应急产品和服务。

（四）着眼全驱动、全保障，筑牢常态持续的长效安全"地基"

江阴通过建设平台枢纽、营造社会共识、持续投入保障、科学考核设置四个方面构筑长效安全的坚实地基，积极践行"维护公共安全，必须从建立健全长效机制入手"的战略要求，充分调动各方主观能动性，形成"人人参与、人人尽责、人人共享"的建设格局和工作合力。

1.大力推进应用驱动下的平台枢纽建设

公共安全体系在实际建设和运行过程中，以建立健全平台枢纽为必然要求，形成应用驱动下联动全域、带动全民的全局纽带。构建涵盖监督管理、

监测预警、指挥救援、决策支持、政务管理、风险感知、应急指挥等事项的重点行业领域信息化业务系统平台。健全全市统一的公共安全信息枢纽平台，规划构建公共安全与应急管理信息化综合监管决策指挥服务平台等。

2. 不断深化文化驱动下的社会共识营造

公共安全事关全民切实利益，文化驱动有助于调动全民参与度，激发全民安全积极性。江阴依据数据比对、生活常识及市民关注关切热点等参数，从"重安全、防意外、懂应急、常储备"四个维度，以全民防灾避险意识和自救互救能力"两个显著提高"为目的，科学编制了"江阴市民安全与应急手册"，有力提升了群众安全意识和自救互救能力。同时，因地制宜打造公共安全文化宣传矩阵，打响特色公共安全文化品牌，形成全社会知公共安全、赞公共安全、享公共安全的良好氛围和群众基础，激发全民参与的自主性与能动性。

3. 切实保障需求驱动下的持续多方投入

建立健全公共安全建设的新增需求和业务连续性评估制度，加大组织机构人员、专业社会服务、信息化建设、应急技术装备、全民安全宣教等方面的资金投入，健全以政府投入为基础、企业投入为主体、社会投入为辅助的多元化安全投入保障机制，加强提升本质安全和源头治理的长效投入保障，加强提升智能制造和智慧安全的长效投入保障。江阴全力推广现代化技术装备运用，采用高空瞭望及红外温感技术，对重大危险源实施 24 小时同步预警监测，对化工园区全覆盖预警监测，探索推进"两重点一重大"[①] 企业三维建模，实现企业应急处置实景化演习训练。投入 9000 余万元采购世界最先进的安全综合救援装备（含 50 米多节臂举高喷射车、90 米登高平台车，荷兰远程供水系统、灭火机器人、远程泡沫系统、无人机等），具备了危化品储罐、大跨度厂房等情况复杂点位精准观测、精准处置的能力，以及 90 米以下民宅突发险情应急救援能力。

---

① "两重点一重大"是指涉及重点监管危险化学品、重点监管危险化工工艺和危险化学品重大危险源。

4. 精准把握责任驱动下的科学考核设置

科学设置公共安全考核机制、提升公共安全水准是衡量治理体系和治理能力现代化的重要标尺。利用集成改革契机，扎实推进信用嵌入行业监管，形成守信激励、失信严惩的良性机制，推进全域公共安全从"门槛管理"向"信用管理"转变。科学设置公共安全的考核机制，将公共安全工作情况纳入党政领导干部政绩考核和各镇街园区年度高质量考评体系，切实增强各级领导干部构建公共安全体系的政治自觉、思想自觉和行动自觉。

三 深化县域公共安全体系改革的建议

江阴以提升群众安全感、切实解决社会安全发展过程中的痛点难点堵点为抓手，密切关注群众安全感受，筑牢安全底线，率先破题构建公共安全体系，为县域公共安全体系的建设蹚出一条新路。结合新形势下国家治理体系和治理能力现代化、统筹发展和安全、建设更高水平的平安中国等相关要求，在江阴破冰探索的基础上，县域公共安全体系亟待更深层次、更立体化的优化创新。

（一）齐抓共管，着力细化压深压实的安全责任

公共安全治理，只有人人有责、人人担责、人人尽责，才能彻底堵塞"安全漏洞"、打破"安全孤岛"。在政府力量上，按照"管行业必须管安全、管业务必须管安全、管生产经营必须管安全"和"谁主管谁负责"的原则，层层落实公共安全责任。把基层作为公共安全工作的主战场，以企业、学校、村（社区）等基层单位为重点，广泛开展各类安全企业、平安校园、安全村（社区）等创建，持续强化全要素网格治理、综合执法，推动公共安全重心下移、力量下沉、保障下倾，把基层做实、做牢。在群众力量上，把广大群众作为公共安全最可依靠的力量，健全安全隐患信息上报制度，探索安全生产职工共治机制，完善安全生产举报奖励制度，把安全稳定建立在"群防群治、专群结合"的坚实基础上，使广大群众真正成为公共

安全的参与者、安全环境的营造者、安全文化的实践者、公共安全的受益者。在社会力量上，鼓励发展更多专业化社会应急救援组织，有序发展应急管理社会中介组织，大力引进高水平专业技术机构，加快建设覆盖主要行业、重点灾种的专家库，协同开展决策咨询、风险防控、教育培训、救援救助等工作。在市场力量上，贯彻"产学研用一体化"发展理念，围绕监测预警、预防防护、处置救援、应急服务等四大重点，鼓励和引导更多企业加强项目引进、技术创新、市场开拓，加快集聚一批核心竞争力强、发展前景好的公共安全特色企业。

（二）关口前移，着力实现精准及时的安全预警

在整个公共安全体系构架中，及时准确的预警系统是科学预防、应急反应的重要前置环节，其核心是建立通畅的渠道、采集充足的信息、进行科学的分析、制定权威的决策，堪称公共安全体系的"前沿哨所"。一要建立风险数据库，制定城市"风险一张图"。对自然灾害、事故灾难、公共卫生事件等公共安全风险进行分类评估，采集风险源数据，形成风险源电子清单，建成风险数据库，为突发事件防范和应对处置提供科学决策依据，保障风险防控、预警响应工作有的放矢。二要健全常态机制，做好风险分级管控和隐患排查。推进信息化、工业化与安全风险管控、隐患排查治理等深度融合，落实高危行业、高危岗位、高危企业"机械化换人、自动化减人"措施，强化企业风险管控的针对性和精准度。制定分别适用于规模以上、小型、微型工贸企业的三项安全生产标准化建设标准，对不同规模的企业在机构、人员、制度等方面作出不同要求，增强标准的适用性和可操作性，呈现不同规模企业监管梯度。三要加强规律研究，有效前置防控重大安全风险。强化区域安全风险管理，加强重点时段风险预判预测，精准动态分析安全生产形势趋势，推行重点行业领域"风险分级管控+隐患排查治理+第三方评估预警"的三重预防体系，通过对位置相邻、行业相近、业态相似的园区、地区和行业，超前采取风险预警预防措施，逐步建立完善重大安全风险联防联控机制。

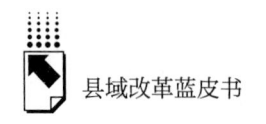

（三）防线筑牢，着力强化联动高效的安全应急

应急救援是突发事件的最后一道防线，是公共安全体系的最后底线，机制是保障、队伍是关键、科技是支撑。一要优化统一指挥的机制平台。建设以顶层应急指挥中心为中枢的应急指挥平台系统，形成条线贯通、覆盖全域的事故灾害应急指挥网络，发挥各级应急指挥中心辅助决策、指挥调度、舆情监测等作用，加强事故灾害现场救援指挥，推行现场应急指挥官制度，建立扁平化运转的组织指挥体系，强化应急救援组织、指挥、统度、方案、实施的多重统一。二要构建科学有效的应急预案体系。按照"全面覆盖、配套衔接、操作顺畅、定期更新、高效联动"的要求，逐步健全覆盖全区域、全灾种、全行业、全层级、全过程的应急预案，强化各类各级应急预案间衔接融通和数字化应用，加强重要目标物、重大危险源、重大活动保障等现场处置方案演练。三要夯实应急救援队伍建设。按照"一专多能、一队多用、指挥有力、反应灵敏、快速高效"的要求，培育以综合队伍为骨干、专业队伍为依托、专家队伍为指导、企事业单位专兼职队伍为基础、社会市场救援队伍为辅助、志愿者队伍为补充的立体化综合应急救援队伍，加强救援队伍战斗力。注重培育社会市场救援队伍和志愿队伍，加强其与政府力量的密切联系，定期举行联合演练。强化技术支撑、资源保障、专业指导，切实提升应急物资、装备、运输、通信、避难场所的综合保障能力。发挥专家决策咨询作用，提升灾后恢复社会秩序、防范次生灾害、应对社会舆论的能力，切实提高应急救援的科学化、专业化、智能化、精细化水平。进一步完善消防站布局，加快构建完善"5分钟"灭火救援圈。对标"全灾种""大应急"职能定位，加强高精尖综合救援装备建设，全面提高应对复杂灾情的实战能力。

（四）建章立制，着力织密系统严格的安全规范

公共安全管理体系应坚持"立法先行"，建立完善的应急管理法律体系，实现公共安全建设的制度化、规范化。一要厘清各方职责。公共安全涉

及生产生活方方面面，全面厘清各方公共安全职责，优化"三定方案"，衔接好"防""救"的责任链条，确保责任链条无缝对接，形成整体合力。二要严格安全准入，制定完善并严格执行地方安全准入制度、高危行业安全准入条件、重点领域安全准入负面清单、安全生产禁止和限制产业目录等相关制度，严把项目立项、规划、设计、审批、建设的安全关口。综合运用执法检查、约谈、警示、通报、挂牌督办和问责等措施，实施重点行业领域的安全生产分级分类监管制度，完善网格化、扁平化监管体系。三要加强监管执法，健全事中事后的安全监管制度，完善相关执法制度和程序规定，加强安全监管执法保障体系建设。四要完善相关标准，针对高危行业领域和重点场所加快既有规范制度的制定、修订、整合，针对安全盲区或空白区补充覆盖属地政府和行业部门的监管办法，针对基层加强村（社区）等安全单元创建和应急管理能力"六有"[①] 标准化建设。

（五）共建共治，着力建设普及全民的安全文化

作为公共安全体系的灵魂，公共安全文化既是公共安全体系高效运转的基础和支撑，更是公共安全体系建设的最高境界和终极目标。要以培训、教育、宣传为抓手，引领和推动全市上下强化公共安全意识、掌握安全应急常识、提升自救互救能力。一是多层次开展安全培训。以重点行业领域一线员工、特殊工种作业人员、人员密集场所工作人员为重点，全面加强从业人员岗位安全培训，做到不培训不上岗、培训不到位不上岗；以各级各类安全监管监察人员、企事业应急管理工作人员为重点，全面加强公共安全管理人员培训，尤其要大力开展"应急救援员"国家职业资格培训，加快培育更多更合格的"第一响应人"。二是多形式开展安全教育。全方位、全过程开展公共安全"七进"活动，推进安全生产和职业健康宣传教育、防灾减灾知识和技能、灾害应急演练进企业、进学校、进机关、进社区、进农村、进家庭、进公共场所。要坚持从小抓起，把公共安全教育全面纳入国民教育体

---

① 应急管理能力"六有"是指有班子、有队伍、有机制、有培训、有预案、有演练。

系，增强中小学生公共安全意识和安全风险防范能力；坚持从党员干部抓起，把公共安全教育纳入领导干部、公务员培训轮训内容，加快提升危机管理意识、预防预测能力和应急处置水平。要规划建设具有城市特色的安全文化教育体验基地、场馆，通过全媒体展示、互动式教育、趣味化体验、实战式训练提升教育成效。三是多渠道开展安全宣传。持续深化安全生产月、"5·12"防灾减灾日、"11·9"消防日、"12·2"交通安全日等专题活动，深入推进平安企业、平安单位、平安学校、平安社区等创建活动，着力打造特色品牌；把安全文化元素融入公共场所、重要地段的景观建设，凝聚全社会支持了解并受益的公共安全共识氛围和群众基础。新闻媒体要充分发挥融媒体功能、新媒体优势，"报、台、网、微、端"共同发力，以更高的点击率、转发率让"安全之声"传遍大街小巷、深入千家万户。

参考文献

徐志胜、冯凯、白国强、王薇、徐彧：《关于城市公共安全可持续发展理论的初步研究》，《中国安全科学学报》2004年第1期。

《健全公共安全体系 构建安全保障型社会》，人民网，2016年4月18日，http://opinion.people.com.cn/n1/2016/0418/c1003-28282303.html。

唐钧：《社会公共安全风险防控的困境与对策》，《教学与研究》2017年第10期。

唐钧：《公共安全与政府责任》，《中国党政干部论坛》2017年第5期。

姜翠：《城市安全发展的预警与拓新——评〈江苏省城市公共安全蓝皮书(2017)〉》，《行政科学论坛》2018年第5期。

王庆：《我国城市公共安全管理问题与对策研究——基于国家治理体系现代化的视角》，《天水行政学院学报》2018年第1期。

唐钧：《社会公共安全风险防控机制：困境剖析和集成建议》，《中国行政管理》2018年第1期。

唐钧：《社会公共安全的治理研究》，《中国人民大学学报》2018年第1期。

郭少青、陈家喜：《特大城市公共安全治理体系的重构》，《中国应急管理》2019年第2期。

《健全国家应急管理体系切实维护公共安全》，《光明日报》2020年2月27日，http://theory.people.com.cn/n1/2020/0227/c40531-31606540.html。

唐钧：《应急管理的属性适配和体系优化》，《中国行政管理》2020年第6期。

唐钧、龚琬岚：《"十四五"公共安全规划的先行先试——以江阴市公共安全体系规划纲要编制为例》，《中国减灾》2020年第5期。

唐钧、龚琬岚：《公共安全的体系健全和"十四五"规划创新——以江阴市公共安全体系总体规划纲要（2019~2025年）为例》，《中国机构改革与管理》2020年第2期。

龚琬岚、冯世腾：《健全公共安全体系的"江阴创新"（上）》，《中国安全生产》2020年第8期。

龚琬岚：《健全公共安全体系的"江阴创新"（中）》，《中国安全生产》2020年第9期。

龚琬岚：《健全公共安全体系的"江阴创新"（下）》，《中国安全生产》2020年第10期。

社会科学文献出版社

皮 书

智库报告的主要形式
同一主题智库报告的聚合

❖ 皮书定义 ❖

皮书是对中国与世界发展状况和热点问题进行年度监测,以专业的角度、专家的视野和实证研究方法,针对某一领域或区域现状与发展态势展开分析和预测,具备前沿性、原创性、实证性、连续性、时效性等特点的公开出版物,由一系列权威研究报告组成。

❖ 皮书作者 ❖

皮书系列报告作者以国内外一流研究机构、知名高校等重点智库的研究人员为主,多为相关领域一流专家学者,他们的观点代表了当下学界对中国与世界的现实和未来最高水平的解读与分析。截至2021年,皮书研创机构有近千家,报告作者累计超过7万人。

❖ 皮书荣誉 ❖

皮书系列已成为社会科学文献出版社的著名图书品牌和中国社会科学院的知名学术品牌。2016年皮书系列正式列入"十三五"国家重点出版规划项目;2013~2021年,重点皮书列入中国社会科学院承担的国家哲学社会科学创新工程项目。

中国皮书网

（网址：www.pishu.cn）

发布皮书研创资讯，传播皮书精彩内容
引领皮书出版潮流，打造皮书服务平台

栏目设置

◆ 关于皮书
何谓皮书、皮书分类、皮书大事记、
皮书荣誉、皮书出版第一人、皮书编辑部

◆ 最新资讯
通知公告、新闻动态、媒体聚焦、
网站专题、视频直播、下载专区

◆ 皮书研创
皮书规范、皮书选题、皮书出版、
皮书研究、研创团队

◆ 皮书评奖评价
指标体系、皮书评价、皮书评奖

◆ 皮书研究院理事会
理事会章程、理事单位、个人理事、高级
研究员、理事会秘书处、入会指南

◆ 互动专区
皮书说、社科数托邦、皮书微博、留言板

所获荣誉

◆ 2008年、2011年、2014年，中国皮书
网均在全国新闻出版业网站荣誉评选中
获得"最具商业价值网站"称号；

◆ 2012年，获得"出版业网站百强"称号。

网库合一

2014年，中国皮书网与皮书数据库端口
合一，实现资源共享。

中国皮书网

权威报告·一手数据·特色资源

皮书数据库
ANNUAL REPORT(YEARBOOK) DATABASE

分析解读当下中国发展变迁的高端智库平台

所获荣誉

- 2019年，入围国家新闻出版署数字出版精品遴选推荐计划项目
- 2016年，入选"'十三五'国家重点电子出版物出版规划骨干工程"
- 2015年，荣获"搜索中国正能量 点赞2015""创新中国科技创新奖"
- 2013年，荣获"中国出版政府奖·网络出版物奖"提名奖
- 连续多年荣获中国数字出版博览会"数字出版·优秀品牌"奖

成为会员

通过网址www.pishu.com.cn访问皮书数据库网站或下载皮书数据库APP，进行手机号码验证或邮箱验证即可成为皮书数据库会员。

会员福利

- 已注册用户购书后可免费获赠100元皮书数据库充值卡。刮开充值卡涂层获取充值密码，登录并进入"会员中心"—"在线充值"—"充值卡充值"，充值成功即可购买和查看数据库内容。
- 会员福利最终解释权归社会科学文献出版社所有。

卡号：999713876316
密码：

数据库服务热线：400-008-6695
数据库服务QQ：2475522410
数据库服务邮箱：database@ssap.cn
图书销售热线：010-59367070/7028
图书服务QQ：1265056568
图书服务邮箱：duzhe@ssap.cn

S 基本子库
SUB DATABASE

中国社会发展数据库（下设12个子库）

整合国内外中国社会发展研究成果，汇聚独家统计数据、深度分析报告，涉及社会、人口、政治、教育、法律等12个领域，为了解中国社会发展动态、跟踪社会核心热点、分析社会发展趋势提供一站式资源搜索和数据服务。

中国经济发展数据库（下设12个子库）

围绕国内外中国经济发展主题研究报告、学术资讯、基础数据等资料构建，内容涵盖宏观经济、农业经济、工业经济、产业经济等12个重点经济领域，为实时掌控经济运行态势、把握经济发展规律、洞察经济形势、进行经济决策提供参考和依据。

中国行业发展数据库（下设17个子库）

以中国国民经济行业分类为依据，覆盖金融业、旅游、医疗卫生、交通运输、能源矿产等100多个行业，跟踪分析国民经济相关行业市场运行状况和政策导向，汇集行业发展前沿资讯，为投资、从业及各种经济决策提供理论基础和实践指导。

中国区域发展数据库（下设6个子库）

对中国特定区域内的经济、社会、文化等领域现状与发展情况进行深度分析和预测，研究层级至县及县以下行政区，涉及省份、区域经济体、城市、农村等不同维度，为地方经济社会宏观态势研究、发展经验研究、案例分析提供数据服务。

中国文化传媒数据库（下设18个子库）

汇聚文化传媒领域专家观点、热点资讯，梳理国内外中国文化发展相关学术研究成果、一手统计数据，涵盖文化产业、新闻传播、电影娱乐、文学艺术、群众文化等18个重点研究领域。为文化传媒研究提供相关数据、研究报告和综合分析服务。

世界经济与国际关系数据库（下设6个子库）

立足"皮书系列"世界经济、国际关系相关学术资源，整合世界经济、国际政治、世界文化与科技、全球性问题、国际组织与国际法、区域研究6大领域研究成果，为世界经济与国际关系研究提供全方位数据分析，为决策和形势研判提供参考。

法律声明

"皮书系列"(含蓝皮书、绿皮书、黄皮书)之品牌由社会科学文献出版社最早使用并持续至今,现已被中国图书市场所熟知。"皮书系列"的相关商标已在中华人民共和国国家工商行政管理总局商标局注册,如LOGO( )、皮书、Pishu、经济蓝皮书、社会蓝皮书等。"皮书系列"图书的注册商标专用权及封面设计、版式设计的著作权均为社会科学文献出版社所有。未经社会科学文献出版社书面授权许可,任何使用与"皮书系列"图书注册商标、封面设计、版式设计相同或者近似的文字、图形或其组合的行为均系侵权行为。

经作者授权,本书的专有出版权及信息网络传播权等为社会科学文献出版社享有。未经社会科学文献出版社书面授权许可,任何就本书内容的复制、发行或以数字形式进行网络传播的行为均系侵权行为。

社会科学文献出版社将通过法律途径追究上述侵权行为的法律责任,维护自身合法权益。

欢迎社会各界人士对侵犯社会科学文献出版社上述权利的侵权行为进行举报。电话:010-59367121,电子邮箱:fawubu@ssap.cn。

社会科学文献出版社